국어과 교수 학습 연구 총서 7

장르 중심 국어교육론

이상구 저

교육의 길잡이 · 학생의 동반자
(주) 교학사

머리말

1991년 석사과정을 마칠 무렵 우연히 구성주의를 처음 만났다. 무딘 감각으로도 이 구성주의가 강한 파급력으로 교육계에 새로운 그 무엇을 제공해 줄 것 같다는 생각에 박사과정을 하면서 틈틈이 구성주의를 파고들었다. 당시에는 국어교육 학계에는 물론 교육학계에서조차 생소한 개념이어서 실체를 파악하는 데 애를 먹었다. 실체를 파악해 내는 것도 쉽지 않았지만 국어교육에 적용 방안을 찾는 것은 더 어려운 일이었다. 우여곡절 끝에 구성주의를 바탕으로 한 학습자 중심 문학교육 방안이란 제목으로 박사학위 논문을 썼는데, 이 논문은 우리 국어교육 학계에서 본격적으로 구성주의를 바탕으로 쓴 최초의 박사학위 논문이었다.

그리고 그때 '장르', '장르 중심', '장르 지식'과 같은 개념들이 머릿속에 자리 잡았다. 대학에서 국어교육학 과목들을 주로 강의해 오면서 이 키워드들은 내 연구의 중심 테마가 되었다. 어떻게 하면 장르 중심 국어교육의 학문적 체계를 세울 수 있을까 하는 주제넘은 생각을 하기도 했었다. 그러나 능력의 한계와 연구에 집중할 수 없는 여건들이 겹치면서 생각만 있었지 진도를 제대로 나가지 못했다. 그러다 문득 이러다가는 학문적 체계는 고사하고 기초 공사도 제대로 하지 못할 것 같다는 생각에 이르렀다. 고민 끝에 그동안 써 둔 장르 중심과 관련된 논문들을 모아, 빈약하지만 우선 한 권의 책으로 내야겠다고 맘을 먹었다.

장르 중심 국어교육은 언어교육에 있어서 1980년대 호주의 언어학자인 할리데이(Halliday)의 체계 기능 언어학적 관점에서 출발한 '장르 중심 접근법(genre-based approach)'을 바탕으로 한 국(언)어교육 패러다임을 말한다. 이는 당시 언어교육의 지배적 패러다임이었던 '인지주의' 패러다임에 바탕을 둔 '과정 중심' 접근법이, '과정'에만 주목하면서 언어 사용의 목적과 맥락에 따라 달라지는 텍스트의 종류에 관심을 기울이지 않는다는 비판을 제기하면서 등장하였다.

우리의 일상적인 삶 속에서 반복적으로 나타나는 유사한 상황에서는 비슷한 형태와 비슷한 내용의 말(담화)이나 글로 의사소통을 하게 되는데, 이렇게 각기 다른 상황과 목적에 따라 사용되는 유사한 형태의 말과 글을 '장르'라 개념화하였다. 이렇게 유사하고도 반복적인 상황에 적합한 '장르'를 능숙하게 사용할 수 있도록 가르치면, 언제 어디서나 반복적으로 나타나는 유사한 상황이 되면 그에 적합한 장르로 능숙하게 의사소통을 할 수 있게 된다는 것이다.

의사소통 상황과 목적, 글의 유형과는 상관없이 글을 쓰는 '과정'만 가르치는 과정 중심 접근법보다는 개별 장르별로 표현(생산) 혹은 이해(수용)하는 방법을 가르치는 것이 훨씬 더 효과적이라는 설득력 있는 주장과 함께 이에 대한 효과성과 효율성이 검증됨으로써, 2000년대를 넘어서면서 오늘날 현재 전 세계적으로 자국어 교육은 물론 외국어 교육, 제2언어 교육에 가장 영향력이 큰 바탕 이론으로 확산되었다. 그리하여 경제협력개발기구(OECD)가 실시하는 '국제 학업 성취도 평가'(PISA: Program for International Student Assessment)의 읽기 영역이 "텍스트를 이해·활용하고 텍스트를 바탕으로 평가·성찰하며, 다양한 텍스트 읽기 활동에 참여하는 능력(KICE 연구리포트 2016)"을 측정하기 위한 문항들을 출제하고 있는바, 여기에까지 장르 중심 접근법의 원리가 영향력을 발휘하고 있음을 확인할 수 있다.

우리나라 국어교육 학계에서도 1990년대 중반부터 구성주의가 논의되기 시작했고, 2000년대에 들어서면서 구성주의에 터한 '장르 중심 접근법'이 쓰기 영역을 중심으로 연구가 확산되었다. 그 영향으로 2007 개정 국어과 교육과정이 장르 중심 접근법을 바탕으로 체계를 마련하면서, 기존의 인지주의 패러다임에 바탕을 둔 '과정 중심 국어교육'을 넘어 '장르 중심 국어교육'의 시대로 접어들었다. 2009 개정 국어과 교육과정을 거쳐, 2015 개정 교육과정에서도 "다양한 유형의 담화, 글, 작품을 정확하고 비판적으로 이해하고 효과적이고 창의적으로 표현하며 소통하는 데 필요한 기능"을 익히도록 설정하고 있고, 근래에는 교원 임용 고사에서도 장르 중심에 관한 문항이 출제되고 있는 상황으로까지 전개되고 있다. 이는 곧 우리 국어교육학이 과정 중심에서 장르 중심으로 패러다임 전환(paradigm shift)이 진행되고 있음을 말해 준다고 하겠다.

그렇지만 아직도 국어교육학계는 물론 국어과 수업 현장에서 장르 중심 국어

교육이 제대로 논의되고 실천되고 있는지에 대해서는 의문이 든다. 국어과 교육과정에 장르 중심 체제가 반영된 것이 2007 개정 교육과정 때부터임에도, 우리 국어교육 학계에서는 아직도 쓰기(작문) 영역을 중심으로 논의되고 있다는 느낌을 지울 수 없고, 이로 인해 본질이 완전히 다른 과정 중심과 장르 중심 접근법이 혼재되어 있다. 오늘날 수업혁신 속의 국어과 교실 현장은 국어과 내적 체계는 묻히고 교육 방법과 모형들만 무성해서, 방법이 내용을 결정하는 듯한 주객 전도 현상은 아닌가 하는 생각까지 들게 하기도 한다. 심지어는 장르 중심 접근법을 바탕으로 한 수업설계안을 들고 가면 이것 말고 요즘 새로운 것으로 바꾸어 오라는 말을 듣는 경우도 없지 않다. 이 책을 펴내려고 용기를 내는 까닭이 여기에 있다.

이 책에는 저자가 쓴 장르 중심 국어교육과 관련된 10편의 연구 논문을 부분적으로 수정, 보완하여 수록하였다. 1부와 2부로 나누어, 제1부에는 장르 중심 국어교육과 직접적으로 관련되는 논문들을 수록하고, 제2부에서는 범위를 좀 더 확장하여 문학교육, 협동학습, 통합교육 등의 논문을 수록하였다.

제1부 '1장 장르 중심 국어과 교육의 개념적 접근'에서는 장르 중심 국어교육에 대한 이론적 배경과 사적 전개 과정 및 향후 전망을 제시하였다. '2장 국어과 교과서의 장르 지식 제시 양상'에서는 장르 중심 접근법에서 가장 중요한 개념인 '장르 지식'이 국어 교과서에 어떻게 제시되어 있는지를 살펴보았다. '3장 장르 중심 국어 교과서 단원 구성 방안'에서는 교과서 장르 중심 교육과정을 구현한 국어과 교과서의 바람직한 단원 구성 방안을, '4장 장르 중심 접근법과 읽기 전 활동 분석'에서는 기존의 과정 중심 접근법에 따른 읽기 전 활동은 '내용 스키마'를 활성화하는 것으로도 충분하지만, 장르 중심 접근법에 합당한 읽기 전 활동으로 나아가려면 '형식 스키마(구조 스키마)도 중요한 활동이란 점을 논의하였다. 그리고 '5장 장르 중심 국어과 수업설계 방안'은 미발표 논문인데 여기에서는 이러한 장르 중심 국어교육의 내용과 방법론을 바탕으로 실제로 수업 설계를 어떻게 할 것인가 하는 방안을 제시하였다.

제2부에서는 문학교육, 국어과 교육에서의 협동학습 방안, 그리고 구성주의적 읽기 교육의 논의 양상을 논의하였다. '6장 문학교육 패러다임에 따른 교육 방법 변천 양상'에서는 우리나라 현대 문학교육의 주요 패러다임인 '텍스트 중

심 문학교육', '반응 중심 문학교육', '구성주의 문학교육'의 변천 과정과, 이 세 패러다임의 '교육 방법'에 초점을 맞추어 그 변천 양상을 살펴보면서 그 문제점과 해결 과제가 무엇인지 점검하였다. '7장 반응 중심 문학교육과 구성주의 문학교육의 비교'에서는 6장에서의 논의를 바탕으로 범위를 더 좁혀서 '구성주의 문학교육'이 기존의 '반응 중심 문학'과는 어떻게 다른지를 논의하였다. '8장 문학교육에서의 협동학습 방안 탐색'에서는 구성주의적 학습 원리를 실현할 수 있는 방법론적 도구라 할 수 있는 협동학습을 문학교육에 적용하는 방안을 모색하였다. '9장 국어과 교육에서의 통합교육 방법'에서는 국어교육에 있어서 통합교육의 적용 방안을 탐색하였다. 마지막 '10장 구성주의적 읽기 교육의 논의 양상과 과제'에서는 1990년대 초부터 시작된 읽기 교육 영역에서의 구성주의적 논의 양상을 논의였다. '인지구성주의', '사회구성주의'로 패러다임적 전환을 보이면서 전개된 읽기 교육에서의 교육 내용과 교육 방법을 살펴보았다.

제대로 된 책을 내려면 논문들을 해체하여 차례를 새로 짜서 독자 지향의 친절한 책을 내놓아야 하겠지만, 그러기에는 너무 오랜 시간이 지나야 할 것 같아 부끄러움을 무릅쓰고 논문들을 묶은 형태로 낸다. 제목에 비해 체계도 없고, 속살도 차지 않은 책을 내는 데는 용기가 필요했지만, 그냥 묵혀 두는 것보다는 국어교육학이라는 학문적 탐구를 함께하는 도반들과 수업 혁신을 위해 고군분투하는 국어 선생님들과 나의 생각을 공유하고 싶다는 억지 논리로 부끄러움을 대신한다.

망설이고 주저하는 나를 격려해 주시면서 기꺼이 이 책을 출판해 주신 교학사 양진오 사장님과 편집하느라 고생하신 편집팀원들께 무한한 감사를 드린다.

2019년 6월
저자 씀

차 례

제1부
1장 장르 중심 국어과 교육의 개념적 접근 / 8
  1. 들어가며 / 9
  2. 장르 중심 접근법의 특성과 전개 양상 / 10
  3. 장르 중심 접근법의 교육 내용과 방법 /15
  4. 장르 중심 접근법의 전망과 과제 / 33
  5. 맺는 말 / 38

2장 국어 교과서의 장르 지식 제시 양상 / 42
  1. 들어가며 / 43
  2. 장르 지식의 이론적 토대 / 46
  3. 국어 교과서의 장르 지식 제시 양상 / 51
  4. 논의 및 제언 / 62
  5. 맺는 말 / 65

3장 장르 중심 국어 교과서 단원 구성 방안 / 71
  1. 들어가며 / 72
  2. 중학교 국어 교과서 단원 설계의 기저 / 73
  3. 중학교 국어 교과서 단원의 배열 및 구성 / 86
  4. 맺는 말 / 98

4장 장르 중심 접근법과 읽기 전 활동 분석 / 103
  1. 들어가며 / 104
  2. 읽기 전 활동의 이론적 토대 / 106
  3. 읽기 전 활동의 양상 분석 / 113
  4. 맺는 말 / 129

5장 장르 중심 국어과 수업설계 방안 / 134
  1. 들어가며 / 135
  2. 장르 중심 수업설계의 토대 / 137
  3. 장르 중심 수업설계의 실제 / 152
  4. 맺는 말 / 166

제2부
6장 문학교육 패러다임에 따른 교육 방법 변천 양상 / 172
　1. 들어가며 / 173
　2. 문학교육 패러다임의 변천 / 174
　3. 문학교육 방법의 변천 양상 / 176
　4. 맺는 말 / 197

7장 반응 중심 문학교육과 구성주의 문학교육의 비교 / 202
　1. 들어가며 / 203
　2. 문학교육에 관한 기본 관점 / 205
　3. 문학교육의 내용 / 211
　4. 맺는 말 / 221

8장 문학교육에서의 협동학습 방안 탐색 / 227
　1. 들어가며 / 228
　2. 문학 협동학습의 필요성과 논의의 전개 양상 / 229
　3. 구성주의 문학 협동학습의 방법과 절차 / 242
　4. 맺는 말 / 261

9장 국어과 교육에서의 통합교육 방법 / 266
　1. 들어가며 / 267
　2. 통합교육의 방법과 절차 / 268
　3. 국어과 교육에 있어서 통합교육의 적용 방안 / 273
　4. 맺는 말 / 290

10장 구성주의적 읽기 교육의 논의 양상과 과제 / 293
　1. 들어가며 / 294
　2. 교육 패러다임의 변천과 구성주의의 등장 / 295
　3. 읽기 교육에서의 구성주의적 담론의 전개 양상 / 302
　4. 구성주의적 읽기 교육의 과제 / 313
　5. 맺는 말 / 317

제1부

1장 장르 중심 국어과 교육의 개념적 접근

2장 국어 교과서의 장르 지식 제시 양상

3장 장르 중심 국어 교과서 단원 구성 방안

4장 장르 중심 접근법과 읽기 전 활동 분석

5장 장르 중심 국어과 수업설계 방안

1장 장르 중심 국어과 교육의 개념적 접근

❖ 개 요

　이 장에서는 장르 중심 접근법의 개념과 특성, 교육 내용과 방법을 살펴보고, 앞으로의 전망과 함께 해결해야 할 과제가 무엇인지를 논의하였다.

　장르 중심 접근법은 세계 언어교육 패러다임의 변천 과정으로 볼 때, 과정 중심 접근법의 후속 패러다임으로 자국어 교육은 물론 외국어 교육에 있어서도 오늘날 세계 언어교육의 가장 영향력이 큰 패러다임이다.

　장르 중심 접근법이 우리나라에 소개된 것은 2000년대에 접어들면서부터였다. 처음에는 문학 영역과 쓰기 영역에서 시작되었으며, 2007 개정 국어과 교육과정의 바탕이론이 되면서 우리의 국어과 교육에 새로운 패러다임으로 등장하였다.

　다양한 맥락에서 사용되는 언어 형태를 '장르'라 하고, 그 장르에 관한 지식, 즉 '장르 지식'을 가르침으로써 장르의 이해와 생산 능력을 길러 주는 데 목표를 두고 있다.

　교육 내용은 장르 지식이며, 교육 방법은 비고츠키의 근접 발달 영역을 바탕으로 한 인지적 도제 방법을 원용하고 있다. 장르가 사용되는 맥락을 점검하고, 그 맥락에서 사용되는 장르의 시범을 보고, 교사와 함께 그 장르의 글을 구성하면서 익힌 후에 학생이 독립적으로 구성해 나가는 절차를 바탕으로 하고 있다.

　이러한 특성을 지닌 장르 중심 접근법은 '구성주의(특히 사회구성주의와 사회·인지적 관점)', '문식성'과 함께 맞물려서 향후 국어과 모든 영역으로까지 확대되어 나갈 것으로 보인다.

❖ 핵심어

　장르 중심, 장르 중심 접근법, 장르 지식, 근접 발달 영역, 인지적 도제

1. 들어가며

장르 중심 국어교육이란 언어교육에 있어서 1980년대 호주의 언어학자인 Halliday의 체계 기능 언어학적 관점을 바탕으로 쓰기 영역을 중심으로 새롭게 대두된 '장르 중심 접근법(genre-based approach)'을 바탕으로 한 국어교육 체제를 말한다. 장르 중심 접근법은 기존의 전통적인 언어교육 체제는 물론 과정 중심 접근법이 쓰기의 과정과 절차, 그리고 전략만 강조하면서 상황 맥락에 따라 다양하게 전개되는 텍스트의 형식적인 측면을 소홀히 한다는 문제점을 제기하면서 새로운 실천적 방법을 모색하면서 등장하였다.

우리 국어교육학계에 장르 중심 접근법에 대한 연구가 시작된 것은 2000년대를 넘어서면서부터였다. 이상구(1998, 2002, 2007, 2013, 2018), 박태호(2000A, 2000B), 정정순(2000), 최인자(2000), 김명순(2003), 이재기(2005), 원진숙(2011) 외, 박수자(2016) 등을 거치면서 대부분 쓰기 영역을 중심으로 논의되어 왔다. 그 결과 2007 개정 국어과 교육과정에서는 쓰기 영역뿐만 아니라 교육과정 전반적으로 확대되어 담화와 글을 수용하고 생산하는 능력을 길러 주는 '장르 중심' 교육과정을 지향하기에 이르렀다. 2009 개정 국어과 교육과정 및 2015 개정 국어과 교육과정[1] 역시 장르 중심 교육과정의 원리를 바탕으로 하고 있다.[2] 그 결과, 2009 개정 교육과정을 바탕으로 개발된 각 출판사의 국어과 교과서의 단원 대부분은 교육과정의

---

[1] 20011년에 개정 고시된 국어과 교육과정에 대한 교과부의 공식 명칭이 '2009 개정 국어과 교육과정'이므로, 이를 따라 '2009 개정 국어과 교육과정'이란 명칭으로 사용하며, 인용문 속의 '2011 개정'이란 명칭 역시 이를 지칭한다.

[2] 2009 개정 국어과 교육과정의 내용 체계표가 외형상으로는 2007 개정 국어과 교육과정과 제7차 국어과 교육과정을 절충한 형태를 띠고 있어서, '장르 중심' 교육과정인가 하는 문제는 논란의 여지가 있을 수 있다. 그럼에도 2009 개정 국어과 교육과정을 개발한 연구팀의 보고서에 "2011 개정 교육과정에서는 장르 중심 교육과정의 취지를 수용하되 내용 요소의 예를 제시하지 않는데, 이를 통해 하나의 성취 기준이 한 편의 글을 읽는 데 필요한 지식·기능·태도가 유기적으로 결합되어 있음을 의도하였다(민현식 외, 2011 : 109)."고 밝히고 있고, 실제 교육과정의 내용 체계 및 내용 성취 기준도 장르 중심 접근법을 바탕으로 하고 있다.
  2015 개정 국어과 교육과정은 모든 교과 교육과정이 핵심 역량을 중시하여 내용 체계표가 공통 양식을 취하면서 기존의 국어과의 내용 체계표와는 완전히 다른 모습을 보여 주고 있어서, 국어과의 내적 체계를 제대로 반영하고 있지 못하지만, 각 학년군의 '성취 기준'과 '국어 자료의 예'에 다양한 미시 장르들이 제시되어 있다.

내용 성취 기준과 관련된 개별 장르, 즉 미시 장르인 국어 자료(글과 담화의 종류)별로 단원을 구성하기에 이르렀다.

이러한 변화는 곧 '과정 중심 접근법'을 바탕으로 했던 제7차 국어과 교육과정에서 벗어나 2007 개정 교육과정부터는 '장르 중심' 국어교육으로 새로운 패러다임의 전환(paradigm shift)이 일어났다는 것을 의미한다. 이렇듯 교육과정은 이미 장르 중심 접근법을 바탕으로 쓰기 영역뿐만 아니라 듣기·말하기, 읽기 영역으로까지 확대 적용되어 있고, 이를 바탕으로 장르 중심 체제로 구성된 교과서가 나오고 있는데도, 정작 연구 분야에서는 여전히 쓰기 영역에서만 집중적으로 논의되고 있는 문제가 노정되고 있는 것이다.

이로 인해 각 교과서의 단원 구성 체제가 참으로 다양할 뿐만 아니라, 실제 교실 현장에서 교육을 담당하고 있는 국어과 교사들은 무엇을 어떻게 가르쳐야 하는지 혼란을 겪고 있는 것으로 보인다.

이 연구에서는 이러한 문제에 대한 해결책을 찾기 위하여 '장르 중심 접근법'에 특성과 전개 양상을 점검해 보고, 앞으로 향후 전망을 바탕으로 해결해야 될 과제들을 점검해 보고자 한다. 따라서 장르 중심 접근법의 개념과 특성, 발생과 전개 과정을 점검한 다음, 교육 내용과 방법을 정리하고, 이를 바탕으로 다른 영역으로 확장하기 위해서는 어떠한 과제가 대두되며, 그것을 해결하기 위한 방안이 무엇인지를 모색해 보고자 한다.

2. 장르 중심 접근법의 특성과 전개 양상

(1) 개념과 특성

'장르(genre)'란 원래 라틴어 'genus'에서 유래한 프랑스어로, 생물학에서 종의 분류를 위해 사용하던 용어였다. 이를 문학에서 차용하면서 문학의 종류 혹은 갈래를 뜻하는 개념으로 전통적으로 사용하여 왔다. 이러한 전통적인 개념은 그 형태가 고정적이고 정태적으로 사용되어 왔다. 그러나 오늘날 현대적인 관점에서는 수사학, 문학 이론, 매체 이론, 나아가 근래의 언어학 연구에 있어서 폭넓게 사용되고 있다(Chaldler, 2005). 장르 중심 접근법에서는 장르를 '유사한 상황에서 반복적으로 나타나는 텍스트[3]의 유형(type of the text)'으로 본다. 즉 우리가 살아가면서 유사하게 반복되는 상황에서는 비슷한 형태와 비슷한 내용으로 의사소통을 한다는 것이다. 그렇기 때문에 장르는 곧 "사회적으로 인지된 언어 사용에 관한 방식(Hiland, 2007 : 149 ; Johns 외, 2006 : 237)"인 것이다. 즉 장르는 유사한 상황에서 반복적으로 나타나는 텍스트의 그룹인데, 이는 사회·문화적 맥락과 상황 맥락에서 발생하는 사회적 행위의 결과물이라는 것이다.

그러한 장르의 내용과 형식적 특징을 학생들이 학습하면 각 장르의 수용과 생산 능력을 길러지고, 그로 인해 문식성과 소통 능력이 길러진다는 것이다. 이러한 관점이 "문식성의 핵심 기술을 학습자들에게 가르치는 데 좀 더 생산적이고 생성적인 접근(Knapp, Wakins, 2005 ; 주세형 외 옮김, 2007 : 1)"이라는 것이다.

이러한 교육을 실천하기 위해 장르 중심 접근법은 개별 단어나 문장의 미시적인 의미가 아닌 언어의 사회적 거시적 목적에 관심을 둔다(Benedict Lin, 2006 : 83). 즉 장르는 동일한 사회 문화적 배경 속에서 공통적인 가치관과 언어 소통 방식을 지닌 '담화 공동체'가 함께 공유하는 일종의 의사소통 방식이기 때문에 장르의 사회적 구성 과정과 사회적 목적에 관심을 두는 것이다.[4]

따라서 개별 장르는 반복되는 유사한 맥락에서 반복적으로 사용되면서 특정 장르로 발전하였기 때문에, 특정 장르를 가르치기 위해서는 개별 텍스트를 발생시키는 맥락을 먼저 점검하도록 가르치고, 이와 함께 그 특정

---

[3] 장르 중심 접근법에서 '텍스트(Text)'란 '입말 혹은 글말로 된 한 편의 완결된 자료'로, 그러한 개별 텍스트들이 일정한 기준에 의해 분류된 텍스트의 유형(종류)을 '장르(genre)'라 한다.

[4] 이러한 측면에 주목하면서 장르 중심 접근법의 역사적 전개 과정을 점검해 보면, 지식이나 의미는 개인 간의 사회적 상호작용의 산물이라는 관점을 지닌 비고츠키의 사회문화적 인식론을 바탕으로 '사회구성주의' 및 사회·인지 이론과 연결되어서 구성주의의 확산에 힘입어 오늘날 세계 각국의 자국어 교육은 물론 외국어 교육에 있어서 가장 영향력이 큰 이론으로 확산되었다고 하겠다.

장르가 지닌 '전형적인 구조'와 '전형적인 언어적 패턴'을 가르쳐야 한다는 관점을 제시한다. 그리고 구체적인 교수·학습 방법에는 비고츠키, 바흐친과 같은 사회구성주의 학자들의 관점을 바탕으로 교사가 학생들에게 '장르 지식'을 가르쳐 주고, 또 의미 구성 과정인 절차적 방법을 시범으로 보여 준 뒤, 교사와 학생, 학생과 학생들 간의 상호작용을 통해 의미를 구성하고 또 숙달시킨 다음, 개별적인 독립 활동의 절차로 진행하는 것을 골격으로 하고 있다.

(2) 전개 양상

장르 중심 접근법은 1980년대 호주에서 발생하였다. 이는 기존의 전통적인 언어학과 과정 중심 접근법이 지닌 문제점을 해결하기 위해 Halliday의 체계 기능 언어학에 뿌리를 두고 있는바, 그 전개 과정은 다음과 같이 세 유파로 나뉘어 전개되었다. ① 체계 기능 언어학(Systemic Functional Linguistics, SFL)의 사회적 목적으로서의 장르 연구(일명 '시드니 학파'), ② 특수 목적 영어(English for Specific Purpose, ESP)에서의 전문적 능력으로서의 장르 연구 관점, ③ 신수사학파(New Rhetoric, NR)의 상황에 따른 행위로서의 장르 연구(일명 '북미 수사학파') 세 가지 흐름이 그것이다(Hyon, 1996 : 693 ; Hyland, 2004 : 24-25). 따라서 이들의 전개 양상을 살펴보면 다음과 같다.

먼저, 체계 기능 언어학 그룹('시드니 학파')이다. 이는 호주의 언어학자인 Halliday(1978, 1985)의 체계 기능 언어적 관점을 기반으로 한다. Halliday의 체계 기능적 언어학이 언어의 의미가 근본적으로 사람과 사람 사이의 관계 속에서 어떻게 기능하는가 하는 측면에 주목하면서, 언어는 곧 사회적 구성물이라는 점을 강조하였다는 점을 상기하면 그 특성을 보다 쉽게 이해할 수가 있다. 이 관점에서 장르란 맥락에 의해 결정된 언어 구조물이기 때문에 장르에 따른 언어 형태와 문법을 강조한다. 따라서 장르를 언어학적 관점에서 접근하였고, 그로 인해 교수법적 측면에서는 문법과 텍스트

를 명시적으로 가르쳐야 한다는 관점을 제시한다.[5]

대표적인 연구가로는 Halliday, Martin, Christie, Feez 등이며, 1970년 후반부터 시드니 대학을 중심으로 연구가 진행되었기에 '시드니 학파'라고도 한다. 이들에 의해 연구된 결과가 1978년 시드니 대학에서 교사들을 대상으로 가르쳐지기 시작하였고, 1980년대에 접어들면서 장르 중심 교육이 확산되는 계기를 마련하였다. 그 결과, 호주에서 장르 중심 접근법은 1980년대부터 자국어 교육에 있어서 가장 중요한 바탕이론으로 자리 잡게 되었고, 1990년대부터 호주의 국(영)어 교육과정 개발에 영향력을 미치기 시작하였다. 그리고 제2 언어 교육에서도 효과와 효율성이 높다는 인식이 확산되어 이를 바탕으로 가르치기 시작하였다(Hammond, 1989 ; Martin and Rose 2003). 이러한 과정을 통하여 장르 중심 접근법이 오늘날 전 세계적으로 확산되는 데 모태 역할을 하였다.

다음은 특수 목적 영어(ESP) 그룹이다. 장르 중심 접근법은 "원래 호주와 같은 다문화, 다언어 국가에서 글쓰기를 통한 의사소통 능력이 절실하게 필요한 이주민들을 위해 개발된 것(원진숙 외, 2011 : 151)"이었다. 따라서 다양한 이민자들의 의사소통을 문제와 관련된 제2 언어로서의 영어교육(ESL) 혹은 외국어로서의 영어교육(EFL) 영역에 장르 중심 접근법이 도입되고, 연구가 진행되었다는 사실은 지극히 당연해 보인다.

그러한 까닭으로 장르 중심 접근법이 미국을 중심으로 한 북미 지역으로 건너간 것은 1981년이었다. 처음에는 Elaine Tarone과 그녀의 동료들에 의해 특수 목적 영어(ESP ; English for Specific Purpose) 영역에 도입되었다(Paltridge, 2001 : 2 ; Helena I. R. Agustien, 2006 : 1에서 재인용). 이러한 계열의 대표적인 연구가로는 Hasan(1978), Swales(1981, 1990) 등을 들 수 있는데, 이들은 영어를 모국어로 하지 않는 학습자들을 대상으로 한 특수 목적 영어 교육, 즉 학문 목적으로서의 영어 교육, 제2 언어로서의 영어교

---

[5] 이에 대한 자세한 설명은 박태호(2000)에서 확인할 수 있다. 그리고 그 구체적인 예는 Knapp, Wakins(2005, 주세형 외 옮김, 2007)를 통해서 살펴볼 수 있다.

육, 외국어로서의 영어교육 영역에서 장르를 중심으로 한 실천 방안을 탐구하였다.

이 그룹의 대표적인 연구자인 Swales(1990)에 의하면 장르는 의사소통 목적을 공유하는 구성원들에 의한 일련의 의사소통 사건들로 구성된다. 즉 의사소통을 할 때, 담화 공동체가 공통적으로 지니고 있는 내용과 형식, 그리고 사용역을 전제로 해야만 그 목적을 달성할 수가 있다. 따라서 담화가 발생하는 맥락의 특징을 이해하고, 그 담화의 언어적 특성과 구조를 교육하는 데 목적을 둔다. 그러기에 다양한 장르의 형식과 언어적인 특징에 관한 장르 지식을 필요로 한다(Swales, 1990 : 58). 그러기에 이 관점에서의 장르 연구는 특정 텍스트 구조를 분석하는 응용 언어학의 연구 방법에 많이 의존하는 한편, 호주의 체계 기능 언어학적인 텍스트의 구조에 대한 관점과 (곧 이어 살펴보게 될) 사회적 맥락을 강조하는 신수사학파 관점을 동시에 차용하였다. 따라서 이는 체계 기능 언어학적인 관점과 신수사학파의 관점을 절충한 관점으로 볼 수가 있다(Hyland, 2004 : 44).

끝으로, '신수사학파(New Rhetoric, NR ; 북미 수사학파)'이다. 위에서 살펴본 것처럼 호주 시드니 학파의 장르 접근법이 북미 지역에 유입된 것은 특수 목적 영어 영역에서부터였다. 이를 계기로 텍스트와 장르를 중심으로 한 교육 체제는 ESL 및 EFL에서뿐만 아니라 초등, 중등, 고등, 전문 및 지역 사회 교육 상황을 포함한 영어 모국어 화자를 대상으로 한 교육의 큰 줄기를 형성하면서 점점 영향력을 확대해 나갔다. 그리하여 모국어 화자를 대상으로 한 자국어로서의 언어교육에 적용하려는 흐름인 '신수사학(New Rhetoric, NR)'으로 정착되었다(Lin, 2006). 이 그룹은 이름 그대로 장르를 수사학적 관점에서 접근하였다고 하여 붙여졌고, 지역적으로 미국을 중심으로 한 북미 지역에서 발흥하였다고 하여 '북미 수사학파'라고도 한다.

이 관점 역시 호주의 체계 기능 언어학적 장르 연구의 태두인 Halliday의 언어학적 관점을 바탕으로 하고 있어서 그 출발점 또한 언어의 사회적 기능이다. 그러나 이 기반 위에 Bakhtin과 포스트구조주의의 언어 개념,

Heath와 같은 언어 인류학자의 관점들을 차용함으로써 장르를 반복되는 사회적 상황에 대한 수사학적 반응으로 파악하였다. 따라서 텍스트의 언어 형식을 중시하는 시드니 학파와는 달리, 구체적인 개별 장르(텍스트)를 발생시키는 사회 문화적 맥락을 중시하였다.

이와 같은 관점이 언어 교육학자들에게 설득적으로 받아들여져, 쓰기 영역뿐만 아니라 읽기, 문학, 듣기, 말하기, 문법 전 영역으로 확대되면서 텍스트에 대한 실질적이고 언어학적인 이해를 위한 보다 유용한 수단으로 이해되었다. 그리고 특수 목적 영어교육(ESP) 영역은 물론, 초·중·고, 그리고 대학의 자국어 교수법에의 새로운 패러다임으로 자리를 잡게 된다(everly A. Lewin, Jonathan Fine, Lynne Young, 2001).

이상에서 살펴본 바와 같이 호주의 '체계 기능 언어학(호주 시드니 학파) 그룹'에서 출발하여 북미 쪽으로 건너가서 '특수 목적 영어교육(ESP)'과 '신수사학파(NR) 그룹'에서 연구와 적용을 함께 하였다. 그런데 이 세 그룹 가운데 시드니 학파는 언어학 쪽에 초점을 두었기 때문에 텍스트의 언어적 특성을 중시하였고, 신수사학파는 장르를 사용하게 되는 맥락을 중시함으로써 텍스트의 언어적 특성보다는 맥락을 더 중시하는 쪽으로 나아갔다. 그리고 특수 목적 계열은 이 두 관점을 절충적으로 받아들여 맥락 속에서 사용되는 장르의 언어적 특성을 중시하는 형태로 발전시켰다.

3. 장르 중심 접근법의 교육 내용과 방법

(1) 교육 내용

장르 중심 접근법은 유사하게 반복되는 특정한 상황에서 사용되는 언어의 형태를 '장르'라 규정짓고, 그러한 장르의 사용법을 학생들에게 가르침으로써 장르의 수용 및 생산 능력을 길러 주는 데 목표를 두고 있다.

장르를 가르쳐야 한다면 어떠한 장르를 가르쳐야 하는가 하는 질문이 가장 먼저 제기될 것이다. 이에 대한 해답은 곧 사회·문화적 배경이 공통적인 담화 공동체인 국가나 민족이 실생활 속에서의 상황 맥락에서 반복적으로 사용되는 '장르'를 가르쳐야 한다는 것이다. 우선순위를 정하자면 학교급별, 학년급별이 낮을수록 생활 속에 가장 빈번하게 사용되는 장르를 우선적으로 가르치자는 것이다.

이를테면 우리의 2009 개정 국어과 교육과정의 읽기 영역의 내용 성취 기준에서 설명문, 논설문이나 시평, 사설, 기사문, 전기문이나 평전 등과 같은 미시 장르를 가르치도록 제시하고 있다. 미국의 2010 국가 수준 교육과정을 바탕으로 한 2011년 뉴욕주 영어과 교육과정이나 호주의 영어과 교육과정에서도 그러한 모습을 확인할 수 있다.[6]

그렇다면 그렇게 선정된 장르의 무엇을 가르치라는 것인가? 실질적인 생활 속에서 발생하는 상황에 적확한 장르를 사용함으로써 의사소통을 할 수 있도록 '장르 지식(Genre Knowledge)'을 가르치자는 것이다. 2장에서 살펴보았듯이 장르는 동일한 사회·문화적 맥락을 함께해 온 담화 공동체가 유사한 상황 맥락 속에서 관습적으로 형성해 온 의사소통상의 언어 구현물이다. 따라서 각 장르는 다른 장르와 구별될 수 있는 언어적 특질과 구조적 특징을 지니고 있다. 이렇게 굳어진 장르의 언어적 특질과 구조적 특징이나 패턴이 곧 '장르 지식'인 것이다. 그리고 이러한 장르 지식을 학습하게 되면 학생들의 의사소통 능력과 문식성이 향상된다는 것이다.

그런데 앞에서 살펴보았듯이 시드니 학파에서의 장르 지식은 각 장르의

---

[6] 미국의 경우 2010년 6월 2일 국가 차원의 교육과정인 Common Core State Standards (CCSS)을 발표하고, 2011년부터 대부분의 주에서 이를 근거로 교육과정을 개발, 적용하고 있다. 그 가운데 'English Language Arts Standards'를 보면, 유치원에서부터 12학년까지 각 학년별로 미시 장르를 설정하고 이야기(Stories), 희곡(Drama), 시(Poetry), 학문적인 논픽션(Literary Nonfiction)과 같은 거시 장르를 설정하고, 각 거시 장르 아래 다양한 미시 장르 유형을 제시하여 이들 장르를 가르치도록 하고 있다. 특히 각 미시 장르에 속하는, 특정 작가가 쓴 작품이나 글의 목록까지 제시하고 있다. (미국의 국가 수준 교육과정에 대해서는 이순영(2011) 참조) 호주도 이와 유사한데, 2012년 1월에 공고된 호주 영어과 교육과정은 듣기, 말하기, 쓰기, 읽기, 문학 모든 영역에서 통합성과 계열성을 바탕으로 각 학년별로 가르쳐야 할 장르를 설정하고, 이들 장르에 대한 '텍스트의 구조와 조직(Text structure and organisation)', '상호작용을 위한 언어(Language for interaction)', '언어의 다양성과 변화(Language Variation and Change)'를 가르치도록 규정하고 있다. 이 두 나라의 교육과정은 아래 각 사이트를 참고하였다. 미국의 국가 수준 교육과정 : http://www.corestandards.org/ELA-Literacy 호주 영어 교육과정 : http://www.australiancurriculum.edu.au/English/ Rationale

언어의 기능과 문법, 즉 주제, 구조, 수사적·언어적 특징, 어휘 등을 말하며, 이들을 연구하여 구체적으로 가르쳐야 한다는 관점을 견지한다. 북미 수사학파 역시 장르 지식을 가르쳐야 한다고 주장하지만, 접근 방식은 시드니 학파처럼 각 장르의 언어적 특성이나 구조적 특징을 찾아내어 가르치자는 것이 아니라 학생들에게 각 장르의 전형적인 모습을 지닌 텍스트를 통하여 전형을 보여 줌으로써 그 장르를 인식하고 내면화하도록 하고 있다.[7]

이렇듯 장르 지식을 가르쳐야 한다는 데는 같지만, 각 장르의 언어적 특성과 구조적 특징 등을 명시적으로 개발하여 이를 가르치자는 시드니 학파적 관점과, 언어 사용 맥락에 따른 개별적인 장르의 사용법을 익히도록 하는 데 초점을 두는 북미 수사학파의 관점이 병존한다. 전자는 Knapp 외(2005, 주세형 외 번역 : 2007)에서처럼 각 장르마다 각 품사의 특징, 텍스트 구조의 특징 등을 하나하나 명시적으로 구명하여 이를 가르치자는 것이고,[8] 후자는 학생들에게 각 장르의 전형성을 지닌 텍스트를 제시하여 교사가 설명하고 또 학생들과 함께 그 특징을 탐구함으로써 장르 지식을 내면화하도록 하는 형태를 보이고 있다. 이렇게 되면 명시적인 장르 지식을 지향하지 않고 언어로 구체화되지 않은 암묵적 지식 형태를 띠는 것으로 볼 수 있다.[9]

한편, 국내 쓰기 영역에서 장르 중심 접근법을 본격적으로 소개한 박태호(2000)는 '교육 내용'을 미시 장르 종류별로 상황 맥락, 텍스트 구조, 텍스트의 언어적 특징을 가르쳐야 한다는 관점을 제시하였다. 이재기(2005) 역

---

[7] 그러한 근저에는 각 장르의 언어적 특성이나 구조적 특징이 연구되어 있지 않을 뿐 아니라, 개발하려고 해도 수없이 다변하는 맥락의 가변성 때문에 그것을 일일이 연구, 개발하는 게 현실적으로 어렵고, 또 그렇게 가르치는 것 자체가 효과적이지도 않다는 판단을 하고 있는 것으로 보인다.
[8] 그 구체적인 모습은 Knapp, Wakins(2005, 주세형 외 옮김, 2007)에서 잘 보여 주고 있다. 이 저작물에서 연구자들은 장르를 묘사, 설명·지시·주장·서사 5가지 미시 장르로 나누고, 각 장르에 대해 목적·내용·구조·문법을 가르치자고 주장한다. 그 가운데서 특히 각 장르의 문법적 특징을 세밀하게 분석하고 이를 중심으로 가르칠 것을 제안하고 있다.
[9] 그럼에도 북미 수사학파에서도 장르 지식의 유형을 구획 짓고 그것이 어떠한 것인지를 규명하려는 노력을 지속하고 있다. Hyland(2004)는 장르 지식의 종류를 '의사소통의 목적에 관한 지식, 텍스트 규범에 관한 지식, 내용과 사용역에 관한 지식, 맥락에 관한 지식' 4가지로 구분하였다. Johns 외(2006)도 장르에 관한 지식의 종류를 '수사적 지식(Rhetorical Knowledge)', '주제·내용적 지식(Subject-matter knowledge)', '절차적 지식(Procedural Knowledge)', '구조적(Formal Knowledge)'으로 분류하고 있다. 그리고 이들 4가지 장르 지식은 근본적으로 '기초적 지식(Nascent Knowledge)'을 바탕으로 성립되는데, 이 4가지 장르 지식을 두루 갖추면 '전문적 지식(expertise)'을 갖추게 된다고 보고 있다(Johns 외, 2006 : 239).

시 미시 장르를 중심으로 언어 활동 목적, 텍스트, 문식성 기능, 텍스트 구조와 특징, 상황·문화 맥락의 이해 5가지를 설정하였다.

그렇다면 원론으로 돌아가서 장르 접근법 연구자들이 공통적으로 교수·학습에 관한 이론적 토대로 삼고 있는 비고츠키의 사회문화적 관점의 관점에서는 무엇을 가르쳐라고 하는지 점검해 볼 필요가 있다. 비고츠키의 근접 발달 영역 이론을 바탕으로 한 Collins 외(1989)의 '인지적 도제(cognitive apprenticeship)'에서는 교육 내용을 '영역 지식(Domain knowledge), 발견 전략(Heuristic strategies), 통제 전략(Control strategies), 학습 전략(Learning strategies) 4가지로 제시하고 있다. 여기서 교육 내용과 관련된 지식이 '영역 지식(Domain knowledge)'인바, 이는 '개념적 지식 및 사실적 지식과 절차적 지식'을 말한다(Collins.Brown.Newman, 1989). 즉 특정 장르, 예를 들어 '설명문'이란 미시 장르를 설정하고 설명문의 '영역 지식'이 무엇인지를 생각해 보면 '설명문에 관한 지식'이란 점을 확인할 수 있다.

그리고 설명문에 관한 지식은 설명문의 언어적 특성과 구조적 특징이 되는 것이다. 이것이 일차적인 설명문에 관한 영역 지식이자 명제적 지식이다. 그리고 '발견 전략'은 설명문의 언어적 특성과 구조적 특징을 발견해 가는 '절차적 지식'이다.

이렇듯 비고츠키의 관점과 이를 바탕으로 한 인지적 도제적 관점에 비추어 볼 때 이상적인 장르 지식의 모습은 그 장르에 대한 개념적 지식과 그 장르를 수용 혹은 생산하는 데 필요한 절차적 지식이 된다.

이러한 관점을 바탕으로 2009 개정 교육과정의 내용 체계에 적용해 보면, 장르에 관한 개념적 지식은 '지식'과 대응되며, 절차적 지식은 '기능'에 대응됨을 알 수 있다. 따라서 2009 개정 국어과 교육과정의 내용 체계표를 통해 구체적으로 적용해 보면 다음과 같다.

[표 1]   2009 개정 국어과 교육과정 읽기 영역 내용 체계

실 제		
• 다양한 목적의 글 읽기 　- 정보를 전달하는 글 　- 설득하는 글 　- 친교 및 정서 표현의 글 • 읽기와 매체		
지식	기능	태도
- 읽기의 본질과 특성 - 글의 유형 - 읽기와 맥락	- 낱말 및 문장의 이해 - 내용 확인 - 추론 - 평가와 감상 - 읽기 과정의 점검과 조정	- 가치와 중요성 - 동기와 흥미 - 읽기의 생활화

　이 내용 체계표를 통해 우리 교육과정이 지향하는 장르 지식의 내용을 점검해 볼 수 있다. 2009 개정 국어과 교육과정 읽기 영역의 내용 성취 기준 "(4) 설명 방식을 파악하며 설명하는 글을 읽는다."를 적용해 보면 다음과 같다.
　먼저, '실제' 범주이다. 이 성취 기준에서 선정된 장르는 (정보를 전달하는 글의 미시 장르 가운데 하나인) '설명문'이다. 따라서 '실제'란에다 '설명문'을 써넣으면 그 의미는 '다양한 매체에서 설명문 읽기'가 된다. 그리고 설명문이란 미시 장르가 내용 요소 범주인 '지식', '기능', '태도'를 규정하고 통어하기 때문에, 아래 칸의 '지식', '기능', '태도'는 모두가 설명문에 관한 '장르 지식'이어야 한다.
　다음은 '지식' 범주이다. 여기에서의 '지식'은 '담화와 글의 수용·생산 활동에서 요구되는 형식적, 본질적, 명제적 지식'이다. 따라서 설명문을 읽는 데 필요한 형식적, 본질적, 명제적 지식이자 그 장르의 개념과 특성, 글의 유형, 맥락을 포함하므로, 설명문에 관한 개념과 특성, 구조와 설명문을 읽을 때 고려해야 할 '맥락'이 이에 해당된다.[10] 따라서 이 내용 성취 기준이 '설명 방

---
10) 2007 개정 체계표에 독립되어 있던 맥락을 '지식' 범주로 옮기는 과정에서도 많은 논란이 있었지만, 맥락을 개념적 지식 범주인 '지식'에 포함시켜야 하는지에 대해서는 의문이다. 물론 Hyland(2004)와 같은 학자도 위에서 살펴본 것처럼 '맥락에 관한 지식'을 설정하면서 사회적·문화적 맥락과 상황 맥락이 글의 목적, 내용, 주제, 텍스트의 구조 등에 많은 영향을 끼치게 되는데, 필자가 이러한 맥락에 관한 지식을 알고 있어야 한다고 보았

식'을 파악하며 설명하는 글을 읽는 것으로 설정되어 있으므로, 설명문의 일반적인 짜임과 함께 정의, 예시, 비교, 분류, 열거, 분석, 인과 등과 같은 설명 방식도 함께 가르쳐야 한다.

'기능' 범주는 '담화나 글의 수용·생산 활동에 관여하는 사고의 절차나 과정'이므로 설명문을 읽는 데 필요한 절차적 지식이다. 그 절차는 ① 낱말 및 문장의 이해, ② 내용 확인, ③ 추론, ④ 평가와 감상, ⑤ 읽기 과정의 점검과 조정의 순이다.

'태도' 범주는 '가치와 중요성', '동기와 흥미' 등을 포함하므로, 설명문의 가치와 중요성을 느끼고, 설명문을 읽는 데 동기와 흥미를 가지며, 설명문을 읽는 것을 생활화하는 것이다.

이처럼 우리의 2009 개정 국어과 교육과정의 내용 체계표를 통해 확인한 결과, 외국의 장르 중심 접근법처럼 개별 장르를 중심으로 그 장르를 생산 혹은 수용하는 데 필요한 장르 지식을 교육 내용으로 설정하고 있음을 알 수 있다. 그렇지만 시드니 학파처럼 언어적 특성과 구조적 특징 등이 명시적으로 개발되어 있지 않은 상황이라서 오히려 언어 사용 맥락에 따른 개별적인 장르의 사용법을 익히도록 하는 데 초점을 두는 북미 수사학파의 관점에 더 가깝다는 사실을 확인할 수 있다.

(2) 교육 방법

장르 지식을 가르쳐야 한다면 그것을 어떠한 절차와 방법으로 가르쳐야 하는 것일까? 즉 장르 중심 교수·학습 방법과 관련해서는 적지 않은 모형들이 발견된다. Callaghan & Rothery(1988), Harmond 외(1992), Burns and Joyce(1991, 1997), Feez(1998), 박태호(2000), 이재기(2005), Knapp, Wakins(2005), Arthur,Gail,Sima(2007), 원진숙 외(2011) 등이 그것이다.

다.(Hyland, 2004). 그렇지만 맥락은 글(혹은 담화)을 수용·생산하는 데 고려해야 하는(영향을 미치는) 요소로서, 이는 알아야 할 '지식'이 아니라, 파악하거나 고려할 줄 아는 능력이므로 '기능'에 속한다고 보는 것이 더 타당하다. 실제 말과 글의 수용 혹은 생산에 있어서 제일 먼저 하는 활동이 '계획'인바, 이 단계에서 주된 활동이 '맥락'을 파악하는 것이기 때문이다.

이들 가운데 주요 모형을 살펴보면 다음과 같다.

먼저, Callaghan & Rothery(1988)의 3단계 교육과정 모형이다.

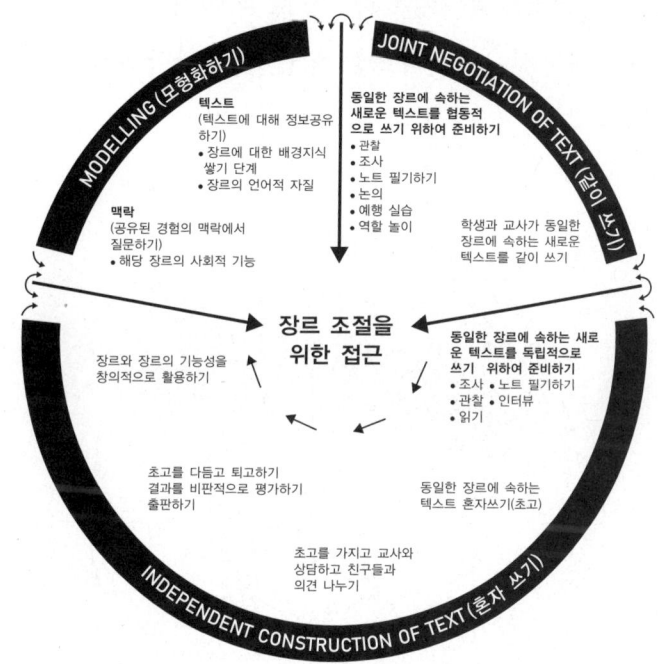

〔그림 1〕 Callaghan & Rothery의 쓰기 교육 모형(1988 ; 주세형 외, 2007 : 68)[11]

〔그림 1〕의 모형은 '시범 보이기[12]—같이 쓰기—혼자 쓰기' 세 단계로 제시하고 있다. 1단계인 시범 보이기 단계는 그 장르를 사용해야 되는 맥락을 파악하고, 가르치려는 장르의 전형적인 모습을 띤 텍스트를 통해 해당 장르에 대한 언어적 특징과 구조 등에 대한 배경지식을 쌓을 수 있도록 설명하고 시범을 보인다. 2단계인 텍스트를 같이 쓰는 준비 활동에서는 앞 단계

---

11) Rothery는 1994년에는 '교수·학습 사이클(Teaching-learning cycle)'이란 명칭으로 이와 유사하게 원형으로 된 모형을 '(텍스트의) 탈구성(deconstruction)—함께 쓰기(joint construction)—혼자 쓰기(independent construction)' 단계로 제시한 바 있고, 1996년에는 위의 3단계 교육과정 모형을 자신의 단독 모형으로 제시한 바 있다((Rothery, 1996 : 102).

12) 이 책을 옮긴이들은 'modeling'을 '모형화하기'로 번역하였으나, '시범 보이기'로 번역하는 것이 타당하다. 장르 중심 접근법에서 교육 '방법'에 대해서는 대부분 비고츠키의 '근접 발달 영역' 이론에 바탕을 '인지적 도제' 원리를 원용하고 있다. 그런데 인지적 도제에 포함된 'modeling'은 교사가 학생들에게 방법과 원리를 설명하고 절차와 과정을 시범 보여 주는 활동으로 이뤄져 있기 때문에 '시범 보이기'로 번역하는 것이 타당할 것이기 때문이다(실제 우리 교육학계에서는 이 용어는 '시범 보이기'로 굳어져 있고, 이 책의 영어판 원문의 문맥에서도 '시범 보이기'의 의미로 사용되고 있음을 확인할 수 있다.).

에서 본 시범을 바탕으로 동일한 장르를 교사와 학생, 학생과 학생들이 함께 협의 활동을 하면서 함께 쓰기를 하고, 마지막으로 3단계에서는 학생 혼자서 독립적으로 텍스트를 쓰는 과정으로 이어져 있다. 그리고 이 모형이 원형으로 되어 있는 것은 각 장르를 학습할 때마다 이러한 과정을 반복한다는 의미이다.

다음은 Burns and Joyce(1991)의 모형이다.

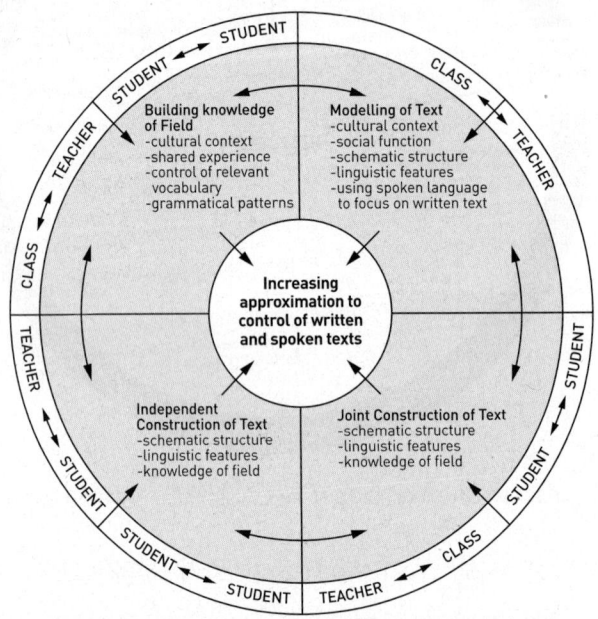

〔그림 2〕Burns & Joyce의 교수·학습 사이클 모형(1991)

〔그림 2〕의 모형은 연구자들 스스로가 위의 Callaghan & Rothery (1988) 모형을 수정, 보완하였다고 밝힌(Hammond et al 1992 : 17) 것처럼 위의 모형과 절차와 단계 및 각 단계의 학습 활동까지 매우 유사하지만, 글 담화뿐만 아니라 입말 담화로까지 영역을 확대한 교수·학습 방법이란 점이 눈에 띄고, 또 각 단계별로 교사와 학생, 학생과 학생의 상호작용 형태를 명시하였다는 점에서 매우 구체적이고 명시적이다.

다음은 Feez(1998)의 모형이다. Feez는 위의 Callaghan & Rothery(1988)와 같이 원을 구심점에서 5등분하여 활동 방법이나 설명 없이 단순화하여 '1. 맥락 설정하기, 2. 시범 보이기 및 텍스트의 탈구성, 3. 텍스트 함께 쓰기, 4. 텍스트 독립적으로 쓰기, 5. 관련 텍스트와 연결시키기' 5단계로 절차화하였다(Feez, 1998 ; Ken Hyland(2007 : 159)).

박태호(2000)는 호주 시드니 학파와 북미 수사학파의 관점을 상호 보완적으로 절충함으로써 위의 모형들과 유사한 '시범 보이기-협의를 통한 협동적 텍스트 구성'(맥락 연구-대집단 공동 텍스트 구성)-독자적인 텍스트 구성'으로 이어지는 모형을 구안하였다.

Knapp, Wakins(2005 ; 주세형 외 옮김)는 위의 Callaghan & Rothery(1988)의 모형을 비판적으로 수용하면서, 장르와 문법의 교수·학습을 위해 필요한 통합적 요소의 윤곽을 그리고, 효율적인 교육 실천을 위한 일련의 원리로 그 틀을 설계하는 것이 중요하다고 보면서 다음과 같은 5가지 원리를 제시하였다.

(1) 구체적인 지식에서 추상적인 지식으로의 이동
(2) 반복적 연습
(3) 지식과 기능에 대한 집중적 처치
(4) 명시적이고 체계적인 안내
(5) 진단 평가 ('형성평가'에 해당하는 내용)

그런데 이러한 원리는 이들이 구안한 장르 중심 접근법의 원리라기보다는 학습에 대한 일반적인 성격이 짙다. 그럼에도 장르를 어떻게 학습해야 할지에 대한 지침으로서는 유용하다고 하겠다.

이재기(2005)는 바흐친의 관점을 바탕으로 교실 맥락, 상황 맥락, 사회·문화적 맥락으로 범주화하고 이들 사이의 상호 작용을 강조하면서, 동시에 읽기, 쓰기, 토의하기(말하기·듣기) 활동의 연속성과 순환성을 강조하는 '소통 중심 문식성 교육 모형'을 제시한 바 있다.

Arthur, Gail, Sima(2007)는 미숙한 외국어 학습자를 대상으로 한 장르 중심 쓰기 교육 모형을 [그림 3]과 같이 구안하였다.

이 모형에서는 '배경지식 형성하기-활동하기(장르에 관한 시범 보이기)-토의하기-작문하기(함께 쓰기에서 독립적 쓰기로 전환)-일반화하기'

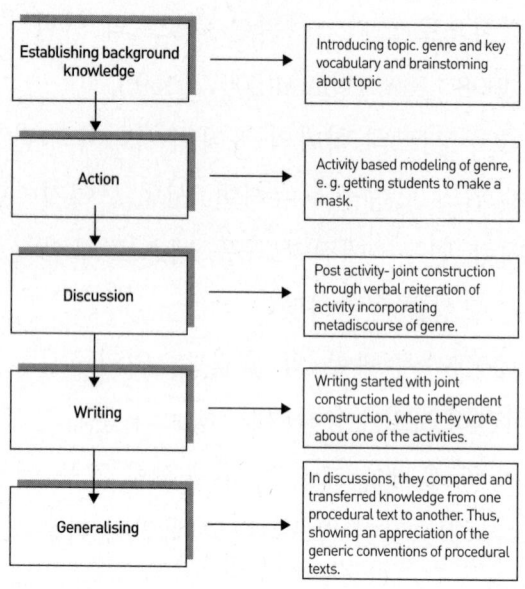

〔그림 3〕 Arthur, Gail, Sima의 장르 중심 쓰기 교육 모형(2007)

단계로 이뤄져 있다. 비교적 최근인 2007년에 구안되었음에도 단계를 좀 더 세분화하였다는 것 외에는 앞의 모형과 큰 차이가 없음을 알 수 있다.

원진숙 외(2011)는 '관문 활동을 통해 장르의 특징 탐구하기, 교사와 협력해서 텍스트 구성하기, 학습자 스스로 텍스트 구성하기, 텍스트 공유하기를 통해 독자의 반응 경험하기, 글 고쳐쓰기 절차'로 된 장르 기반 환경적 쓰기 교수·학습 모형을 제시한 바 있다. 이 밖에도 지면 관계상 구체적인 검토를 생략한 모형들까지 포함하여 각 모형의 방법을 정리하면 다음과 같다.

〔표 2〕 장르 중심 모형의 방법

연구자	방법(절차)
Rothery(1994)	- 텍스트 구조 분석(deconstruction) - 같이 쓰기(joint construction of text) - 혼자 쓰기(independent construction)
Callaghan & Rothery(1988)	- 시범 보이기(modeling) - 같이 쓰기(joint negotiation of the text) - 혼자 쓰기(independent construction of text)
Burns & Joyce (1991)	- 배경지식 형성하기(Building background) - 텍스트 시범 보이기(Modeling of text)

	– 같이 쓰기(joint construction of text) – 혼자 쓰기(independent)
Burns & Joyce (1997)	1. 언어가 사용되는 전체 맥락 확인 2. 확인된 맥락에 근거하여 학습 코스의 목표 개발 3. 맥락 속에서 언어 사건의 계열(sequence) 확인 4. 그 계열에 사용되는 장르 나열 5. 그 맥락 속에서 학생들이 사용해야 할 사회인지적 지식 설명 6. 샘플 텍스트 수집과 분석 7. 장르에 관련된 단원 개발 및 달성해야 할 학습 목표 설정
Feez(1998)	1. 맥락 설정하기(building the context) 2. 시범 보이기와 텍스트 구조 분석(modeling and deconstruction) 3. 함께 쓰기(joint construction of the text) 4. 혼자 쓰기(independent construction of the text) 5. 관련 텍스트와 연결하기(linking realated texts)
박태호(2000)	1. 시범 보이기 2. 의미 협상을 통한 협동적 텍스트 구성하기 3. 독자적인 텍스트 구성하기

이재기(2005)	– 교실 맥락
	  • 언어 활동 측면 : 읽기, 쓰기, 토의하기(말하기·듣기) 활동의 연속성과 순환성 강조
	  • 의사소통 구조 측면 : '내적 대화→외적 대화'의 순환 구조
	– 상황 맥락 : 교실 맥락을 직접적으로 규정, 혹은 구성
	– 사회·문화적 맥락 : 교실 맥락, 상황 맥락을 구성하는 포괄적 맥락

Knapp, Wakins (2005)	(1) 구체적인 지식에서 추상적인 지식으로의 이동 (2) 반복적 연습 (3) 지식과 기능에 대한 집중적 처치 (4) 명시적이고 체계적인 안내 (5) 형성평가
Arthur, Gail, Sima (2007)	– 배경지식 형성하기 – 활동하기(장르에 관한 시범 보이기) – 토의하기 – 작문하기(함께 쓰기에서 독립적 쓰기로 전환) – 일반화하기
원진숙(2011)	– 관문 활동을 통해 장르의 특징 탐구하기 – 교사와 협력해서 텍스트 구성하기 – 학습자 스스로 텍스트 구성하기 – 텍스트 공유하기를 통해 독자의 반응 경험하기 – 글 고쳐 쓰기

이들 모형의 절차와 방법을 검토해 보면, 공통적으로 장르가 사용되는 맥락을 점검하고, 그 맥락에서 사용되는 장르의 시범을 보여 주고, 교사와 학생이 함께 그 장르의 텍스트를 구성하면서 익힌 후에, 학생이 독립적으로 구성해 나가는 절차를 근간으로 하고 있다.[13]

이렇게 방법 및 절차가 비슷한 까닭은 무엇일까? 이 의문에 대한 해답을 찾는 것은 어렵지 않지만, 이를 점검하는 것 자체가 중요하다. 왜냐하면 장르 중심 접근법의 교육 방법적 근원을 확인하고, 또 장차 이를 심화 확대하는 데 있어서 중요한 단서이기 때문이다. 다음 [표 3]을 보자.

[표 3] 인지적 도제를 활용한 이상적인 학습 환경(Collins, Brown, Newman(1989)[14]

내용 (Content)	- 영역 지식(Domain knowledge) - 발견 전략(Heuristic strategies) - 통제 전략(Control strategies) - 학습 전략(Learning strategies)
방법 (Methods)	- 시범 보이기(Modeling) - 코칭(Coaching) - 비계와 도움 중지(Scaffolding and fading) - 명료화(Articulation) - 성찰(Reflecting) - 탐구(Exploration)
학습의 계열성 (Sequence)	- 점진적인 복잡화(Increasing complexity) - 점진적인 다양화(Increasing diversity) - 전체에 부분으로(Global before local skills)
학습의 사회성 (Sociology)	- 상황(에 터한) 학습(Situated learning) - 전문적 연습의 문화(Culture of expert practice) - 내적 동기(Intrinsic motivation) - 협력 활용(Exploiting cooperation) - 경쟁 활용(Exploiting competition)

이 표는 이미 앞에서 살펴본 바와 같이 비고츠키의 근접 발달 영역 이론을 바탕으로 한 Collins, Brown, Newman(1989)의 인지적 도제 모형이다. 이

---
13) 이재기의 모형은 절차적 단계가 분명하게 드러나지 않지만 이 역시 그러한 원리를 바탕으로 하고 있음을 확인할 수 있다(이재기, 2005 참조).
14) 이 표는 조미헌·이용학(1994)이 인용함으로써 우리나라 교육학계에 널리 인용되고 있는바, 범교과를 염두에 두고 용어를 번역하였기에 연구자가 전반적으로 수정하였다.

표에서 '방법'을 주목해 보면, 그 절차가 '시범 보이기-코칭-비계와 도움 중지-명료화-성찰-탐구'로 이어지고 있다. 이는 교사의 도움주기 활동, 즉 비계(scaffolding) 제공에서 학생의 독립적인 활동으로 이어지는 책임 이양의 과정이다. 위에서 살펴본 장르 중심 모형들이 공통적으로 유사한 까닭이 바로 비고츠키의 관점을 바탕으로 한 이 인지적 도제 원리를 바탕으로 교수·학습 방법의 절차를 구안하였기 때문이다.

그렇다면 바람직한 장르 중심 교수·학습 방법은 어떠한 절차와 단계로 이뤄져야 할까? Knapp, Wakins(2005)처럼 언어적 특성과 구조적 특징 등을 명시적으로 가르치는 형태를 지향할 것인가, 아니면 북미 수사학파처럼 언어 사용 맥락에 따른 개별적인 장르의 사용법을 명시적으로 가르치는 형태를 지향할 것인가? 양자택일을 하라면 우리의 현실은 후자 쪽을 선택할 수밖에 없다. Knapp, Wakins(2005)가 개발한 것처럼, 각 장르에서의 언어적 특성이 개발되어 있지 않은데다 각 장르를 생산하거나 수용하는 절차적 지식 또한 개발되어 있지 않기 때문이다.[15]

그렇다고 가르치려는 장르의 전형적인 모습을 띤 텍스트를 선정, 제시하고 그것을 통하여 학생들로 하여금 그 장르에 대한 지식을 발견 혹은 탐구토록 하는 형태 역시 매력이 떨어진다. 효과성과 효율성을 추구하는 오늘날 교수·학습 방법의 동향에서 볼 때 그리 바람직한 방법은 아니기 때문이다. 다음과 같은 Whilhelm(2001)의 인지적 도제 모형의 절차와 방법을 보면 훨씬 명쾌하고 분명하다.

- 단계 1 : 전략에 대한 시범 보이기 단계. '교사 실행-학생 관찰' 형태로 진행된다. 즉 교사가 사고 구술과 같은 테크닉을 이용하여 전략에 대해 설명하고 시범을 보인다.
- 단계 2 : 전략 사용에 대한 인지적 도제 단계. '교사 실행-학생 도움'의 형태를 띠며, 학생들이 전략을 언제, 어떻게 사용해야 할지에 관해 깨닫고 이야기

---

[15] 예를 들면 설명문의 개념, 일반적 특성, 구조 등과 같은 개념적 지식은 개발되어 있지만, 구체적인 언어적 특성과 설명문을 읽는 데 필요한 절차적 지식 역시 공인된 지식 형태로 개발되어 있지 않기 때문이다.

한다. 이 단계에서는 학생들이 교사를 도와주는 형태를 취한다. 이는 곧 교사가 학생들에게 설명하지 않고, 학생들로 하여금 스스로 깨닫게 하여 그것을 표현함으로써 교사를 돕는 형태를 취하는데, 이는 인지적 도제의 핵심적 과정에 해당된다.

- 단계 3 : 전략의 비계 단계. '학생 실행-교사 관찰' 형태로 진행되며, 학생들이 소집단 활동을 통하여 전략을 사용하면서, 사고 구술과 같은 테크닉을 이용하여 학생 상호간의 조력 활동을 통해 전략에 관해 협력 활동을 하는 단계이다. 교사는 학생들의 활동을 지켜보다가 피드백을 제공하고 또 학생들이 필요로 하는 사항들에 도움을 제공한다.
- 단계 4 : 학생의 독립적 사용 단계. 학생 실행-교사 관찰' 형태로 진행되며, 사고 구술과 같은 테크닉을 이용하여 자신이 배운 전략을 독립적으로 사용토록 한다(Whilhelm, 2001 : 13-15).

'교사 실행-학생 관찰 ⇨ 교사 실행-학생 도움 ⇨ 학생 실행-교사 도움 ⇨ 학생 실행-교사 관찰'로 구조화되어 있는 이 비계 설정 모드는 장르 중심 연구가들이 제시한 방법보다 훨씬 더 체계적이고 친절하다. 그렇다면 대부분의 장르 중심 연구가들은 왜 이러한 친절한 책임 이양의 과정을 제시하지 않은 것일까? 한 마디로 이러한 과정을 거칠 수 있도록 개발된 '장르 지식'이 존재하지 않기 때문이다. 존재하지 않는 까닭은 앞에서 이미 논의한 것처럼 수없이 다변하는 맥락의 가변성 때문에 그에 따른 언어의 특성과 구조를 일일이 연구, 개발하는 것도 가르치는 것 자체가 효과적이지도 않다는 판단을 하고 있기 때문이다.

장르 중심 접근법에서의 교육 방법적 특징을 정리하면 지금까지 살펴본 바와 같다. 즉 기본적으로는 비고츠키의 언어와 사고에 대한 관점, 그리고 근접 발달 영역, 그에 터한 인지적 도제와 비계 이론 등과 같은 오늘날 사회구성주의 및 사회·인지 이론을 근간으로, 교사의 시범과 협동적인 구성, 그리고 학생 독립적 구성의 형태를 바탕으로 하고 있는 것이다. 그리고 세부적으로는 언어적 특성과 구조적 특징 등을 명시적으로 가르치는 형태를 지향하는 흐름과, 언어 사용 맥락에 따른 개별적인 장르의 사용법을 발견하는(혹은 탐구하는) 형태를 지향하는 두 갈래의 흐름이 병존하고 있음을 알 수 있다.

지금까지 본 장에서 논의한 장르 중심 접근법의 교육 내용과 교육 방법을 바탕으로 장르 중심 교육의 원리라 할 만한 내용을 정리하면 다음과 같다.

첫째, 국어를 통한 학생들의 의사소통 능력을 기르기 위해서는 각 상황에 반복적으로 사용되는 장르의 생산·수용 능력을 길러야 한다.

둘째, 장르의 생산·수용 능력을 기르기 위해서는 각 미시 장르별로 '장르 지식'을 가르쳐야 한다.

셋째, 미시 장르별로 수용과 생산에 필요한 절차적 지식을 명시적(explicit)으로, 즉 설명과 시범을 통해 가르쳐야 한다.

넷째, 장르는 맥락에서 발생하므로, 맥락을 고려할 수 있도록 가르쳐야 한다.

다섯째, 학습의 사회적 과정인 협동학습을 통해 학생들이 함께 장르를 구성할 수 있도록 가르쳐야 한다.

여섯째, 학습의 심리적 과정을 반영해 장르별 통합 단원 체제로 가르쳐야 한다.

일곱째, 평가도 장르 중심 접근법에 맞춰 각 장르 학습에 필요한 명제적 지식과 절차적 지식을 평가해야 한다.

이러한 원리와 함께 앞에서 살펴본 내용과 방법을 함께 묶어서 장르 중심 수업 모형을 구안해 보면 [그림 4]와 같다.

이 모형은, 앞에서 살펴본 원형으로 된 수업 모형들과는 다른 모형을 띠고 있다. 원형으로 구조화된 장르 중심 수업 모형은 활동 과정을 순차적인 논리에 의해 반드시 순서를 밟아야 하는 선형적(linear)인 과정이 아니라 회귀적(recursive)이고 순환적 과정이란 점을 강조하는 데는 매우 효과적일 것이다.[16]

---

[16] 학문적 논의에서 모형을 도식화하는 방법은 순차적인 도식, 루브릭, 원형 등 다양하게 나타난다. 그 경향성을 추적해 보면, 행동주의 패러다임을 바탕으로 한 모형들은 대개 선조적(lineary), 단계적 논리를 바탕으로 사각형 박스를 통한 순차적 모양이나 육면체의 루브릭 형태를 띤 것이 많으며, 인지주의 패러다임이 등장하면서 종래 행동주의가 지향하던 선조적, 단계적 논리에서 회귀적, 순환적 논리로 전환됨에 따라 원형으로 도식화하는 경우가 많은 것으로 나타난다.

그러나 실제 활동 과정의 회귀적, 순환적인 측면을 강조하는 것보다는 그보다 더 중요한 원리인 학습자가 수업 후에 독립적으로 그 장르를 표현(혹은 이해)할 수 있느냐 하는 책임 이양의 원리를 도식화하는 데는 한계를 지니는 것으로 보인다. 따라서 비고츠키의 근접 발달 영역과 이를 바탕으로 한 비계(scaffolding)와 인지적 도제 모형, 그리고 책임 이양의 원리(Person, Gallagher, 1983)를 바탕으로 [그림 4]와 같은 모형을 구안한 것이다.

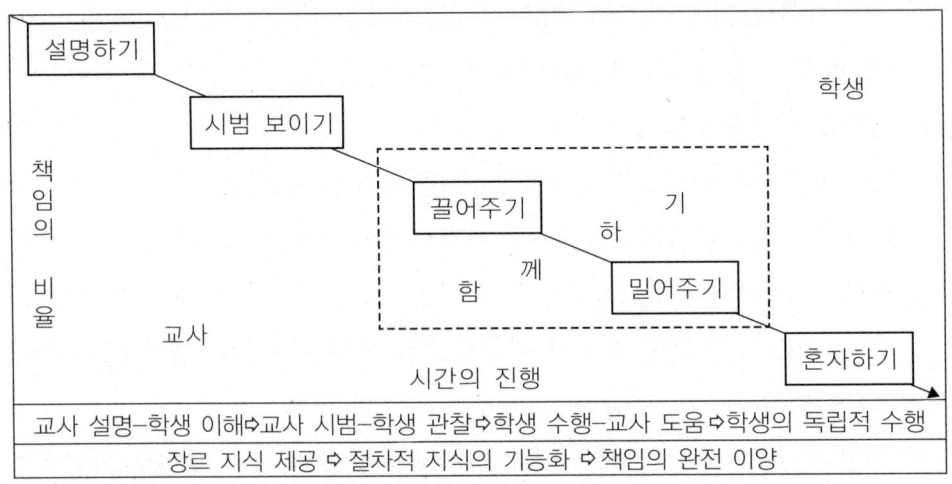

[그림 4] 장르 중심 수업 모형

이 모형의 각 과정의 활동 내용과 방법은 다음과 같다.

① **설명하기(Explain)**: '교사 설명-학생 이해' 형태로 학습해야 될 미시 장르에 대한 장르 지식을 명시적으로 제공하는 과정, 미시 장르의 명제적 지식(장르의 개념, 특성, 구조, 언어적 특징 등), 절차적 지식[17], 조건적 지식(그 장르를 쓸 때 '갖춰야 할' 흥미, 태도 등)을 설명한다. 교사 주도 활동 단계이지만 교사와 학생 간의 상호작용을 적극 활용한다.

② **시범 보이기(modeling)**: '교사 시범·학생 관찰' 형태로 학습해야 될 장르의 전형적인 텍스트(시범 텍스트)를 통하여 시범 보이는 활동, 시범

---

17) 절차적 지식은 그 장르를 표현(혹은 수용)할 때 반드시 '할 수 있어야' 할 절차와 방법인데, 쓰기에서는 기본적으로 '계획하기-내용-생성-내용 조직-표현-고쳐쓰기'의 과정을 거치지만, 논설문의 계획하기와 보고서 계획하기는 분명한 차이가 있는 것처럼, 개별 장르들은 각자의 목적과 특성에 따라 동일한 활동이라도 각기 다르기 때문에 각 장르별로 다르게 제공해야 한다.

텍스트를 제시하고 앞에서 설명한 장르 지식과 연결하여 맥락을 확인하고, 명제적 지식, 절차적 지식을 확인하면서 생산(혹은 수용)하려는 장르 지식을 분명히 인식시킨다.

③ 함께 하기(Collaborative Learning): '학생 실행·교사 도움'의 활동 과정. 학생 혼자서 독립적으로 장르를 구성하기가 어렵기 때문에 모둠별 협의를 통하여 글을 쓰는 과정에 대해 교학상장(敎學相長)하면서 활동 과정에 대한 인지적인 협력을 한다. 처음에는 교사가 '끌어주기(coaching)'를 하다가, 나중에는 '밀어주기(scaffolding)' 활동으로 전환한다. 이 활동의 끝에는 모둠별 발표와 피드백을 통하여 지금까지 활동한 과정을 정리하면서 개별 학생이 혼자서 독립적으로 활동할 준비를 하도록 한다.

④ 혼자 하기(Independent Acting): 학생들이 앞의 활동을 바탕으로 학습할 장르를 혼자서 독립적으로 구성하는 과정.

참고로 장르 중심 접근법은 과정 중심 접근법과는 어떠한 차이가 있는지를 정리해 보면 〔표 4〕와 같다.

〔표 4〕 장르 중심 접근법과 과정 중심 접근법의 비교

영역 \ 접근법	과정 중심 접근법 (process-based approach)	장르 중심 접근법 (genre-based approach)
패러다임	• 인지주의	• 구성주의 (사회구성주의, 사회인지이론)
시기	• 1970~80년대	• 1990년대 이후
특징	• 의사소통 '과정'에 초점 • 개인 내적 인지 과정 중시 • 맥락 소홀	• 장르(미시 장르)에 초점 • 개인 간의 사회적 과정 중시 • 맥락 중시
기본 관점	• 의사소통의 '결과'보다 그것을 산출해 내는 '과정'이 중요. • 의사소통하는 '과정'을 익히면 의사소통 능력이 길러진다.	• 담화 공동체 구성원들은 특정 상황이 되면 사회문화적으로 굳어진 '장르'로 소통한다. • 반복되는 상황에 적합한 '장르'를 익히면 의사소통 능력이 길러진다.

교수·학습 내용	• (범장르적)언어 사용 기능	• 장르 지식(미시 장르마다 다름)
교수·학습 방법	• 직접 교수법, 현시적 교수법 등	• 인지적 도제/협동학습 • 장르 중심 교수법, 상보적 교수법
교과서 (대)단원 구성	• 대단원 안에 다양한 장르 제시	• 장르별로 대단원 구성 지향
우리나라 교육과정 시기	• 제5차~제7차 국어과 교육과정	• 2007 개정 국어과 교육과정 이후

과정 중심 접근법은 행동주의에 바탕을 둔 결과 중심 패러다임이 인간의 두뇌 속에서 일어나는 인지(사고) 과정을 관찰 불가능하기 때문에 이를 도외시한 채 '결과'에만 초점을 뒀던 것을 비판하면서 등장하였다. 인간의 두뇌를, 정보처리를 하는 컴퓨터에 은유하면서 등장한 인지심리학의 등장에 힘입었기 때문에 가능하였음은 물론이다. 따라서 의사소통 시 사고하는 '과정'과 방법을 익히면 의사소통 능력이 길러진다는 기본 관점을 제시한 것이다. 그러면서 모든 장르에 공통적으로 사용할 수 있는 언어 사용 기능을 교육의 내용으로 제시하고 설명과 시범, 그리고 학생의 활동으로 이어지는 교수법을 통하여 가르치도록 제안하였다. 이로 인해 교과서의 (대)단원을 장르 구분 없이 섞어서 제시하여 표현 혹은 이해하는 '과정'을 가르치도록 제시했던 것이다. 우리의 제5차 국어과 교육과정에서부터 제7차 국어과 교육과정의 국어 교과서들이 그 좋은 예가 된다.

장르 중심 접근법은 과정 중심 접근법이 의사소통의 맥락(상황 맥락과 사회문화적 맥락)을 간과함으로써 마치 진공 상태에서 의사소통하는 법을 가르친다고 비판하면서 등장한다. 장르 중심 접근법은 장르와 맥락 간의 관계를 강조하면서 등장하였다는 Hyon(1996)의 설명이 이를 잘 설명해 준다. 이러한 비판은 구성주의, 특히 비고츠키의 사회문화적 관점을 바탕으로 한 사회구성주의와 사회인지이론의 관점을 차용하면서 가능하였던 것이다. 따라서 장르 접근론자들은 담화 공동체 구성원들은 반복되는 유사한 상황이 되면 사회문화적으로 굳어진 '장르'로 소통을 하는데, 각 상황에 적합한 '장르'를 가르치고 배우면 학생들이 상황에 적합한 효과적이고 효율적으로 의사소통 능력을 기를 수 있다는 관점을 제시하였다. 따라서 과정 중심 접근법으로 수업설계를 하면, 하나의 대단원 속에는 맥락과 장르의 특성을 고려하지 않은 채 다양한 담화나 글의 종류를 제시하고 어떤 글(담화)이든지 읽기(혹은 쓰기) 과정만 가르치면 된다. 그러나 장르 중심 접근법의 경우 하나의 대단원 속에는 기본적으로 동일한 장르의 담화나 글을 배치하는 것을 더 효과적이고 효율적으로 본다. 그렇게 하면 학습자가 그 장르의 장르 지식을 분명하게 인식하고 그것이 필요한 상황이 되면 그 장르의 형식과 내용으로 의사소통을 한다는 것이다.

4. 장르 중심 접근법의 전망과 과제

장르 중심 접근법의 전개 양상에서 우리가 주목해야 할 점은 처음에는 쓰기 영역을 중심으로 연구되었지만, 1990년대 시점에서 이미 쓰기 영역뿐만 아니라, 읽기, 문학 영역에서도 확대 적용되었고, 그 효과도 적지 않게 입증되었다는 점이다. 즉 1990년 시점에 호주에서 이미 자국어 교육은 물론 제2 언어 교육에서 쓰기와 읽기의 문식성 기능 개발을 목적으로 진행되었으며, 문학 영역에서도 초등학생들에게 적용하여 좋은 결과를 얻었다 (Thwaite, 2006 ; Christie, 1993 ; Callaghan, Knapp and Noble, 1993). 그러한 효과를 바탕으로 1990년대 호주 국가 교육과정 개발 프로젝트 (National Curriculum Project)에 일련의 영향을 미치게 된다(Knapp, Wakins, 2005 ; 주세형 외 옮김, 2007).

미국에서도 호주에서와 유사한 상황으로 전개되었는데, 2000년대 초반에 영어 교육과정이 이미 장르 중심 체제로 된 주가 확대되었을 뿐만 아니라,

제2 외국어 및 제2 언어 교육에서 중심 패러다임으로 자리를 잡았다. 그리하여 2000년대를 넘어서면서 미국 및 유럽 대부분 학교의 교과는 물론 통합 언어 교육과정이나 범교과 교육과정은 장르 중심 접근법으로 강화되었다(Lorenzo, Francisco, 2013). 계속해서 전 세계적으로 확장되어 오늘날에는 범세계적으로 확산되었는데, 싱가포르, 남아프리카공화국, 이탈리아, 홍콩, 캐나다, 스웨덴, 태국, 인도네시아 등의 국가에서 자국어 교육 및 특수 목적 영어교육 등에서 핵심 바탕이론으로 자리 잡게 되었다(Benedict Lin, 2006). 그리하여 장르 중심 접근법은 오늘날 언어교육에 있어서 가장 중요하고도 영향력을 지니면서, 문식성 연구와 교수에 있어서 중요한 패러다임으로 자리를 잡기에 이르렀다(Knapp, Wakins, 2005 ; 주세형 외 옮김, 2007 : viii ; Gebhard, Harman, Ruth, 2011 : 11).

왜 이렇게 장르 중심 접근법이 오늘날 가장 중요하고도 영향력 있는 패러다임으로 자리 잡게 되었을까? 사실 오늘날 언어(국어)교육과 관련하여 핵심 키워드를 찾아보면, '장르 중심', '문식성', '구성주의(특히 사회구성주의와 사회·인지적 관점)' 셋으로 압축되는 것으로 보인다. 그런데 이들은 각기 독자적으로 진행되는 것이 아니라, 이 셋 중 어느 키워드를 통해 접근하든 나머지 다른 둘과 만나게 되는 것 같다. 즉 입각 지점이 장르, 문식성, 구성주의 어느 쪽이든 나머지 두 키워드를 동시에 논하게 되는 것이다. 따라서 장르 중심 접근법은 이들 두 키워드와 함께 당분간은 지속적으로 영향력을 발휘할 것으로 보인다.

우리나라의 경우, 위에서 열거한 국가 명단에 포함되어 있지 않지만 앞으로 지속적으로 그 영향력을 미칠 것으로 예상된다. 그리고 그 영향력은 쓰기는 물론이고 읽기, 문학, 듣기, 말하기, 문법 등 거의 모든 영역으로 확대될 것이다. 이 가운데 읽기와 문학 영역은 지금까지만 해도 상당수의 논의가 진행되어 온 것을 확인할 수 있다.

먼저, 읽기 영역이다. 장르 중심 접근법을 읽기 영역과 관련하여 논의하였거나 그 구체적인 실천 방안을 논의한 연구 자료는 국내외의 상당수 찾아볼 수 있다. 외국의 연구 자료는 물론,[18] 국내 연구 자료들을 찾아볼 수 있는데, 읽기 영역의 텍스트 유형별 읽기에 지속적인 연구를 해 온 박수자(2016)는 장르 기반 비문학 제재 읽기 학습 방안을 모색하면서 장르 인식을 위한 텍스트 분석 질문 활동이 장르 기반 비문학 제재 읽기 학습 자원으로 적합하다고 제안하였다. 이재기(2005)는 이미 장르 중심 접근법은 읽기와 쓰기의 통합을 전제로 하여야 한다는 입장을 밝히고 있고, 최숙기(2012)는 장르 중심이라는 표제를 내세우지는 않았지만 장르 통합교육의 구체적인 방법을 제시하고 있다. 이 밖에도 1970년대부터 진행되어 온 텍스트 구조 분석에 대한 다양한 연구들도 사실은 장르 중심 접근법과 깊이 관련되어 있다는 점을 고려하면, 읽기 영역에서의 장르 중심 접근법은 다른 영역에 비해 가장 빨리 논의가 확장될 것으로 보인다.

　문학 영역에서도 이미 어느 정도 논의가 축적되어 있다. 호주와 미국 등 영어 문화권에서 쓰기 영역을 중심으로 '장르 중심 접근법'이란 표제를 내걸고 연구가 한창 진행되고 있을 무렵인 1980년대에, 독일 문학계에서는 '수용미학'의 후속 패러다임인 '구성주의 문예학'이 연구되어 1985년에 그 체계를 선보였다. 이 구성주의 문예학이 1995년 우리나라에 소개되고, 이를 바탕으로 한 '구성주의 문학교육'에 대한 논의가 시작된 것이 1998년이다.

　이상구(1998 ; 2002 ; 2007)에 따르면, 사회 문화적 배경을 함께하는 공동체에서 형성된 특정 장르의 일정한 형식인 표층 속성을 인식함으로써 장르를 습득하게 되는데, 이를 '장르도식(genre schema)'이라 하고, 이 장르도식이 경험적 지식으로 두뇌 속에 저장되어 있게 된다는 것이다. 독자가 글을 읽는 상황에서 자신이 읽고 있는 텍스트가 일단 특정 장르라는 판단이 서기만 하면 그 장르도식을 자동적으로 작동시켜서 독서 행위를 성공적으로 진행시킨다는 것이다. 그렇기 때문에 앞으로 각 문학 장르의 장르도식을

---

[18] 쓰기 외 읽기와 문학 영역에 관한 논의는 다음 연구들을 참고하였다. Anne Burns and Helen de Silva Joyce(2005), Johns 외(2006), Ken Hyland(2007), Tahun(2009), Gebhard.Harman, Ruth(2011), R. Negretti, M. Kuteeva(2011), Tribble, Chris.Wingate, Ursula(2013).

개발해야 하며, 교과서의 단원 구성도 심리학적인 효과를 기하기 위하여 장르별로 해야 된다는 관점을 제기하였다.[19]

이렇게 볼 때, 장르 중심 접근법과 같은 논의 체계는 일반적으로 알려진 것처럼 쓰기 영역을 중심으로 호주, 미국 등과 같은 일부 영어 문화권에서 시작하였다기보다는 언어와 관련된 전 학문 영역에 걸쳐 거대 패러다임 형태로 세계적으로 동시 다발적으로 발흥하였다고 보는 것이 타당할 것이다. 즉 1980년대에 전 세계적으로 언어 및 언어교육 학문의 거대 패러다임 이동(paradigm shift)이 일어났으며, 그 근저에는 피아제와 비고츠키로 대표되는 '구성주의'가 존재한다. 즉 호주 시드니 학파, 북미 수사학파, 특수 목적 영어교육(ESP) 그룹, 구성주의 문예학과 구성주의 문학교육에서 공통점이 바로 구성주의에 뿌리를 두고 있다는 점이다. 특히 이들 연구물에서 사회구성주의, 사회·인지 이론의 근간이 되는 비고츠키가 공통적으로 빠짐없이, 그리고 반복적으로 인용되고 있는 까닭이 여기에 있다.

장르 중심 접근법이 쓰기 영역만큼은 아니지만 읽기, 문학 영역에서도 이미 그 논의의 전개되고 있다는 사실은 앞으로의 확충 가능성은 얼마든지 열려 있다고 하겠다. 뿐만 아니라 듣기·말하기 영역은 물론 문법 영역에서도 그 가능성은 활짝 열려 있다고 하겠다. 듣기는 읽기 영역에서, 말하기는 쓰기 영역에서 얼마든지 시사점을 얻을 수 있으며, 문법은 이미 국내에 번역 소개된 Knapp, Wakins(2005 ; 주세형 외 옮김, 2007)에서 그 구체적인 방법을 시사받을 수 있다.

그렇다면 그 가능성을 어떻게 실현해야 할 것인가? 이 문제가 장르 중심 접근법과 관련된 우리의 과제일 것이다. 일차적으로는 장르 중심 접근법에 관심을 가지고 읽기, 문학 영역은 물론 다른 영역으로 논의를 확대해 가는 한편, 다음과 같은 세 가지 중요한 과제를 해결하는 쪽으로 연구가 진행되어야 할 것이다. 첫 번째는 장르의 유형 구분 및 배열(sequence)의 문제이고, 두 번째는 각 장르의 장르 지식의 개발 문제이며, 세 번째는 각기 다른

---

19) 이에 대한 자세한 논지는 이 책 6장과 7장을 참고하기 바람.

영역에 적용할 수 있는 교육 방법의 구체화 문제이다.

먼저, 장르의 구획 문제이다. 우리의 교육과정은 언어 사용 목적을 기준으로 정보, 설득, 친교, 정서 4분법을 쓰다가 2009 개정 교육과정에서는 친교와 정서를 묶어서 정보, 설득, 친교 및 정서 3분법으로 사용하고 있다.[20] 그리고 계열성을 바탕으로 학교급별 및 학년군별에 따라 장르를 배열하는 문제 역시 중요한 과제 중에 하나일 것이다.[21]

두 번째 과제는 장르 지식의 개발 문제이다. 장르 중심 접근법이 그동안 '쓰기' 영역에서 활발하게 논의되어 왔다고 하지만, 실제 교실에서 가르칠 수 있는 장르 지식이 어느 정도 개발되어 있는지 점검해 볼 필요가 있다. 설명문이나 논설문과 같이 이미 교과서에 제시되어 있을 만큼 장르 지식이 개발되어 있는 장르도 일부 있지만, 구체화되지 않은 장르가 훨씬 더 많은 게 현실이다. 근래에 들어와서 석사학위 논문들에서 이러한 연구들이 간혹 보이는 것은 반가운 현상이지만, 이들에 대한 메타 검증 연구도 이뤄져야 할 것이다.

그런데 문제는 장르 지식 개발에 앞서, 앞에서 살펴본 바와 같이 각 장르의 언어적 특성과 구조적 특징 등을 명시적으로 가르치는 형태를 지향할 것인가, 아니면 언어 사용 맥락에 따른 개별 장르의 사용법을 발견하는(혹은 탐구하는) 형태를 지향할 것인가 하는 선결 문제가 남아 있다. 이에 대해서는 시드니 학파처럼 구체적인 각 장르의 언어의 특성과 구조적 특징을 개발하여 가르치는 방향으로 나아갈 수도 있고, 북미 수사학파처럼 맥락의 중요성과 장르의 가변성에 무게를 두고 발견학습 혹은 탐구학습 형태로 나아갈 수도 있을 것이다. 그리고 이에 대해서는 장차 이를 쟁점으로 한 논의와 논쟁이 따라야 할 것이다.

---

[20] 장르 구분에 대해서는 다음과 같은 다양한 구분법이 있다. 보그란데와 드레슬러(1972)는 담화 구조를 중심으로 기술, 서사, 논박, 문학, 시, 과학, 변증, 대화로 구분한 바 있고, Amiran & Johns(1982)는 담화의 기능을 중심으로 설화적, 설명적, 설득적 담화로 구분하였으며, Brinker(1994)는 화행적 기능에 근거하여 텍스트 유형을 정보적, 설득적, 책무적, 친교적, 선언적 텍스트로 분류하였다. 이도영(1998)은 야콥슨의 여섯 가지 언어의 기능에 기초하여 제보적, 설득적, 표현적, 미적, 친교적 텍스트로 분류하였으며, Macken-Horarik(2002)는 수사적 구조와 같은 언어 내적인 표준에 따라 열거, 정보, 설명, 논증, 토론, 절차, 이야기, 보도 기사 8개의 장르로 구분하였고, Tompkins(2003)는 '묘사적, 정보적, 저널과 편지, 이야기, 설득적, 시 6가지로 구분하고 있다. 이에 대해서는 박수자(1999), 이경화(2007), 이은혜(2011) 참고.

[21] 이에 대해서는 이경화·안부영(2010)을 참조.

세 번째 과제는 교수·학습 방법 부분이다. 이는 앞에서 논의한 바와 기본적으로는 비고츠키의 사회·문화적 관점을 바탕으로 한 언어와 사고에 대한 관점, 그리고 근접 발달 영역, 그에 터한 인지적 도제와 비계 이론과 이와 관련된 제반 이론을 원용하면 무리가 없을 것이다. 그렇게 되면 교육 내용뿐만 아니라 교육 방법에까지 장르 중심 쓰기 교육과 근본적인 체제가 같아지게 된다. 그렇게 되면 결과적으로는 그 체제가 쓰기 영역과 유사해 지지만, 그것이 쓰기 교육의 체제를 원용하는 것이 아니라 언어 교육, 그리고 언어와 사고에 관한 전반적인 교수·학습 방법을 차용하는 것이 될 것이다.

예를 들면 설명문의 경우 설명문이 사용되는 맥락을 확인 혹은 설정한 후에 설명문의 개념, 특성, 짜임과 같은 설명문에 관한 개념적 지식을 설명하고, 설명문을 쓰는(혹은 읽는) 절차적 방법을 설명하고, 해당 장르의 전형적인 텍스트를 통해 시범을 보여 주면서 교사와 학생의 언어적 상호작용을 통해 장르 지식을 구축한다. 그리고 나서 학생과 학생의 협력학습을 통해 함께 읽으면서(쓰면서) 설명과 시범을 통해 배운 장르 지식을 어느 정도 익힌 다음, 학생 혼자서 독립적으로 장르를 쓰는(읽는) 능력을 습득케 하는 절차로 진행하면 될 것이다.

5. 맺는 말

이 연구는 오늘날 세계 언어교육에 있어서 가장 영향력이 큰 패러다임인 장르 중심 접근법의 개념과 특성, 교육 내용과 방법을 살펴보고, 앞으로의 전망을 바탕으로 한 과제가 무엇인지를 살펴보기 위한 목적으로 시도되어졌다. 주요 내용을 간추려 보면 다음과 같다.

첫째, 장르 중심 접근법이란 우리의 생활 속에서 유사하게 반복되는 상황에서 반복적으로 나타나는 텍스트의 그룹을 '장르'라 하는데, 이러한 장르를 기반으로 언어교육을 하자는 관점을 말한다.

둘째, 장르 중심 접근법은 1980년대 호주에서 연구가 시작되었으며, 체계 기능 언어학의 사회적 목적으로서의 장르를 연구한 호주의 '시드니 학파', 특수 목적 영어에서의 전문적 능력으로서의 장르 연구 관점, 상황에 따른 행위로서의 장르를 연구한 신수사학파(일명 '북미 수사학파') 세 가지 흐름으로 전개되었다.

셋째, 장르 중심 접근법에는 각 장르의 언어적 특성과 구조적 특징에 관한 지식, 즉 장르 지식을 교육 내용으로 설정하고 있다. 따라서 우리의 교육과정 내용 체계를 바탕으로 보면, 장르에 관한 개념적 지식과 그 장르를 이해 혹은 수용하는 데 필요한 절차적 지식을 교육 내용으로 가르쳐야 한다.

넷째, 장르를 가르치는 방법은 기본적으로 장르가 사용되는 맥락을 점검하고, 그 맥락에서 사용되는 장르의 시범을 보여 주고, 학생이 협동학습을 통해 그 장르의 텍스트를 구성하면서 익힌 후에 학생 혼자서 독립적으로 구성해 나갈 수 있도록 가르쳐야 한다.

다섯째, 이러한 특성을 지닌 장르 중심 접근법은 '문식성', '구성주의(특히 사회구성주의와 사회·인지적 관점)'와 함께 맞물려서 향후 쓰기 영역뿐만 아니라 다른 영역으로까지 확대되어 나갈 것으로 판단된다. 따라서 장르의 유형 구분 및 배열(sequence)의 문제, 각 장르의 장르 지식의 개발 문제, 교육 방법의 구체화 문제를 해결하는 쪽으로 연구가 진행되어야 할 것이다.

❖ 생각해 볼 거리
- 장르 중심 접근법이 세계 언어교육에서 가장 영향력이 큰 패러다임으로 자리 잡은 까닭은?
- 장르 중심 접근법에서는 무엇을 가르치고 배워야 한다고 보는가? 그렇게 주장하는 근거는?
- 장르 중심 접근법에서는 어떻게 가르치고 배워야 한다고 보는가? 그렇게 주장하는 근거는?

참고문헌

김국태(2002), 맥락 중심 쓰기 교재 구성 방안 연구, 한국교원대학교 대학원 석사학위 논문.
김명순(2003), 쓰기 교육과 장르 중심 쓰기 지도, 국어교과교육연구, 5집, 국어교과교육연구학회, 119-151.
박수자(1999), 텍스트 유형별 읽기 수업 설계에 관한 연구, 초등국어교육, 15집, 한국초등국어교육학회, 95-130.
박수자(2016), 장르 인식을 위한 비문학 제재 읽기 학습 방안 연구, 한국초등국어교육 61권, 한국초등교육학회, 123-152
박영민(2011), 글 유형에 따른 중학생 쓰기 평가 요인의 관계분석, 한국어문교육, 제22집, 한국어문교육연구소, 2010, 7-33.
박태호(2000), 장르 중심 작문 교육의 내용 체계와 교수·학습 원리 연구, 한국교원대학교, 박사학위 논문.
원진숙·황정현·이영호(2011), 장르 기반 환경적 쓰기 교수·학습 모형 개발 연구, 한국초등교육, 22집 2호, 147-165.
이경화(2007), 읽기 교육의 원리와 방법, 박이정.
이미혜(2010), 장르 중심 한국어 쓰기 교육의 내용 체계, Foreign languages education, 한국외국어교육학회, 463-485.
이은혜(2011), 한국어 학습자의 작문에 나타난 장르 인식 양상 연구-설명문과 논설문을 중심으로, 이화여자대학교 교육대학원 석사학위 논문.
이상구(2007), 국어 교과서 단원 설계의 방향·장르 중심 접근법을 중심으로, 청람어문교육, 35집, 51-81.
이순영(2011), 차기 국어·한문과 교육과정 내용 체계의 방향 : 21세기 국어과 교육과정 개정의 방향 탐색-미국의 "공통핵심기준"의 특성과 시사점 분석을 중심으로-, 청람어문교육, 43집, 7-35.
정상민(2011), 장르 중심 접근법에 따른 건의문 읽기·쓰기 통합교육 방안 연구, 경남대학교 교육대학원 석사학위 논문.
정정순(2000), 장르 개념을 활용한 쓰기 교육 : '인물전'에 관한 논의를 바탕으로, 선청어문, 28집, 서울대학교 국어교육과, 587-607.
최숙기(2012), 읽기와 쓰기의 통합적 교수 학습 방안 탐색, 독서연구, 28집, 한국독서학회, 111-141.
최인자(2000), 장르의 역동성과 쓰기 교육의 방향성, 문학교육학 5권, 한국문학교육학회, 27-52.

한명숙(2006), "초등 국어과 교과서 개발과 단원 구성 체제", 제3회 학술대회 자료집, 한국초등국어교육학회, 118-134.

Anne Burns and Helen de Silva Joyce(2005), Teachers' voices 8 : Explicitly supporting reading and writing in the classroom, Macquarie University 2005.

Arthur Firkins, Gail Forey, Sima Sengupta(2007), A Genre-Based Literacy Pedagogy : Teaching Writing to Low Proficiency EFL Students, English Language Teaching Journal Oct 2007.

Benedict Lin(2006), Genre-based teaching and Vygotskian principles in EFL : The case of a university writing course, The Asian EFL Journal Quarterly September 2006 Volume 8, number 3.

Collins, A., Brown, J.S., and Newman, S. (1989). Cognitive apprenticeship : Teaching the craft of reading, writing, and mathematics. In L. Resnick (Ed.), Knowing, learning, and instruction : Essays in honor of Robert Glaser, Hillsdale, NJ : Erlbaum, 453-494.

Gebhard, Harman, Ruth(2011), Reconsidering genre theory in K-12 schools : A response to school reforms in the United States, Journal of Second Language Writing, Mar 2011, Vol. 20 Issue 1, 45-55.

Gibbons, P. (2002). Scaffolding language, scaffolding learning. Portsmouth, NH : Heinemann.

Hammond, J. (Ed.). (2001). Scaffolding : Teaching and learning in language and literacy education. Sydney : Primary English Teachers Association.

Hammond, J., Burns, H. Joyce, D. Brosnan, and L. Gerot(1992), English for Social Purposes : A Handbook for Teachers of Adult Literacy. Sydney : National Centre for English Language Teaching and Research, Macquarie University.

Hyland, K.(2004), Genre and second language writing. Ann Arbor, MI : University of Michigan Press.

Hyland, K.(2007), Genre pedagogy-Language, literacy and L2 writing instruction, Journal of Second Language Writing 16 (2007) 148-164.

2장 국어 교과서의 장르 지식 제시 양상

❖ 개 요

이 장에서는 2015 개정 국어과 교육과정에 근거한 중학교 1학년 국어과 교과서 단원 가운데 '수필 쓰기' 단원의 '장르 지식' 제시 양상을 점검하였다.

장르 전문가들은 개별 장르를 수업할 때, 단원의 앞부분에서 '장르 지식'을 명시적으로 설명하고 시범 보이도록 제안하고 있다. 이러한 이론적 배경에 따라, 2015 개정 국어과 교육과정에 근거한 중학교 1학년 '수필 쓰기' 성취 기준에 대한 9종의 검정 국어과 교과서를 분석한 결과,

- 명제적 지식 지식을 명시적으로 제시한 교과서는 1종뿐이며, 그 위치는 단원의 앞부분이었다.
- 절차적 지식을 명시적으로 제시한 교과서는 6종인데, 3종은 단원의 앞부분에, 3종은 뒷부분에 제시하고 있으며, 나머지 3종은 제시하지 않고 있다.

이러한 단원 구성은, 학생들이 자기 주도적으로 해당 장르를 표현(생산)하고 이해(수용)하는 데, 학습하는 데 어려움을 겪게 할 것이다. 따라서 이를 개선하기 위해서는 특정 장르의 표현 혹은 이해 단원에서는 그 장르의 명제적 지식과 절차적 지식을 단원의 앞부분에 명시적으로 제시하고 학생들이 이를 먼저 익히고 난 뒤, 그 장르 지식을 바탕으로 해당 장르를 표현하거나 이해하는 절차로 단원을 구성해야 할 것이다.

❖ 핵심어

장르 중심, 국어교육, 쓰기 교육, 장르 지식

1. 들어가며

우리나라 국어교육 학계에 장르 중심 패러다임을 바탕으로 한 논의는 1990년대 후반부터 시작되었다. 주지하는 바와 같이 1990년대는 세계 교육 학계가 인지주의에서 구성주의로 패러다임적 전환이 이뤄진 시기였다. 우리의 국어교육 학계도 이러한 영향으로 1990년대 후반부터 기존의 인지주의 패러다임을 바탕으로 한 '과정 중심 접근법'에서 구성주의를 바탕으로 한 '장르 중심 접근법'[1]을 바탕으로 한 논의가 시작된 것이다.[2]

장르 중심 패러다임은 언어를 사회적 산물로 보고, 특정 언어를 사용하는 담화 공동체는 사회·문화적으로 오랜 역사를 거치면서 반복되는 유사한 상황이 되면 그 상황에 적합한 방법으로 의사소통을 하는 방식을 축적하고 있는데, 그것이 곧 '장르'이며, 상황마다에 적합한 장르를 가르치면 학습자의 의사소통 능력이 더욱 효과적으로 길러진다는 논리를 바탕으로 하고 있다.

기존의 과정 중심 패러다임은 그 전대의 결과 중심 패러다임이 도외시했던 개인의 '인지 과정(사고 과정)'을 학문적 논의 영역으로 편입시켜 개인의 언어 사용 '기능' 신장에는 많은 기여를 하였다. 그러나 이러한 과정 중심 패러다임은, 의사소통이 일어나는 실제의 상황 맥락과 사회·문화적 맥락을 반영하지 못함으로써 실생활과 유리된 국어교육을 한다는 비판이 제기되면서 '장르 중심' 패러다임이 등장한 것이다.

이렇게 출발한 장르 중심 패러다임을 바탕으로 한 연구가 축적되면서, 2007 개정 국어과 교육과정에 이르러서는 국어 활동 영역(듣기·말하기,

---

[1] 근래 학문적 논의에서 사용하고 있는 '패러다임(Paradigm)', '접근법(approach)', '모형(model)'의 용례를 점검해 보면, '패러다임(Paradigm)'은 학문의 이론적 틀을 지칭하는 상위 개념이라면, '접근법(approach)' 패러다임에 터한 다양한 방법론적 연구나 모색으로, '모형(model)'은 각 접근법에서 제안하는 내용과 방법을 시각적으로 구조화한 얼개' 정도로 사용되고 있다. 따라서 이 연구에서는 필요에 따라 혼용하기로 한다.
[2] 우리나라 국어과 교육에 있어서 장르 중심 접근법에 대한 논의는 이상구(1998)가 문학교육에서 처음 논의를 시작한 이래, 박태호(2000), 최인자(2000), 정정순(2000), 김명순(2003), 이재기(2005), 원진숙 외(2011) 등에 의해 쓰기 영역을 중심으로 확대되었으며, 2007년 주세형 등에 의해 호주의 장르 중심 접근법을 정리한 장르·텍스트·문법(Genre, Text, Grammer)이 번역 소개되면서 문법 영역으로도 논의가 확대되었고, 최근에는 박수자(2016)에 의해 읽기 영역으로도 확대되고 있다. 그리고 석·박사학위 논문에서 많은 연구가 이뤄지고 있다.

읽기, 쓰기)의 성취 기준을 설명문 읽기, 건의문 쓰기처럼 개별 담화와 글의 유형을 표현(생산)하고 이해(수용)하는 형태로 제시하기에 이른다. 이러한 개별 장르별 성취 기준의 제시 형태는, 전대의 '과정 중심 패러다임'과는 명확히 다른 '장르 중심 접근법'의 영향이며, 이러한 흐름이 2009 개정 국어과 교육과정을 거쳐 2015 개정 국어과 교육과정으로 이어진 것이다.

 2015 개정 국어과 교육과정이 장르 중심 패러다임을 바탕으로 하고 있는지 여부에 대해서는 이론을 제기할 수도 있을 것이다. 그러나 과정 중심 패러다임을 바탕으로 했던 제5차~7차 교육과정의 성격과 목표, 내용 체계, 성취 기준들과 비교해 보면 확연히 다르지만, 2007 개정 및 2009 개정 국어과 교육과정의 성취 기준 제시 형태와 유사하다는 점에서 장르 중심 패러다임을 바탕으로 하고 있다고 보는 것이 타당할 것이다. 뿐만 아니라, 2015 개정 국어과 교육과정의 핵심 목표인 '국어 능력 향상'은 '국어를 정확하고 효과적으로 사용하는 데 필요한 능력(교육부, 2015: 3)'이며, '다양한 유형의 담화, 글, 작품을 정확하고 비판적으로 이해하고 효과적이고 창의적으로 표현하며 소통하는 데 필요한 기능(교육부, 2015: 4)'이다. 그리고 이를 바탕으로 중학교 국어과 교육과정의 국어활동 영역(듣기 · 말하기, 읽기, 쓰기)에만 26개의 담화와 글의 유형을 '국어 자료의 예(교육부, 2015: 56)'로 제시하고 그 표현과 이해력을 높이도록 구성하고 있다는 점에서 장르 중심 패러다임의 영향을 받고 있다고 볼 수 있을 것이다.[3]

 이러한 2015 개정 국어과 교육과정에 따라 교육과정의 구현물인 각 출판사의 검정 국어과 교과서들은 학년별 성취 기준과 '국어 자료의 예'에 제시된 담화와 글의 종류를 중심으로 단원을 설정하고 있다. 그런데 실제 각 출판사의 국어 교과서의 단원 구성 양상을 점검해 보면 동일한 성취 기준과 동일한 '담화와 글의 종류'인 미시 장르를 구현한 단원임에도 내용과 전개 방식에 큰 차이를 보여 주고 있다.

---

3) 이로 인해 2015 개정 국어과 교육과정의 성취 기준들은 과정 중심 패러다임을 반영한 것과 장르 중심 패러다임을 반영한 것이 공존하고 있다. 이에 대한 논의는 본고의 범위를 벗어나기 때문에 고를 달리하여 점검하기로 한다.

그 차이점 가운데 본 연구가 주목한 부분은 각 담화와 글의 유형에 관한 지식, 즉 '장르 지식(Genre Knowledge)'이 명시적으로 제시되어 있는 경우에서부터 전혀 제시되어 있지 않은 형태까지 다양하다는 점이다. 교육과정에서 제시하고 있는 '다양한 유형의 담화, 글, 작품을 정확하고 비판적으로 이해하고 효과적이고 창의적으로 표현하며 소통하는 데 필요한 기능(교육부, 2015: 4)'을 효과적으로 학습하기 위해서 국어 교과서에 장르 지식을 제시해야 할까? 아니면 제시하지 않는 것이 더 좋을까? 또 제시한다면 단원의 앞·중간·끝 어느 부분에 제시하는 것이 더 효과적일까 하는 의문이 이 연구의 출발점이다.

이러한 문제 의식에서 출발한 이 연구는 2015 개정 국어과 교육과정에 터한 중학교 1학년 국어 교과서 쓰기 단원에 장르 지식의 제시 양상을 점검해 보고자 한다. 구체적으로는 다음과 같은 내용과 방법으로 연구를 진행할 것이다.

○ 대상 교과서: 2015 개정 중학교 1학년 검정 국어 교과서 9종 전부.
○ 교육과정 영역 및 성취기준: 2015 개정 국어과 교육과정 쓰기 영역 성취 기준 "[9국 03-05] 자신의 삶과 경험을 바탕으로 하여 독자에게 감동이나 즐거움을 주는 글을 쓴다."
○ 연구 내용과 방법: 장르 중심 쓰기에 관한 이론적 배경을 점검한 다음, 검정 9종 국어 교과서의 위 성취 기준을 구현한 '수필 쓰기' 단원에 명제적 장르 지식과 절차적 장르 지식이 제시되어 있는지 여부, 제시되어 있으면 그 위치는 어디인지를 점검한다.

이러한 연구가 필요한 까닭은, 장르 중심 패러다임을 바탕으로 한 다양한 장르 중심 접근법들이 오늘날 국(언)어교육에 확산되고 있는 상황에서, 2015 개정 국어과 교육과정에서 제시하고 있는 '담화와 글의 종류'를 어떻게 가르치는 것이 효과적일까 하는 현실적인 문제에 해답을 찾는 데 도움이 되는 방안을 찾아보기 위함이다. 따라서 본 연구가 교과서의 장르 지식 제시 양상을 점검하는 데서 출발하긴 하지만, 각 교과서의 장르 지식 제시 양상을 비교하여 그 우열을 밝히는 데 초점을 두는 것이 아니라, 국어과 수업에 효과성과 효율성을 높일 수 있는 장르 지식 제시 방안을 찾는 데 주력하고자 한다.

아울러 장르 중심 접근법에 관한 연구나 교과서 단원 구성에 관한 연구들은 많이 축적되어 있으나, 교과서에 장르 지식을 어떻게 제시해야 하는가 하는 문제를 다룬 선행 연구는 없음을 밝힌다.

2. 장르 지식의 이론적 토대

(1) 장르 중심 패러다임의 등장

장르 중심 패러다임은 1970년대 후반부터 호주의 체계 기능 언어학자인 할리데이(Halliday)가 언어 교육에 있어서 학문적 체계를 확립하면서 출발하였다. 할리데이가 처음 체계를 마련할 때는 호주의 외국인을 대상으로 한 특수 목적 영어교육의 쓰기 영역에서부터 시작하였으나, 자국민을 대상으로 한 국어(영어)교육에도 효과가 있음이 입증되었다. 그러한 상황에서 1981년대 미국으로 건너가 확대되었고, 오늘날에는 영어 문화권을 넘어 전 세계적으로 쓰기뿐만 아니라 읽기, 문학, 문법 영역 등 언어교육의 전 영역으로 확산되었다.

장르 중심 접근의 요체는, 우리의 삶 속에 유사한 상황이 반복되는데, 이 반복되는 유사한 상황에서 의사소통을 하는 내용과 방식을 메타 점검해 보면, 담화 공동체 구성원들이 사회·문화적으로, 그리고 역사적으로 굳어진 내용과 방식이 하나의 '틀'을 지니고 있는데, 이것을 '장르'로 이름 짓고, 상황마다에 적합한 장르를 가르치고 배움으로써 의사소통 능력을 신장시킬 수 있다는 것이다.

한편, 우리의 국어과 교육과정은 1946년 미 군정기 때의 '교수요목' 이래 교육과정이 바뀌어도, 학문적 패러다임이 바뀌어도 일관되게 의사소통 능력 신장에 목표를 두어 왔으며, 이 목표를 효과적이고 효율적으로 실현하기 위해 노력해 왔다. 이러한 흐름은 우리의 국어교육 학계뿐만 아니라 세계 각국의 자국어 교육은 물론 외국어교육 학계에서도 공통점이기도 하다. 우리의 국어교육 과정이 '과정 중심' 패러다임에서 '장르 중심' 패러다임으로 전환을 시도한 것도 이러한 노력의 일환인 것이다.

학문의 변화에 있어서 패러다임적 전환은 기존 학문 패러다임의 문제점을 해결하는 반대쪽에서 일어난다. 국(언)어교육에 있어서 장르 중심 패러다임은 이전 패러다임인 과정 중심 패러다임이 결과 중심 패러다임이 지녔던 '과정', 즉 개인의 '인지 과정'을 생략했던 치명적인 문제점을 해결하기 위해 개인 내적인 인지 과정을 반영한 '과정'을 제시함으로써 매우 중요한 발전을 이뤘지만, 의사소통의 과정을 개인의 '인지적 과정(심리적 과정)'으로만 상정함으로써 '사회적 과정'을 소홀히 하였다는 비판을 제기한다.

이러한 과정 중심 패러다임의 문제점을 인식한 장르 중심 접근론자들은 담화 공동체는 오랜 역사를 거치면서 그 구성원들이 사회·문화적으로 축적해 온 방식으로 의사소통을 하는 데 이 축적된 방식을 '장르(Genre)'로 개념화하면서 핵심 도구로 제시하고, 이 장르를 가르치고 배우자고 제안한 것이다.

(2) 왜 장르 지식인가

장르 중심 접근법의 학문적 틀을 마련한 할리데이(Halliday)는 언어가 사회적 산물이기에 장르는 곧 사회적 맥락에 의해 결정된 언어 구조물이란 관점을 제시한 바 있다. 그 후 장르 접근론자들은 장르를 '일상적으로 되풀이되는 상황 맥락에 대한 수사학적 반응(Miller, 1984)', '입말 혹은 글말로 표현되는 특화된 담화의 형태(Swales, 1990)', 의사소통 활동이자 목표 지향적 활동((Martin, 1999), '담화 공동체가 언어를 구조화하는 방식을 보여주는 틀'(McCarthy & Carter, 1994) 등으로 다양하게 정의했다.

이 밖에도 많은 국내외 연구자들에 의한 다양한 정의가 있지만, 장르를 우리의 일상생활 속에서 반복적으로 나타나는 유사한 상황에서 비슷한 형태와 비슷한 내용을 지닌 텍스트의 유형(type of the text)이라는 개념으로 단순화할 수 있다. 이렇게 유사한 상황에서 반복적으로 나타나는 텍스트의 그룹인 장르는 사회·문화적 맥락과 상황 맥락에서 발생하는 사회적 행위의 결과물인바, "사회적으로 인지된 언어 사용에 관한 방식(Hiland, 2007:149, Johns 외, 2006:237)"으로서 틀을 지니고 있다.

장르는 이렇게 국가 혹은 사회 구성원, 즉 담화 공동체가 역사적으로, 사회적으로, 문화적, 그리고 상황 맥락 속에서 관습화되고 굳어진 언어 구현물인 동시에, 그 담화 공동체들의 앎과 존재의 방식, 그리고 행동 방식을 역동적으로 구체화하고 있다(Berkenkotter & Huckin, 2003, By Anis S. Bawarshi and Mary Jo Reiff, 200에서 재인용). 그렇기 때문에 장르의 내용과 형식적 특징을 학생들이 학습하면 "문식성의 핵심 기술을 학습자들에게 가르치는 데 좀 더 생산적이고 생성적인 접근((Knapp, Wakins, 2005 : 주세형 외 옮김, 2007:1)"이 된다는 것이다. 바꿔 말하면, 의사소통을 잘 한다는 것은 곧 의사소통 상황에 가장 효과적인 방식으로, 가장 적절한 내용으로 표현하고 이해한다는 것이고, 이렇게 유사하고도 반복적인 상황에서 적합한 의사소통 도구인 장르를 사용할 줄 알면, 언제 어디서나 반복적으로 나타나는 유사한 상황이 되면 그에 적합한 장르의 방식으로 효과적으로 능숙하게 의사소통을 할 수 있게 된다는 것이다. 그리고 그것은 구어 상황이든 문어 상황이든, 표현(생산)이든 이해(수용)이든, 그리고 모국어 상황이든 외국어 상황이든 모든 의사소통 상황에서는 공통적으로 적용된다는 것이다.

따라서 국어과 교실에서는 (장르와 상관없이) 글을 쓰는 '과정'만 가르치는 과정 중심 패러다임보다는 개별 장르를 표현하거나 이해하는 방법을 가르치는 것이 훨씬 더 효과적이라는 것이다. 셰드(Shedd)에 따르면 학생들은 자신이 읽거나 써야 할 장르의 차이를 인식하고 있어야 하는데, 그렇지 못하면 개별 장르를 이해 혹은 표현하는 데 현저하게 어려움을 겪는다고 한다. 그리고 한 장르를 읽거나 쓰는 능력이 있다고 해서 다른 장르로 전이될 수 있는

것이 아니기 때문에 개별 장르별로 따로 가르쳐야 한다(Shedd, 2008).[4]

장르를 가르치기 위해서는 구체적으로 '장르 지식(genre knowledge)'을 가르쳐야 한다. 장르 지식은 한 마디로 장르가 어떻게 활용되는가에 관한 지식이며, 이는 "전략적으로 실행하는 방법과 예상되는 이해에 저항할 때를 포함하여 무엇을 언제, 어디서, 어떻게 해야 하는지에 대한 지식(Berkenkotter & Huckin, 2003, By Anis S. Bawarshi and Mary Jo Reiff, 200에서 재인용)"이라 할 수 있다.

장르 지식을 왜 가르쳐야 하는가 하는 질문에 대한 답은 의사소통 상황을 테니스 게임에 비유한 프리드만(Freadman)의 설명이 좀더 명쾌하다. 그는 의사소통 상황에서의 상호간의 발화는 테니스 게임과 유사한 방식으로 진행된다고 했다. 즉 테니스 게임은 게임의 규칙에 따라 결정되기 때문에 그 규칙을 알아야만 게임을 할 수 있고, 선수들의 기량 역시 그 규칙에 얼마나 잘 맞게 운영하느냐에 따라 결정(Freadman,1987;44, Bawarshi, Reiff, 2010;84에서 재인용)된다는 것이다.

여기서 게임의 규칙은 곧 장르 지식이며, 의사소통을 하는 개인은 테니스 선수처럼 그 상황에 맞게 의사소통하는 방법을 알아야 하고, 또 개인의 의사소통의 능력도 장르 지식을 얼마나 알고 얼마나 잘 활용하느냐에 따라 달라지는 것이다. 그렇기 때문에 상황에 맞는 장르를 알아야 하고, 그 장르에 대한 지식을 알아야 하는 것이다.

(3) 장르 지식의 종류

장르 지식에 관한 세부적인 논의를 좀더 따라가 보면, 장르 지식의 하위

---

[4] 이 밖에도 전통적인 방법, 과정 중심 방법으로 가르칠 때보다 장르별로 가르칠 때가 더 효과적이라는 현장 연구들이 속속 나오고 있다. Sawangsamutchai1,Rattanavich1(2016)는 태국의 7학년 학생들을 대상으로 영어교육에 있어서 장르 중심 접근법을 사용한 후 t-검증을 한 결과 0.05 수준 내에서 비교 집단보다 유의미한 향상을 보였다는 보고를 하고 있고, Adelnia,Salehi(2016)는 이란의 여성들을 대상으로 영어 읽기 교육에 있어서 장르 중심 접근법을 사용한 후, Oxford Quick Placement Test (OQPT)를 통해 검증한 결과, 전통적인 방법으로 가르친 집단보다 0.05 수준 내에서 비교 집단보다 유의미한 향상을 보였다고 한다. ERIC 자료만 해도 이와 유사한 결과를 보고하는 실험 연구들이 상당수 탑재되어 있다.

종류에 대해서는 조금씩 차이가 난다.5) 이러한 차이를 장르 중심 접근법의 학파적인 차원에서 보면, 각 장르의 언어적 특성과 구조적 특징 등을 명시적으로 개발하여 이를 가르치자는 시드니 학파적 관점과, 언어 사용 맥락에 따른 개별적인 장르의 사용법을 익히도록 하는 데 초점을 두는 북미 수사학파의 관점이 병존한다. 전자는 냅(Knapp) 외(주세형 외 번역, 2007)에서처럼 각 장르마다 각 품사의 특징, 텍스트 구조의 특징 등을 하나하나 명시적으로 구명하여 이를 가르치자는 것이고, 후자는 학생들에게 각 장르의 명제적 지식과 절차적 지식 등을 제공하고, 그와 함께 그 장르의 전형성을 지닌 텍스트를 보여 줌으로써 장르 지식을 내면화하도록 하는 형태를 보이게 된다.

이 두 관점 중에 개별 장르의 언어적, 문법적 특징이 개발되지 않은 현실과 우리의 국어과 교육과정의 '내용 체계'가 지식, 기능 태도 범주를 바탕으로 설계되어 있다는 점에서, 현실적으로 장르에 관한 명제적 지식과 절차적 지식을 가르쳐야 할 것이다. 그리고 이러한 선택이 나쁘지 않음은 일찍이 장르가 내용 스키마와 형식 스키마로 구성된다고 주장한 스웨일즈(Swales, 1990:84)의 설명에서도 지지 기반을 확보할 수가 있다. 그는 아래와 같이 장르가 내용 스키마와 형식 스키마의 통합적 지식으로서의 작동한다고 설명하고 있다.

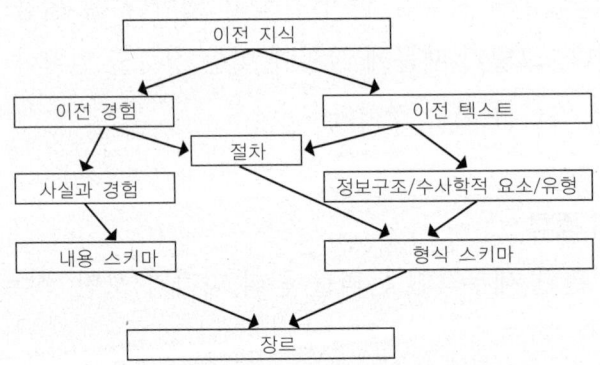

〔그림 1〕 내용 스키마와 형식 스키마의 통합적 지식으로서의 장르

---

5) 트리블(Tribble, 1996)은 내용적 지식, 맥락적 지식, 언어 체계에 대한 지식, 쓰기 과정에 대한 지식 4가지로, 하일랜드(Hyland, 2004)는 의사소통의 목적에 관한 지식, 텍스트 규범에 관한 지식, 내용과 사용역에 관한 지식, 맥락에 관한 지식 4가지로, 존스(Johns) 외(2006)는 수사적 지식, 주제·내용적 지식, 절차적 지식, 구조적 지식 4가지로, 테디(Tardy, 2009)는 형식적, 과정적 지식, 수사학적 지식, 주제별 지식 4가지로 각기 구분하고 있다.

〔그림 1〕에 의하면, 이전 지식(prior knowledge)은 이전의 경험과 이전의 텍스트로 구성되어 있다. 이전의 경험은 일상생활에서 얻는 직접 경험과 간접 경험으로 구성되며, 이러한 경험들이 누적되어 사실과 개념이 된다. 사실과 개념은 바로 담화 내용의 배경지식을 형성하며, 인간은 이러한 배경지식을 활용하여 진리의 진위 여부를 가리거나 적합성과 적절성 여부를 판단하게 된다. 이것이 바로 내용 스키마를 구성하는 요인이 된다. 한편, 이전 지식은 사실과 개념을 해석할 뿐만 아니라 상호 작용 절차를 요구하기도 한다. 상호 작용의 절차는 비록 개념적인 측면에서 다소간의 차이는 있을지라도 시나리오, 스크립트, 프레임 등의 용어로 불린다. 절차적 지식은 비언어적 또는 언어적 유형의 경험에서 발생하여 인간의 행동을 조정한다. 이러한 지식에는 '의사를 방문하기', '레스토랑에 가기' 등이 포함된다. 이전 텍스트에 대한 지식은 형식 스키마를 불러낼 수 있는 텍스트의 정보 구조나 수사학적인 구조를 인식하는 데 도움을 준다. 그리고 이전 경험과 이전 텍스트에서 나온 절차들은 형식 스키마의 구조를 형성한다. 이러한 점에서 보면 형식 스키마는 서로 다른 텍스트 유형에 대한 수사학적 구조라고 할 수 있으며, 형식 스키마와 내용 스키마는 장르를 인지하는 데 도움을 준다(박태호 2000, 48-9).

3. 국어 교과서의 장르 지식 제시 양상

(1) 성취 기준의 선정

2015 개정 중학교 국어과 교육과정의 중학교 1~3학년 쓰기 영역 학년군별 '성취 기준'[6]은 [9국03-01]에서 [9국03-10]까지 순서대로 10개가 제시되어 있다. 그런데 〈2015 개정 교육과정에 따른 교과용 도서 개발을 위한 편

---

[6] 2015 개정 국어과 교육과정에서 '성취 기준'은 "학생들이 교과를 통해 배워야 할 내용과 이를 통해 수업 후 할 수 있거나 할 수 있기를 기대하는 능력을 결합하여 나타낸 수업 활동의 기준"으로 설명하고 있다.

찬상의 유의점 및 검정 기준〉에는 [표1]과 같이 학년별로 배분하여 가르치도록 '권고'하고 있다. 그에 따라 각 출판사 교과서는 이를 기준으로 학년별 교과서를 개발하고 있다. 다만 1,2학기 교과서 어디에 어느 성취 기준을 배치할 것인가는 자율적으로 하고 있다.

[표 1] 2015 개정 국어과 교육과정 중학교 1~3학년군 쓰기 영역 성취 기준

학년	성취 기준	비고
1학년	[9국03-05] 자신의 삶과 경험을 바탕으로 하여 독자에게 감동이나 즐거움을 주는 글을 쓴다.	
	[9국03-06] 다양한 자료에서 내용을 선정하여 통일성을 갖춘 글을 쓴다.	
	[9국03-08] 영상이나 인터넷 등의 매체 특성을 고려하여 생각이나 느낌, 경험을 표현한다.	
2학년	[9국03-02] 대상의 특성에 맞는 설명 방법을 사용하여 글을 쓴다.	설명문
	[9국03-07] 생각이나 느낌, 경험을 드러내는 다양한 표현을 활용하여 글을 쓴다.	
	[9국03-09] 고쳐쓰기의 일반 원리를 고려하여 글을 고쳐 쓴다.	
3학년	[9국03-01] 쓰기는 주제, 목적, 독자, 매체 등을 고려한 문제 해결 과정임을 이해하고 글을 쓴다.	
	[9국03-03] 관찰, 조사, 실험의 절차와 결과가 드러나게 글을 쓴다.	보고서
	[9국03-04] 주장하는 내용에 맞게 타당한 근거를 들어 글을 쓴다.	사설, 기사문
	[9국03-10] 쓰기 윤리를 지키며 글을 쓰는 태도를 지닌다.	

* 비고란의 미시 장르는 교육과정 '국어 자료의 예'를 바탕으로 연구자가 제시한 것임.

쓰기 영역의 10개 성취 기준 가운데 이 연구에서 다루고자 하는 것은 1학년에 배정된 "[9국03-05] 자신의 삶과 경험을 바탕으로 하여 독자에게 감

동이나 즐거움을 주는 글을 쓴다."이다. 이를 선택한 까닭은, ① 이 연구의 실행 시점에서는 아직 2,3학년 교과서는 간행되지 않았기에, 현실적으로 1학년을 선택할 수밖에 없으며, ② 쓰기 영역을 선택한 까닭은 장르 중심 연구가 쓰기 영역을 중심으로 활발하게 논의되고 있기 때문이며, ③ 쓰기 영역 성취 기준 가운데 [9국03-05]를 선택한 것은, 1학년에 배정된 쓰기 영역 성취 기준에는 '수필' 장르라고 명시적으로 제시되어 있지 않으나 '국어 자료의 예'[7]와 연결시키면 '수필' 장르임을 명확히 알 수 있고, 실제 9종의 교과서 모두에서 수필 장르 쓰기 단원으로 구성하고 있기 때문이다.

(2) 교과서의 단원 현황

검정 과정을 거쳐 2018년에 처음 간행된 2015 개정 중학교 1학년 국어 교과서는 총 9종이다. 이들 교과서에서 쓰기 영역 성취 기준 "[9국03-05] 자신의 삶과 경험을 바탕으로 하여 독자에게 감동이나 즐거움을 주는 글을 쓴다."를 구현한 단원의 현황은 다음과 같다.

---

7) 〈 중학교 1~3학년 국어 자료의 예 〉

- 학교 안팎에서 발생한 문제나 의견 차이가 있는 문제에 대한 대화, 토의, 토론, 논설문, 건의문
- 존경하는 주변 인물이나 전문가를 대상으로 하는 면담
- 설득 전략이 잘 드러나는 연설, 광고
- 다양한 설명 방법을 활용한 발표, 강의, 설명문
- 다양한 매체를 활용한 공식적 상황에서의 발표
- 표준 발음이 잘 드러나는 뉴스, 발표
- 관심 있는 내용이나 주제에 관한 조사, 관찰, 실험 과정과 결과가 잘 드러난 보고서
- 동일한 글감이나 대상에 대해 상이한 관점을 보여 주는 둘 이상의 사설, 기사문
- 독서나 일상의 경험을 바탕으로 자신의 생각이나 감정을 담은 대화, 수필
- 사회·문화·역사적 배경이 잘 드러난 글, 전기문이나 평전, 문학 작품
- 매체 특성이 잘 나타난 문자 메시지, 전자 우편, 인터넷 게시판, 블로그, 영상물
- 한글 창제의 원리, 남북한 언어의 동질성 회복 등 국어 문화를 다룬 글
- 바람직하고 가치 있는 삶에 대한 탐구와 성찰을 담고 있는 작품
- 비유, 상징, 운율, 반어, 역설, 풍자의 표현 방식이 뚜렷하게 드러난 작품
- 인물의 내면세계, 사고방식, 정서 등이 잘 드러난 작품
- 성장 과정의 고민과 갈등을 소재로 한 작품
- 문학 작품을 다른 갈래나 매체로 재구성한 작품
- 학습자가 즐겁게 읽을 수 있는 한국·외국 문학 작품
- 학습자 수준에 맞는 비평문

[표 2] 2015 개정 중학교 1학년 국어 교과서 및 단원 현황

교과서 (대표 저자) 기호	단원명	학습 목표	시범 제재 (읽기 자료)
교학사 (남미영 외) A	4. 우리들의 성장 이야기 (2) 경험을 담은 글 쓰기	• 자신의 삶과 경험을 바탕으로 하여 독자에게 감동이나 즐거움을 주는 글을 쓸 수 있다.	수필 (잊지 못할 사진, 집필진)
금성출판사 (류수열 외) B	4. 갈등을 넘어 감동으로 (2) 감동을 주는 글 쓰기	이 단원을 배우고 나면 • 감동을 주는 글의 특성을 알 수 있습니다. • 자신의 삶과 경험을 바탕으로 감동을 주는 글을 쓸 수 있습니다.	수필 (선물, 성석제)
동아출판 (이은영 외) C	3. 우리의 삶과 글 (2) 감동과 즐거움을 주는 글 쓰기	• 자신의 삶과 경험을 바탕으로 하여 독자에게 감동이나 즐거움을 주는 글을 쓸 수 있다.	수필 (괜찮아, 장영희)
미래엔 (신유식 외) D	표현의 즐거움 (3) 감동과 즐거움을 주는 글 쓰기	• 자신의 삶과 경험을 바탕으로 하여 독자에게 감동이나 즐거움을 주는 글을 쓸 수 있다.	수필 (우리 할머니는 외계인, 김송기)
비상교육 (김진수 외) E	4. 성장으로 가는 길 (2) 경험을 바탕으로 글 쓰기	• 자신의 삶과 경험을 바탕으로 하여 독자에게 감동이나 즐거움을 주는 글을 쓸 수 있다.	수필 (엄마의 눈물, 장영희)
지학사 (이삼형 외) F	별, 하늘, 사람 (3) 괜찮아	• 자신의 삶과 경험을 바탕으로 하여 독자에게 감동이나 즐거움을 주는 글을 쓸 수 있다.	수필 (괜찮아, 장영희)
창비 (이도영 외) G	3. 나는 날마다 자란다 (2) 감동과 즐거움을 주는 글 쓰기	• 자신의 삶과 경험을 바탕으로 하여 독자에게 감동이나 즐거움을 주는 글을 쓴다.	일기 (학생 작품 3편)
천재교육 (노미숙 외) H	함께 성장하는 우리 (2) 삶이 담긴 글 쓰기	• 자신의 삶과 경험을 바탕으로 하여 독자에게 감동이나 즐거움을 주는 글을 쓸 수 있다.	수필 (학생 작품)
천재교육 (박영목 외) I	문학과 표현 (3) 감동이나 즐거움을 주는 글쓰기	• 자신의 삶과 경험을 바탕으로 하여 독자에게 감동이나 즐거움을 주는 글을 쓸 수 있다.	수필 (집필진)

9개 출판사(이하 개별 교과서를 가리킬 때는 A~I 기호로 표기) 모두 '수필 쓰기' 단원으로 구성되어 있다. '일기' 쓰기로 편성된 교과서(G)도 있지만, 일기 역시 수필의 하위 장르이므로 9개 출판사 모두 교육과정의 '수필' 장르를 반영하고 있다.[8] 학습 목표도 9개 교과서 모두 교육과정 성취 기준을 그대로 가져오거나 2개로 재구성하여 설정하고 있다. 따라서 9개 교과서 모두가 해당 단원을 통하여 수필 장르를 쓰는 데 필요한 지식과 기능을 익히고, 이를 바탕으로 실제 자신의 경험을 바탕으로 수필을 쓸 수 있는 기능을 습득하도록 하기 위해 이 단원을 설정하고 있어서, 교육과정을 충실히 반영하고 있음을 확인할 수 있다.

(3) 장르 지식의 제시 양상

앞에서 장르 패러다임을 바탕으로 한 다양한 장르 중심 접근법에서는 장르 지식, 즉 명제적 지식과 절차적 지식을 명시적으로 가르쳐야 한다는 사실을 확인하였다. 따라서 이곳에서는 수필 장르의 명제적 지식과 절차적 지식의 제시 양상을 점검해 보면 다음과 같다.

〈명제적 지식〉

수필 장르의 명제적 지식은 수필의 개념, 특성, 종류, 짜임 등을 들 수 있을 것이다. 중학교 1학년 국어 교과서에 이러한 명제적 지식의 제시 양상을 점검해 보면 아래 〔표 3〕과 같다.

〔표 3〕 명제적 지식 제시 양상

교과서	장르	제시 유무	위치			내용
			앞	중간	뒤	
A	(수필)	×				×

---

8) 여기서 '수필'은 생활 경험을 바탕으로 쓴 '경수필'을 뜻하며, 일기는 수필의 미시 장르에 속하므로 9개 교과서 모두가 교육과정 성취 기준과 '국어 자료의 예'를 바탕으로 단원을 설정한 것이다.

B	(수필)	△	○	• 소단원 앞부분에 〈지식 마당〉을 설정하고, '감동을 주는 글'이란 제목으로 제시 – "'감동을 주는 글'이란 글쓴이의 감정을 효과적으로 전달하여 독자의 마음을 움직일 수 있는 글을 말한다."
C	(수필)	×		×
D	(수필)	×		×
E	(수필)	×		×
F	(수필)	×		×
G	(수필)	×		×
H	(수필)	×		×
I	(수필)	×		×

* '장르' 난에서 ( )로 표시한 것은 장르 명칭을 명시적으로 표현하지 않은 경우임.

　장르 중심 접근법의 관점에서 볼 때, [표 3]에서 확인할 수 있는 것은 두 가지이다. 한 가지는 '일기'임을 제시한 G 교과서 제외한 8종 교과서에서는 장르 명칭을 제시하고 있지 않다는 점이며, 또 한 가지는 B 교과서를 제외한 나머지 8종 교과서에 장르에 관한 명제적 지식이 제시되어 있지 않다는 점이다(B 교과서도 단원의 앞부분에 수필 장르에 대한 명제적 지식이 아닌 '감동을 주는 글'의 특성만 제시하고 있다.). 나머지 8종의 교과서에서는 수필 장르에 대한 개념, 특성, 종류, 짜임 등과 같은 장르 지식을 제시하지 않고 있다.

　이렇게 거의 대부분 교과서에 장르 명칭과 그 장르에 관한 명제적 지식이 명시적으로 제시되어 있지 않은 까닭은 교육과정의 성취 기준에 장르 명칭을 사용하지 않고 있기 때문일 것이다. 실제로 "[9국03-05] 자신의 삶과 경험을 바탕으로 하여 독자에게 감동이나 즐거움을 주는 글을 쓴다."는 성취 기준 속에는 장르 명칭이 명시적으로 드러나 있지 않다.

　그럼에도 9종의 모든 교과서가 수필 장르를 택한 것은 이미 앞에서 살펴보았듯이 교육과정의 '국어 자료의 예'와 연결시켜 보면 어렵지 않게 '수필' 이란 것을 알 수 있기 때문이다. 그에 따라서 각 교과서마다 장르의 명칭 없이 교육과정에 제시된 '삶', '경험', '감동', '즐거움', '글'과 같은 단어를 활용하여 장르 명칭을 대신하고 있다.

만약, 교과서에 수필이란 장르 명칭을 구체적으로 사용하고, 그 수필이란 어떤 종류의 글이며, 어떠한 특성을 지니고 있으며, 그 짜임은 어떠하다는 내용을 명시적으로 제시한다면 학생들이 수필의 장르 인식(genre awareness)에 보다 더 효과적이지 않을까? 다시 말해, 단원의 앞부분에 수필 장르의 개념, 특성, 종류, 짜임 등과 같은 명제적 지식을 제시하면 그것을 보자마자 학생들은 자신의 이전 경험을 바탕으로 축적되어 있는 배경지식 속에 저장된 수필 혹은 일기의 장르 지식을 자동적으로 활성화시켜, 수필 쓰기를 보다 더 효과적으로, 효율적으로 할 수 있지 않을까?[9]

다만 여기서 우리가 고려해야 할 점은 제한된 교과서의 분량 때문에 제한을 받고 있는 집필진의 어려움을 겪고 있다는 점이다. 그럼에도 장르 지식을 제시하는 방안을 심도 있게 고민해야 할 것이다.

〈절차적 지식〉

다음은 절차적 지식이다. 수필 장르의 절차적 지식은 수필을 쓰기에서의 '계획하기 ⇨ 내용 생성하기 ⇨ 조직하기 ⇨ 표현하기 ⇨ 고쳐쓰기(점검 및 조정하기)'로 단순화할 수 있다. 중학교 1학년 국어 교과서의 '수필 쓰기' 단원에 이러한 절차적 지식의 제시 양상을 점검해 보면 아래 [표 4]와 같다.

---

[9] 이러한 논리는 다음과 같은 논의에서 시사받을 수 있다.
 "장르도식을 지닌 학생들의 보편적 경험 지식으로 두뇌 속에 저장되어 있다가 언어 텍스트를 읽기 시작하면서 자신이 읽고 있는 것이 시 혹은 소설이라는 사실을 지각하자마자 그들의 시를 보는 눈, 즉 자신들이 이해하고 알고 있는 시가 지닌 특성에 대한 관점에서 모든 것을 관찰하게 되고 그러한 시각으로 보기 시작하게 된다. 다시 말하면 자신이 읽고 있는 언어 텍스트가 일단 시나 소설이라는 장르에 대한 판단이 서기만 하면 자신의 독서를 성공적으로 수행시키기 위해, 시 혹은 소설에 대한 인지도식을 자동적으로 작동시켜서 독서 행위를 진행시킨다."(이상구, 1998:144)

[표 4] 수필 장르의 절차적 지식 제시 양상 1

교과서	제시 유무	위치 앞	위치 중간	위치 뒤	내용
A	△	○			• 학습 활동 앞에 '중학교 1학년 학생이 자신의 경험을 바탕으로 글을 쓰는 과정을 소개한 글'을 제시하고, 그 글의 본문 및 날개에 예상 독자, 글감 찾기, 제목, 처음 – 중간 – 끝에 들어갈 내용, 고쳐쓰기 등에 대하여 간접적으로 제시.
B	○	○			• 소단원 앞부분에 〈지식 마당〉을 설정하고, '감동을 주는 글을 쓰려면'이란 제목으로 제시 – "먼저 자신의 경험 중 자신의 마음이 움직였던 인상적인 경험을 선정하여 구체적으로 정리한다. 그리고 그 경험을 통해 얻은 느낌이나 생각을 솔직하게 쓴다. 글을 다 쓴 후에는 글의 흐름이 어색한 곳은 없는지, 경험은 구체적이고 생생하게 드러나는지 점검해 보도록 한다. 이때, 친구들과 글을 돌려 보며 점검하고 고쳐 보는 것도 좋은 방법이다." • 〈감동을 주는 글을 쓰는 방법〉 – 인상적인 경험 선정하기 → 느낌이나 생각을 솔직하게 글쓰기 → 점검 후 고치기
C	○			○	• 〈알아두기〉의 '감동이나 즐거움을 주는 글 쓰기' 코너에 다음 내용 제시 – 자신의 경험을 자유롭게 떠올린다. → 떠올린 경험 중에서 독자에게 감동이나 즐거움을 줄 수 있는 경험을 선정한다. → 선정한 경험을 구체화하여 쓸 내용을 마련한다. → 선정한 경험이 잘 드러나도록 내용을 조직한다. → 독자에게 감동이나 즐거움을 줄 수 있도록 자신의 경험을 진술하고 참신하게 표현한다. ※ 글쓰기 과정은 시간의 흐름에 따라 단계적으로 진행되는 것이 아니라 상황과 필요에 따라 왔다 갔다 하면서 진행된다.
D	○			○	• 경험을 바탕으로 하여 감동이나 즐거움을 주는 글을 쓸 때 고려할 점 – 독자가 공감할 수 있도록 자신의 삶에서 감동이나 즐거움을 느꼈던 경험을 글감으로 정함. – 경험과 그 경험에서 느낀 감정이나 생각을 구체적이고 생생하게 표현함. – 자신의 삶과 경험, 감정과 생각을 진솔하게 표현함.

E	○		○	• 〈경험을 바탕으로 글을 쓰는 방법〉이란 제목으로 아래 내용 제시 - 자신이 깨달음을 얻었거나 감동을 느꼈던 가치 있는 경험을 선정한다. - 자신의 경험이나 생각을 구체적이고 솔직하게 표현한다. - 다른 사람들이 자신의 경험과 생각에 공감할 수 있도록 올바른 가치관을 담는다.
F	×		×	×
G	△		○	• 〈학습 활동〉 앞에 '나의 경험을 글로 표현하는 즐거움'이란 제목으로 선생님과 학생의 대화를 통하여 경험을 담은 글을 쓰는 방법을 제시하고 있음.
H	×		×	×
I	×		×	×

위의 표가 다소 복잡하므로 이를 바탕으로 절차적 지식이 제시된 유형을 다시 정리해 보면 〔표 5〕와 같다.

〔표 5〕　　　　　　　　수필 장르의 절차적 지식 제시 양상 2

형태		교과서	개수	
제시	앞부분	A, B, G	3	6
	뒷부분	C, D, E	3	
미제시		F, H, I	3	

　절차적 지식을 명시적으로 제시한 교과서 6종인데, 앞부분에 제시한 교과서가 3종, 뒷부분에 제시한 교과서가 3종이다. 그리고 절차적 지식을 제시하지 않은 교과서는 3종이다. 여기서 일차적으로 교과서의 단원에 절차적 지식을 제시하여야 하는가, 그렇지 않아도 되는가 하는 문제를 제기할 수 있다.
　장르 중심 패러다임을 바탕으로 한 대부분의 모형에서는 Collins, Brown, Newman(1989)이 공동 개발한 아래와 같은 '인지적 도제(cognitive apprenticeship)' 모형을 바탕으로 교사가 학생들에게 장르 지식을 '명시적으로(explicit)' '설명'하고 '시범(modeling)'을 보이고 끌어 주고(coaching), 밀어주다가(Scaffolding), 학생들이 그 과제를 어느 정도 수행할 수 있을 때 학생들에게 책임을 이양시키고 교사는 도움을 중단(fading)하는 절차를 제시하고 있다.

[표 6] 인지적 도제를 활용한 이상적인 학습 환경(Collins, Brown, Newman)(1989)

내용 (Content)	– 영역 지식(Domain knowledge) – 발견 전략(Heuristic strategies) – 통제 전략(Control strategies) – 학습 전략(Learning strategies)
방법 (Methods)	– 시범 보이기(Modeling) – 코칭(Coaching) – 비계와 도움 중지(Scaffolding and fading) – 명료화(Articulation) – 성찰(Reflecting) – 탐구(Exploration)
학습의 계열성 (Sequence)	– 점진적인 복잡화(Increasing complexity) – 점진적인 다양화(Increasing diversity) – 전체에 부분으로(Global before local skills)
학습의 사회성 (Sociology)	– 상황(에 터한) 학습(Situated learning) – 전문적 연습의 문화(Culture of expert practice) – 내적 동기(Intrinsic motivation) – 협력 활용(Exploiting cooperation) – 경쟁 활용(Exploiting competition)

장르 중심 접근법을 바탕으로 한 대부분의 모형들이 특정 장르 수업에 있어서 수업의 앞부분에서 장르 지식을 설명하고 시범 보여 주는 형태로 일관되고 있다는 사실[10]을 상기하면 의외로 답은 쉽게 나올 수 있을 것이다. 따라서 수필 장르 수업 단원에서는 절차적 지식을 명시적으로 제시하는 것

---

[10] 이상구(2013)에서는 Rothery(1994), Callaghan & Rothery(1988), Burns & Joyce(1991), Burns & Joyce(1997), Feez(1998), 박태호(2000), 이재기(2005), Knapp, Wakins (2005), Arthur, Gail, Sima (2007), 원진숙(2011)의 장르 중심 모형을 분석하고 이들 모형이 공통적으로 장르가 사용되는 맥락을 점검하고, 그 맥락에서 사용되는 장르의 시범을 보여 주고, 교사와 학생이 함께 그 장르의 텍스트를 구성하면서 익힌 후에 학생이 독립적으로 구성해 나가는 절차를 근간으로 하고 있음을 밝히고 있다.

이 그렇지 않은 경우보다 효과적이고 효율적임을 알 수 있다.

다음은 절차적 지식을 단원의 앞, 중간, 뒤 중 어느 부분에 제시해야 하는가 하는 문제이다. [표 4]에서 확인하였듯이 절차적 지식을 단원의 앞부분에 명시적으로 제시한 교과서는 3종이었고, 뒷부분에 제시한 교과서가 3종, 제시하지 않은 교과서가 3종이었다.

사실 이 문제는 일찍이 하산(Hasan,1996)과 피즈(Feez, 2002)가 이미 귀납적인 '발견법'은 배워야 할 것을 명백히 하지 못한다고 지적한 바 있고, 또 장르 지식을 테니스 규칙에 비유한 프리드만(Freadman)의 비유를 다시 한번 더 상기하는 게 더 도움이 될 것이다. 프리드만은 테니스 게임은 테니스 게임의 규칙에 따라 결정되기 때문에 그 규칙을 알아야만 게임을 할 수 있다고 했는데, 이 비유를 다른 운동 종목으로 좀더 확장시켜 볼 필요가 있을 것이다. 즉 축구를 하면서 축구 규칙을 귀납적으로 알아 가도록 하기보다는 미리 축구에 관한 규칙을 먼저 알도록 하고 난 뒤에 축구 게임을 하도록 해야 할 것이고, 야구도 마찬가지고 또 다른 종목도 마찬가지다. 이러한 논리의 연장선에서 수필 쓰는 방법을 먼저 가르치기보다는 아니면 귀납적으로 깨닫도록 혹은 발견하도록 하는 것보다는 사전에 수필 쓰는 방법을 알도록 연역적으로 가르치는 것이 효율적이고 효과적일 것이다. 이것이 바로 장르 중심 접근법의 교수법적 논리다.

예를 들어, 수업 상황에서 학생들에게 설득해야 할 상황을 제시하고 설득하는 방법을 귀납적으로 발견해 내도록 하는 것보다는 설득 방법을 먼저 명시적으로 가르쳐 주고 나서, 설득하는 상황에 적용하도록 하는 것이 더 효율적이고 효과적이라는 것이다.

정리하면, 장르 전문가들은 특정 장르의 글을 쓸 때 명제적 지식과 절차적 지식을 연역적으로 먼저 가르치는 것이 효과적이라고 제시하고 있는데, 우리의 2015 개정 중학교 국어과 교과서 수필 쓰기 단원에는 명제적 지식이 거의 제시되어 있지 않고 있고, 절차적 지식은 9종 가운데 3종만 앞부분에 제시하고, 3종은 뒷부분에 제시하고, 나머지 3종은 제시하지 않고 있는 것이다.

4. 논의 및 제언

지금까지 앞에서 장르 중심 패러다임의 학문적 논의를 바탕으로 우리의 2015 개정 국어과 교육과정의 1학년 교과서 수필 쓰기 단원의 장르 지식 제시 양상을 점검해 보았다. 그 결과, 우리의 국어 교과서 가운데 다수가 장르 중심 패러다임을 바탕으로 한 다양한 연구물들의 공통적인 결론과는 달리 장르 지식을 단원의 앞부분에 명시적으로 제시한 교과서는 그리 많지 않음을 확인하였다.

그렇다면 왜 이렇게 명제적 지식과 절차적 장르 지식을 제시한 교과서 수가 적을까? 그 원인은 크게 아래와 같이 3가지로 압축될 수 있을 것이다.

첫째, 가장 직접적인 원인으로 교육과정 성취 기준의 진술 형태에서 찾을 수 있을 것이다. 이미 앞에서 확인하였듯이 교육과정 성취 기준에 "자신의 삶과 경험을 바탕으로 하여 독자에게 감동이나 즐거움을 주는 글"로 제시하고, 성취 기준 끝부분에 '국어 자료의 예'란을 설정하고 여기에 '수필'로 제시하고 있다. 이로 인해 각 교과서 집필진은 자연스럽게 성취 기준에 따라 장르 명칭 대신에 '삶', '경험', '감동', '즐거움', '글' 과 같은 단어를 활용하여 장르 명칭을 대신하고 있다.[11] 그리고 장르 명칭을 구체적으로 사용하지 않음으로 인해 수필에 관한 명제적 지식과 절차적 지식을 제시하는 데 적극적이지 않은 것으로 보인다.

둘째, 우리 국어교육학계 전반에 여전히 '과정 중심' 패러다임을 바탕으로 한 방법론이 뿌리 깊게 일반화되어 있기 때문일 것이다. 앞에서 살펴본 바와 같이 국어교육 패러다임 전개 과정에서 과정 중심 패러다임과 장르 중심 패러다임은 기본적인 관점과 체제가 완전히 다르다. 이를테면 전형적인 과정 중심 패러다임을 바탕으로 한 제7차 교육과정의 중학교 7학년 '쓰기'

---

11) 박영민 외(2016)에서도 장르 중심 작문교육이 국내에 본격적으로 적용되기 시작한 것은 2007 개정 국어과 교육과정부터라고 하면서, 그 시기의 국어과 교과서에는 장르 지식이 전대에 비해 많아 반영되었으나, 2009, 2015 국어과 교육과정에서 '글의 수준과 범위'가 '국어 자료의 예'로 바뀌고 성취 기준 뒤에 제시되면서 장르 지식이 약화되었다고 진술하고 있다(박영민 외, 2016 : 264).

영역의 내용 요소를 예로 살펴보면, 개별 장르를 쓰는 체제가 아니라 쓰기 성취 기준 모두가 '계획하기-내용 생성-내용 조직-표현하기-고쳐쓰기'로 제시되어 있을 뿐[12] 특정 장르별로 쓰는 장르 중심 접근법과는 완연한 차이가 있다. 이러한 과정 중심 접근법의 논리 체계에서는 개별 장르의 종류나 그 장르를 쓰는 절차나 방법은 없으며, 모든 글은 '계획하기-내용 생성-내용 조직-표현하기-고쳐쓰기' 절차를 통해서 쓰는 공통적인 '과정'만 있다. 그렇기 때문에 계획하기, 내용 생성하기 등과 같은 방법이나 절차는 존재하지만, 특정 장르 지식은 존재하지 않는 것이다.

이러한 요인으로 인해 2015 개정 중학교 국어 교과서에 장르에 관한 명제적 지식이나 절차적 지식이 제시되지 않은 것으로 보인다. 물론 9종 교과서의 학습 활동을 면밀히 들여다보면, 거의 대부분의 교과서가 정도의 차이는 있지만, 실제 생활 속에서 감동적인 경험을 찾아내는 내용 선정의 단계, 그 내용을 조직하고 표현하는 단계를 거쳐 고쳐쓰기까지의 절차를 제시하고 있다.[13]

셋째, 교사용 지도서 요인을 들 수 있을 것이다. 교과서에 장르 지식을 명시적으로 제시하든 그렇지 않든 그 교과서의 교사용 지도서에는 명제적 지식과 절차적 지식을 제시하고 있는 경우가 대부분이다. 따라서 수업 과정에는 장르 지식에 대한 학습이 명시적으로 일어날 개연성이 높다. 그렇다

---

[12] 제7차 중학교 1학년 '쓰기' 영역 내용 요소는 아래와 같이 6개인데, 이를 내용 체계표에다 적용시켜 보면 다음과 같이 개별 장르 쓰기를 지향하는 장르 중심 접근법의 원리와는 완전히 다른 과정 중심 접근법 체계를 충실히 따르고 있음을 확인할 수 있다. 이러한 체계를 바탕으로 한 제7차 국어과 교육과정 교과서는 하나의 대단원에 다양한 장르의 글이 제시되는 형태를 띠면서 아예 장르 개념은 존재하지 않은 것이다.

		내용 요소
지식		(1) 쓰기와 말하기의 공통점과 차이점을 안다.
기능	내용 선정	(2) 다양한 매체에서 내용을 선정하여 글을 쓴다.
	조직하기	(3) 내용을 통일성 있게 조직하여 글을 쓴다.
	표현하기	(4) 다양한 표현을 사용하여 글을 쓴다.
	고쳐쓰기	(5) 주제에서 벗어난 내용을 고쳐 쓴다.
태도		(6) 글을 자주 쓰는 습관을 지닌다.

[13] 이러한 과정 중심 접근법의 영향이 그대로 2015 개정 국어과 교육과정 교과서에도 그대로 영향을 미쳐 개별 장르의 장르 지식을 제시하지 않은 것으로 보인다. 실제 동일한 2015 개정 국어과 교육과정의 1학년 듣기·말하기 영역 성취 기준에 있는 '면담', '토의' 단원에도 장르 지식을 단원의 앞부분에 명시적으로 제시하기보다는 학습 활동의 과정에 제시하는 귀납적인 형태로 제시된 교과서가 대부분이란 사실이 이를 잘 설명해 준다.

면 문제 삼을 것이 없지 않겠느냐는 논리도 가능하지만, 교과서에 명시적으로 제시되어 있는 경우와 수업 시간에 교사가 가르쳐 주는 경우와는 적지 않은 차이가 있다. 이와 관련하여 〈2015 개정 교육과정에 따른 교과용도서 개발을 위한 편찬상의 유의점 및 검정 기준〉을 보면, "교과의 핵심적이며 필수적인 교육 내용을 중심으로 자기주도적 학습14)이 가능하도록 개발(교육부·한국교육과정평가원, 2015:2)"토록 개발 지침을 제시하고 있고, 검정 기준에도 "학습자의 자기주도적 학습이 가능하도록 구성되었으며, 학습자가 학습 내용을 정확하게 조직하고 쉽게 이해할 수 있도록 기술하였는가?"(교육부·한국교육과정평가원, 2015:67)라는 항목을 설정하고 있다. 그러기에 명제적 지식과 절차적 지식을 교과서 단원의 앞부분에 명시적으로 제시하는 것이 효과적일 것이다. 이와 더불어 "언어 기능과 개략적 구조와 관련하여 텍스트 유형의 언어 규칙에 대한 명시적인 교수가 없으면 학생들이 특정 텍스트 유형을 성공적으로 생성할 수가 없다(Cope and Kalantzis, 1993: Tuan Trong LUU(2011, 124에서 재인용)"는 지적을 심도 있게 받아들여야 할 것이다.

이 밖에 교과서 분량이 200쪽(10% 증감 가능)으로 제한되어 있다는 점이나 또 교과서 개발에 있어서 '다양성', '창의성'의 영향도 없지 않으리라 생각되지만, 근본적으로는 위에 든 3가지 영향이 큰 것으로 판단된다.

요컨대, 장르 지식이 단원의 앞부분에 명시적으로 제시되지 않은 교과서로는 학생들이 수필이 어떠한 특성을 지닌 종류의 글인지, 어떠한 짜임을 지녀야 하는지, 어떠한 절차로 써야 하는지 충분한 정보를 학습하지 못한 채 수필을 써야 하는 어려움을 겪게 될 가능성이 높다는 것이다. 마치 축구 게임에 관한 규칙을 충분하지 인지하지 못한 채 축구 시합에 나서는 경우

---

14) 자기주도적 학습을 체계화한 놀즈(Knowles, 1975)는 "개인이 솔선수범하여 자신의 학습 욕구를 진단하고 학습 목표를 정하고 학습에 필요한 인적 물적 자원을 탐색하고 적절한 학습 전략을 선택·시행하고 학습 결과를 평가하는 과정"으로 자기주도적 학습을 정의하였다.

처럼 말이다. 이러한 형태의 교과서 단원 체제로는 수필을 쓰는 데 알아야 할 '지식'과 할 줄 알아야 하는 '기능'을 제대로 제시하는 자기주도적 학습을 안내하는 교과서로는 아무래도 불충분하지 않겠는가? 수필 쓰기 단원의 이러한 형태가 그 교과서의 설명문이나 보고문이나 연설문 단원에도 그대로 적용되어 있다면, 개선해야 할 여지가 충분하지 않을까?

이를 개선하기 위해서는 특정 장르를 표현 혹은 이해하기 위해 설정하는 단원에서는 그 장르의 명제적 지식과 절차적 지식을 단원의 앞부분에 명시적으로 제시하고, 이를 설명하고 시범 보여 주는 형태로 수업을 전개해야 할 것이다. 장르 중심 전문가들의 공통적인 결론은 장르별로 가르치는 것이 효과적이고, 장르별로 가르칠 때는 장르 지식을 가르쳐야 하는데, 그 장르 지식은 연역적으로 설명하고 시범 보이고 학습자가 이를 바탕으로 그 장르를 표현(생산)하거나 이해(수용)하는 절차로 진행하는 것이 효율적이고 효과적이라는 것이다.

따라서 과정 중심 접근법을 바탕으로 한 단원 구성 체제나 발견법의 원리에 바탕을 둔 귀납적 절차에 따라 단원을 구성하기보다는 명제적 지식과 절차적 지식을 단원의 앞부분에 명시적으로 제시하고 학생들이 이를 먼저 익히고 난 뒤에 그 지식을 바탕으로 해당 장르를 표현하거나 이해하는 절차로 단원을 구성해야 할 것이다.

5. 맺는 말

이 연구는 국어 교육에 있어서 과정 중심 패러다임의 후속 패러다임으로 1990년대 후반부터 우리 국어교육학계에 논의되기 시작한 장르 중심 접근법의 원리를 바탕으로 2015 개정 중학교 1학년 검정 국어과 교과서 9종의 '수필 쓰기' 단원에 장르 지식 제시 양상을 점검하고, 이를 바탕으로 개선 방안을 제시하였다. 논의한 내용을 요약하면 다음과 같다.

먼저, 장르 중심 패러다임에 해당하는 다양한 장르 중심 접근법들의 공통된 학문적 결론은, 일상생활 속에서 반복되는 유사한 상황에 적합한 형태인 개별 '장르'별로 가르치는 것이 효과적이다. 장르별로 가르칠 때는 장르 지식을 가르쳐야 하는데, 그 장르 지식은 연역적으로 설명하고 시범을 보이고 학습자가 이를 바탕으로 그 장르를 표현(생산)하거나 이해(수용)하는 절차로 진행하는 것이 효율적이고 효과적이다. 따라서 개별 장르의 표현 혹은 이해를 위해 단원을 설정할 때는 단원의 앞부분에 그 장르의 표현 혹은 이해하는 데 있어서 알아야 할 '지식'과 할 줄 알아야 하는 '기능'을 명시적으로 제시함으로써 자기주도적 학습을 촉진할 수 있도록 단원을 구성하는 것이 효과적이다.

이러한 이론적 배경을 전제로 2015 개정 국어과 교육과정에 터한 중학교 1학년 성취 기준 "[9국03-05] 자신의 삶과 경험을 바탕으로 하여 독자에게 감동이나 즐거움을 주는 글을 쓴다."를 구현한 9종의 검정 국어과 교과서를 분석한 결과, 명제적 지식을 명시적으로 제시한 교과서는 1종뿐이었는데, 그 위치는 단원의 앞부분이었다. 그리고 절차적 지식을 명시적으로 제시한 교과서는 6종인데, 3종은 단원의 앞부분에, 3종은 뒷부분에 제시하고 있으며, 나머지 3종은 제시하지 않았다.

따라서 향후 개별 장르를 바탕으로 단원을 설정할 때는 단원의 앞부분에 그 장르에 관한 명제적 지식과 절차적 지식을 명시적으로 제시함으로써 학생들의 자기주도적 학습을 촉진하도록 하여야 할 것이다. 단순히 장르 접근론자들이 장르와 장르 지식을 가르치자고 주장하기 때문에 따라야 한다는 것이 아니라, 실제 학생들이 살아가면서 반복되는 유사한 상황에서 의사소통 능력을 길러 주는 데 효율적이고 효과적인 방법이란 점에서, 또 교과서만 보고도 자기주도적으로 학습할 수 있도록 교과서를 구성하는 것이 바람직하겠다는 것이다.

❖ **생각해 볼 거리**

- 장르 중심 접근법과 구성주의는 어떤 관련성이 있는가?
- 장르 중심 접근법과 과정 중심 접근법의 차이점은 무엇인가?
- 장르 중심 접근법이 세계 언어교육에서 가장 영향력이 큰 패러다임으로 자리잡은 까닭은?
- 장르 중심 접근법에서는 무엇을 어떻게 가르치고 배워야 한다고 보는가? 그렇게 주장하는 근거는?

참고문헌

1. 자료
교육부(2015). 국어과 교육과정. 교육부.
남미영 외(2018). 중학교 국어 1-1. 교학사.
류수열 외(2018). 중학교 국어 1-1. 금성출판사.
이은영 외(2018). 중학교 국어 1-1. 동아출판.
신유식 외(2018). 중학교 국어 1-1. 미래엔.
김진수 외(2018). 중학교 국어 1-2. 비상교육.
이삼형 외(2018). 중학교 국어 1-2. 지학사.
이도영 외(2018). 중학교 국어 1-1. 창비.
노미숙 외(2018). 중학교 국어 1-1. 천재교육.
박영목 외(2018). 중학교 국어 1-1. 천재교육.

2. 저서 및 논문
유민애(2015). 장르-텍스트 기반 문법교육 내용 연구 - 논리적 응결 장치를 중심으로. 한국언어문화학 12집, 한국언어문화학회. 139-166.
고정희(2018). 문학교육에서 장르 지식의 위상과 활용 방안 - 가사 장르를 중심으로. 국어교육연구. 41집, 377-415.
교육부·한국교육과정평가원(2015). 2015 개정 교육과정에 따른 교과용도서 개발을 위한 편찬상의 유의점 및 검정기준.
김명순(2003). 쓰기 교육과 장르 중심 쓰기 지도. 국어교과교육연구 5집, 국어교과교육연구학회, 119-151.
김종민(2018). 장르 중심 한국어 쓰기 교육과정 개발 연구. 경남대학교 박사학위 논문.
김창원 외(2015). 2015 국어과 교육과정 시안 개발 보고서 2. 한국교육과정평가원.
김혜선(2012). 장르의 작문 교육과정 실행 방안. 작문연구 14집, 작문교육학회, 201-235.
김혜정(2011). 정보전달 텍스트의 특성과 교수학습 방법. 국어교육 136, 한국어교육학회 37-66.
김희동(2015). 초등 국어 교과서의 텍스트 유형별 복합 양식성 분석 연구. 한국초등국어교육 59, 한국초등국어교육학회, 213-241.
박수자(2016). 장르 인식을 위한 비문학 제재 읽기 학습 방안 연구. 한국초등국어교육 61권, 한국초등국어교육학회, 123-152.

박영민·이재기·이수진·박종임·박찬흥(2016), 작문교육론, 역락.
박태호(2000), 장르 중심 작문 교육의 내용 체계와 교수·학습 원리 연구, 한국교원대학교 박사학위 논문.
박혜영(2015), 장르 탐구형 쓰기 교육 방법 연구 - 쓰기 장르에 대한 북미 수사학적 접근, 제279회 한국어교육학회 학술대회 자료집, 23-41.
서영경·이삼형(2013), 장르의 글쓰기 설명력에 대한 일고찰·장르와 맥락의 관계 맺기를 중심으로, 국어교육 142, 한국어교육학회, 2173-296.
원진숙·황정현·이영호(2011), 장르 기반 환경적 쓰기 교수·학습 모형 개발 연구, 한국초등교육 22(2), 서울교대 초등교육연구원, 147-165.
이미혜(2010), 장르 중심 한국어 쓰기 교육의 내용 체계, Foreign Language Education, 17(3), 한국외국어교육학회, 463-485.
이상구(1998), 학습자 중심 문학교육 방안 연구, 한국교원대학교 박사학위 논문.
이상구(2002), 구성주의 문학교육론, 박이정.
이상구(2007), 국어 교과서 단원 설계의 방향 - 장르 중심 접근법을 중심으로·청람어문교육 35집, 청람어문교육어학회, 51-81.
이상구(2013), 장르 중심 국어교육의 전망과 과제, 청람어문교육 48집, 청람어문교육어학회, 191-224.
이재기(2007), 2007년 개정 국어과 교육과정의 특징과 실행 방안. 청람어문교육 36집, 청람어문교육어학회, 81-108.
이주섭(2012), 미국 공통 핵심기준(Common Core State Standards)의 내용 제시 방식 고찰 쓰기 영역을 중심으로」, 청람어문교육 46집, 청람어문교육학회, 193-220.
장은주·박영민(2014), 국어과 교육과정에 따른 중학생 논설문의 성취 기준 예시문 선정 연구, 작문연구 21집, 작문교육학회, 235-258
최인자(2000), 장르의 역동성과 쓰기 교육의 방향성, 문학교육학 15집, 한국문학교육학회, 27-52.
Bawarshi, Anis S. Reiff, M, J.(2010). Genre: An Introduction to History, Theory, Research, and Pedagogy. Parlor Press and the WAC Clearinghouse. 78-104.
Bawarshi, A.(2010). Taking up multiple discursive resources in U.S. college composition. In B. Horner et al. (Eds.). Cross-language relations in composition. Carbondale. Southern Illinois UP. 196-203.
Hyland Ken(2003). Genre-based pedagogies: A social response to process. Journal of Second Language Writing 12, 17-29.
Hyland, K.(2007). Genre pedagogy: Language, literacy and L2 writing instruction. Journal of

second language writing. 16(3). 148-164.

Knapp.Wakins(2005). 주세형 · 김은성 · 남가영 옮김(2007). Genre.Text.Grammer. UNSW Press. AUSTRALIA.

Uzun, K.(2017). The Relationship Between Genre Knowledge and Writing Performance. THE JOURNAL OF TEACHING ENGLISH FOR SPECIFIC AND ACADEMIC PURPOSES. 5(2). 153-162

Miller. C. R.(1984). Genre as Social Action. Quarterly Journal of Speech 70. 151-167.

Rezvan Adelnia, Hadi Salehi(2016). HadiImproving Iranian High School Students' Reading Comprehension Using the Tenets of Genre Analysis. -Advances in Language and Literary Studies. Advances in Language and Literary Studies, 7(4). 187-196.

Chris. T, Ursula. T.(2013). From text to corpus-A genre-based approach to academic literacy instruction. Available online at www.sciencedirect.com. System 41. 307-321.

Tuan Trong LUU(2011). Teaching writing through genre-based approach. BELT Journal · Porto Alegre, 2(1). 121-136.

Kutay. U.(2017). The Relationship Between Genre Knowledge and Writing Performance. THE JOURNAL OF TEACHING ENGLISH FOR SPECIFIC AND ACADEMIC PURPOSES. 5(2). 153-162.

Kutay. U.(2016). Developing EAP Writing Skills Through Genre-Based Instruction: An Action Research. Educational Research Association The International Journal of Educational Researchers, 7(2). 25-38.

Yutthasak Sawangsamutchai1, Saowalak Rattanavich1(2016). A Comparison of Seventh Grade Thai Students' Reading Comprehension and Motivation to Read English through Applied Instruction Based on the Genre-Based Approach and the Teacher's Manual. English Language Teaching, 9(4). 54-63.

3장 장르 중심 국어 교과서 단원 구성 방안

❖ 개요

　이 장에서는 장르 중심 통합적 접근법에 따라 2007 개정 국어과 교육과정에 근거한 국어과 교과서의 단원의 설정과 배열 및 구성 방안 등을 논의하였다.

　제7차 국어과 교육과정에 근거한 국어과 교과서가 목표 중심·영역 중심으로 설정되어 있고, 근래 교육과정 개정과 관련하여 국어 교과서의 단원 구성에 관한 연구들이 주로 주제 중심 접근법에 의한 통합 단원을 설계하려는 연구들이 주류를 이루어 왔다. 이렇게 장르 중심 통합교육을 바탕으로 교과서 단원 설계에 관해 논의한 데는 두 가지 요인이 작용하였다. 한 가지는 오늘날 구성주의를 바탕으로 한 국어과 교육에서의 변화 동향 가운데 장르 중심 교육이 활발하게 논의되고 있다는 점이며, 또 한 가지는 개정 국어과 교육과정이 장르 중심 접근법과 관련된 색채를 짙게 띠고 있기 때문이다.

　이를 위해 먼저, 과정 중심 접근법을 바탕으로 한 제7차 국어과 교육과정의 중학교 국어 교과서를 비판적으로 점검하고, 장르 중심 접근법을 바탕으로 한 2007 국어과 교육과정의 교과서 개발 방향을 점검하였다. 그리고 이에 터한 중학교 국어 교과서 단원을 어떻게 설계하고 또 개별 단원의 구성 체제를 어떻게 할 것인가에 대해 살펴보았다.

　그 결과, 개정 교육과정에 근거한 중학교 국어 교과서는 개정 교육과정에서 강화된 텍스트 요인을 중심으로 한 장르 중심 통합적 접근법에 따른 단원 설정 및 배열의 가능성을 확인하였다. 그 구체적인 방법으로는 국어 교과서의 단원을 교육과정에서 제시한 텍스트(장르)의 유형으로 짜서 배열하는 장르 중심 통합 접근법을 근간으로 대단원을 설정, 배열하되, 소단원은 주제를 중심으로 하는 주제 중심 접근법에 따라 배치하는 방안을 검토하였다.

❖ 핵심어

　장르 중심, 국어 교과서, 단원 구성

1. 들어가며

교과서에 관한 연구는 크게 교과서 체제에 대한 연구, 교과서의 내용 분석 및 교과서와 교육과정의 관련성에 대한 연구, 교과서 제재에 대한 연구, 교과서 개발 방향에 대한 연구 등으로 분류할 수 있다(정혜승, 2003). 그 가운데 근래 국어 교과서 개발을 위한 연구의 주된 초점은, 교과서 개발에 있어서 가장 핵심적인 문제라 할 수 있는 단원을 어떻게 배열하고(단원 배열), 또 어떻게 구성할 것인가(단원 구성)라는 문제로 압축될 수 있다.

이러한 관점에서 국어 교과서 개발과 관련된 근래 논의들을 검토해 보면, 대체적으로 총체적 언어 및 통합교육적 관점 위에서 교과서 단원을 배열하고 구성해야 할 것을 제안하고 있다. 이러한 논의들은 개정 국어 교과서를 개발하는 데 많은 도움과 시사점을 줄 수 있을 것이다. 그런데 교과서란 근본적으로 교육과정의 가장 직접적인 구현물이어야 한다는 점에서 보면, 교육과정을 바탕으로 국어 교과서를 어떻게 개발할 것인가 하는 데 대한 논의는 부족한 편이다.

제7차 교육과정 국어교과서 개발 이후, 초·중등 국어 교과서 개발과 관련된 주요 연구들을 보면 크게, 제7차 국어 교과서에 대한 반성적 점검 연구(이인제 외, 2002 : 유성호, 2005 : 신헌재, 2006 : 최미숙, 2006), 외국의 자국어 교과서 분석(정혜승, 2005 : 김혜정, 2006 : 이주섭, 2006 : 한창훈, 2006), 새 교과서 개발 방향에 관한 연구물(김국태, 2002, : 임미성, 2002 : 최영환, 2003 : 김영지, 2003 : 노명완 외, 2004 : 박영민, 2005 : 한철우 외, 2005 : 정지영, 2006 : 이경화, 2006 : 한명숙, 2006) 등 세 가지 범주로 나타난다.

본 연구는 세 번째 범주와 관련되는데, 이들 새 교과서 개발 방향에 관한 연구물을 점검해 보면, 통합교육 혹은 주제 중심 단원 구성에 대한 논의는 활발하지만, 개정 국어과 교육과정[1]에 강화되어 있는 장르 중심 통합교육

---
[1] 교육부에서 공식적으로 명명한 이번 개정 교육과정의 정식 명칭은 '2007년 개정 교육과정'이다. 이 개정 교육과

적 기반 위에서의 단원 설계에 관한 논의가 부족한 상황이다.

따라서 본고는 기존의 논의들을 비판적으로 수용하면서 '2007년 개정 교육과정'에서 강화되어 있는 텍스트 요인의 배경 이론인 '장르 중심 통합교육'적인 기반에서의 중학교 국어 교과서 단원 설계 방안에 대한 가능성을 점검해 보고자 한다.[2] 이렇게 장르 중심 통합교육을 바탕으로 교과서 단원 설계에 관해 살펴보고자 하는 데에는 두 가지 요인이 작용하였다. 한 가지는 오늘날 구성주의를 바탕으로 한 국어과 교육에서의 변화 동향 가운데 장르 중심 교육이 활발하게 논의되고 있다는 점이며, 또 한 가지는 개정안에서 장르(텍스트) 변인을 강화하고 있다는 점이다.

따라서 본고에서는 먼저, 현행 제7차 국어과 교육과정의 중학교 국어 교과서를 비판적으로 점검하면서 개정 국어과 교육과정에 명시되어 있는 교과서 개발의 방향을 점검해 본 다음, 이에 터한 중학교 국어 교과서 단원을 어떻게 설계하고 또 개별 단원의 구성 체제를 어떻게 할 것인가에 대해 살펴보고자 한다.

2. 중학교 국어 교과서 단원 설계의 기저

(1) 제7차 중학교 국어 교과서의 비판적 점검

제7차 중학교 국어 교과서는, ① 자율 학습이 가능한 교과서, ② 수준별 교육이 가능한 교과서, ③ 학생의 창의력과 사고력, 탐구력을 기를 수 있는 내용의 교과서, ④ 보기 좋고 배우기 편한 교과서, ⑤ 1교과 다교과서 체제

정이 확정 고시되기까지 ① '개정 시안(2005년 12월)', ② '개정안(2006년 12월)', 그리고 최종적으로 확정 고시된 ③ '2007년 개정 교육과정'으로 이어지면서 최종적으로 확정 고시되었다. 따라서 본고에서는 2007년 개정 국어과 교육과정과 관련하여, ①을 '개정 시안'으로 ②를 '개정안'으로 ③을 '개정 교육과정'이라 부르기로 한다.

2) 당연히 최종적으로 확정된 '개정 교육과정'을 대상으로 논의할 것이나, 필요한 경우 '개정 시안'과 '개정안'의 내용도 함께 논의할 것이다. 그 까닭은 개정 교육과정을 이해하는 데 핵심적인 요소인 '텍스트' 요인 및 '교과서 집필'에 관한 내용이 개정 교육과정에서는 표면적으로 삭제되고 약화되었으나, 그 이면에는 텍스트 요인이 여전히 중심축으로 자리 잡고 있고, 또 교과서 집필에 관한 부분 역시 완전히 폐기한 것이 아니라 따로 분리하여 지침으로 제시하겠다(이인제 외, 개정시안, 2006 : 35)고 밝히고 있기 때문이다.

의 교과서(한철우, 2001)를 지향하면서, 「국어」와 「생활 국어」의 두 책으로 분책되어 발간되었다.

또한 종래의 교과서와는 단원 체제, 단원 구성, 분책 등에서 확연한 차이를 보이며 등장했다. 특히, 학습자 중심, 과정 중심, 활동 중심의 국어교육 원리를 반영하여 단원을 전-중-후 활동으로 구성한 점이라든지 자기 점검 활동, 보충·심화형 학습 활동 등은 이전 교과서와는 확연하게 진일보한 새로운 모습을 보여 줌으로써 많은 긍정적인 평가를 받았다. 그러나 보다 이상적인 교과서를 바라는 기대치를 바탕으로 한 비판적인 논의들이 있다. 따라서 여기서는 이들을 비판적으로 수용하여 새 교과서 개발에 참고할 만한 내용을 중심으로 간략히 살펴보기로 한다.

첫째, 단원 설정에 관련된 문제이다. 여기서 단원은 대단원을 말하며, 이 대단원 설정은 교육과정의 '내용 체계'를 바탕으로 생성된 학년별 '내용'을 어떤 묶음으로 만들어서 단원을 설정하는가에 관한 문제이다. 단원 설정은 〔표 1〕에 제시되어 있듯이 교육과정 총론에 규정된 연간 수업 시수(1학년은 연간 34주 170시간, 2,3학년은 연간 34주 136시간) 및 교과서의 분량(쪽수)에 맞추어야 하기 때문에, 교육과정의 모든 '내용' 요소를 독립 단원으로 설정할 수는 없다. 그와 동시에 어느 '내용' 요소도 빠뜨려도 안 되기에 어떠한 '내용' 요소들을 어떤 묶음으로 묶어서 단원으로 설정하느냐에 따라 교과서의 모습이 근본적으로 달라지게 된다.

이러한 측면에서 교육과정 내용의 단원 설정에 관해 7학년 국어 교과서를 대상으로 면밀한 분석을 한 박희숙·박형우(2002)에 따르면, 문학 및 쓰기 영역의 '내용'은 충실하고 정확하게 학습 목표로 제시되고 있으나, 듣기 및 말하기 영역에서, "7학년 국어과 교육과정의 듣기 영역 내용으로 분명히 다루고 있으면서도 학습 목표가 제시된 관련 단원을 찾을 수 없고", "또한 교과서 단원은 통합 단원으로 듣기가 구성되어 있으면서도 듣기에 관련된 학습 목표가 없는 단원도 있으며", "말하기에서 교육과정 내용이 학습 목표에 명시적으로 드러나지 않는 것이 두 가지 있다."고 한다. 또한 "교육 이념 및 가치 중 교과서에서 그 내용을 찾아볼 수 없는 부분(에너지 교육, 해양 교육)이 있고, 남녀평등 교육, 근로 정신 함양 교육, 성교육 관련 내용도 상대적으로 그 비중(0.51%)이 낮게 나타났다(박희숙·박형우, 2002)."는 지적이 있다. 이 두 가지 명제는 자칫하면 상반되는 논리로 보일 수도 있으나, 내용적인 측면에서는 시대적 사회적 요구에 맞는 내용을 담은 제재로 하되, 그 수준 및 방향을 학생들의 발달 수준이나 흥미 및 실생활과 관련되는 텍스트들을 수록하여야 할 것이다. 이와 관련하여 유념해야 할 점은 중학생 시기는 피아제의 발달 단계에서 보면 구체적 조작 후기에서부터 형식적 조작기에 이르는 시기이기 때문에(신헌재 외, 1993) 이러한 특성을 잘 반영하는 자료들을 선정, 수록해야 할 것이다.

둘째, 학습 분량이 많다는 문제이다. 학습량의 문제는 1차적으로 교육과정의 '내용'과 관련된 문제이기도 하지만, 위에서 제기한 분책, 단원 수, 학습 활동의 양, 쪽수 등과도 관련된 복합적인 문제이기도 하다. 실제 제7차 중학교 국어 교과서의 단원 현황을 보면 [표 1]에서와 같이 1학년은 대단원 26, 소단원 50, 2학년은 대단원 21, 소단원 44, 3학년은 대단원 22, 소단원 55로 각기 나타난다.

[표 1]   제7차 중학교 국어 교과서 단원 현황

구분 \ 학기·책명	1-1 국어	1-1 생국	1-2 국어	1-2 생국	2-1 국어	2-1 생국	2-2 국어	2-2 생국	3-1 국어	3-1 생국	3-2 국어	3-2 생국
대단원	7	7	6	6	6	5	5	5	6	6	5	5
소단원	19	12	17	12	15	9	10	10	16	13	14	12
합 계 (대단원/소단원)	26/50				21/44				22/55			
주당 분량 (34주 기준)	0.8/1.5				0.6/1.3				0.6/1.6			
연 간 수업 시수*	34주 170시간 (주당 5시간)				34주 136시간 기준(주당 4시간)							

* 연간 수업 시수는 개정 교육과정에 명시된 사항임.

전술한 바와 같이 학습량의 문제는 1차적으로 교육과정의 '내용'과 직결되어 있고, 교과서로 범위를 좁히더라도 분책, 단원 수, 학습 활동의 양, 쪽수 등과 복합적으로 관련되어 있어서 한 마디로 단원 수만 가지고 학습량의 적정성을 판단하기는 쉽지 않다. 그러나 주당 5시간(1학년) 및 4시간(2,3학년)에 이 단원을 학습하기란 만만치가 않다. 실제 주당 소단원 수업량을 보면 1학년 1.5개, 2학년 1.3개, 3학년은 1.6개 소단원 분량을 수업해야 하는데, 이로 인해 중학교 국어과 교사들이 과정 중심의 수업을 충실히 진행하지 못하는 것은 물론, 발표 혹은 협동학습을 생략한 채 교사 중심의 수업을 진행하거나 '생활 국어' 교과서를 소홀히 하게 된다고 하소연하는 것이다. 따라서 개정 교육과정을 바탕으로 한 새 국어 교과서 개발을 위한 편찬상의 유의점이나 검정 기준에 이를 명시적으로 반영할 필요가 있을 것이다.

셋째, 학생들이 분명히 학습해야 할 명제적 지식과 그러한 지식 및 과제 수행에 필요한 절차적 지식이 소략하거나 분명하지 못한 측면이 있다. 중학교 국어과 교사들로부터 현행 제7차 중학교 국어과 교과서의 단원 속에서 '무엇을', '어떻게' 가르쳐야 하는지가 분명치 않다거나, 열심히 '활동'은 했는데 무엇을 가르쳤는지 명확치 않다는 말을 들을 수 있는데, 이는 곧 가르치고 배워야 할 명제적 지식, 절차적 지식이 소략하거나 분명치 않다는 말과 다름이 아닐 것이다. 예를 들면 3학년 1학기 국어의 〈2. 중심 내용 파악하기〉 단원의 경우, 학습 목표는 "글을 읽으며 중요한 문장을 파악할 수 있다.", "글 전체의 중심 내용을 간추릴 수 있다."로 설정되어 있다. 〈단원의 길잡이〉에 '중심 내용'과 '중심 내용 파악하기'의 개념은 제시되어 있으나, 중심 내용을 어떻게 찾아야 하는지에 대한 구체적인 절차적 지식 혹은 단계가 제공되어 있지 않고 있으며, 교사용 지도서에서도 중심 내용 파악하기 전략에 대한 개념적 설명은 반복되지만, 어떠한 방법과 절차로 중심 내용을 찾아야 되는지에 대한 절차적 지식이 구체적으로 제시되어 있지 못하다. 이로 인해 중심 내용 파악하기 전략에 대한 교사의 설명과 시범, 그리고 학생들의 활동으로 이어지는 전략 학습에 어려움을 겪게 되는 것은 물론, 학습 활동은 하였지만 단원 학습 목표인 중심 내용 파악하는 방법을 터득케 하는 데는 한계를 지니게 되는 것이다. 따라서 개정 교육과정에 의한 국어과 교과서에서는 이러한 측면을 강화해야 할 것이다.

넷째, 학습 활동 측면에서 고등 사고력을 계발하는 활동이 많지 않고, 또 학습 목표 도달과는 유리된 활동이 없지 않다는 점이다. 이러한 지적은 신용옥(2003), 홍석주(2004)에 의해 제기되었는데, 이를 명시적으로 인용해 보면 다음과 같다. "학습 활동의 문항 수가 너무 많고 문학 작품을 읽고 줄거리를 요약하거나 사건을 정리해 보는 등의 중복되고 단조로운 문항들로 이루어져 있다.", "학생들의 비판적 사고를 키울 수 있는 학습 활동의 문항이 거의 없다."(이상 신용옥, 2003). "단원 학습 목표와 관련되는 사고 활동을 하게 하는 문제가 그리 많지 않았으며, 학생에게 읽은 글의 내용과 관련된 학생의 사전 경험이나 지식을 동원하게 하는 문제에 집중되어 있다.", "'목표 학습'은 일부를 제외하고는 학습 목표에 맞도록 문항이 구성되어 있으나, 경우에 따라서는 교육과정의 내용과 다소 어긋나는 경우도 있었다.", "'적용 학습'의 경우에는 학습 목표보다는 소단원의 제재나 내용과 관련된 문항이 많아 다소 문제가 있다."(이상 홍석주, 2004). 이러한 지적들의 핵심은 학습 활동이 학습 목표 도달에 필요한 활동이어야 하며, 비판적 사고, 창의적 사고와 같은 고등 사고력을 자극할 수 있는 것이어야 한다는 명제를 새삼 확인시켜 준다고 하겠다.

다섯째, 국어 교과서의 분책 문제이다. 제7차 중학교 국어과 교과서가 적용되면서 현장 교사들 사이에 빈번하게 제기되었던 문제 가운데 하나가 국어 교과서를 「국어」와 「생활 국어」로 분책한 데 대한 것이다. 이에 대한 국어과 교사들의 문제 제기의 출발점은 한 마디로 분책되어 있으므로 인해 '학습량의 과다'를 초래하였다는 것이다. 이로 인해 진도에 쫓기거나 '생활 국어' 교과서를 소홀히 하는 현상이 빈번하다는 것이다. 이로 인해 "보충·심화 활동들이 시간에 쫓겨 충분히 이루어지고 있지 않다(임난숙, 2001)."거나, "국어 교과서는 학습량의 최적화를 추구하는 교육과정과는 달리 분량이 지나치게 많으며, 그로 인해 생활 국어 교과서를 소홀히 할 수밖에 없는 영역별 불균형을 가져와 '읽기' 위주의 교육이 될 수밖에 없게 되어 있다(류승현, 2002)."는 지적이 나오기에 이른 것이다.

이러한 문제를 의식한 (교과서 개발을 직접 관장하는) 교육평가원 팀에서조차 "제7차 교육과정에 따라 〈국어〉 1권 체제에서 〈국어〉와 〈국어 생활〉 2책의 교과서 체제로 개발하여 사용하고 있다. 그러나 교과서를 왜 2책 체제로 개발하였는지, 교육과정의 영역별 교육 내용을 통합하였다면 그 원리가 무엇인지를 발견하기가 쉽지 않다(이인제 외, 2005)."고 이 문제를 지적하고 있다.

현대 국어교육의 동향 가운데 두드러진 특징 가운데 하나가 통합교육 및 총체적 언어교육을 지향하고 있다는 점에서 비추어 보면, 분명 분책보다는 단일책으로 이어야 한다는 논리가 설득력을 지닐 수 있을 것이다. 그러나 교과서 개발은 교과 내적인 논리 외에도 다양한 차원에서의 논리가 작용할 수 있으므로 단일책으로 갈지 여부는 두고 봐야 할 것이다.[3] 다만 분명한 것은 통합교육 및 총체적 언어교육 원리에서 보면 단일책으로 가야 하는 게 타당할 것으로 판단된다.

이상에서 살펴본 다섯 가지 외에도 보다 좋은 교과서를 추구하는 관점에서의 많은 지적들이 있을 수 있을 것이다. 그러나 제7차 중학교 국어과 교과서는 학습자 중심, 과정 중심, 활동 중심의 국어교육 원리를 반영하여 단원을 전-중-후 활동으로 구성함으로써 종래의 교과서와는 확연하게 달라진 모습을 보인 것은 분명한 사실이다. 따라서 종전의 교과서와는 확연히 다른 체제와 구성을 보임으로써 진일보한 것이라는 점에서 그 의의를 부여하여야 할 것이다. 다만 이를 비판적으로 검토함으로써 개정 교육과정에 의한 바람직한 교과서를 모색하려는 노력은 계속되어야 할 것이다.

---

[3] 2007년 개정 교육과정에 의한 '초등 1,2학년 국어 교과서 연구 개발 기관 공모 안내(2007 .3. 30.)'에 의하면 초등 1,2학년의 국어 교과서를 「듣기·말하기」, 「읽기」, 「쓰기」 3책으로 분리하여 공모하고 있다. 초등의 경우 저학년과 고학년의 교과서 체제가 다르기 때문에 지켜봐야 하겠지만, 이는 7차 교과서와 같은 방식이어서 이대로 일관성을 유지해서 중학교 「국어」 교과서를 개발한다면 분책으로 갈 가능성이 높은 것으로 보인다.

(2) 개정 국어과 교육과정과 교과서 개발의 방향

'교과용도서에 관한 규정'에 의한 규범적인 개념으로서의 '교과서'란 학교에서 학생들의 교육을 위하여 사용되는 학생용의 서책·음반·영상 및 전자 저작물 등을 말한다(일부 개정 2004.6.19. 대통령령 18429호). 따라서 교과서는 교사의 교수와 학생의 학습을 연결하는 매개체이며, 수업 현장에서 교사와 학생 사이의 교수·학습을 이어 주는 가장 중요한 도구로 사용된다. 수업의 핵심을 학생의 학습으로 본다면, 교과서는 학생의 학습을 도와주는 자료라 할 수 있다(노명완, 2002). 그러기에 구체적인 형태는 학습 활동을 위한 자극 재료집으로 꾸며지기도 하고, 구체적 활동이 이루어지도록 하는 언어 프로그램의 집합으로서 워크북의 모습으로 나타나기도 하며, 읽는 활동을 하는 사화집(詞華集), 또는 독본의 형태가 되기도 한다(김대행, 2002). 거기다 오늘날에는 교과서가 교수적 전략까지 포함하는 추세여서 교과서의 위상과 중요성이 더욱 높아지고 있는 실정이다(박영민, 2005).

이와 같은 관점에서 보면 이상적인 국어 교과서는 시대와 사회의 변화에 따른 요구를 수렴하고,4) 또 국어교육의 학문적 성과를 반영함과 동시에, 가장 직접적인 근거가 되는 교육과정을 충실히 구현한 교과서여야 할 것이다. 따라서 여기서는 교과서 개발에 있어서 가장 직접적인 근거가 되는 개정 국어과 교육과정을 중심으로 교과서 개발 방향을 점검해 보고, 또 내용 체계(성취 기준)를 살펴봄으로써 개정 중학교 교과서 개발의 방향을 가늠해 보기로 한다.

■ 개정 교육과정과 국어 교과서의 개발 방향

제7차 교육과정의 기본 정신(철학·이념)을 계승하되, 문제점을 보완한다는 정책 방향에 따라 개발한 개정 교육과정은 우여곡절을 겪은 끝에 '내용

---

4) 박인기(2006)는 교육과정 개정과 관련하여 미래 사회의 특징을 1) 기술(technology)의 체제가 삶의 생태가 되는 사회, 2) 기능적 분화에 따른 총체성의 안목이 더욱 필요한 사회, 3) 소통 행위의 기능성이 확장되고 소통의 새로운 윤리성이 요청되는 사회로 제시하였다.

(성취 기준)'을 듣기·말하기·읽기·쓰기·문법·국어 지식 6영역으로 제시하고 있다. 그런데 교과서 개발과 관련하여 주목할 만한 것은 '개정 시안(2005년 12월)'을 보면, 국어 교과서 개발 및 심의의 방향(안)과 관련한 사항을 상당 부분 제안하고 있다는 점이다.5) 개정 시안의 'Ⅳ. 국어과 교과서 개발 및 심의의 방향(안)'을 보면, 총 16페이지 분량으로 1. 교과서 개발의 기본 방향, 2. 영역 간 내용 요소의 통합과 교과서 단원 구성, 3. 교과서 개발 및 심의 시 고려 사항(안), 4. 후속 과제 등의 순으로 기술하고 있다.6) 물론 '안'임을 전제로 앞으로 수정 보완할 것임을 명시하고 있지만, 이는 여전히 국어과 교과서 개발에 중요한 지침적 성격을 띠고 있다고 할 것이다.

개정 시안에서는 '국어 교과서 탐구의 기본 방향'은 '국어교육의 질 향상에 기여하고 학습자의 창의적 국어 사용 능력의 향상을 돕는 교과서'로 설정하고 다음과 같이 교과서 개발과 관련한 사항을 제시하고 있다.

먼저, 교육과정 개정 시안을 보면, '개정 교육과정에 따른 교과서 개발 관점'을 첫째, 개정 교육과정의 기본 정신을 반영하는 교과서 개발, 둘째, 교육과정 중심의 학교교육 체제에 적합한 교과서 개발, 셋째, 교육 수요자 중심의 다양하고 질 높은 교과서 개발, 넷째, 연구 개발형 교과서 개발 등으로 제시하고 있다. 여기에 나타나 있는 내용들은 추상적이긴 하지만 한 마디로 개정된 교육과정이 추구하는 방향과 정신을 담고, 기존 교과서의 문제점을 보완하면서 이 시대가 요구하는 교과서를 개발하자는 것으로 요약될 수 있을 것이다.

다음은, '개정 교육과정에 따른 국어 교과서 개발의 기본 방향'인데, 이는 첫째, 개정 국어과 교육과정의 정신을 구현하는 교과서 개발, 둘째, 학습자의 창의적 국어 능력 신장의 향상의 극대화를 꾀할 수 있는 교과서 개발,

---

5) 전술한 바와 같이 2007년 개정 교육과정에서 개정 시안, 개정안의 과정을 거쳐 최종적으로 '개정 교육과정'에 이르렀다. 이 과정에서 '개정 시안'에 제시되었던 교과서 집필에 관한 내용이 개정안에서부터 삭제되면서 완전히 폐기한 것이 아니라 따로 분리하여 지침으로 제시하겠다(이인제 외, 2006 : 35)고 밝히고 있기 때문에, 여기서는 개정 시안의 'Ⅳ. 국어과 교과서 개발 및 심의의 방향(안)'의 내용을 바탕으로 살펴보기로 한다.
6) 개정 시안의 100쪽에서부터 115쪽까지에는 'Ⅳ.'국어과 교과서 개발 및 심의의 방향(안)'이 제시되어 있다. 개정 시안에서 교과서에 관한 내용은 모두 이 부분에서 발췌하였다.

셋째, 영역별 내용 요소 구조화(텍스트, 지식, 기능, 맥락)의 내적 원리를 구현하는 교과서 개발, 넷째, 교수·학습 및 평가 방법 개선에 기여하는 교과서 개발, 다섯째, 학습자의 능동적인 참여와 창의적인 국어 사용 경험을 제공하는 교과서 개발, 여섯째, 학습하는 방법의 학습을 돕는 교과서 개발 등 여섯 가지 항목을 제시하고 있다. 이 역시 위의 교과서 개발 관점과 크게 다르지 않다. 다만, 셋째 항의 '영역별 내용 요소 구조화(텍스트, 지식, 기능, 맥락)의 내적 원리를 구현하는 교과서 개발'과 관련하여 유념해야 될 사실은, 개정 국어과 교육과정이 텍스트 요인을 중심으로 지식과 기능, 맥락을 중심으로 그 내용 요소를 제시하였기에 이 특성을 잘 반영할 수 있는 교과서의 체제를 상정해 볼 수 있다는 점이다. 그러한 점에서 본고가 지향하는 텍스트 요인, 즉 장르 중심 통합교육적 교과서 단원 구성 방향이 관심의 대상이 된다고 할 수 있을 것이다.

또한 개정 시안에는 '교육과정 개정과 국어 교과서 개발을 위한 탐구 과제'가 제시되어 있는데, 이를 보면 다음과 같다. 언어의 통합적 운용과 적합성 제고, 교육 내용(내용 요소)의 특성에 따른 학습 활동의 다양화, 학습자의 수준을 고려한 학습 방법과 전략의 다양화, 단원 구성 방식의 다양성과 창의성, 학습을 위한 언(국)어 자료의 소재·제재·주제의 도식성 극복, 교육 내용의 특성에 따른 단원 구성 방식의 다양화(목표 중심형/활동 중심형/주제 중심형/문종 중심형/자료 제시형/개념·정보 탐구형), 사고 내용의 형상화를 통한 내면화, 자연과 인간에 대한 폭넓은 이해, 자유로운 사고와 감성 중시, 감성적 생활과 다양한 표현 방식 중시(기존의 사상, 세계상, 인간상의 단순한 수용보다 비판적으로 수용하면서 스스로 배움을 터득해 가는 학습 방법 강조, 스스로 깨우치도록 하는 눈높이 교육 실현) 등이다.

여기서 주요한 사항은 먼저, 교과서 단원 학습 활동의 다양화와 학습자의 수준을 고려한 학습 방법과 전략의 다양화를 제시함으로써 7차 국어과 교과서에 대한 비판적 검토를 통한 학습 방법 및 학습 전략을 제시할 것을 명시하고 있다는 점이다. 또한 교과서 단원을 통합교육적 바탕 위에서 개발해야 된다는 점을 확인할 수 있고, 또 교과서 단원을 목표 중심형, 활동 중심형, 주제 중심형, 문종 중심형 등등으로 다양하게 구성할 것을 권장하고 있음을 볼 수 있다.

이상에서 볼 때, 개정 교육과정을 입안한 관점에서 보면 적어도 제7차 교육과정 중학교 국어과 교과서가 취한 영역별 목표별 단원 체제를 포함하여 주제 중심, 장르 중심 등의 다양한 통합교육적 관점을 요구하고 있고, 또 학습 전략을 명시적으로 제시하거나 이를 학습 활동에 보다 체계적으로 제시함으로써 학생들이 무엇을, 어떻게 공부해야 하는가 하는 관점에서 구체화할 것을 권장하고 있음을 확인할 수 있다.

2 개정 교육과정의 성취 기준 체계

다음은 개정 국어 교과서 개발과 관련하여 위에서 같은 제안을 바탕으로 개정 교육과정의 내용(성취 기준) 체계를 살펴보기로 한다. 개정안에서는 '텍스트를 중심으로 내용 요소를 맥락화, 초점화, 위계화하여 학년별 내용을 구성하되, 학습 요소의 계열성과 반복성을 고려하여 학습 효과가 증대될 수 있도록 배열(이인제 외, 2005 : 63)'하고 있다. 그러면서 이를 '텍스트, 지식, 기능, 맥락'의 네 범주로 구성하면서 그 이유를 다음과 같이 진술하고 있다.

텍스트는 언어적, 인지적, 사회적 행위가 수렴하는 의사소통적 사건(a communicative event wherein linguistic, cognitive, and social actions converse)이기 때문에 구어 텍스트 또는 장르의 수용 행위는 텍스트를 구성하는 언어적, 인지적, 사회적 제약(constraints)을 처리하는 과정으로 설명할 수 있다. 개정안에서는 이를 '텍스트, 지식, 기능, 맥락'의 네 범주로 명명하였다. '텍스트' 범주는 언어 사용의 목적에 따라 '정보 전달, 설득, 사회적 상호작용, 정서 표현'의 네 가지 유형으로 대별하였다. '지식' 범주는 주로 텍스트의 언어·구조적 특징에 초점을 두고 '텍스트 표지', '텍스트 구조', '매체 특성' 등을 선정하였다. '기능' 범주는 듣기의 과정과 수준을 중심으로 '내용 확인', '추론', '평가 및 감상'으로 세분하였다. '맥락' 범주는 듣기 행위와 관련한 '소통 상황', '대인 관계', '소통 문화' 등 듣기의 사회적 측면을 중심으로 내용 요소를 선정하였다(개정 시안, 61-62).

이는 듣기 영역에서 인용한 것이지만, 말하기, 읽기, 쓰기 등 다른 언어 사용 기능 영역에서도 반복되고 있어서 개정 교육과정에서 공통적으로 해당된다고 볼 수 있을 것이다. 그리고 이는 그동안 국어교육 학계에서 논의되어 온 '장르 중심(genre-based)'의 국어교육 동향을 적극 반영하고 있음을 확인할 수 있다. 인용문에서도 명시되어 있듯이 여기서 '텍스트'는 장르 중심 국어교육에서 논의되어 온 '장르'와 동일 개념으로 사용되고 있다.

텍스트(장르)를 근간으로 교육과정 체계를 마련한 것은, 90년대 중반 이후 국어교육 학계에서 논의되어 온 구성주의적 동향, 즉 인지적 구성주의, 사회적 구성주의, 사회·인지 이론 등을 반영한 것이다. 이러한 장르 중심 국어 교육의 동향을 반영하였다는 사실을 염두에 두면서 아래 [표 2] '듣기 영역 내용 체계'를 보기로 한다. 다음의 내용 체계를 보면, 7차와는 아주 많이 다른 모습을 보여 주고 있다. 우선 '실제'를 맨 위에 배치함으로써 '실제'에 필요한 지식, 기능이 있어야 함을 보여 주고 이것은 다시 '맥락'에 의해 결정됨을 보여 주고 있다. 여기서 '맥락'이란 실제 언어 지식과 기능이 사용되

[표 2]　　　　　　　　　　　듣기 영역 내용 체계

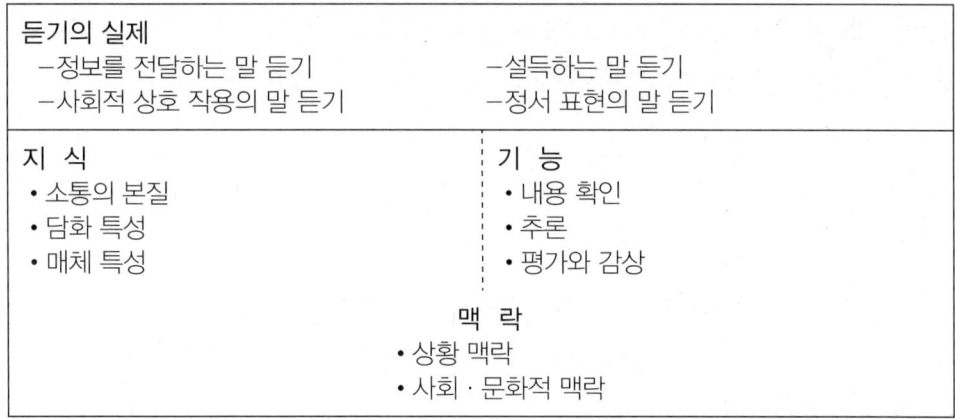

는 실제 '상황 맥락'과 그 배후에 작용하는 '사회·문화적 맥락'으로 사용하고 있다.

위의 체계표에 제시된 '지식', '기능', '맥락'은 개정 시안에 자세한 설명이 있는데, 이를 보면 다음과 같다. '지식' 범주는 텍스트 관련 지식(예를 들어, 응집성, 텍스트 구조와 조직, 언어 형식 등)에 초점을 맞춘다. 여기에서는 텍스트의 언어 구조와 특징에 대한 학생들의 지식을 다루게 되며, 텍스트는 어떻게 의미를 구성, 형성하고 있는지, 이러한 종류의 텍스트를 분석하는 데 이들 지식을 어떻게 효과적으로 활용할 것인지의 문제를 다룬다. 하위 내용으로는 주로 텍스트의 언어·구조적 특징에 초점을 두고 '텍스트 지식', '언어 사용 지식', '매체 특성' 등을 선정하였다. '기능' 범주는 텍스트를 생산하는 데 필요한 세부 전략에 관한 내용이다. 여기에서는 이들 전략, 기능에 대한 학생들의 심화된 이해와 적용 능력을 다루며, 쓰기에서 어떻게 이들 지식을 효과적으로 활용하게 할 것인지를 다룬다. 즉 해당 텍스트를 생산하는 데 필요한 문식성 기능, 전략에 대한 이해 및 익히기에 초점을 두고 있다. 이 '기능' 범주는 쓰기의 과정과 수준을 중심으로 '내용 생성', '내용 조직', '내용 표현'으로 세분하였다.

'맥락' 범주를 설정한 것은 문식성 활동은 사회·문화적 상황이나 그것이 사용되는 구체적인 시공간에 따라 달라진다는 사회·문화적 관점을 충실하게 반영하고 있다. 맥락 범주를 통해 학습자는 텍스트, 문식성 기능, 텍스트의 구조와 특징을 하나의 맥락 속에서 이해할 수 있게 될 것이다. '맥락' 범주는 쓰기 행위와 관련한 '상황 맥락', '사회·문화적 맥락'으로 구성하였다(이인제 외, 2005 : 74~5).

여기서 주목해야 될 점은, 앞에서 언급한 것처럼 개정 시안에서는 텍스트(장르) 요인을 중심으로 '내용 요소 범주화의 축인 텍스트(장르)를 설정하여 내용 요소 선정의 준거를 명료히 하(이인제 외, 2005)'고 있으나, '개정안(2006년 12월)'을 거쳐 '개정 교육과정'에 이르면서 표면적으로 텍스트 요인의 색채가 약화되었다는 점이다. 이를테면 개정 시안에서 내용 체계에서

'실제'의 명칭이 '텍스트'였으나 듣기의 실제, 말하기의 실제 등으로 바꾸었고, 이 밖에도 개정 시안, 개정안에서 반복 사용되던 '텍스트'란 용어 자체가 '담화' 및 '글'로 바뀌었다는 사실이 이를 단적으로 설명해 준다. 그러나 개정 교육과정에서는 표면적으로 약화되었으나, 텍스트(장르)를 축으로 내용 요소를 범주화하고 있기 때문에 텍스트 요인은 여전히 중심축으로 자리 잡고 있다고 볼 수 있다.

따라서 개정 교육과정의 출발점은 장르 중심 접근법에 근간을 둔 텍스트 요인으로 볼 수 있으며, 이를 근간으로 언어 사용 기능 영역에서는 정보 전달, 설득, 사회적 상호작용, 정서 표현 네 가지로 설정하고 있다.[7] 텍스트가 어떤 역할과 기준을 하는지 다음과 같은 부분들에서 교육과정의 성취 기준이 분명히 이 텍스트를 준거로 설정되었음을 밝히고 있다.

이상에서 살펴본 바와 같이 개정 국어과 교육과정에서는 텍스트(장르)를 축으로 내용 요소를 범주화하고 있고, 또 교과서의 단원도 텍스트를 중심축으로 한 통합 단원 개발을 제안하고 있다.[8] 이렇듯 개정 시안에서 텍스트 요인, 즉 '장르(텍스트)'가 핵심 개념으로 등장하게 된 것은, 근래 국어교육 학계의 변화 동향을 적극 반영한 결과일 것이다. 따라서 이에 대한 구체적인 검토가 필요할 것이나 여기서는 지면 관계상 줄이기로 하고, 필요한 부분에서 최소화하여 논의하기로 한다.

---

[7] 여기서 '텍스트'는 '장르(genre)'와 동일 개념으로 사용하고 있다. 그런데 텍스트와 장르의 개념이 동일 개념으로 사용될 수 있는가는 논의의 여지가 있을 수 있을 것이다. 그러나 개정안에서 '텍스트'를 '장르'와 동일 개념을 사용하면서 주로 '텍스트'를 사용하고 있어서 본고에서도 교육과정을 따라 이 둘을 같은 개념으로 사용하기로 한다.

[8] 물론, 텍스트를 중심으로'만' 통합 단원 형태만을 논의하고 있는 것은 아니다. 목표 중심형/활동 중심형/주제 중심형/문종 중심형/자료 제시형/개념·정보 탐구형 형태를 제시하고 있다. 그런데도 본고에서 텍스트 중심 통합 단원에 관심을 기울이는 것은 개정 시안 자체가 '내용 요소 범주화의 축인 텍스트(장르)를 설정하여 내용 요소 선정의 준거를 명료히 하'였고, 이를 바탕으로 한 교과서 단원의 통합을 제안하고 있기 때문이다.

3. 중학교 국어 교과서 단원의 배열 및 구성

(1) 중학교 국어 교과서 단원의 설계 방향

　개정 국어 교과서의 단원을 어떻게 설정하고 어떤 순서로 배열할 것인가 하는 문제는 두 가지 다른 입각점에서 점검이 가능하다. 한 가지는 근래 개정 국어 교과서 개발과 관련한 국어교육 전문가들의 논의를 검토해 보는 방법이고, 또 다른 한 가지는 개정 교육과정을 통해서 점검해 보는 것이다. 이 두 가지를 통해 점검해 보면, 개정 국어 교과서의 단원 배열이 통합교육 및 총체적 언어를 바탕으로 통합으로 가야 한다는 데는 이론의 여지는 없어 보인다. 그런데 통합을 하되, 무엇을 기준으로 통합할 것인가 하는 데는 크게 두 가지 경우가 대두된다. 그런데 '교과서 구성이나 교수·학습의 통합에는 한계가 있으므로, 교육 내용의 통합적 구성 원리는 학습 내용과 방법의 통합에서 찾아야(노명완 외, 2004 : 101)' 한다.

　교과서 단원 배열과 관련한 국어교육 전문가들의 근래의 논의들을 보면, 박영민(2005)은 주제를 중심으로, 한철우(2005)는 목표 중심+주제 중심으로,[9] 이경화(2006)는 주제 중심+목표 중심으로, 한명숙(2006)은 장르별 중심을 각기 근간으로 배열하는 방법을 논의하였다. 이들 논의에 따르면, 주제 중심 혹은 장르(텍스트) 중심 통합을 근간으로 하더라도 경우에 따라서는 병용하는 가능성을 열어 두고 있다. 따라서 이 두 가지 방법 중에 어느 것을 기준으로 통합해야 할 것인가 하는 것을 단정적으로 말하기는 어렵다. 또한 개정 시안에서도 단원 구성에 있어서 여러 가지 통합 방안을 제시하고 있고, 실제 교육과정의 내용을 모두 담을 수 있도록 단원을 설정하다 보면 경우에 따라서는 하나의 틀로는 소화할 수 없을 경우가 발생할 것이기 때문에 어느 한 가지 방법만으로 단원을 구성해야 한다는 논리는 설득력이 없을 것 같다. 따라서 단원 배열 및 구성을 할 때, 장르 중심 혹은 주

---

9) 한철우 외(2005)에 의해 개발된 개정 고등학교 국어과 교과서 실험본에서는 상권은 목표 중심, 하권은 주제 중심으로 단원이 배열되어 있다.

제 중심의 통합적 방법을 병용하는 것 자체를 긍정적으로 보는 관점이 필요할 것이다. 다만, 앞에서 살펴본 것처럼 주제 중심 통합 단원에 대해서는 이미 적지 않은 논의가 있었기 때문에 본고에서는 주로 장르 중심 통합 단원에 초점을 맞추어 그 가능성을 탐색해 보기로 한다.

장르 중심 통합 단원을 한 마디로 표현하면, 국어 교과서의 단원을 교육과정에서 제시한 텍스트(장르)의 유형으로 짜서 배열한다는 것이다. 주지하는 바와 같이, 장르(genre)는 라틴어 genus에서 유래된 프랑스어로서, 원래 생물학에서 동식물의 분류에 체제를 세우는 데 사용하던 용어였는데, 문학에 원용되면서 문학의 종류를 뜻하게 된 것이다(박인기 외, 2001). 또한 장르는 통념상 사회적으로 인정된 언어 사용 방식과 관련되며, 이러한 장르 중심 접근법(Genre-based approach)은 일련의 유사한 텍스트들의 특징을 가정하는 데서 그 근거를 확보한다. 그리고 그 특징은 텍스트 생산자가 산출하려는 텍스트가 그와 유사한 다른 텍스트가 이미 갖춘 방식으로 묘사될 수 있으며, 또한 텍스트 생산자 입장에서 보면 일종의 선택이자 구속인 것이다. 학생들에게 사회적인 맥락 속에서 언어가 기능하는 방식에 대한 명백하고 체계적인 설명을 제안하는 입장을 취한다(Ken Hyland, 2003).

장르 중심 접근법에 대한 논의는 이상구(1998), 박태호(2000), 최인자(2001), 김국태(2002), 김명순(2005), 이재기(2005), 한명숙(2006) 등으로 이어져 논의되어 왔다. 이 가운데 이상구(1998)는 구성주의적 문학교육 방안을 논의하면서 다음과 같이 상호 텍스트성을 바탕으로 한 '장르 중심의 교과서' 단원 구성을 논의하였다.

> 구성주의적 동향에서의 학습자 중심 문학교육이 학습자들의 문학 감상에 있어서 인지적 모델 구축을 주된 목표로 설정한 이상, 교과서의 작품 배열은 일단 심리적 구조를 반영하여야만 한다. 그렇다면 어느 것이 학습자의 심리 구조를 반영하는 배열인가? 그것은 '장르적·유형학적 분류'일 것이다. 즉 동일 장르의 하위 유형별로 단원을 설정하자는 것이다. 이를테면 시조(時調) 단원의 경우, 시조의 단원을 설정하고 그 작품들을 다수 제시하면, 학습자들은 시조 작품의 상호

텍스트성 인식을 통한 유형학적인 인지 모델을 구축하게 될 것이고, 풍자 소설을 복수로 배열하면 역시 풍자 소설에 대한 상호 텍스트성을 바탕으로 유형학적 인지 모델 구축이 용이할 것이다. 이렇게 장르적·유형학적 배열을 하면 우선적으로 학습자의 인지적 모델 구축을 위해 상호 텍스트성을 바탕으로 한 복수 교재 방략 사용이 용이해지며……(이상구, 1998 : 125).

상호 텍스트성 인식을 통한 유형학적인 인지 모델을 구축하기 위하여 교과서의 단원을 장르별로 배열을 한다는 것이다. 이렇게 장르별로 소단원(제재 글)을 배열하면서 읽기 전 활동에서는 그 장르에 관한 배경지식을 확인하고 또 학습 활동은 그 장르를 읽을 때 혹은 쓸 때 필요한 절차적 지식 학습으로 구성하면 될 것이다.

쓰기 교육에서 박태호(2000)는 인지구성주의, 사회구성주의, 사회·인지 이론에 이어지는 쓰기 교육의 패러다임을 점검하면서 다음과 같은 장르 중심 교수·학습 모형을 제시하였다.

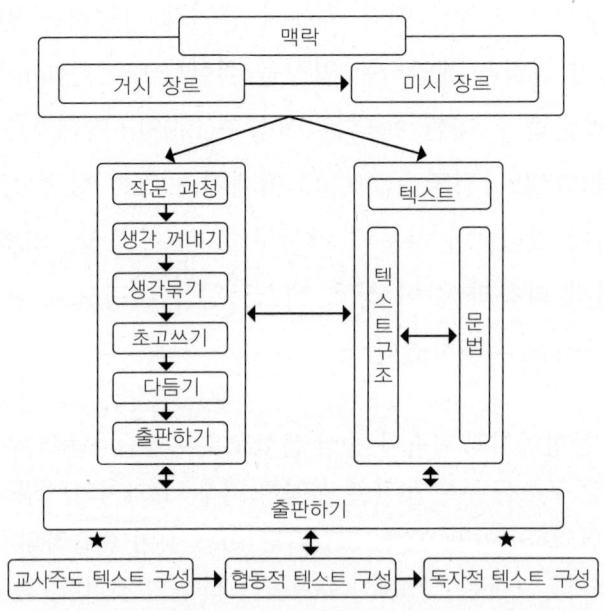

〔그림 1〕장르 중심 작문 교수·학습 모형(박태호, 2000:198)

그는 장르를 중심축으로 맥락과 텍스트, 인지 세 요소를 통합하고, 사회적 중재의 원리, 책임 이양의 원리를 중요한 교수·학습 원리에 가미하여 교사가 명시적 교수를 통하여 장르도식을 학생들에게 시범을 보이고, 학생들이 이를 독립적으로 수행할 수 있는 절차와 단계를 제시하였다. 한편, 이재기(2005)에 이르러서는 문식성 교육 내용 조직자로서 ① 언어 활동 목적, ② 텍스트, ③ 문식성 기능, ④ 텍스트 구조와 특징, ⑤ 상황·문화 맥락의 이해 등 5가지를 설정하면서 각 조직자의 성격과 특성에 대하여 다음과 같이 기술하고 있다.

다섯 가지 조직자는 모두 핵심 조직자인 장르의 개념을 공분(共分)하고 있다. 즉 장르라는 큰 틀 속에서 자기 역할을 나누어 맡고 있는 것이다. 예컨대, '언어 활동 목적'은 거시 장르라고 할 수 있으며, 미시 장르를 존재하게 하는 요소라고 할 수 있다. 대개의 장르는 주체의 의사소통 목적과 상황 맥락, 문화 맥락 간의 상호작용의 결과로 발생하고, 유지되기 때문이다. '텍스트'는 미시 장르라고 할 수 있다. 그리고 이때의 텍스트는 구체적인 개별 텍스트를 의미하는 것이 아니라, 개별 텍스트의 특성을 전형적으로 가지고 있는 텍스트로 장르의 개념에 가깝다. '문식성 기능'은 독립적이고 개별적인 기능이 아니라, 장르가 형성되는 구체적인 상황 맥락을 의식하고 있는 기능이다. 한편, '텍스트의 구조와 특성' 역시 개별적이고, 구체적인 텍스트의 구조와 특성이 아니라, 일종의 장르 관습, 장르 지식으로 이해하는 것이 실제에 가깝다. '상황·문화 맥락의 이해'는 장르가 구성되는 구체적인 시공간을 의미한다. 즉 주체의 의도와 상황/맥락이 만나 장르가 결정되는 구체적인 시공간을 의미한다(이재기, 2005).

특정 장르의 전형성을 지닌 텍스트를 전범으로 하여 그 장르가 형성되는 구체적인 상황 맥락 속에서 (그 장르의) 구조와 특성, 즉 장르 관습이나 장르 지식을 교수·학습한다는 것이다.

위의 이상구(1998), 박태호(2000), 이재기(2005) 등에서 공통적으로 제시하고 있는 장르 중심 접근법의 핵심은 특정 장르에 관한 지식을 교사의 시범과 학생의 활동을 통해 교수·학습하면서 그 장르를 수용 혹은 생산하는 방법을 학생들이 익히도록 한다는 것이다. 그렇다면 이러한 장르 중심 접근법의 원리와 방법을 어떻게 국어과 교과서에 반영할 것인가 중요한 문제가 대두된다. 이에 대해서는 제7차 초등학교 고학년 국어과 교과서에서 그 근접한 예를 찾아볼 수 있다. 물론 이 교과서가 완전히 장르 중심 접근법의 원리에 의해 구성된 것은 아니지만 외형적 체제에서 그 시사점을 얻을 수 있다. 이 경우 '읽기' 교과서와 '말하기 · 듣기 · 쓰기' 교과서로 분책되어 있고, 두 책이 대단원은 물론 소단원 차례까지 같기 때문에 이 두 책의 단원을 합치면서, 장르에 관한 지식을 교사의 시범과 학생의 활동을 통해 교수·학습하면서 그 장르를 수용 혹은 생산하는 원리로 구성하면 그 대강의 밑그림을 그릴 수 있을 것이다.[10] 따라서 개정안의 '방법' 및 '평가', 그리고 교과서 집필과 관련된 사항들을 충실히 반영하면서 다음과 같은 방향으로 단원을 설계한다.

1 단원 내용

① 언어 사용 기능 및 문법과 문학의 기본적 지식과 각 장르별 텍스트에 관한 장르 도(지)식, 절차적 지식을 학습할 수 있도록 한다.[11]
② 21세기 지식기반 사회의 특성과 교육과정에서 제시한 바람직한 인간상을 실현하고, 국어 생활을 영위하는 데 유용한 것을 선정한다.
③ 창의적 국사용 능력 신장이라는 국어과의 성격과 목적을 달성하기 위하여 교육과정의 학년별 '내용'의 '수준과 범위'를 고려하여 반영한다.
④ 학문적 논리나 체계보다는 학생의 실생활 및 흥미, 요구, 발달 단계를 충분히 반영할 수 있는 내용을 선정한다.
⑤ 매체 언어(매체 문식성)를 반영 강화한다.
⑥ 서적 자료 및 인터넷 사이트 등 관련 자료를 제시한다
⑦ 학년별 주당 수업 시수 및 이수 단위에 알맞은 분량으로 선정한다.

---

10) 장르 중심 통합 단원 구성에 대해서는 초등학교 개정 국어과 교과서를 논의한 한명숙(2006)의 경우도 좋은 참고가 될 것이다.
11) 각 장르별 장르도식 혹은 장르 지식, 절차적 지식에 관해서는 이상구(1998), 박태호(2001), 이재기(2005) 등을 참조할 것.

2 단원 구성 및 배열

① (대)단원 구성은 장르 중심 통합 단원을 원칙으로 하되, 주제 중심, 목표 중심 통합 단원을 가미한다.

② 소단원은 말하기/듣기, 읽기, 쓰기, 문학, 문법 단원 등으로 독립적으로 설정하되, 이들의 순서는 단원의 성격에 따라 적이 배치한다. 따라서 대단원은 텍스트 유형, 즉 장르별로 배치하되, 소단원은 영역별로 설정한다.[12]

③ 읽기 혹은 문학 단원의 소단원(제재 단원) 배열은 주제를 기준으로 상호 텍스트성이 높은 텍스트를 복수로 배치한다(복수 교재, 다중 텍스트)[13]

④ 단원의 성격에 따라 3, 4개 소단원으로 된 대단원을 원칙으로 하지만, 경우에 따라서는 1개 혹은 2개의 소단원으로 된 중단원 혹은 소단원을 독립적으로 설정한다.

⑤ 문법 단원은 독립 단원 및 읽기, 쓰기, 말하기와 통합 활동 단원으로 2원화해서 설정한다.

⑥ 자기주도적 학습이 가능하도록 단원을 구성한다.

⑦ 협동학습의 원리를 반영한다.

⑧ 통합교육, 총체적 언어 활동의 원리를 반영한다.

⑨ 교육과정에 제시한 '성격, 목표, 내용, 방법, 평가'를 유기적으로 관련지어 단원을 구성한다.

⑩ 각 소단원별로 학습 목표를 제시한다.

⑪ 각 단원의 학습 과정을 명시적으로 제시한다.

⑫ 기능과 전략을 익힐 수 있도록 인지 과정을 반영하고, 과정 중심, 활동 중심으로 배치한다.

⑬ 인지적 도제 원리(교사 시범-함께 하기-혼자 하기) 및 책임 이양의 원리를

---

[12] 박영민(2005)의 경우 주제 중심으로 단원을 설정한 후, 통합적 언어 활동을 위하여 읽기 중심 단원, 쓰기 중심 단원, 듣기 및 말하기 중심 단원으로 설정하는 방안과 학습 활동을 듣기, 말하기, 읽기, 쓰기를 통합적으로 운영하는 방안이 가능하다고 했다.

[13] 이상구(1998)에서 '단일 교재'에 대비시켜 '복수 교재', '다수 교재'란 용어를 사용하였고, 김도남(2002)에서는 같은 맥락으로 사용된 'multiple texts'를 '다중 텍스트'로 번역하였다. 따라서 이 둘의 의미는 같다고 봐야 할 것이다.

적극 반영한다.
⑭ 평가를 적극적으로 반영한다(수행평가, 특히 포트폴리오 과제 제시 등).[14]

3 기 타
① 교과서의 판형은 4×6 배판으로 한다.
② 학기당 「국어」 1책 체제로 한다.
③ 온라인 자료, 하이퍼텍스트 체제를 가미한다.

앞에서 제시된 단원 설계의 방향에 따라 단원을 어떻게 구성하고, 또 어떻게 배열할 것인가를 살펴보면 다음과 같다. 먼저, 이를 위한 전제 작업으로 개정안에서의 7학년의 글과 담화의 유형을 살펴보면 다음 [표 3]과 같다.

[표 3] 7학년의 텍스트(글·담화) 유형

영역 텍스트	듣기	말하기	읽기	쓰기	문 학	
정보 전달	• 수업 대화	• 소개	• 설명문	• 설명문	• 시(시가)	• 시 • 노래
설득	• 광고	• 설득	• 다양하게 이해될 수 있는 글	• 보고서	• 소설(이야기)	• 소설 혹은 희곡 - 정서와 분 위기
사회적 상호 작용	• 면담	• 인터넷 토론	• 건의하는 글	• 건의문 • 위로문 (격려문)	• 극(연극, 영 화, 드라마)	

---

14) 한 단원 내의 평가를 도입 단계에서의 진단 평가, 학습 과정 평가, 그리고 단원 종료 후의 총괄평가로 이뤄진다(이경화 : 2006). 따라서 개정 교과서에 평가 측면을 강화해야 한다는 목소리는 공통적이고, 또 개정안에서도 이를 직접 언급하고 있기에 평가를 강화해야 하는 것은 분명하지만, 이는 교과서의 분량과도 직접 연관되어 있으므로 무조건 교과서에 평가를 제대로 담으려 하기보다는 교사용 지도서 혹은 출판사 웹사이트 등을 활용하는 방안도 고려해 봄 직하다.

| 정서 표현 | • 재담 | • 대화 | • 특별한 경험을 기록한 글
• 영화 | • 수필 | • 수필, 비평 | – 시대 상황 |

문법 : – 음성 언어와 문자 언어가 사용된 다양한 매체 언어 자료
 – 속담, 명언, 관용어 등이 들어 있는 언어 자료
 – 품사가 다른 단어가 들어 있는 언어 자료
 – 사동·피동 표현에 의해 의미 해석 양상이 달라지는 언어 자료
 – 여러 가지 지시어가 사용된 언어 자료

〔표 3〕에서 보듯이 개정안에서의 7학년의 텍스트(글과 담화)의 유형은 정보 전달 4개, 설득 4개, 사회적 상호작용 4개, 정서 표현 텍스트 5개, 문학 텍스트 4개 등 총 21개의 하위 범주가 제시되어 있다. 이들 21개의 텍스트를 영역별로 보면 듣기 4개, 말하기 4개, 읽기 5개, 쓰기 5개, 문학 4개 등 총 22개의 '성취 기준'으로 제시되어 있다. 여기에다 '문법' 영역의 내용 요소 5개를 합치면 이 하위 텍스트 혹은 영역별로 독립 단원을 설정한다면 최소 22개에서 최대 27개의 단원이 가능하다.

그러나 이렇게 되면 단원 수가 너무 많아지므로 현실적으로는 불가능하다. 따라서 교육과정을 재구성하여 단원을 설정해야 할 것이다. 즉 관련성이 높은 하위 텍스트 혹은 내용 요소(성취 기준)를 하나의 단원으로 편성하는 과정이 필요할 것이다.

이러한 과정을 따라 '문학' 영역의 단원을 설정해 보기로 한다. 아래〔표 4〕는 7학년의 '문학' 텍스트의 학년별 성취 기준을 표로 정리한 것이다. 〔표 4〕에 의하면 7학년에서 학습해야 할 문학 텍스트의 종류는 시와 노래, 소설(혹은 희곡)과 비평 3종류이다.

따라서 하위 텍스트 및 성취 수준의 관련성을 기준으로 ① 시와 노래, ② 소설, ③ 드라마 대본, ④ 비평 단원 총 4단원으로 설정하여 각기 1학기와 2학기에 2단원씩 배치한다.

〔표 4〕　　　　　　　　　　7학년 문학 영역 성취 기준표

영역 \ 텍스트		시		소설·희곡	
수준과 범위		— 주제 의식이 분명한 시나 시가 — 전형적인 인물이 등장하는 극이나 소설 — 우리 고유의 정서나 언어 표현이 드러나는 작품 — 다양한 문화와 전통을 보여 주는 작품			
성취 기준		(2) 문학 작품의 전체적인 정서와 분위기를 파악한다.	(4) 시어와 일상어의 관계에 대한 이해를 바탕으로 노랫말을 쓴다.	(1) 문학 작품에 드러난 인물의 심리 상태와 갈등의 해결 과정을 파악한다.	(3) 역사적 상황이 문학 작품에 어떻게 나타나는지 이해한다.
내용 요소	지식	• 작품의 정서와 분위기를 파악하는 방법 이해하기	• 시어와 일상어의 특징 이해하기	• 소설이나 희곡에서 갈등 구조 이해하기	
	수용과 생산	• 작품의 정서와 분위기 파악하기 • 작품의 정서와 분위기를 중심으로 작품 감상하기	• 노래에서 음악적 효과가 나타나는 표현을 찾아 운율을 살려 낭송하기 • 시적 표현과 운율의 효과를 살려 노랫말 쓰기	• 갈등의 해결 과정 파악하기 • 갈등의 해결 과정에 따라 인물의 심리 상태가 어떻게 변하는지 파악하기	• 작품에 드러난 시대 상황 파악하기 • 작품에서 인물이 시대 상황에 대응하는 방식 파악하기 • 작품 속에 드러난 시대 상황과 오늘날의 현실 상황 비교하기
	맥락				

(2) 중학교 국어 교과서의 단원 구성 체제

앞에서 논의한 내용들을 바탕으로 7학년 문학 장르(텍스트)의 시 단원을 구성해 보면 다음과 같다. 이 단원의 하위 텍스트 및 성취 기준 등은 아래 〔표 5〕과 같다.

[표 5]   7학년 문학 단원의 설정

구분 \ 텍스트	시	
하위 텍스트	시와 노래	
성취 기준	(2) 문학 작품의 전체적인 정서와 분위기를 파악한다.	(4) 시어와 일상어의 관계에 대한 이해를 바탕으로 노랫말을 쓴다.
내용 요소 — 지식	• 작품의 정서와 분위기를 파악하는 방법 이해하기	• 시어와 일상어의 특징 이해하기
내용 요소 — 수용과 생산	• 작품의 정서와 분위기 파악하기 • 작품의 정서와 분위기를 중심으로 작품 감상하기	• 노래에서 음악적 효과가 나타나는 표현을 찾아 운율을 살려 낭송하기 • 시적 표현과 운율의 효과를 살려 노랫말 쓰기
내용 요소 — 맥락		

[표 5]에서와 같이 성취 기준 (2)와 (4)를 묶어서 하나의 시 장르 단원으로 설정하고 이를 다음과 같이 구성한다.

---

1 대단원

□ 대단원명 : 시와 노래

□ 소단원명
 1. 시어와 일상어
 2. 시의 정서

□ 삽화

□ 단원 구조도 : 단원 전체의 흐름을 표 혹은 그림으로 시각화하여 제시

2 단원 학습 전에

□ 장르 지식 : 시 장르에 대한 진단 학습 및 배경지식 제공, 즉 단원 학습

에 필요한 선수 지식 진단 및 배경지식 제공(KWL 활용) 등 줄글 형식
보다는 삽화, 표 등을 이용하여 시각화한다.
- 학습 과정 : ① 시 장르의 유형, 텍스트 읽기 및 쓰기에 필요한 명제적
　　　　　　　　지식, 절차적 지식 등을 제공
　　　　　　　② 단원 학습의 절차와 방법 설명 제공

3 소단원 1

- 소단원 명 : 1. 시어와 일상어
- 학습 목표
  ○ 시의 특징을 파악할 수 있다.
  ○ 시어와 일상어의 차이점을 안다.
- 단원 학습
  - 읽기 전에 : 7학년 수준에 적합한 대중가요 가사를 제시하고 이를 통하여 시 장르의 특성을 학습하는 데 필요한 배경지식 점검 및 활성화
  - 날개와 각주 : 시 장르의 특성 및 시어의 특성을 이해하는 데 필요한 읽기 중 질문을 날개와 각주를 활용하여 제시(시의 정서와 분위기 학습에 필요한 인지 전략과 초인지 전략적인 질문 제공)
  - 읽은 후에 :
    ① 어휘 학습 : 소단원에 나오는 주요 어휘에 대한 학습 기회 제공
    ② 내용 학습 : 사실적, 추론적, 비판적, 창의적(감상적) 이해에 필요한 학습 활동 제공
    ③ 목표 학습 : 학습 목표 도달에 필요한 학습 활동 제시
      ○ 일상어와 다른 시적 표현의 특징을 알기
      ○ 대중가요에서 음악적 효과가 나타나는 구절을 찾아 운율을 살려 낭송하기
      ○ 시적 표현과 운율의 효과를 살려 대중가요 가사 쓰고 노래 부르기
- 적용 학습 :

- 함께 하기 : 단원의 제재 작품과 상호 텍스트성이 높은 작품을 제시하고 협동학습을 통하여 학습 목표 달성을 위한 적용 학습 단계 활동 제공
- 혼자 하기 : 역시 단원의 제재 작품과 상호 텍스트성이 높은 작품을 제시하고 개별 학생이 학습 목표 달성을 위해 독립적으로 활동하는 단계 활동 제공

4 소단원 2

□ 소단원 명 : 2. 시와 정서
□ 학습 목표
  ○ 시의 분위기나 정서를 파악하는 방법을 안다.
  ○ 시의 분위기나 정서를 파악할 수 있다.
  - 읽기 전에 : 시 작품을 제시하고 소단원 학습에 필요한 배경지식 점검 및 활성화
  - 날개와 각주 : 읽기 중 질문 날개와 각주 활용(시어와 일상어의 차이/ 시의 에 대한 내용 학습에 필요한 인지 전략과 초인지 전략적인 질문 제공)
  - 읽은 후에 :
    ① 어휘 학습 : 소단원에 나오는 주요 어휘에 대한 학습 기회 제공
    ② 내용 학습 : 사실적, 추론적, 비판적, 창의적(감상적) 이해에 필요한 학습 활동 제공
    ③ 목표 학습 : 학습 목표 도달에 필요한 학습 활동 제시
      - 작품의 분위기나 정서를 파악하는 방법을 이해하기
      - 독자에 따라 작품의 분위기나 정서를 다르게 파악할 수 있음을 이해하기
      - 작품의 분위기나 정서를 중심으로 작품 감상하기
□ 적용 학습 :

- 함께 하기 : 단원의 제재 작품과 상호 텍스트성이 높은 작품을 제시하고 협동학습을 통하여 학습 목표 달성을 위한 적용 학습 단계 활동
- 혼자 하기 : 역시 단원의 제재 작품과 상호 텍스트성이 높은 작품을 제시하고 개별 학생이 학습 목표 달성을 위해 독립적으로 활동하는 단계 활동

5 단원을 마치며
- 지은이 소개 : 소단원의 지은이 소개
- 수행평가 과제(혹은 포트폴리오 과제)
- 더 찾아보기 : 대단원 학습과 관련된 서적 자료, 인터넷 사이트 등 안내

4. 맺는 말

본 연구는 제7차 교육과정 개정안 확정을 앞둔 시점에서 중학교 교과서 개발을 위한 전 단계 작업의 일환으로, 개정 시안에 초점을 맞추어 장르(텍스트) 중심 통합적 단원 구성 가능성을 점검해 본 것이다.

이를 위해 먼저, 제7차 국어과 교육과정의 중학교 국어 교과서에 대한 비판적 논의를 검토하였다. 이어서 2007년 2월에 확정 고시된 '2007년 개정 국어과 교육과정'에 근거하여 최근 논의되어 온 장르 중심 접근법을 중심으로, 중학교 국어 교과서의 단원을 어떻게 배열하고, 또 어떻게 구성할 것인가 하는 문제를 살펴보았다. 장르 중심 접근법을 택한 까닭은 2007년 개정 국어과 교육과정은 애초에 개정 시안에서부터 텍스트를 중심으로 내용 요소를 맥락화, 초점화, 위계화하여 학년별 내용을 구성하되, 학습 요소의 계열성과 반복성을 고려하여 학습 효과가 증대될 수 있도록 배열하고 있기 때문이었다.

따라서 이에 근거한 중학교 국어 교과서는 개정 교육과정에서 강화된 텍스트 요인을 중심으로 한, 장르 중심 통합적 접근법에 따른 단원 설정 및 배열의 가능성을 확인하였다. 그 구체적인 방법으로는 국어 교과서의 단원을 교육과정에서 제시한 텍스트(장르)의 유형으로 짜서 배열하는 장르 중심 통합 접근법을 근간으로 대단원을 설정, 배열하되, 소단원은 주제를 중심으로 하는 주제 중심 접근법에 따라 배치하자는 것이다. 물론 이러한 가능성은 실제 교과서 개발에 착수하고 본격적으로 교육과정을 근거로 단원을 설정, 배열하고 구성하다 보면 많은 난관에 부딪히게 될 것이므로, 남은 기간 동안 지속적인 검토와 연구가 계속되어야 할 것이다.

❖ **생각해 볼 거리**
- 바람직한 장르 중심 접근법에 따른 단원 배열과 구성의 모습은?
- 과정 중심 접근법과 장르 중심 접근법에 따른 교과서 단원의 배열과 구성은 차이점은 어떠한 것들이 있을까?
- 과정 중심 접근법과 장르 중심 접근법에 따른 단원의 배열과 구성의 효과성과 효율성은 어떠한 차이가 있을까?

참고문헌

한국교육과정평가원(2005), 『국어과 교육과정 개정(시안) 연구 개발』.
교육인적자원부(2006), 『국어과 교육과정 개정안 토론회 자료』집.
교육인적자원부(2007), 『중학교 교육과정』, 교육인적자원부 고시 제 2007-79호
강희인(1997), "국어과 문종별 단원의 통합지도 방안 연구", 한국교원대학교 석사학위 논문.
김국태(2002), "맥락 중심 쓰기 교재 구성 방안 연구", 한국교원대 석사학위 논문.
김도남(2002), "상호 텍스트성을 바탕으로 한 읽기 지도 방법", 한국교원대 박사학위 논문.
김명순(2005), "독서 작문 통합 지도의 전제와 기본 방향", 독서연구 11호, 한국독서학회, 61-81.
김영대(1999), "중학교 국어 교과서 단원 구성 방안 연구", 한국교원대 석사학위 논문.
김영지(2003), "주제중심 통합단원의 개발 및 적용에 관한 연구", 인천교대 석사학위 논문.
김혜정(2006), "외국의 자국어 교과서 분석을 통한 '초등국어' 분석", 국어교육학회 제34회 학술발표 대회 자료집, 131-160.
노명완(2002), "제7차 국어과 교과서와 독서교육", 독서교육, 독서학회, 117-148.
노명완·정혜승·윤준채(2004), 교과용 도서 내적 체제 개선에 관한 연구, 한국교과서연구재단.
류승현(2002), "제7차 교육과정에 따른 중학교 국어 교과서 분석 연구", 목원대학교 교육대학원 석사학위 논문.
박수자(1999), "텍스트 유형별 읽기 수업 설계에 관한 연구", 한국초등국어교육 15권, 한국초등국어교육학회, 95-130.
박영민(2003), "국어교과서에서 학습활동 진술의 구체화 방안", 교육과정평가연구 제6권 제1호, 한국교육과정평가원, 99-119.
박영민(2005), "국어 교과서 단원 구성과 진술의 방안", 『차기 초·중등 교육과정의 개선과 교과용 도서의 개발 방향』, 한국교원대학교 부설 교과교육공동연구소, 29-59.
박인기(2006), "미래 사회의 바람직한 인간상과 초등 국어과 교과서의 성격", 제3회 학술대회 자료집, 한국초등국어교육학회, 3-14.
박인기·신헌재·이주섭(2001), 미디어 문식성을 반영한 국어과 교육과정 개발 연구.
박태호(2000), "장르 중심 작문 교육의 내용 체계와 교수·학습 원리 연구", 한국교원대 박사학위 논문.
박희숙·박형우(2002), "제7차 중학교 국어 교과서에 반영된 교육 이념에 대한 연구", 한국어문교육 11호, 한국어문교육연구소, 1-41.

서 혁(1996), "효과적인 읽기 교수·학습을 위한 교재 구성 방안, 국어교육연구 "제3집, 서울대사대국어교육연구소, 303-346.

송현정·이양락·박순경·정영근(2004), 국어과 교육 내용 적정성 분석 및 평가, 한국교육과정평가원.

신용옥(2003), "제7차 중학교 국어 교과서 소설 제재(학습활동) 분석", 상명대학교 교육대학원.

신헌재(2006), "제7차 초등국어과 교과서에 대한 비판과 대안", 제3회 학술대회 자료집, 한국초등국어교육학회, 55-73.

유성호(2005), "국어과 교육과정에서의 국어과 교과서에 대한 비판적 검토", 청람어문교육 31집, 청람어문교육학회, 75-100.

유성호·박영민·유충열(2005), "학습용어 설정을 통한 국어 교과서 진술의 개선 방안 연구", 청람어문학 30호, 청람어문학회, 53-89.

이경화(2006), "초등학교 국어 교과서 단원 구성과 전개 방식 탐색, 국어교육학회" 제34회 학술발표대회 자료집, 95-129.

이상구(1998), "학습자 중심 문학교육 방안 연구", 한국교원대 박사학위 논문.

이상구(2002), "국어과 교육에서의 통합교육 방법", 어문학, 한국어문학회, 151-174.

이수진(2006), "초등 수준별 국어교과서의 개선 방안 연구", 제3회 학술대회 자료집, 한국초등국어교육학회, 36-52.

이인제(2004), 국어과 교육과정 실태 및 개선 방향, 연구보고서, 교과 교육 과정 개선 방안, 한국교육과정평가원.

이재기(2005), "문식성 교육 담론과 주체 형성에 관한 연구", 한국교원대 박사학위 논문.

이주섭(2006), "외국 초등국어과 교과서의 특징과 시사점", 제3회 학술대회 자료집, 한국초등국어교육학회, 76-97.

임난숙(2002), "중학교 1학년 국어 교과서 분석 연구", 이화여대 교육대학원 석사학위 논문.

임미성(2002), "통합적 국어교육을 위한 교과서 구성 방안 연구", 전주교육대학교 교육대학원 석사학위 논문.

정지영(2006), "국어 교과서의 통합적 구성에 관한 연구", 한국교원대학교 석사학위 논문.

정혜승(2003), "국어 교과서 연구의 현황과 반성", 국어교육학연구 16호, 국어교육학회, 335-369.

정혜승(2005), "미국의 국어 교과서 분석", 독서연구 14집, 한국독서학회, 370-399.

최미숙(2006), "제7차 초등학교 국어 교과서에 대한 비판적 점검, 국어교육학회" 제34회 학술발표대회 자료집, 71-92.

최영환(2003), "효율적인 국어과 교재 구성 방안, 국어교육학연구 16, 국어교육학회", 533-

558.

최인자(2001), "장르의 역동성과 쓰기 교육의 방향성", 문학교육학 5, 한국문학교육학회, 22-49.

한명숙(2006), "초등 국어과 교과서 개발과 단원 구성 체제", 제3회 학술대회 자료집, 한국초등국어교육학회, 118-134.

한창훈(2006), "외국의 자국어 교과서 내용 체계 검토", 국어교육학회 제34회 학술발표대회 자료집, 163-173.

한철우(2005), 자기주도적 학습이 가능한 교과서 모형 개발 계획서.

한철우 외(2006), 개정 제7차 교육과정 고등학교 국어(상), (하) 실험본 교과서, 교육인적자원부.

홍석주(2004), "제7차 중학교 국어 교과서 읽기 단원 '학습 활동' 연구", 경희대 교육대학원 석사학위 논문.

Ken Hyland(2003), Genre-based pedagogies : A social response to process. Journal of Second Language Writing 12 (2003) 17-9, http://www.library.auckland.ac.nz/ereserves/1227714b.pdf.

4장 장르 중심 접근법과 읽기 전 활동 분석

❖ 개요

　이 장에서는 2009 개정 국어과 교육과정의 7~9학년군 읽기 영역 내용 내용 성취 기준 가운데 "⑷ 설명 방식을 파악하며 설명하는 글을 읽는다."와 "⑸ 논증 방식을 파악하며 주장하는 글을 읽는다."를 구현한 16종 교과서의 단원을 대상으로 읽기 전 활동이 어떤 종류로 설정되어 있으며, 그 활동들은 '내용 스키마'와 '구조 스키마' 중 어느 유형으로 설정되었는지를 점검하였다.
　그 결과, 읽기 전 활동의 종류 측면에서는 16종 교과서 모두가 '배경지식 활성화'와 '동기 유발하기' 두 가지 활동에 집중되어 있고, 스키마의 유형 측면에서는 '내용 스키마'와 관련된 활동으로 치우쳐져 '구조 스키마'와 관련된 활동이 매우 제한적으로 설정되어 있음을 확인하였다.
　새 교과서에서는 이러한 문제점을 해결하기 위해서 읽기 전 활동을 다양화하고, 구조 스키마에 관한 활동 비율을 높여야 할 것이다.

❖ 핵심어

　읽기 전 활동, 내용 스키마, 구조 스키마, 과정 중심 읽기 교육

1. 들어가며

'읽기 전 활동(pre-reading activities)'이 국어 교과서에 등장한 것은 제7차 교육과정(1997) 초·중등학교 국어 교과서에서부터였다. 그 도입 배경에는 '스키마 이론(schema theory)'과 '과정 중심(process-oriented approach)' 읽기 교육이라는 학문적 성과가 자리 잡고 있다.

스키마 이론과 과정 중심 읽기 교육은 1990년대 초반 노명완 외(1991), 신헌재 외(1993) 등에 의해 소개되었다. 이들 이론의 핵심은 글에 관한 스키마가 풍부할수록 그 글을 잘 이해하게 되며, 글을 읽는 행위는 읽기 전-중-후라는 '과정'으로 이뤄진다는 것이었다. 지금은 초·중등학교 국어 교과서의 단원 내용으로 수록될 만큼 일반화되어 있지만, 당시에는 교과서의 단원 구성 체제를 바꾼 파급력이 큰 새로운 이론이었다.

시간이 흘러 교과서 발행 제도가 검인정 체제로 변경된 2007년 개정 국어과 교육과정의 초·중·고 대부분의 국어 교과서는 물론, '2009 개정 교육과정'[1])의 16개 출판사의 거의 모든 중학교 국어과 교과서가 읽기 및 문학 단원에서 이러한 읽기 전 활동을 공통적으로 설정하기에 이르렀다. 제7차 교육과정 이후, 국어 교과서가 스키마 이론과 과정 중심 읽기 교육 패러다임을 바탕으로 한 읽기 전-중-후 활동 체제가 우리의 읽기 교육의 주된 패러다임으로 확고하게 자리를 잡은 것이다.

이에 따라 국어 교과서의 읽기 전-중-후 활동에 대한 연구도 적지 않게 진행되어 왔는데, 이들 연구물은 크게 두 부류로 나눌 수 있다. 즉 읽기 전 활동 일반에 관한 연구(김경림, 2002 ; 강희진, 2011 ; 박정현, 2012 ; 이미애, 2012)와, 국어과 교과서의 읽기 전 활동에 관한 연구(민순이, 2004 ; 신연순, 2006 ; 장미선, 2007 ; 이인원, 2008 ; 박은경, 2009)가 그것이다. 그

---

[1]) 20011년에 개정 공고된 교육과정의 공식 명칭은 '2009 개정 교육과정'이다. 그러나 그 시기가 2011년이란 점과 2009년에 부분 개정 공고된 교육과정과의 혼란 때문에 국어과 교육과정 개발진에서조차 '2011 개정 국어과 교육과정'이란 명칭을 쓸 정도로 혼란상을 보여 주고 있다. 여기서는 교과부의 공식 명칭인 '2009 개정 국어과 교육과정'이란 명칭으로 사용하며, 인용문 속의 '2011 개정'이란 명칭 역시 이를 지칭함을 밝힌다.

러나 2007년 개정 교육과정 중학교 국어 교과서가 한 학년에 15종이 넘는 각 학년별 교과서2)가 간행되었음에도 이들을 대상으로 한 연구는 전무하며, 2009 개정 국어과 교과서에 대한 점검 역시 아직 시작도 되지 않고 있다.

거시적인 측면에서 보면 읽기 전 활동은 단원 구성 체제 중의 미시적인 한 요소에 불과하고, 또 관점에 따라서는 반드시 이를 설정해야 하는 필수 요소가 아닐 수도 있다. 그럼에도 읽기 전 활동, 특히 2009 개정 교육과정 국어 교과서에 설정된 읽기 전 활동에 관심을 기울여야 하는 까닭이 있다. 주지하는 바와 같이 제7차 국어과 교육과정이 과정 중심 국어교육적 패러다임을 바탕으로 하였다. 그런데 2007 개정 국어과 교육과정부터는 "개별적이고 독립적이며 탈맥락적인 전략, 기능의 학습 경험을 지양하고, 한 편의 텍스트 읽기, 한 편의 텍스트 쓰기 경험을 지향3)"하는, 소위 '장르 중심(genre-based approach)' 교육과정을 지향하였고, 2009 개정 국어과 교육과정 역시 '장르 중심 교육과정의 취지를 수용'하고 있다.4)

따라서 이들 교육과정을 바탕으로 한 교과서의 읽기 전 활동은, 과정 중심 패러다임을 바탕으로 한 제7차 교육과정 국어 교과서와는 다른 기준으로 읽기 전 활동을 설정해야 한다. 즉 2009 개정 국어 교과서에서는 설명하는 글이나 주장하는 글과 같은 개별 종류의 글(미시 장르)을 읽는 데 필요한 지식과 기능과 태도를 가르치고 배워야 한다. 그렇기 때문에 대부분의 내용 성취 기준은 담화와 글의 종류별로 설정되어 있고, 그에 따라 종류별 글의 구조와 형식이 중요한 개념으로 등장한 것이다. 이로 인해 과정 중심

---

2) 2007년에 개정 공고(2007. 2. 28. 교육인적자원부 고시 제2007-79호)되고, 검인정으로 개발된 중학교 국어과 교과서는 1학년 23종, 2학년 16종, 3학년 15종이다.
3) 2007 개정 국어과 교육과정의 입안 담당자였던 이재기는 이러한 특징을 2007년 개정 국어과 교육과정의 '가장 큰 특징 중의 하나'(이재기(200 ; 88)'라 하였다. 2007 개정 국어과 교육과정의 특징은 이 논문에 상세히 논의되어 있다.
4) 2009 개정 국어과 교육과정 개발 연구팀에서는 교육과정을 개발하고, "2011 국어과 교육과정 개발을 위한 시안 개발 연구 보고서"를 작성하였는데, 이 보고서의 읽기 영역에 관한 내용 속에는 다음과 같이 2009 개정 교육과정 역시 장르 중심적 관점을 수용하였음을 밝히고 있다.
"2011 개정 교육과정에서는 장르 중심 교육과정의 취지를 수용하되, 내용 요소의 예를 제시하지 않았는데, 이를 통해 하나의 성취 기준이 한 편의 글을 읽는 데 필요한 지식·기능·태도가 유기적으로 결합되어 있음을 의도하였다(민현식 외, 2011 : 109)."

적 관점을 바탕으로 한 제7차 교육과정에서처럼 '내용 스키마' 위주의 읽기 전 활동에서 벗어나 '구조 스키마'와 관련된 읽기 전 활동을 설정하여야만 장르 중심적 관점을 바탕으로 한 교육과정을 온전하게 구현할 수가 있다.

본 연구는 이러한 문제의식을 바탕으로 2009 개정 국어과 교육과정을 바탕으로 개발된 16종의 중학교 국어 교과서의 읽기 전 활동을 대상으로 읽기 전 활동이 어떠한 종류로 설정되어 있으며, 그러한 활동들은 내용 스키마와 구조 스키마 중에 어느 유형이 얼마나 되는지를 점검하고, 이를 바탕으로 그 문제점과 개선 방향에 대해 살펴보고자 한다. 연구의 정확성, 타당성을 위해서는 16종 교과서의 모든 읽기 단원의 읽기 전 활동을 대상으로 해야 되겠지만, 분량 관계상 한계가 있으므로 중학교 교육과정에 해당되는 7~9학년군의 읽기 영역 내용 성취 기준 가운데 글의 종류가 분명하게 드러나는 (4), (5)번 내용 성취 기준을 대상으로 분석하고자 한다.

2. 읽기 전 활동의 이론적 토대

읽기 전 활동이란 한 마디로 독자가 글을 읽기 전에 글을 보다 잘 이해하기 위하여 글의 내용이나 형식과 관련된 배경지식을 활성화하거나 형성하는 활동을 말한다. 1960년대 구미(歐美)에서 발흥한 과정 중심 읽기 교육 패러다임이 우리 국어교육 학계에 소개된 것은 전술한 바와 같이 1990년대 초반이었다. 이때부터 기존의 읽기 교육에서 소홀히 다루어졌던 읽는 과정, 특히 읽기 전 활동과 읽기 중 활동에 대해 많은 관심을 갖게 되었다. 그리고 흐름을 바탕으로 읽기 전 활동이 우리의 국어 교과서에 도입된 것은 1997년에 개정 고시되고 1999년부터 연차적으로 적용된 제7차 교육과정 국어 교과서부터였다. 이때, 초·중·고등학교 국어 교과서에 읽기 및 문학 제재 단원에 일제히 '읽기 전 활동'이 제시되면서 우리의 국어교육에 과정 중심 국어교육이 본격적으로 시작된 것이다. 당시 제7차 중학교 국어과 교과서의 집필진의 공동 대표 중의 한 사람인 노명완은 다음과 같은 배경에서 읽기 전 활동을 설정하였다고 설명하고 있다.

> 학생들의 배경지식 활용은 수업에서 읽기라는 활동을 중심으로 세 단계로 나누어질 수 있다. 첫째는 학습의 준비 과정으로, 읽고자 하는 글의 형식이나 내용에 관한 학생의 배경지식 동원이다. 이 과정에서 학생은 제재와 관련되는 배경지식을 자신의 기억 구조 속에서 선정하여 의식 수준으로 작동시키고(activating) 이에 주의(focusing)를 기울인다. 이번 중학교 국어 교과서에서는 이 활동을 '읽기 전' 활동으로 설정하였다(노명완 외, 2002 : 133-4).
>
> (…) '읽기 전에'로 나와 있는 읽기 전 활동은 크게 두 가지 문제로 구성되어 있다. 하나는 곧 읽을 글의 내용과 관련된 학생의 사전 경험이나 지식을 동원하게 하는 문제이고, 다른 하나는 단원 학습 목표와 관련되는 사고 활동을 하게 하는 문제이다. 이 두 번째 활동, 즉 단원 학습 목표와 관련되는 활동은 곧이어 나오는 글, 즉 소단원 글의 내용을 읽을 때에 해야 할 사고 활동이다(노명완 외, 202 : 0143).

동일 논문의 두 곳에 진술되어 있는 이 인용문을 통하여 읽기 전 활동의 설정 근거와 의의를 분명하게 확인할 수 있다. 글을 읽는 과정은 3단계(읽기 전-중-후)로 이뤄지며, 그 가운데 첫 번째 단계인 '읽기 전 활동'은 개별 학생들이 지닌 배경지식을 작동시키고 주의를 기울이도록 하는 준비 과정이라는 것이다. 또한 단원 학습을 위해 제시된 소단원, 즉 제재 글의 '내용'과 관련된 학생의 사전 경험이나 지식을 동원하게 하는 동시에, 단원의 학습 목표와 관련된 '사고 활동'을 하게 하기 위해 설정하였다는 것이다. 이는 곧 과정 중심 읽기 교육 패러다임 이후 읽기 교육에서 가장 중요한 개념적 도구로 자리 잡은 '스키마 이론'을 바탕으로 하고 있음을 확인할 수 있다.

이렇게 도입된 읽기 전 활동은, 교과서 발행 제도가 국정에서 검인정 체제로 바뀐 2007 개정 국어과 교육과정기부터 각 출판사의 국어 교과서의 읽기 및 문학 단원에 제시된 읽기 전 활동의 명칭은 조금씩 달라도 그 체제를 유지하였다.5) 그리고 2011년에 개정되고 2013년부터 연차적으로 적용되는 2009 개정 국어과 교육과정의 16종 검인정 국어 교과서에도 그 체제를 유지하고 있다. 따라서 읽기 전 활동은 제7차 국어과 교육과정(1997) 이후, 2007 개정, 2009 개정 국어과 교육과정을 거치면서 오늘날 우리 국어 교과서에 필수적인 단원 구성 요소로 자리를 잡게 되었다.

읽기 전 활동이 우리의 국어 교과서에 필수적인 활동 요소 혹은 활동 과정으로 자리 잡게 된 데에는 1990년대에 들어서 인지주의적 패러다임을 바탕으로 한 읽기 교육에 관한 학문적 논의가 밑바탕이 되었다. 즉 인지주의적 패러다임을 바탕으로 한 스키마 이론, 과정 중심 읽기 교육이 그 바탕이론으로 작용한 것이다. 이들 이론은 전술한 바와 같이 초·중등학교 국어 교과서의 단원 학습 내용에도 제시될 만큼 이미 일반화되어 있기에 여기서는 연구의 체제를 갖추기 위하여 이들의 핵심적인 내용을 간략히 살펴보기로 한다.

(1) 스키마 이론

스키마(schema, 복수는 schemata)란 한 마디로 개인의 머릿속에 저장되어 있는 지식과 경험의 총체를 일컫는 개념으로서, 자신의 경험이나 학습 등을 통하여 무의식 속에 저장되어 있는 지식 구조이다. 스키마는 사전 지식(prior knowledge) 혹은 배경지식(back knowledge)이라고도 하는데, "사전 지식이나 배경지식이 지식의 내용적인 측면을 가리키는 데 반해, 스키마는 사전 지식이나 배경지식이 인지 구조 내에 존재하는 방식을 가리킨다. 그러므로 독자의 사전 지식 또는 배경지식이 스키마(타)의 형태로 조직된다(한철우 외, 2001 : 18)."

스키마란 개념은 칸트(Kant, 1781)에서 기원을 찾을 수 있는데, 그는 "순수 이성 비판"에서 순수한 선험적 상상과 현실 세계에서의 경험을 분리하여 순수한 선험적 상상을 스키마라고 불렀다(신헌재 외, 1993 : 29). 그리고

---

5) 2007년 개정 교육과정에 의한 검정 교과서에 제시된 읽기 전 활동의 명칭은 '읽기 전에', '읽기 전 활동' 등 다양하게 나타나지만 본고에선 이들을 통칭해서 '읽기 전 활동'이란 명칭으로 사용한다.

현대 읽기 교육과 관련한 체계적인 스키마 연구는 바틀렛(Bartlett, 1932)에 의해 이루어졌다. 그는 자신의 저서 'Remembering'에서 "스키마는 과거의 경험이나 반응에 대한 능동적인 조직체(한철우 외, 2001 : 18 ; 이경화, 2001 : 9)"라 정의하였다.

스키마의 종류[6]는 '내용 스키마(content schema)'와 '구조 스키마(formal schema)'가 있는데, 이렇게 분류한 학자는 브룩스와 단소로(Brooks & Danserou, 1983) 및 카렐과 에스터홀드(Carrell & Eisterhold, 1983)이다. 여기서 내용 스키마란 읽기 자료의 내용에 관한 배경지식을 말하며, 특정 분야에 관한 독자의 지식, 종교나 관습에 관한 지식 및 일상사의 여러 사건이나 사물에 대한 구조화된 세상 지식을 포함한다. 내용 스키마에 따라 읽는 글에서 중요한 정보 선택과 회상 결과가 달라질 뿐만 아니라, 글의 해석에도 영향을 미친다. 구조 스키마는 필자가 자신의 생각을 어떻게 구성해 가는지에 대해 독자가 가진 지식으로서, 각각의 텍스트 유형들이 지닌 형식적, 수사학적, 조직적 구조에 관한 배경지식이다. 글의 구조에 대한 지식은 필자의 메시지를 따라가며 생각하는 독자의 능력에 영향을 주며 예측을 통제하게 한다. 글의 정보가 어떻게 서로 관련되고 어떤 순서로 세부 사항이 나타나는지에 관하여 독자가 예측하도록 해 준다. 또한 오늘날 장르 중심 접근법(genre-based approach)의 대표적인 연구자인 스웨일즈(Swales)는 사전 지식으로 형성된 내용 스키마와 구조 스키마가 함께 작용하여 특정 장르의 글을 이해하는 바탕이 된다고 하였다(Swales, 1990 : 84).

이상에서 살펴본 바와 같이, 스키마 이론은 오늘날 읽기 현상을 규명하고 이를 바탕으로 읽기 교육을 행하는 데 있어서 빼놓을 수 없는 중요한 이론으로 자리 잡게 되었다. 따라서 스키마 이론이 읽기 교육에 주는 시사점을

---

[6] 스키마의 종류에 대해서는 한철우 외(2001), 이경화(2001), 독서교육사전(2006)에 잘 정리되어 있다. 이 세 자료에는 스키마의 종류를 내용 스키마(Content Schemata)와 구조 스키마(Formal Schemata)로 구분하여 소개하고 있다. 아울러 이 두 종류에다 언어 스키마(Linguistic Schemata)로 구분하는 견해(Carrel, 1983)도 있으나, 우리 국어교육 학계에는 내용 스키마와 구조 스키마로 구분하는 관점이 지배적이므로 이를 따르기로 한다. 아울러, 본 연구에서의 스키마의 종류와 기능에 대해서는 이들을 참고하였음을 밝힌다.

노명완 외(1991, 217-219)의 견해를 빌려 정리하면 다음과 같다. 첫째, 스키마는 읽기 자료에 담긴 정보를 받아들이기 위한 이상적인 지식 구조를 형성하여 준다. 둘째, 만일 학생들이 글 내용에 적합한 스키마를 갖고 있지 못하다고 생각될 때에 교사는 글의 이해에 필요한 배경지식을 갖도록 도와주어야 한다. 셋째, 스키마는 수많은 여러 정보들을 일관성 있는 형태로 재구성하여 준다. 넷째, 스키마는 많은 정보 중에서 필요한 정보를 선택적으로 받아들이며, 그 내용을 재편집하고 요약하는 역할을 한다. 다섯째, 스키마는 정보 탐색에서 순서와 절차를 제공하여 준다. 여섯째, 스키마 이론은 읽기 부진을 읽기 능력의 부족으로만 생각해 왔던 종래의 평가관이 올바르지 못함을 지적해 준다.

(2) 과정 중심 읽기 교육

읽기 교육에 대한 연구의 첫발을 내디딘 행동주의 패러다임은 인간의 두뇌 속에서 일어나는 인지 과정을 관찰할 수 없었기 때문에 겉으로 드러나는 외현적 행동과 '결과'에 주목하였다. 그러나 1960년대를 전후하여 두뇌 속 신경생리학적 과정을 어느 정도 이해하게 되면서 인지심리학적 관점이 대두되었다. 인지심리학은 인간의 두뇌가 어떻게 언어 정보를 인지하고 처리하는가 하는 인지적 과정을 중심 과제로 설정하고, 이에 대한 집중적인 연구를 수행하였다. 그 결과 언어와 사고 및 글을 읽는 과정을 밝혀내고, 읽기 교육, 쓰기 교육 등에 있어서 구체적인 전략과 방법들을 개발하기에 이르렀다.

이러한 인지주의적 패러다임을 바탕으로 읽기 자체를 일련의 과정으로 보고 이를 바탕으로 읽기 전-중-후 활동 혹은 전략에 대한 교수·학습을 지향하게 되는데, 이를 '과정 중심 읽기 교육(process-oriented approach to reading instruction)'이라 이른다. 과정 중심 읽기 교육에서는 글을 읽는 과정을 읽기 전-중-후로 나눈 다음, 각 과정에서 독자가 해야 할 전략을 상정한 후 이 전략을 독자가 익힐 수 있게 하는 데 초점을 둔다. 이때 읽기 전-중-후 활동을 모두 강조하지만, 특히 기존의 독서 지도에서 소홀히 다루어졌던 읽기 전이나 중 활동에 더 많은 관심을 가진다. 과정 중심 읽기 교육에 대한 우리 읽기 교육학계에서의 소개와 논의는 노명완 외(1991)에서 소개된 이래, 한철우(1991), 이경화(1991), 신헌재 외(1993), 박수자(1993), 최현섭 외(2001), 박영목 외(2001), 이경화(2001) 등에 의해 논의되어 왔다.

읽기 전 활동은 다음과 같은 역할을 한다. 무엇보다 우선적으로 읽기의 목적을 분명하게 해 주고, 호기심을 자극하고, 읽고 싶은 동기를 불러일으킨다. 학생들에게 배경지식과 적절한 경험을 활성화시켜 주며, 관련 텍스트는 물론 관계되는 어휘나 구조와 연결시켜 주며, 글을 이해하는 데 필요한 스키마와 배경지식을 형성토록 도와주며, 읽기 동기를 형성토록 해 주며, 읽기 경험을 위한 정서적·인지적 준비를 하도록 도와준다(Jeffrey, 2002 : 10). 그렇기 때문에 읽기 전 활동을 하는 경우와 그렇지 않은 경우는 글의 이해도에 있어서 차이를 보이게 된다.[7] 다시 말해서, 읽기 전 활동을 통하여 학생들이 읽을 글에 대한 스키마(배경지식)를 확인하고 활성화하며, 부족할 경우에는 필요한 스키마를 제공해 주는 것이다.

읽기 전 활동의 종류는 신헌재 외(1993), 박영목(1996), 한철우(2001), 이경화(2001), 이재승(2006) 등에 제시되어 있는데, 그 종류를 살펴보면 〔표 1〕과 같다.

〔표 1〕 읽기 전 활동의 종류

학자	읽기 전 활동의 종류
신헌재 외(1993)	읽기 자료의 단어가 어렵지 않음을 인식시키기, 필름이나 적절한 비디오테이프 보여 주기, 의미지도 그리기, 질문하기, 예언하기
박영목(1996)	① 정보의 예견 : 글의 외형적 특징이나 예비적 정보에 대한 조사, 글의 조직 형태에 대한 조사, 내용의 초점에 대한 조사 ② 기존 지식의 활성화 : 관련 내용 및 어휘의 회상, 관련 정보의 범주 및 조직 형태에 대한 회상 ③ 독서 목적의 결정 및 관심 영역의 구체화 : 질문의 형성, 내용 및 조직 형태에 대한 예언 등

---

[7] 읽기 전 활동의 효과에 대한 미국에서의 연구 대부분에서는 그 효과를 입증하고 있다. 우리나라에서도 중학교 1학년을 대상으로 읽기 전 활동의 효과를 검증한 전혜령(2001), 강희진(2011), 이미애(2012) 등의 연구에서도 효과가 있는 것으로 밝혀졌으며, 영어과 읽기에서도 대부분 효과를 입증하고 있다(한희정·임병빈, 2010).

한철우 외 (2001)	질문하기, 연상하기, 예측하기, 추론하기
이경화(2001)	연상하기, 예측하기, 미리 보기, KWL, 질문하기, 구조 파악하기, 앙케이트/질문표
이재승(2006)	동기 유발, 예측하기, 목적 설정하기, 배경지식 활성화하기, 독서 방법 안내해 주기
독서교육사전 (2006)	예측하기, 미리 보기, 연상하기, KW(H)L, 앙케트/질문표, 읽는 목적 설정하기

이들 활동을 그 종류가 유사한 활동끼리 모아서 정리하면 동기 유발하기, 읽기 목적 설정하기, 미리 보기, 배경지식 활성화하기, 앙케트/질문표, 연상하기, 예측하기, 질문하기, 추론하기, KW(H)L, 독서 방법 안내하기, 어휘 학습(어려운 단어 지도하기), 구조 파악하기, 의미 지도 그리기, 필름이나 적절한 비디오테이프 보여 주기 등으로 나타난다. 이들 활동 가운데 '필름이나 적절한 비디오테이프 보여 주기'는 '동기 유발하기' 혹은 '배경지식 활성화하기'에 해당되므로 이는 제외하고 나머지 14개를 읽기 전 활동의 종류로 정하기로 한다.[8]

---

[8] 이 밖에도 영어권 학자들이 다양한 읽기 전 활동을 얘기하고 있지만, 일단 이들 활동이 우리 학계에 소개 혹은 논의된 적이 없고, 또 그 종류를 범주화하면 위의 활동 범주와 크게 다르지 않기에 여기서는 그동안 우리의 국어교육학계에 소개된 활동을 중심으로 논의하기로 한다.

Finocchiaro (1974)	텍스트의 주제에 대해 소개하기, 영화와 슬라이드 또는 그림 등을 보고 토론하기, 제목이나 첫 문단을 읽고 주제와 관련된 질문 만들기, 새로 나온 어휘 및 어려운 어휘 학습하기, 단어 연결 활동하기, 관련 그림 보여 주기
Nuttal (1982)	동기 부여하기, 교재 소개하기, 교재를 세분하여 나누기, 학습 요점 찾아보기, 새로운 어휘 다루기, 안내 질문 만들기 등
Carrell (1984)	선행 질문하기, 그림 및 시각 자료 제시하기, 현장 경험 제시하기, 토의 및 토론하기, 연극 및 역할극 하기, 텍스트에 대한 예측하기, 미리 보기, 어휘에 대한 소개와 토론하기, 핵심어 연상 활동하기, 연관된 텍스트 미리 읽기 등
Bauso (1988)	작품의 구조 깨닫게 하기, 작품 속 어휘 알게 하기, 잠재적으로 혼란스러운 행동이나 인물, 혹은 배경에 관한 정보 제공하기, 핵심어나 이미지 혹은 주제에 관한 정보 제공하기, 소리의 느낌과 언어의 풍부함을 느끼도록 텍스트를 읽어 주기, 작품을 읽는 도중에 일어날 일들을 예측하도록 도와주기
Dublin과 Bycina (1991)	• 어린 학습자 : 그림이나 영화와 같은 시청각 자료 활용하기, 현장 답사나 견학, 가치 정리 학습, 역할극 등 • 상위 수준에 있는 학습자 : 의미 지도 만들기, 글의 주제나 그림 또는 삽화 살펴보기, 주제에 관해 자유 토론하기, 내용 예측하기, 훑어 읽기

3. 읽기 전 활동의 양상 분석

(1) 분석 준거 설정 및 분석 대상 선정

읽기 전 활동 분석을 위해 먼저 해야 할 작업은 분석의 기준 준거를 설정하는 일일 것이다. 준거의 혼란을 없애기 위해서는 이 작업이 필수적이기 때문이다. 따라서 본 연구의 기준 준거는 다음 두 가지이다.

먼저, '읽기 전 활동의 종류'는 [표 1]에 제시된 '읽기 전 활동의 종류'에서 공통적으로 제시된 활동 14가지를 선정하였다. ① 동기 유발하기, ② 읽기 목적 설정하기, ③ 미리 보기, ④ 배경지식 활성화하기, ⑤ 앙케트/질문표, ⑥ 연상하기, ⑦ 예측하기, ⑧ 질문하기, ⑨ 추론하기, ⑩ KW(H)L, ⑪ 독서 방법 안내하기, ⑪ 어휘 학습, ⑫ 구조 파악하기, ⑬ 의미 지도 그리기가 그것이다. 이들 활동을 분석의 기준 준거로 삼는 까닭은 지금까지 우리 국어 교육학계에 소개된 읽기 전 활동을 망라한 목록 가운데 읽기 전 활동으로서의 가능성이 높다고 판단하였기 때문이다.[9]

읽기 전 활동의 '스키마 유형'은 '2.1. 스키마 이론'에서 살펴본 '내용 스키마'와 '구조 스키마' 2분법을 따른다. 여기서 내용 스키마란, 읽기 자료의 내용에 관한 배경지식을 말하며, 특정 분야에 관한 독자의 지식, 종교나 관습에 관한 지식 및 일상사의 여러 사건이나 사물에 대한 구조화된 세상 지식

Yopp & Yopp(1995)	예측 안내표, 앙케트/질문표, 대조표, 의미지도, KWL
Auerbach & Paxton, (1995)	배경지식 제공하기, 읽을 내용에 대한 자신의 경험 혹은 견해 쓰기, 제목과 관련된 질문하기, 의미 지도 그리기, 미리보기(preview)에 근거한 예측하기, 텍스트 구조 판별하기, 훑어보기(skimming), 서론과 결론 읽기, 미리 보기(preview)에 근거한 요약문 쓰기 등
Chang (1996)	제목 보고 내용 예측하기, 주제와 관련된 개인의 경험 말하기, 글과 관련된 영화나 연극 보기, 임의로 선택된 문장 읽고 예측하기, 핵심 어휘로 단어 지도 만들기 등
Graves, Juel & Graves (1998)	읽기에 대한 동기 유발 및 목적 세우기, 기존 배경지식을 활성화하고 더 많은 배경지식 만들기, 텍스트와 관련된 특정 지식 익히기, 읽기를 학생들의 생활과 결부시키기, 어휘와 개념을 미리 가르치기, 선행 질문하기, 예측하기, 읽기의 방향 설정하기, 이해 전략 제안하기 등
Ediger(2001)	토론하기, 사진, 도표, 그림, 비디오나 역할 놀이

9) 박영목(1996)이 제시한 '① 정보의 예견'은 '예측하기'에, '② 기존 지식의 활성화'는 '배경지식 활성화하기'에, '③ 독서 목적의 결정 및 관심 영역의 구체화'는 '읽기 목적 설정하기'에 각기 포함시켰다.

을 포함한다. 또한 구조 스키마란, 필자가 자신의 생각을 어떻게 구성해 가는지에 대해 독자가 가진 지식으로서, 각각의 텍스트 유형들이 지닌 형식적, 수사학적, 조직적 구조에 관한 배경지식이다.

다음은 분석 대상이다. 읽기 전 활동을 분석하기 위해서는 16종 검인정 교과서의 단원을 선정해야 하는데, 이를 위해서는 교육과정의 내용 성취 기준부터 살펴봐야 할 것이다. 따라서 2009 개정 국어과 교육과정에서 중학교 1~3학년군 읽기 영역의 내용 성취 기준을 보면 [표 2]와 같이 11개이다.

[표 2]   2009 개정 국어과 교육과정 중학교 1~3학년군 내용 성취 기준[10]

내용 성취 기준
(1) 지식과 경험, 글의 정보, 읽기 맥락을 토대로 내용을 예측하며 글을 읽는다. (2) 글이나 매체에 제시된 다양한 자료의 효과와 적절성을 평가하며 읽는다. (3) 읽기 목적에 따라 적절한 방법으로 글의 내용을 요약한다. (4) 설명 방식을 파악하며 설명하는 글을 읽는다. (5) 논증 방식을 파악하며 주장하는 글을 읽는다. (6) 글의 내용을 토대로 질문을 생성하며 능동적으로 글을 읽는다. (7) 동일한 대상을 다룬 서로 다른 글을 읽고 관점과 내용의 차이를 비교한다. (8) 글의 표현 방식을 파악하고 표현의 효과를 평가한다. (9) 자신의 삶과 관련지으며 글의 의미를 해석하고 독자의 정체성을 형성한다. (10) 읽기의 과정과 원리를 이해하고 자신의 읽기 과정을 점검하며 조절한다. (11) 읽기의 가치와 중요성을 깨닫고, 읽기를 생활화하려는 태도를 지닌다.

이들 내용 성취 기준은 16종 검인정 교과서에서 대단원 1개, 소단원 1개, 소단원 2개 등 다양한 형태로 구현되어 있다. 이들 가운데 본고가 직접 연구 대상으로 삼고자 하는 것은 (4), (5)번 2개를 구현한 읽기 단원이다. 연구의 정확성, 타당성을 위해서는 16종 교과서의 모든 읽기 단원의 읽기 전 활동을 대상으로 해야 되겠지만, 여기서는 이 2개로 한정하고자 한다. 이렇게 두 개의 내용 성취 기준으로 한정하는 까닭은 일차적으로는 분량 때문이지

---

[10] 연구를 전개하는 과정에서 이들 활동의 종류들이 층위가 다르고 수업의 전개 과정에서 '학습 동기 유발' 활동과 겹치는 등의 문제가 있음을 확인하였지만, 그렇다고 이를 수정할 수는 없었다. 왜냐하면, 이러한 이론적 배경을 바탕으로 교과서가 만들어지기 때문이다. 따라서 읽기 전 활동의 종류에 대한 타당성이나 층위 및 분류 기준은 또 다른 연구에서 논의하기로 하고 본 연구에서는 기존의 논의들에서 제시된 읽기 전 활동의 종류에 따랐다.

만, ⑷번은 '설명하는 글', ⑸번은 '주장하는 글'로 명시적으로 제시되어 있어서 11개 내용 성취 기준 가운데 장르 변인이 가장 분명하게 드러나기 때문이다. 바꿔 말하면, 장르 변인이 구체적으로 드러나지 않는 다른 내용 성취 기준을 분석 대상으로 할 경우 읽기 전 활동의 '스키마 유형'이 일방적으로 내용 스키마에 치우쳐져 있어 그나마 '구조 스키마' 유형이 나타날 가능성이 있는 성취 기준이 이 2개이기 때문이다.[11]

⑵ 읽기 전 활동의 제시 양상

1 내용 성취 기준 ⑷ 단원의 읽기 전 활동 양상

먼저, 내용 성취 기준 "⑷ 설명 방식을 파악하며 설명하는 글을 읽는다."를 구현한 16종 교과서 단원의 읽기 전 활동을 정리하면 [표 3]과 같다.

[표 3]   내용 성취 기준 ⑷의 단원에 대한 읽기 전 활동 현황[12]

교과서 (권수)	단원	읽기 전 활동
A 국어②	1. 정보의 세계 ⑴ 설명하는 글 읽기	'지문'에 대해 알고 있는 것을 말해 보자.
B 국어②	4. 설명과 이해 ⑴ 설명문 읽기	다음은 어떤 설명문의 제목입니다. 이 설명문에서는 어떤 방법으로 대상을 설명하고 있을지 생각해 봅시다. 다음 만화를 보고, '귀화'의 뜻이 무엇인지 생각해 봅시다.
C 국어②	2. 설명하면 달라져요 01. 다양하게 설명해요	소단원 01 – 다음 만화를 보고, 정보를 좀 더 쉽게 설명하려면 어떤 방법이 필요할지 말해 보자. 소단원 02 – (가)와 (나)의 자료 중, 같은 내용을 이해기에 더 쉬운 자료를 골라 보자.

---

11) 실제, 본 연구를 위해 내용 성취 기준 "⑼ 자신의 삶과 관련지으며 글의 의미를 해석하고 독자의 정체성을 형성한다."를 대상으로 예비 조사를 거쳤다. 그 결과, 총 16종의 교과서의 읽기 전 활동 가운데 '내용 스키마'와 관련된 1개의 활동 유형 8개(50%), '내용 스키마와 관련된 2개의 활동 유형 8개(50%)로 이 두 유형이 절반씩이고, 구조 스키마를 포함하고 있는 하나도 없었다. 따라서 구조 스키마와 관련된 활동이 설정될 가능성이 가장 높은 내용 성취 기준이 이 2개이기 때문에 연구 대상으로 선정한 것이다.
12) 16종 국어 교과서의 읽기 전 활동을 비교하는 데 초점이 있는 것이 아니라 전체적인 양상을 점검하는 것이 목적이므로, 출판사 이름을 직접 드러내지 않으며, 그 순서는 무순이다.

D 국어①	6. 효과적인 설명 (1) 천 년을 가는 한지의 비밀	생활 속에서 한지가 사용되는 경우를 생각해 보자.
E 국어②	4. 알게 되는 기쁨 (1) 음식 속의 문화, 밑반찬	하나. 다음 동영상을 보고 설명을 잘하면 어떤 점이 좋은지 말해 보자. 둘. 다음의 상차림을 보고 갓 지은 밥과 함께 먹으면 좋을 반찬을 하나 골라 보자. 그리고 그 반찬을 고른 이유를 친구와 말해 보자.
F 국어②	1. 여러 가지 설명 방법 (1) 은행문은 왜 안쪽으로 열릴까?	자동차 뒤에 붙어 있는 다음 두 문구 중 어느 것이 뒤차의 운전자에게 더 유익한 정보일지 생각해 보자. 짐을 가득 실은 화물차의 뒷모습에, '가끔 떨어짐'이란 문구와 '위험하니 100미터 떨어지세요.'
G 국어②	3. 어떻게 설명할까 (1) 우리의 얼굴, 하회탈	나와 친구의 얼굴 표정을 탈로 만든다면 어떤 모습이 될지 그림으로 표현하고, 간단한 설명을 붙여 보자.
H 국어②	2. 너, 그거 알아? (1) 다양한 동굴의 세계	다음 사진의 여러 놀이 기구를 기준을 세워 비슷한 것끼리 나누어 보자.
I 국어②	5. 설명하는 글 01. 동물들의 의사소통	두 원숭이의 대화를 상상하여 말풍선을 채워 보자.
J 국어①	5. 설명의 방법 (1) 우리나라 바다에 사는 두족류	아래의 그림에서 아이가 토마토를 냉장고의 어느 칸에 넣으면 좋을지 생각해 보자.
K 국어②	2. 설명하는 글 읽고 쓰기 (1) 설명 방법 파악하며 읽기 (2) 설명하는 글의 구조 파악하며 읽기	'겨울의 불청객, 정전기'를 읽기 전에 다음 활동을 해 보자. 백과사전이나 식물도감 또는 인터넷에서 다음 풀들의 특징을 조사하고 생활에서 어떻게 이용했는지 알아보자.
L 국어②	2. 효과적인 설명 (1) 한옥의 이해	다음 사진을 보고, 이 건물의 용도를 추측해 봅시다.
M 국어②	4. 보다 쉽게, 보다 분명하게 (1) 감기란 무엇인가 (2) 반갑다, 우리 만화	감기와 독감에 대해 알고 있는 것을 말해 보자. 다음 (가), (나)의 그림에 담긴 호랑이의 모습이 어떠한지 말해 보자.
N 국어②	4. 설명과 이해 02. 설명하는 글 읽기	다음 그림을 보고 두 사람의 설명 방식의 차이를 말해 보자.

O 국어②	2. 어떻게 설명할까? (1) 설명 방법의 이해 (2) 천년을 가는 한지의 비밀	주변에서 설명하는 글을 찾아보고, 이와 같은 글이 우리 생활에 어떤 도움을 주는지 생각해 보자.
P 국어②	6. 다양한 설명 방법 (1) 설명하는 글 읽기	자신이 좋아하는 국수에 대해 친구들에게 간단히 설명해 보자.

〈읽기 전 활동의 종류〉

이 내용 성취 기준을 구현한 단원의 글의 종류는 '설명하는 글'이어야 하고, 설명하는 글의 구조와 정의, 예시, 비교, 분류, 열거, 분석, 인과 등과 같은 설명 방식을 학습할 수 있도록 구성되어야 한다. 이러한 점을 염두에 두면서 16종 교과서의 단원을 점검해 보면, [표 4]에서와 같이 관련 단원 모두가 설명하는 글 읽기 단원으로 설정되어 있고, 학습 목표 역시 설명 방식(법)을 파악하며 설명하는 글 읽기로 설정되어 있다. 따라서 16종 교과서 모두가 단원 및 학습 목표 설정의 기본 요건을 충족하고 있는 것으로 판단할 수 있다.

그런데 이 단원이 설명문의 구조와 설명 방식을 학습하는 단원이라는 특성을 전제로 한다면, 이 단원의 읽기 전 활동은 설명문의 구조나 설명 방식에 관한 스키마를 활성화하는 활동이 우선적으로 고려되어야 타당성을 확보할 수 있을 것이다. 이러한 점을 고려하여 읽기 전 활동들의 종류를 분석해 볼 필요가 있다. 따라서 16종 교과서 해당 단원의 읽기 전 활동을 검토해 보면, A, D, G, H, I, J, L, N, O, P 10개 출판사는 각 1개씩, 나머지 6개 출판사는 2개씩 총 22개가 설정되어 있다. 이들을 앞의 이론적 배경에서 살펴본 읽기 전 활동의 종류별로 분류해 보면 [표 4]와 같다.

[표 4]   내용 성취 기준 (4)에 대한 읽기 전 활동의 종류

활동\교과서	A	B	C	D	E	F	G	H	I	J	K	L	M	N	O	P	계
동기 유발하기			●●		●	●●	○		○	●					○		9
읽기 목적 설정하기																	

활동											계
미리 보기											
배경지식 활성화하기	○		○		●		○○	○○	○	○	9
앙케트/질문표											
연상하기											
예측하기	●										1
질문하기			○								1
추론하기								○			1
KW(H)L											
독서 방법 안내하기											
어휘 학습	○										1
구조 파악하기											
의미 지도 그리기											
계											22

※ ○표 : 내용 스키마, ●표 : 구조 스키마

〔표 4〕에서 확인할 수 있듯이 22개의 읽기 전 활동을 종류별로 나눠 보면 '동기 유발하기', '배경지식 활성화하기', '예측하기', '질문하기', '추론하기', '어휘 학습' 6가지로 나타났다. 그 가운데 '동기 유발하기' 9개(40.1%)와 '배경지식 활성화하기'가 9개(40.1%)로 압도적으로 많았고, 연상하기, 예측하기, 추론하기, 어휘 학습이 각기 1개씩(각 4.5%)이었다. 어느 활동을 선택해야 하는가 하는 문제는 단원의 구성 체제와 소단원 제재 글의 내용에 따라 달라질 수 있을 것이기 때문에 활동의 종류 자체만으로 타당성이나 효과성을 논하기는 어렵다.

그럼에도 〔표 4〕에 나타난 결과와 관련하여 다음과 같은 두 가지 문제점이 발견된다. 한 가지는 '동기 유발하기(9개)' '배경지식 활성화하기(9개)'로 이 두 활동이 82%나 차지함으로써 특정 활동에 편중되어 있으며, 또 설명문의 구조와 설명 방식에 관한 단원임에도 내용 스키마 활성화 범주에 속하는 활동이 14개로 64%에 이른다는 점이다.

먼저, 특정 활동에 편중되어 있다는 점과 관련해서는, 종류가 많고 적음 자체가 중요한 것은 아니지만, 일단 2개의 활동에 편중되어 있다는 사실은 바람직한 현상이 아니란 점이다. 단원의 특성상 '읽기 목적 설정하기'나 '미리 보기', KW(H)L, '독서 방법 안내하기'와 같은 활동들도 유용하게 활용할 수 있을 텐데 한 번도 사용되지 않은 것은 아쉬운 대목이 아닐 수 없다. 보다 구체적인 점검을 위하여 읽기 전 활동을 다시 내용 스키마와 구조 스키마와 관련된 활동으로 그 유형을 구분해 보면 보다 심각한 문제와 만나게 된다.

〈읽기 전 활동의 스키마 유형〉

이 단원의 성격과 학습 목표를 고려하면 단원의 '읽기 전 활동'은 내용 스키마를 활성화하는 활동이 포함되어 있을 수도 있지만, 설명문의 구조와 설명 방식과 관련된 구조 스키마를 활성화하는 활동이 필수적으로 포함되어 있으리란 예상을 해 볼 수 있다. 따라서 읽기 전 활동이 내용 스키마와 구조 스키마 중 어느 쪽과 관련된 활동으로 나타나는지를 살펴볼 필요가 있다.

일단 소단원이 1개인 교과서와 2개인 교과서도 있고, 또 소단원별 읽기 전 활동이 1개인 경우와 2개인 경우도 있지만, 소단원 모두에 나타난 읽기 전 활동을 점검해 보면 그 유형은 크게 5가지 형태로 도출되었다.

(1) '내용 스키마'와 관련된 1개의 활동으로 된 유형, (2) '구조 스키마'와 관련된 1개의 활동으로 된 유형, (3) '내용 스키마와 관련된 2개의 활동으로 된 유형, (4) '내용 스키마/구조 스키마' 2개의 활동으로 된 유형, (5) '구조 스키마'와 관련된 2개의 활동으로 된 유형이 그것이다. 16권의 교과서를 대상으로 하여 각 유형별로 도출된 현황을 보면 [표 5]와 같다.

〔표 5〕   내용 성취 기준 (4)에 대한 읽기 전 활동의 스키마 유형

구분 \ 교과서	A	B	C	D	E	F	G	H	I	J	K	L	M	N	O	P	계
(1) 내용 스키마	○			○			○		○		○			○	○	○	8
(2) 구조 스키마								○		○							2
(3) 내용/내용 스키마												○	○				2
(4) 내용/구조 스키마		○			○												2
(5) 구조/구조 스키마			○			○											2
계									16								

총 16종의 교과서 가운데 (1) '내용 스키마'와 관련된 1개의 활동 유형 8종(50%), (2) '구조 스키마'와 관련된 1개의 활동 유형 2종(12.5%), (3) '내용 스키마와 관련된 2개의 활동 유형 2종(12.5%), (4) '내용 스키마/구조 스키마' 2개의 활동 유형 2종(12.5%), (5) '구조 스키마'와 관련된 2개의 활동 유형 2종(12.5%)으로 나타났다. 여기서 다시 (1)유형과 (3)유형을 합해 내용 스키마와 관련된 활동만으로 된 교과서를 보면 총 10종(62.5%)이고, 구조 스키마가 포함된 유형, 즉 (2), (4), (5)의 유형을 합하면 8종(50.7%)이다.

이론적 배경에서 이미 살펴보았듯이 구조 스키마보다 내용 스키마가 친숙한 글이 더 잘 이해된다는 연구 결과가 있지만, 설명문의 구조와 설명 방식을 학습하는 이 단원의 특성을 고려하면 내용 스키마와 관련된 활동보다는 구조 스키마와 관련된 활동이 우선적으로 와야 타당할 것이다. 그런 측면에서 (2), (4), (5) 유형, 즉 구조 스키마와 관련된 활동을 설정한 B, C, E, F, H, J 6종(37.5%)의 교과서는 타당성을 확보한 것으로 볼 수 있다. 반면, 내용 스키마와 관련된 활동만 제시한 (1), (3)유형의 교과서 10종(62.5%)은 내용 스키마와 관련된 활동만으로 설정되어 있어 타당성이란 측면에 문제를 지닌 것으로 보인다.

실질적으로 구조 스키마와 관련된 단원임에도 불구하고 구조 스키마와

관련된 읽기 전 활동을 설정한 교과서가 1/3을 겨우 넘는다는 것은 문제가 조금 심각하다. 물론 16종 교과서 모두가 읽기 전 활동 앞에 오는 단원의 도입 부분에 단원의 길잡이, 단원 학습 안내, 단원의 구조 등을 통하여 단원 학습의 내용과 절차를 친절하게 안내하고 있어서 배경지식을 충분히 활성화한 것으로 볼 수도 있을 것이다. 그러나 그러한 장치들과는 상관없이 '읽기 전 활동'의 설정 목적과 의의에 충실한 읽기 전 활동을 설정해야 한다는 데는 이견이 있을 수 없다. 특히 읽기 전 활동을 2개씩이나 설정했음에도 둘 다 내용 스키마와 관련된 활동으로 설정된 교과서의 경우는 차후 수정하거나 인터넷 학습 자료 등을 통해서라도 보완하는 방안을 찾아야 할 것으로 판단된다.

2 내용 성취 기준 (5) 단원의 읽기 전 활동 양상

다음은 내용 성취 기준 "8-(5) 논증 방식을 파악하며 주장하는 글을 읽는다."를 구현한 16종 교과서 단원의 읽기 전 활동이다. 이 내용 성취 기준은 위의 (4)번 내용 성취 기준과 그 성격이 유사하다. 유사하다는 것은 '설명하는 글' 대신에 '주장하는 글'을, '설명 방식' 대신에 '논증 방식'이란 변인을 포함시키고 있어서 이 두 변인만 다를 뿐 단원 구성 방식이나 학습 내용, 절차 등 단원의 특성에 있어서 동일하다는 뜻이다.

〔표 6〕 내용 성취 기준 (5)에 대한 단원의 읽기 전 활동 현황

교과서 (권수)	단원	읽기 전 활동
A 국어④	2. 생각 넓히기 (2) 주장하는 글 읽기	진정한 아름다움에 대한 나의 생각을 이야기해 보자.
B 국어④	4. 주장과 건의 (1) 주장하는 글 읽기	1. 다음 글을 읽고, 물음에 답해 봅시다. (1) 글 (가)와 (나) 가운데 어느 쪽이 더 설득력이 있나요? (2) (1)과 같이 생각한 이유는 무엇인가요? 2. '냉장고가 있어서 좋은 점과 좋지 않은 점을 말해 봅시다.

C 국어③	4. 우리가 바라는 세상 01. 논리적으로 세상 읽기 02. 건강한 노인, 뚜렷한 의견	01. 일상생활 속에서 '빛'이 갖는 의미나 역할에 대해 이야기를 나누어 보자. 02. 다음과 같은 상황이 발생한 이유를 생각해 보자.
D 국어③	2. 주장과 설득 (1) 도시에서 농사를 짓자 (2) 기예론	(1) 도시 생활의 장점과 단점을 각각 하나씩 말해 보자. (2) 기술의 발전이 우리 삶에 어떠한 영향을 주었는지 말해 보자.
E 국어③	5. 문장의 구조, 논리적 주장 (2) '케이 팝', 문제는 가창력	하나. 다음 [예]와 같은 논증 방식이 되도록 제시된 문장들을 재배열해 보자. 둘. 다음 만화에서 엉뚱이는 수학 선생님을 설득할 수 있을지 생각해 보자.
F 국어③	4. 논리적인 말과 글 (2) 이주민과 선주민	서울에서 부산까지 가는 다양한 방법 중 가장 마음에 드는 것을 선택하고, 그 이유를 말해 보자.
G 국어③	3. 말과 글로 만나는 세상 (2) 남자답게, 여자답게?	다음 공공 안내 그림 표지를 보며 물음에 답해 보자. 1. ㉮와 ㉯의 차이점은 무엇인지 말해 보자. 2. ㉮와 ㉯의 변화에서 드러나는 주장은 무엇인지 말해 보자.
H 국어③	5. 생각의 나무를 키우다 (1) 인간을 위한 자동차 문화	다음 사진의 학생들이 내세운 주장이 설득력이 있는지 말해 보자.
I 국어③	5. 주장하는 글 읽기 01. 이런 모습, 상상해 보셨나요? 02. 조금씩 불편해지기	'아이를 세 명 이상 낳는 부부 엄벌에 처하자'는 1961년 9월 1일자 '동아일보' 사설을 제시하고, • 바크 교수(사설 속의 주장을 펼친 이)의 주장은 무엇인가? • 1960년대에 이 신문은 왜 바크 교수의 주장을 기사로 실었을까?
J 국어④	2. 생각을 넓히다 (2) 집을 고친 후에	다음 그림에서 위의 두 도형이 변화한 모습을 근거로 하여, 빈칸에 어떤 모양의 도형이 오겠는지 추리하여 그려 보자.
K 국어③	2. 세상을 향한 목소리 (1) 논증 방식 파악하기 (2) 주장하는 글 읽기	(1) 다음 만화의 빈칸에 이어질 내용을 상상해 보고, 이 리의 생각이 논리적이었는지 판단해 보자. (2) 사진 속 물건들과 그 사용 방법을 보며 다음 질문에 답해 보자.

L 국어③	5. 세상을 보는 관점과 논리 (1) 도시의 밤을 향한 두 가지 시선 (2) 논증 방식 파악하기	관점을 바꾸면 세상이 다르게 보입니다. 지구촌 불 끄기 행사를 위한 다음 광고를 보고, 이 광고에 잘 어울리는 문구를 넣어 봅시다. 우리 주변에서 쉽게 접하는 주장이나 설득 가운데 논리적이지 않다고 생각하는 것에는 어떤 것들이 있는지 발표해 봅시다.
M 국어③	3. 논리로 만든 글 (1) 논증의 이해 (2) 혈액형과 성격	(1) 다음 카드 안의 문장이 논리적으로 이어지도록 카드를 배열해 보자. (2) 다음은 '혈액형별 성격'에 대한 만화이다. 자신의 혈액형을 떠올리며, 공감할 수 있는지 생각해 보자.
N 국어③	5. 설득과 참여 01. 주장하는 글 읽기	다음 학생의 주장 내용을 살펴보고 주장의 타당성에 대해 생각해 보자.
O 국어③	4. 생각의 깊이 이해의 넓이 (1) 논증에 대하여 (2) '얼짱'은 사전에 오를 수 있다	(1) 다음 그림을 보고 사람들이 장사꾼의 말을 믿지 않은 이유를 생각해 보자. (2) 내가 찾으려는 단어가 국어사전에 실려 있지 않아서 의미를 확인하지 못한 경험이 있는지 떠올려 보자. 그리고 그때 어떤 생각이 들었는지 말해 보자.
P 국어④	3. 세상에 외치고 싶어 (1) 주장하는 글 읽기	다음 그림을 보고 '더불어 사는 삶'이란 무엇인지 생각해 보자.

〈읽기 전 활동의 종류〉

〔표 6〕에서 확인할 수 있듯이 16종 교과서에 설정된 단원을 점검해 보면, 〔표 6〕에서와 같이 모두가 논증 방식과 관련된 주장하는 글 읽기 단원으로 설정되어 있고, 학습 목표 역시 이와 관련된 것으로 설정되어 있다. 따라서 16종 교과서의 해당 단원 모두가 단원 및 학습 목표 설정이 타당함을 확인할 수 있다.

이러한 단원의 특성에 따라 읽기 전 활동은 주장하는 글의 구조와 논증 방식에 관한 스키마를 활성화하는 활동이 우선적으로 고려되어야 할 것이다. 이러한 점을 염두에 두면서 16종 교과서의 해당 단원에 설정된 읽기 전 활동을 점검해 보면 총 23개의 활동이 제시되어 있다. 2개씩 제시된 교과서가 B, C, D, E, K, L, M 7종이고, 나머지는 1개씩 설정되어 있다. 이들 활동이 어떤 종류로 이뤄졌는지를 확인하기 위하여 다시 활동 종류를 분석해 보면 아래 〔표 7〕과 같다.

〔표 7〕   내용 성취 기준 (5)에 대한 읽기 전 활동의 종류

교과서 활동	A	B	C	D	E	F	G	H	I	J	K	L	M	N	O	P	계
동기 유발하기			○			●	○	●			●	○●	●		●		9
읽기 목적 설정하기																	
미리 보기																	
배경지식 활성화하기	○		○		○○	●			●				○	●		○	12
앙케트/질문표																	
연상하기																	
예측하기																	
질문하기											○						1
추론하기									●								1
KW(H)L																	
독서 방법 안내하기																	
어휘 학습															○		1
구조 파악하기																	
의미 지도 그리기																	
계																	24

※ ○표 : 내용 스키마, ●표 : 구조 스키마

〔표 7〕에서 확인할 수 있듯이 '배경지식 활성화하기'가 12개(52.2%), '동기 유발하기'가 9개(39.1%), '질문하기' 1개(4.3%), '추론하기' 1개(4.3%), '어휘 학습' 1개(4.3%), '연상하기' 1개(4.3%)로 각기 나타났다. 이러한 현황은 앞

의 내용 성취 기준 (3)의 단원에서보다 '배경지식 활성화하기'와 '동기 유발하기' 두 활동에 더 편중된 모습을 보여 주고 있다. 총 23개의 활동 중 이 두 활동이 합이 21개로 91.3%에 이르고, 나머지 소수 활동의 양상은 비슷하다.

〈읽기 전 활동의 스키마 유형〉

이 단원에 읽기 전 활동이 내용 스키마와 구조 스키마 중 어느 쪽과 관련된 활동으로 나타나는지를 확인해 보면 아래 [표 8]과 같다.

[표 8] 내용 성취 기준 (5)에 대한 읽기 전 활동의 스키마 유형

구분 \ 교과서	A	B	C	D	E	F	G	H	I	J	K	L	M	N	O	P	계
(1) 내용 스키마	○		○	○			○								○		5
(2) 구조 스키마						○		○	○	○	○		○	○			7
(3) 내용/내용 스키마																	0
(4) 내용/구조 스키마		○										○			○		3
(5) 구조/구조 스키마						○											1
계	16																

16종의 교과서 가운데 (1) '내용 스키마'와 관련된 1개의 활동 유형 5개(31.3%), (2) '구조 스키마'와 관련된 1개의 활동 유형 7개(43.8%), (3) '내용 스키마와 관련된 2개의 활동 유형 0개(0%), (4) '내용 스키마/구조 스키마' 2개의 활동 유형 3개(18.8%), (5) '구조 스키마'와 관련된 2개의 활동 유형 1개(6.3%)로 나타났다. 여기서 다시 (1)유형과 (3)유형을 합해 내용 스키마와 관련된 활동만으로 된 교과서를 보면 총 10개(62.5%)이고, 구조 스키마가 포함된 유형, 즉 (2), (4), (5)의 유형을 합하면 8개(50.7%)이다.

이 단원도 앞의 단원과 마찬가지로 그 특성상 내용 스키마와 관련된 활동보다는 구조 스키마와 관련된 활동이 우선적으로 와야 한다. 그런 측면에

서 구조 스키마와 관련된 활동이 포함된 (2), (4), (5) 유형에 해당하는 11종(68.8%)의 교과서는 타당성을 확보한 것으로 볼 수 있다. 반면, 내용 스키마와 관련된 활동만 제시한 (1), (3) 유형의 5종(31.3%) 교과서는 내용 스키마와 관련된 활동만으로 꾸며져 있어서 적어도 이 단원의 읽기 전 활동은 타당성을 확보치 못한 것으로 봐야 할 것이다. 다만, 앞의 성취 기준 (4)에서와 같이 읽기 전 활동을 2개나 설정했음에도 둘 다 내용 스키마로 구성된 교과서가 없다는 점은 다행이라 하겠다.

그리고 앞의 내용 성취 기준 (4)와 비교했을 때, 구조 스키마와 관련된 활동이 설정된 교과서가 6종(37.5%)에서 2배에 가까운 11종(68.8%)이나 된다는 점, 그로 인해 내용 스키마와 관련된 활동만으로 된 교과서가 10종(62.5%)에서 5종(31.3%)으로 절반밖에 안 된다는 점에서 상대적으로 타당도가 높다고 볼 수 있다. 그러나 어디까지나 내용 성취 기준 (4)와 비교했을 때 상대적으로 높다는 것이지, 단원의 내용 성취 기준이 논증 방식 파악 및 주장하는 글 읽기 방법을 학습하기 위한 것이란 점을 감안하면 그 타당성은 낮은 편에 속한다.

(3) 결과 및 논의

지금까지 2009 개정 국어과 교육과정 중학교 읽기 영역 내용 성취 기준 11개 가운데 장르의 특성이 비교적 분명히 드러나는 내용 성취 기준 (4), (5)를 구현한 16종 교과서의 읽기 전 활동의 종류와 스키마 유형에 관해 살펴보았다. 이들 내용 성취 기준에 관한 분석 결과를 정리하여 논의해 보면 다음과 같다.

먼저, 2개의 내용 성취 기준을 구현한 16종 교과서의 읽기 전 활동의 종류를 취합해 보면 [표 8]에서 볼 수 있듯이 총 46개 활동으로 나타났다. 전체 46개의 읽기 전 활동 가운데에서 '동기 유발하기' 18회(39.1%), '배경지식 활성화하기' 21회(44.7%)로 이 두 활동이 39회(84.8%)로 압도적인 빈도수를 기록하였다.

〔표 9〕　　　　　　　　　3개 내용 성취 기준에 대한 읽기 전 활동의 종류

내용 성취 기준 활동	(4)	(5)	계
동기 유발하기	9	9	18
배경지식 활성화하기	9	12	21
예측하기	1		1
질문하기	1	1	2
추론하기	1	1	2
어휘 학습	1	1	2
계	22	24	46

　이들 활동이 읽기 전 활동의 대표적인 활동 중의 하나라는 점에서 이의(異意)를 제기할 수는 없을 것이다. 그럼에도 '미리 보기'나 '예측하기', '질문하기', KW(H)L과 같은 다양한 활동들이 극소수를 차지한 채 단순히 흥미와 관심을 제고시키기 위한 '동기 유발하기'와 함께 이 두 활동에 집중되어 있다는 것은 그만큼 읽기 전 활동이 단조롭게 설정되었음을 보여 주는 것이라 하겠다. 특히 2개의 읽기 전 활동을 제시하는데도 불구하고, 둘 다 '배경지식 확인하기' 활동으로 제시한 경우, 또 둘 다 '동기 유발하기' 활동으로 제시한 경우도 10개나 되었는데, 이 경우는 반드시 시정되어야 할 것이다.

　물론 이러한 결과가 11개 내용 성취 기준 가운데 2개만을 대상으로 하였기 때문에 통계적 의의를 확보하는 데는 문제가 따르겠지만, 이러한 결과를 바탕으로 읽기 전 활동의 전반적인 양상을 미루어 짐작할 수는 있을 것이다. 장차 교육과정이 개정되고 새 교과서가 개발될 때는 이러한 문제점을 보완하고 단원의 특성을 고려하여 다양한 읽기 전 활동을 설정하여야 할 것이다. 특히 배경지식을 확인하더라도 전(前)학년의 관련 내용 성취 기준을 분석하여 이

를 확인하는 활동으로 제시하거나, 또 고학년으로 올라갈수록 심화된 활동을 설정하는 등 읽기 전 활동을 보완하고 체계화하는 노력이 필요할 것이다.

다음은 스키마 유형의 측면이다. 2개 성취 기준을 구현한 16종 교과서 단원의 읽기 전 활동의 스키마 유형은 (1) '내용 스키마'와 관련된 1개의 활동으로 된 유형, (2) '구조 스키마'와 관련된 1개의 활동으로 된 유형, (3) '내용 스키마'와 관련된 2개의 활동으로 된 유형, (4) '내용 스키마/구조 스키마' 2개의 활동으로 된 유형, (5) '구조 스키마'와 관련된 2개의 활동으로 된 유형 총 5가지이다. 16종 교과서의 읽기 전 활동에 나타난 스키마의 유형을 분석한 결과는 〔표 10〕과 같다.

〔표 10〕 3개 내용 성취 기준에 대한 읽기 전 활동의 스키마의 유형

구분 \ 내용 성취 기준	(4)	(5)	계
(1) 내용 스키마	8	5	13
(2) 구조 스키마	2	7	9
(3) 내용/내용 스키마	2	0	2
(4) 내용/구조 스키마	2	3	5
(5) 구조/구조 스키마	2	1	3
계	16	16	32

〔표 10〕에 나타난 5개 유형의 빈도수를 보면, 내용 스키마 관련 활동만으로 된 (1), (3)유형의 합이 15개(46.8%), 구조 스키마 관련 활동만으로 된 (2), (5)유형의 합은 12개(37.5%)이고, 내용 스키마 관련 활동과 구조 스키마 관련 활동이 함께 제시된 (4)유형은 3개(9.4%)로 나타났다. 이러한 결과는 한 마디로 내용 스키마 관련 활동이 지나치게 많고, 구조 스키마와 관련된 활동이 부족하다는 결론에 이르게 한다. 물론 읽기 영역의 목표는 글의 내용을 수용하는 능력을 함양시키는 데 있고, 글의 내용을 수용하는 데는 구조 스키마보다 내용 스키마가 더 깊이 작용하기 때문에 내용 스키마 관련 활

동이 많은 것은 바람직하다고 볼 수도 있을 것이다.

그러나 그러한 논리는 부분적으로만 타당하다. 이미 앞에서 논의한 바와 같이, 2009 개정 국어과 교육과정은 장르 중심 교육과정을 지향하고 있다. 따라서 내용 성취 기준을 구현한 교과서 단원에서는 내용 성취 기준에 제시된 장르, 즉 글의 종류를 수용하는 데 알아야 하는 '지식'과 할 수 있어야 하는 '기능'과 갖추어야 할 '태도'를 기를 수 있도록 구성되어야 한다. 그렇기 때문에 읽기 전 활동에는 그 단원에서 학습해야 할 글의 종류에 대한 구조 스키마를 확인하는 활동도 반드시 설정되어야 할 것이다. 따라서 장르 중심 교육과정을 바탕으로 한 국어 교과서의 단원에 설정된 읽기 전 활동에는 내용 스키마만을 활성화하는 활동만으로는 부족하며 구조 스키마를 활성화하는 활동을 함께 설정해야 할 것이다.

이상에서 살펴본 바와 같이 읽기 전 활동의 종류 측면에서는 '배경지식 활성화'와 '동기 유발하기' 두 가지 활동에 지나치게 집중되어 있고, 또 스키마의 유형 측면에서는 '내용 스키마'와 관련된 활동으로 치우쳐져 있음을 확인하였다. 이렇게 편향되어 나타난 원인은 1년도 채 안 되는 개발 기간 동안에 6권의 교과서를 개발해야 했던 시간상의 문제, 또 집필진의 교육과정과 읽기 전 활동에 대한 학문적 이해 수준 등과 같은 요인들이 복합적으로 작용했을 것이다. 따라서 이러한 문제점은 장차 새로운 교과서를 개발할 때 반드시 보완하여야 할 것이다.

4. 맺는 말

본 연구를 통하여 2009 개정 국어과 교육과정 읽기 영역 7~9학년군의 내용 성취 기준 가운데 글의 종류가 분명하게 드러나는 ⑷, ⑸번 내용 성취 기준을 대상으로 읽기 전 활동이 어떠한 종류로 설정되어 있으며, 그러한 활동들은 내용 스키마와 구조 스키마 중에 어느 유형이 얼마나 되는지를 점검해 보았다. 이들 내용 성취 기준에 관한 분석 결과를 정리하여 논의해 보면 다음과 같다.

내용 성취 기준 (4)에 대한 단원은 글의 구조와 정의, 예시, 비교, 분류, 열거, 분석, 인과 등과 같은 설명 방식을 학습할 수 있도록 '구조 스키마'를 활성화할 수 있는 활동이 중심이 되어야 함에도, '동기 유발하기'와 '배경지식 활성화하기'와 같은 특정 활동에 편중되어 있고, 또 구조 스키마 중심의 읽기 전 활동이 중심이어야 할 단원에 내용 스키마 관련 활동 위주로 구성되어 있다는 문제점이 드러났다.

내용 성취 기준 (5)에 대한 단원 역시 구조 스키마 중심의 읽기 전 활동이 설정되어야 함에도 '배경지식 활성화하기'와 '동기 유발하기'에 집중적으로 편중되어 나타났고, 내용 스키마와 관련된 활동만 제시한 교과서가 5종(31.3%)이나 되어서 단원의 성격에 적합하지 않은 읽기 전 활동이 설정되어 있음을 보여 주고 있다.

이러한 문제점은 특정 교과서 한 두 곳의 문제가 아니라 공통적으로 드러나고 있어서 차기 교과서 개발 시에는 교육과정 내용 성취 기준의 특성을 고려한 읽기 전 활동을 설정하여야 할 것이다. 특히 스키마의 유형 측면에서 소홀히 다뤄진 구조 스키마는 보다 더 적극적으로 활용해야 할 것으로 판단된다. 오늘날 호주, 미국을 중심으로 한 영어 문화권 국가들에서의 언(국)어교육의 바탕이론으로 확산되고 있는 장르 중심 접근법에서는 스키마의 유형을 단순히 내용 스키마와 구조 스키마의 이분법으로 구분하는 형태에서 벗어나, 글의 형태를 바탕으로 한 '사회·인지 스키마(socio-cognitive schemas)', '장르 스키마(genre schema)'와 같은 개념으로 확대하고 있음에 주목하고, 이에 대한 연구는 물론 읽기 전 활동과 읽기 중 활동, 그리고 읽기 후 활동으로까지 전반적으로 활용하는 방안을 확대해 나가야 할 것이다.

❖ **생각해 볼 거리**

- 과정 중심 접근법과 장르 중심 접근법의 차이점은?
- 인지주의 패러다임, 과정 중심 읽기 교육, 스키마 이론, 읽기 전 활동의 연결고리를 파악해 보자.
- 읽기 전 활동의 역할은?
- 읽기 전 활동에 내용 스키마 편중 현상의 원인은?
- 구조 스키마가 중요한 까닭은?
- 장르 중심 접근법을 바탕으로 한 바람직한 읽기 전 활동의 구성 방안은?

참고문헌

1. 자료

김상호 외 (2013), 『중학교 국어』 ②, ③ 창비
김종철 외 (2013), 『중학교 국어』 ②, ③ 천재교육
김태철 외 (2013), 『중학교 국어』 ②, ③ 비상교육
남미영 외 (2013), 『중학교 국어』 ①, ③ 교학사
노미숙 외 (2013), 『중학교 국어』 ②, ③ 천재교육
민현식 외 (2013), 『중학교 국어』 ②, ③ 신사고
박경신 외 (2013), 『중학교 국어』 ②, ③ 금성
박영목 외 (2013), 『중학교 국어』 ②,③ 천재교육
방민호 외 (2013), 『중학교 국어』 ②, ③ 지학사
우한용 외 (2013), 『중학교 국어』 ②, ③ 신사고
윤여탁 외 (2013), 『중학교 국어』 ①, ③ 미래엔
이관규 외 (2013), 『중학교 국어』 ②, ③ 비상교육
이삼형 외 (2013), 『중학교 국어』 ②, ③ 두산동아
장수익 외 (2013), 『중학교 국어』 ②, ③ 대교
전경원 외 (2013), 『중학교 국어』 ②, ③ 두산동아
한철우 외 (2013), 『중학교 국어』 ②, ③ 비상교육

2. 저서 및 논문

강희진(2011), "읽기 전 활동을 통한 읽기 지도 방법 연구", 한양대학교 석사학위 논문.
김경림(2002), "읽기 전 배경지식 활성화 전략을 통한 독서 능력 신장방안 연구", 인하대학교 석사학위 논문.
김인경(2009), "읽기 전 활동이 초등학생의 독해력 향상에 미치는 영향", 고려대학교 석사학위 논문.
노명완(2002), "중학교 국어 교과서와 독서 교육", 『독서연구』(한국독서학회) 7집, 117-148.
노명완·박영목·권경안(1991), 『교육론』, 갑을.
민순이(2004), "'읽기 전' 활동의 적절성 연구 : 7학년 『국어』 교과서를 중심으로", 부산대학교 석사학위 논문.
민현식 외 (2011), 『2011 국어과 교육과정 개정을 위한 시안 개발 연구』, 교육과학기술부.
박은경(2009), "중학교 국어 교과서 '읽기 전에' 활동에 관한 연구 : 7차 교육 과정에 따른 3학년 국어 교과서 '읽기' 영역을 중심으로", 금오공과대학교 석사학위 논문.

박정현(2012), "읽기 전 활동에 대한 교사의 인식 및 활용 분석", 조선대학교 석사학위 논문.
신연순(2006), "중학교 국어 교과서 '읽기 전에' 활동의 적절성 연구 : 중학교 2학년 국어 교과서를 중심으로", 경희대학교 석사학위 논문.
신헌재 외 3인(1993), 『이론과 방법』, 서광학술자료사.
이경화(2001), 『원리와 방법』, 박이정.
이미애(2012), "배경지식 활성화 전략을 적용한 중학교 국어과 읽기 수업이 학업 성취도에 미치는 영향", 공주대학교 석사학위 논문.
이삼형(1999), "인지적 읽기 모델의 비판적 고찰 : 스키마 이론의 독해관과 읽기 지도 모델을 중심으로", 『독서 연구』(한국독서학회) 제4호, 353-372.
이상구(2005), "구성주의적 독서교육 방안 탐색", 『새국어교육』(한국국어교육학회) 70호, 101-145.
이상구(2007), "국어 교과서 단원 설계의 방향 – 장르 중심 접근법을 중심으로", 『청람어문교육』(청람어문교육학회), 제35집, 51-81.
이인원(2008), "중학교 국어 교과서 읽기 전 활동에 관한 연구 : 배경지식과 사고 활동을 중심으로", 한양대학교 석사학위 논문.
이재기(2007), "2007년 개정 국어과 교육과정의 특징과 실행 방안", 『청람어문교육』(청람어문교육학회), 36집, 81-108.
장미선(2007), "스키마 활성화 전략이 아동의 독해력 및 읽기 태도에 미치는 영향 : 초등학교 4학년 국어과 읽기 영역을 중심으로", 고려대학교 석사학위 논문.
전혜령(2001), "읽기 전 활동의 지도 방법 연구", 한국교원대학교 석사학위 논문.
한국어문교육연구소·국어과교수학습연구소(2006), 『독서교육사전』, 교학사.
한철우·김명순·박영민 편저(2001), 『과정 중심 독서 지도』, 교학사.
Colorado, C. (2008), Pre-Reading Activities for ELLs, http://www.colorincolorado.org/article/24995/
Jeffrey, D. W. (2002), Action Strategies for Deepening Comprehension, Scholastic Inc.
Minoo, A. & Saman E. (2010), The Effects of Pre-reading Activities on ESP Reading Comprehension, Journal of Language Teaching and Research 1(5), 569-577.
Swales, J. (1990), Genre analysis : Enlish in academic and research settings, Cambridge, England and New York : Cambridge University Press.
Yusuf, H. O. (2011), The effect of pre-reading activities on students' performance in reading comprehension in senior secondary schools, Educational Research 2, 1451-1455.

5장 장르 중심 국어과 수업설계 방안

❖ 개요

 이 장에서는 2007 개정 국어과 교육과정 이후 국어과 교육과정의 바탕이론으로 작동하고 있는 '장르 중심' 접근법을 바탕으로 Morrison, Ross & Kemp의 수업설계 모형(약칭 'MRK 모형')에 적용하는 방안을 구안하였다.

 먼저, 장르 중심 수업 접근법이 지향하는 수업의 절차와 방법을 살펴보았고, 행동주의-인지주의-구성주의로 전개되어 온 수업설계의 패러다임의 특성과 주요 모형들은 어떠한 것들이 있는지를 살펴보았다. 이러한 논의를 바탕으로 장르 중심 접근법과 Morrison, Ross & Kemp의 'MRK 모형'이 구성주의라는 교육 패러다임상의 일치를 보여 주고 있다는 점에 착안하여, MRK 수업설계 모형에다 장르 중심 접근법을 적용하는 방안을 제시하였다.

 이러한 논의는 수업설계 영역의 패러다임적 변천 과정이나 수업설계 모형의 종류에 대한 논의가 소략하여, 수업설계에 관한 변천 과정이 어떠한지, 국어과에서 수업설계를 할 때에 어떠한 모형을 선택해야 하는지에 대한 해답을 찾기 위한 과정이었다. 또한 '장르 중심' 패러다임을 바탕으로 한 미시 장르를 표현(생산)하거나 이해(수용)하는 성취 기준들에 대한 수업설계 방안을 모색하였다는 데 그 의의를 찾을 수 있을 것이다.

❖ 핵심어

 국어교육, 장르 중심, 수업설계, 수업설계안, 학습과정안

1. 들어가며

좋은 집을 지으려면 설계도가 훌륭해야 하는 것처럼, 효과적이고 효율성 높은 수업을 하기 위해서는 좋은 설계가 필요하다. 이처럼 수업을 설계하는 학문적 영역을 '수업설계(ID: Instructional Design)'[1]라 하는데, 이 학문 영역의 근본적인 목적은 최적의 수업 방법을 처방하는 데 있다.

수업설계에 관한 논의는 1910년대에 출발하여 제2차 세계대전을 거치면서 논의가 확장되었고, 1970년대에 본격적으로 학문적 체제를 구축하여 오늘날까지 변화, 발전해 오고 있다. 우리나라 교육학계에서도 7,80년대에 교육공학계를 중심으로 논의되다가 90년대를 거치면서 교과교육 학계로 확산된 것으로 나타난다.[2]

국어과 교육에서도 좋은 수업, 효과적인 수업을 하기 위한 연구가 지속되어 왔다. 국어교육 학계에서 교수·학습 방법에 대한 논의는, 1980년대를 전후한 초기의 국어과 교수·학습에 대한 연구는 글레이저 등의 일반 수업 절차 모형을 따르거나, 국어교육 연구 내용에 부수적이거나 추가적인 적용 정도로 다뤄진 것이 대부분이었다(서혁, 2006). 그 후 1990년대 후반부터 '수업설계'에 관한 연구물들이 등장하여 오늘날까지 이어지면서 다양하게 논의되어 오고 있다.

국어교육 학계에서 '수업설계'에 관한 논의를 점검해 보면, 문학교육 영역에서 딕과 케리(Dick & Carey, 1990)의 체계적 수업설계의 절차를 바탕으로 한 논의(이상구, 1998)와 WBI를 이용한 국어 교과 개별화 수업설계 방안

---

[1] 국내 교육공학자들은 'Instructional Design'을 '수업설계' 혹은 '교수설계'로 번역하여 사용하는바, 수업(Instruction)이 '교수(Teaching)'와 '학습(Learning)'을 함께 포괄한다는 점에서 본고에서는 '수업설계'란 용어를 사용하기로 한다.

[2] 한국교육학술정보원(KERIS)에서 '수업설계'란 검색어로 검색을 하면, 1969년도에 최초로 2편의 연구가 검색되면서 1989년까지는 한 자리 수의 연구물이 검색되다가 1990년에서 2001년까지는 두 자리 수의 연구물이 검색된다. 그 후 2002년 117편, 2003년 118편, 2004년 123편, 2005년 112편, 2006년 136편, 2007년 162편, 2008년 189편, 2009년 227편, 2010년 261편, 2011년에 342편, 2012년 363편, 2013년 373편, 2014년 484편, 2015년 482편, 2016년 482편, 2016년 532편, 2017년 568편, 2018년 560편으로 연구물이 지속적으로 늘어나고 있음을 볼 수 있다. 이러한 증가의 내용을 들여다보면 단순히 순수 교육학계의 범위를 넘어서 각 교과교육 영역으로 확대되고 있음을 보여 주고 있다. (검색: 2019년 1월 5일)

(이채연, 1998), 텍스트 유형별 읽기 수업설계 방안(박수자, 1999), 국어과 교수·학습 모형과 수업설계(최영환, 2003, 2008), 토론 수업설계 모형 연구(임칠성·최복자, 2004), 읽기 전략 수업의 설계 양상(김국태, 2005), 국어과 교수·학습 방법의 탐구(서혁, 2006), 국어과 교수·학습 모형과 수업설계(박수자, 2010), 국어과 교수·학습 방법론에 대한 비판적 고찰(김혜정, 2005), 상황 학습 이론에 근거한 국어과 수업설계 방안(김정란, 2009), 초등학교 국어과 수업설계 방법(임천택, 2010), PCK에 기반한 국어과 쓰기 수업설계 방안(박태호·최민영, 2013), 백워드 교육과정에 따른 문법 교육과정 설계 연구(박종미, 2015), 백워드 설계 모형에 따른 국어과 화법 영역 '연설하기' 단원 개발 연구(김진희, 2016), 예비 국어 교사의 수업설계 양상(류보라, 2017) 등으로 이어져 왔다. 이러한 선행 연구들은 국어과 수업의 질적인 향상과 다양화에 많은 기여를 해 왔음은 물론이다.

그런데 이들 선행 연구들을 점검해 보면 다음과 같은 두 가지 문제점을 발견하게 된다. 한 가지는 수업설계 영역의 패러다임적 변천 과정이나 수업설계 모형의 종류에 대한 논의가 소략하여, 수업설계에 관한 변천 과정이 어떠한지, 국어과에서 수업설계를 할 때 어떠한 모형을 선택해야 하는지 등과 같은 물음에 답을 찾기가 어렵다는 점이다. 또 한 가지는 2007 개정 교육과정 이후 우리나라 국어과 교육과정의 중심축을 이루고 있는 '장르 중심' 패러다임을 바탕으로 미시 장르를 표현(생산)하거나 이해(수용)하는 성취 기준들이 상당수 있는데[3], 이들 성취 기준에 대한 수업설계를 어떻게 해야 하는지 이에 대한 구체적인 논의가 진행되고 있지 않다는 점이다.

본고에서는 이러한 두 가지 문제의식을 바탕으로, 오늘날 우리 국어과 교육과정에 반영되어 있는 장르 중심 접근법[4]에 바탕을 둔 수업설계를 어떻

---

[3] 2015 개정 국어과 교육과정 중학교 1~3학년 학년군에만 26개의 미시 장르에 대한 표현(생산) 혹은 수용(표현)하는 성취 기준이 있다. 이들 성취 기준에 대한 중학교 국어 검정 교과서 9종의 단원 구성 체제를 검토해 보면 장르 중심 접근법과 과정 중심 접근법이 혼용되고 있다. 이에 대해서는 이상구(2018) 참조.
[4] 이상구(2018)에 의하면 '패러다임(Paradigm)'은 학문의 이론적 틀을 지칭하는 상위 개념으로, '접근법(approach)' 패러다임에 터한 다양한 방법론적 연구나 모색으로, '모형(model)'은 각 접근법에서 제안하는 내용과 방법을 시각적으로

게 하면 좋을지에 대한 방법을 모색해 보고자 한다. 이를 위하여 다음과 같은 절차와 방법으로 논의를 진행하고자 한다. 먼저, 장르 중심 패러다임에 속하는 모형들이 지향하는 수업의 절차와 방법을 살펴본 다음, 수업설계 영역이 교육 패러다임의 변천에 따라 전개되어 온 양상과 함께 그 해당 패러다임에 속하는 수업설계 모형들은 어떠한 것들이 있는지를 살펴보면서, 오늘날 구성주의 교육 패러다임에 바탕을 둔 Morrison, Ross & Kemp의 수업설계 모형(약칭 'MRK 모형')의 절차와 방법을 개관하고, 이를 바탕으로 장르 중심 접근법의 수업 모형을 적용하는 방안을 제시해 보고자 한다.

2. 장르 중심 수업설계의 토대

(1) 장르 중심 국어교육

1945년 광복을 기점으로 출발한 우리의 현대 국어과 교육과정은 교수요목기(1946~1954)부터 제4차 교육과정(1992~1987)까지는 결과 중심 국어교육, 제5차 교육과정(1987~1992)부터 제7차 교육과정(1997~2006)까지는 과정 중심 국어교육, 그리고 2007 개정 교육과정(2007~2009)부터 오늘날 2015 개정 교육과정(2015~)까지는 장르 중심 국어교육의 시기로 구분할 수가 있다.

'과정 중심 국어교육'은 1960년대에 등장한 인지심리학을 바탕으로 한 인지주의 패러다임을 바탕으로, 전대의 결과 중심 국어교육이 학습의 결과만 주목하고 있다는 문제점을 제기하면서 학습자의 학습 과정, 인지 과정에 초점을 둔 관점을 제시하면서 전 세계 국(언)어교육의 바탕이론으로 확산되었다. 우리의 국어교육 학계도 이러한 영향으로 제5차 국어과 교육과정에서 "언어 사용의 결과(product)보다는 언어사용의 과정(process)에 초점(교

구조화한 얼개'로 사용되고 있다고 하였다. 본고에서도 이러한 의미역으로 패러다임, 접근법, 모형이란 용어를 사용한다.

육부, 1987:66)"을 두면서 학습자 중심의 언어 사용 기능을 중시하면서 '과정 중심 국어교육'을 향한 패러다임적 전환을 이루었고, 제7차 국어과 교육과정(1997)은 그 결정판을 이뤘다.

그 후 10년이 지난 2007 개정 국어과 교육과정은 "이제까지의 국어과 교육과정이 (…) 언어 활동이 갖는 사회성, 대화성, 관계성, 소통성을 소홀하게 다루었다.(교육부, 2007:7)"고 비판하면서, 담화와 글의 생산, 수용 활동에 작용하는 맥락을 강조하는 담화와 글 중심의 장르 중심 교육과정을 지향함으로써 국어활동 영역(듣기·말하기·읽기·쓰기)의 성취 기준을 개별 미시 장르의 생산(표현), 수용(이해)하는 것으로 설정하기에 이르렀다. 이러한 장르 중심 패러다임의 영향은 2009 개정 국어과 교육과정을 거쳐 2015 개정 국어과 교육과정에 이르면서 여전히 개별 미시 장르를 생산(표현), 수용(이해)하는 성취 기준을 제시함으로써 바탕이론으로 존재하고 있다.

우리의 국어과 교육과정이 이렇게 변천해 온 것은 세계 국(언)어교육의 변화 동향에 따라 국어교육 학계도 함께 변화해 온 결과 때문일 것이다. 따라서 여기서는 2007 개정 국어과 교육과정부터 바탕이론으로 작동하고 있는 장르 중심 국어교육에 대한 논의들을 개괄적으로 정리해 보면 다음과 같다.

〈장르 중심 언어교육의 등장과 전개〉

장르 중심 언어교육은 1970년대 후반 호주 시드니 대학의 체계언어학자인 Halliday에 의해 학문적 연구가 시작되어 7,80년대의 '과정 중심' 국어교육의 뒤를 이어 세계적으로 가장 폭넓게 확산되어 있는 언어교육 패러다임이다. Halliday는 같은 사회 문화적 환경 속에서 동일한 언어를 사용하는 언중들이 동일한 목적으로 사용하는 텍스트들은 대체로 동일한 사용 방식과 텍스트 구조를 공유하는데, 그 특정 방식으로 의사소통을 해야 할 뿐만 아니라 스스로 개발할 수도 있어야 한다고 했다(Halliday, 1978). 여기서 동일한 목적을 이루기 위해 동일한 사용 방식과 텍스트 구조를 지닌 텍스트 유형이 곧 '장르'이고 이 장르를 생산 혹은 수용하는 능력을 길러 주자는 것이 곧 장르 중심 교육의 핵심이다.

이는 당시 언어 교육의 지배적 패러다임이었던 '과정 중심' 패러다임에 바탕을 둔 다양한 접근법들이 글 쓰는 '과정'에만 집중하면서, 언어 사용의 목적과 맥락에 따라 달라지는 텍스트의 종류에 관심을 기울이지 않는다는 비판을 제기하면서 등장하였다.

장르 중심 접근법이 처음 호주에서 출발할 때는 외국인 노동자들을 대상으로 외국어로서의 영어 '쓰기' 영역에서부터 출발하였으나, 그 효과가 입증되면서 자국민을 대상으로 한 영어(국어) 교육의 읽기, 문법, 문학 등으로 영역을 넓혀 나갔다. 1981년에 미국으로 건너가서 외국어로서의 영어교육, 자국어로서의 영어교육 등으로 영역을 확대하여 점차 오늘날에는 전 세계로 확산되었다. 이로 인해 영어권 국가는 물론 비영어 국가에서도 외국어 교육, 자국어 교육에 있어서 과정 중심 패러다임의 대체 패러다임으로 자리를 잡았다.

우리나라에서는 90년대 후반부터 서구에서와 마찬가지로 구성주의를 바탕으로 한 국어교육 논의를 시작하면서 자연스럽게 학문적 논의가 시작되었다.[5] 그 결과로 2007 개정 국어과 교육과정에서 개별 장르의 유형을 표현(생산)하고 이해(수용)하는 형태로 제시함으로써 '장르 중심' 교육과정 시대를 연 것이다. 이러한 흐름은 2009 개정, 2015 개정 국어과 교육과정을 거치면서 '내용 체계'와 '(내용) 성취 기준' 설정에 중요한 축을 이루는 바탕 이론으로 작용하고 있는 것이다.

〈장르 중심 패러다임의 특징〉

장르 중심 접근론자들은 위에서 살펴본 Halliday의 관점을 출발점으로 하여 의사소통 상황과 목적, 글의 유형과는 상관없이 글을 쓰는 '과정'만 가르

---

5) 장르 중심 국어교육에 관한 논의들은 이상구(1998, 2002, 2007, 2013, 2018), 박태호(2000), 최인자(2000), 정정순(2000), 김명순(2003), 이재기(2005), 원진숙 외(2011), 주세형 외(2007), 박수자(2016) 등이 있다. 그런데 이 연구는 '장르 중심' 패러다임에 대한 논의를 바탕으로 수업설계를 하는 데 목적이 있기 때문에, 장르 중심 패러다임에 속하는 다양한 접근법이나 모형에 대해서는 위의 선행 연구에서 논의된 결과를 바탕으로 하였음을 밝힌다.

치는 과정 중심 접근법보다는 개별 장르를 표현하거나 이해하는 방법을 가르치는 것이 훨씬 더 효과적이라 주장한다. 그러면서 우리가 살아가는 삶 속에서 일상적으로 반복적으로 나타나는 유사한 상황에서는 비슷한 형태와 비슷한 내용의 말(담화)이나 글로 의사소통을 하게 되는데, 이렇게 각기 다른 상황과 목적에 따라 다른 형태의 말과 글을 '장르'라 개념화하였다. 이렇게 유사하고도 반복적인 상황에 적합한 장르를 능숙하게 사용할 수 있도록 가르치면, 언제 어디서나 반복적으로 나타나는 유사한 상황이 되면 그에 적합한 장르의 방식으로 효과적으로 능숙하게 의사소통을 할 수 있게 된다는 것이다. 장르 중심 접근론자들의 논의를 바탕으로 한 LUU(2011)의 특징을 정리한 것을 보면 다음과 같다.

첫째, 언어 사용의 사회적 문화적 맥락의 중요성을 강조한다. 즉 문맥은 텍스트의 목적, 언어 특징과 텍스트 특징 등 텍스트의 전반적인 구조는 (언어 공동체의) 언어적 협약의 형태인 장르로 결정된다(Hammond and Derewianka, 2001; Hyon, 1996).

둘째, 글쓰기에서 독자를 중요시하며, 독자가 성공적으로 받아들일 수 있도록 문법, 조직 및 내용 등 언어적 관습에 따라 글을 써야 한다는 것을 강조한다(Muncie, 2002).

셋째, 글쓰기가 사회적 활동이라는 점을 강조한다. 즉 비고츠키(1978)의 사회·문화적 관점을 바탕으로 학생과 학생, 학생과 교사의 상호작용을 통하여 함께 협력하고 서로를 지원하면서 새로운 지식을 형성하고 구성하기를 강조한다.

넷째, 쓰기 교육에서 텍스트를 독자와 의사소통 목적을 달성하기 위한 도구로 보는데, 이는 "우리가 글을 쓴다는 것은 어떤 목적을 달성하기 위해 무엇인가를 쓴다."는 Hyland(2002, 18)의 말에서처럼 텍스트를 작성할 때에 그것을 쓰는 사회적인 목적을 고려해야 한다는 점을 강조한다.

다섯째, 글쓰기에 대한 작가와 독자 간의 상호작용의 중요성을 강조한다

(Reid, 1995). 글을 쓰는 사람은 독자가 이해할 수 있도록 적절한 내용, 언어 및 형식의 수준을 선택하거나 예상할 수 있도록 써야 하고, 독자는 글쓴이의 목적, 견해, 언어 사용 방식과 구성 방법 등을 파악하면 읽어야 한다.

여섯째, 교실의 전문가로서 교사는 학생 자신이 쓰는 특정 장르의 텍스트를 제어할 수 있도록 다양한 활동을 통해 체계적인 지침 및 주의 깊은 지원을 제공해야 하며, 그와 동시에 수업 중에 학생들의 기여의 중요성을 인식해야 한다(Rothery, 1996).

일곱째, 학생들에게 장르의 언어 관습에 대한 명시적인 가르침을 강조한다. 즉 가르쳐야 할 장르(텍스트 유형)의 언어적 특징과 구조 등을 명시적으로 가르쳐 주지 않으면 학생들이 특정 텍스트 유형을 성공적으로 생성할 수 없기 때문에, 수업의 맨 앞 단계에서 이러한 관습을 알려 주고, 시범 텍스트를 통해 시범을 보이고, 교사 학생, 학생과 학생의 협상을 통한 장르 쓰기 후, 개별 학생의 독립적인 텍스트 쓰기의 절차로 가르친다(Cope and Kalantzis, 1993).[6]

이는 쓰기 영역을 중심으로 정리한 것이지만 듣기, 말하기, 읽기, 문학 영역으로 바꿔도 그 특징은 그대로 적용된다. 즉 우리가 입말이든 글말이든 의사소통을 한다는 것 자체가 단순히 개인의 인지적 행위를 넘어서 개인 간의 사회적이며, 그 담화 공동체가 오랜 역사를 거치면서 축척한 소통 방식으로 하는데 그것이 곧 장르라는 것이다. 그리고 특정 장르를 가르칠 때는 그 장르의 언어적 특징과 구조 등, 다시 말해서 '장르 지식'을 앞 단계에서 명시적으로 알게 하고, 시범 텍스트를 통한 시범 보이기, 교사와의 텍

---

[6] 이 밖에도 이상구(2013)는 장르 중심 국어교육의 원리 일곱 가지를 다음과 같이 제시하고 있다.
첫째, 학생들의 의사소통 능력을 기르기 위해서는 각 상황에 반복적으로 사용되는 장르의 생산·수용 능력을 길러야 한다. 둘째, 장르의 생산·수용 능력을 기르기 위해서는 각 미시 장르별로 '장르 지식'을 가르쳐야 한다. 셋째, 미시 장르별로 수용과 생산에 필요한 절차적 지식을 현시적(explicit)으로, 즉 설명과 시범을 통해 가르쳐야 한다. 넷째, 장르는 맥락에서 발생하므로, 맥락을 고려할 수 있도록 가르쳐야 한다. 다섯째, 학습의 사회적 과정인 협동학습을 통해 학생들이 함께 장르를 구성할 수 있도록 가르쳐야 한다. 여섯째, 학습의 심리적 과정을 반영하여 장르별 통합 단원 체제로 가르쳐 한다. 일곱째, 평가도 장르 중심 접근법에 맞춰 각 장르 학습에 필요한 명제적 지식과 절차적 지식을 평가해야 한다.(이상구, 2013 : 212-3)

스트 공동 협상, 개별 학생의 독립적인 텍스트 구성의 절차로 가르쳐야 효과적이고 효율적이라는 것이다.

〈장르 중심 패러다임의 교수·학습 방법〉

장르 중심 패러다임에 터한 다양한 모형들은 공통적으로, 비고츠키의 근접 발달 영역(Zone of Proximal Development) 개념을 바탕으로 Collins, Brown, Newman(1989)이 공동 개발한 '인지적 도제(cognitive apprenticeship)' 모형7)의 원리를 바탕으로 설계되어 있다. 즉 교사가 학생들에게 '장르 지식(genre knowledge)'을 명시적으로(explicit) 설명하고(Explain), 시범을 보이고(modeling), 끌어주고(coaching), 밀어주다가(Scaffolding), 학생들이 그 과제를 어느 정도 수행할 수 있을 때 학생들에게 책임을 이양시키고 교사는 도움을 중단(fading)함으로써 학생들이 독립적으로 장르를 수행하는 절차를 제시하고 있다.(이상구, 2013)

이러한 모형의 근원은 Martin과 Rothery에 의해 출발하였다. "Martin(1987)과 Rothery(1986)의 연구 결과로서 '3단계 교육과정 모델'이 뉴사우스웨일즈주의 MEDSP(Metropolitan East Disadvantaged School Program)에 의해 개발되었다. 이 모델은 주어진 맥락과 텍스트를 모형화하는 활동, 텍스트를 같이 쓰는 준비 활동, 학생 혼자서 텍스트를 구성하는 독립적인 활동의 세 단계로 이뤄졌다(주세형 외; 67)."

이렇게 출발한 장르 중심 모형을 근간으로 다양한 장르 접근론자들에 의해 수정과 보완을 거쳐 조금씩 변형되었는데, 그 가운데 10년이란 시간이 지난 뒤 영국에서 Hyland(2008)에 의해 개발된 모형을 보면 다음과 같다.

---

7) (Collins·Brown·Newman(1989)의 인지적 도제 모형에서의 교수 방법적 절차
시범 보이기(Modeling) – 코칭(Coaching) – 비계와 도움 중지(Scaffolding and fading) – 명료화(Articulation) – 성찰(Reflecting) – 탐구(Exploration) Collins, A., Brown, J.S., and Newman, S. (1989). Cognitive apprenticeship: Teaching the craft of reading, writing, and mathematics. In L. Resnick (Ed.), Knowing, learning, and instruction: Essays in honor of Robert Glaser, Hillsdale, NJ: Erlbaum, 453-494.

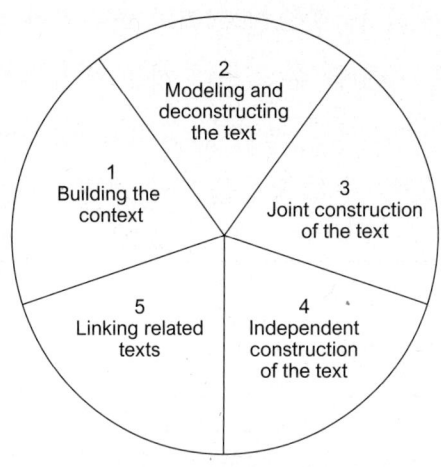

〔그림 1〕 Hyland의 장르 중심 수업 모형(2008:6)

Hyland의 이 모형도 기존의 장르 중심 모형들의 원리와 절차를 거의 그대로 반영하고 있다. 도식화된 과정을 보면 원형으로, 1. 맥락 파악하기, 2. 텍스트 시범 보이기 및 분석, 3. 함께 쓰기, 4. 혼자 쓰기 5. 관련 텍스트로 확장하기의 절차로 되어 있다. 이러한 구조는 다른 장르 중심 수업모형과 근본적으로 유사하다.[8] 이는 앞에서 살펴본 LUU(2011)의 장르 중심 접근법의 특징 가운데 일곱째에 이미 제시되어 있는 것처럼, 먼저 가르칠 장르의 장르 지식을 명시적으로 설명하고, 시범 텍스트를 통해 시범을 보이고, 교사와 학생, 학생과 학생의 협상을 통한 장르 쓰기 후 개별 학생의 독립적인 쓰기의 절차로 이뤄져 있다.

이렇게 원형으로 구조화된 장르 중심 수업 모형은 1장에서 살펴본 것처럼 활동 과정을 순차적인 논리에 의해 반드시 순서를 밟아야 하는 선형적(linear)인 과정이 아니라 회귀적(recursive)이고 순환적 과정이란 점을 강조하는 데는 매우 효과적이다.[9] 그러나 실제 활동 과정의 회귀적, 순환적인

---

[8] 이상구(2013)에서는 Rothery(1994), Callaghan & Rothery(1988), Burns & Joyce(1991), Burns & Joyce (1997), Feez(1998), 박태호(2000), 이재기(2005), Knapp, Wakins(2005), Arthur, Gail, Sima(2007), 원진숙(2011)의 모형들을 검토하면서 이 모형들의 절차가 공통적으로 장르가 사용되는 맥락을 점검하고, 그 맥락에서 사용되는 장르의 시범을 보여 주고, 교사와 학생이 함께 그 장르의 텍스트를 구성하면서 익힌 후에 학생이 독립적으로 구성해 나가는 절차를 근간으로 하고 있음을 상론하고 있다.

[9] 학문적 논의에서 모형을 도식화하는 방법은 순차적인 도식, 루브릭, 원형 등 다양하게 나타난다. 그 경향성을 추적해 보면, 행동주의 패러다임을 바탕으로 한 모형들은 대개 선조적(lineary), 단계적 논리를 바탕으로 사각형 박

측면을 강조하는 것보다 더 중요한 원리인 학습자가 수업 후에 독립적으로 그 장르를 표현(혹은 이해)할 수 있느냐 하는 책임 이양의 원리를 도식화하는 데는 한계를 지니는 것으로 보인다. 그리고 1장에서 살펴본 책임 이양의 원리를 반영한 장르 중심 수업 모형을 다시 보면 〔그림 2〕과 같다.

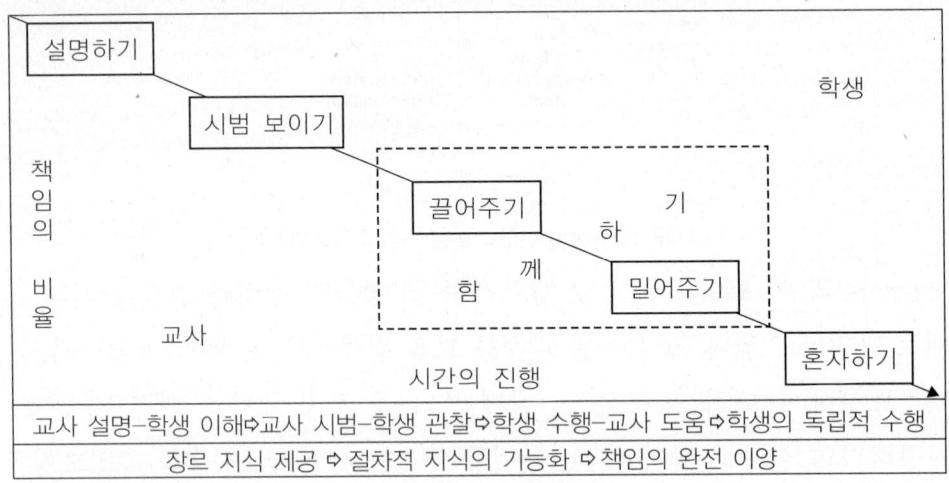

〔그림 2〕 장르 중심 수업 모형

이 모형은 Person, Gallagher(1983:51)의 책임 이양 모형과 Whilhelm(2001:13-15)의 인지적 도제 모형을 바탕으로 구안하였는데, 그 내적 원리는 다음과 같다.

① **설명하기(Explain)**: '교사 설명-학생 이해' 형태로 학습해야 될 미시 장르에 대한 장르 지식을 명시적으로 제공하는 과정. 미시 장르의 명제적 지식(장르의 개념, 특성, 구조, 언어적 특징 등), 절차적 지식, 조건적 지식(그 장르를 쓸 때 '갖춰야 할' 흥미, 태도 등)을 설명한다. 교사 주도 활동 단계이지만 교사-학생 간의 상호작용을 적극 활용한다.

② **시범 보이기(modeling)**: '교사 시범-학생 관찰' 형태로 학습해야 될 장르의 전형적인 텍스트(시범 텍스트)를 통하여 시범 보이는 활동. 시범

스를 통한 순차적 모양이나 육면체의 루브릭 형태를 띤 것이 많으며, 인지주의 패러다임이 등장하면서 종래 행동주의가 지향하던 선조적, 단계적 논리에서 회귀적, 순환적 논리로 전환됨에 따라 원형으로 도식화하는 경우가 많은 것으로 나타난다.

텍스트를 제시하고 앞에서 설명한 장르 지식과 연결하여 맥락을 확인하고, 명제적 지식, 절차적 지식을 확인하면서 생산(혹은 수용)하려는 장르 지식을 분명히 인식시킨다.

③ 함께 하기(Collaborative Learning): '학생 실행-교사 도움'의 활동 과정. 학생 혼자서 독립적으로 장르를 구성하기가 어렵기 때문에 모둠별 협의를 통하여 글을 쓰는 과정에 대해 교학상장(敎學相長)하면서 활동 과정에 대한 인지적인 협력을 한다. 처음에는 교사가 '끌어주기(coaching)'를 하다가, 나중에는 '밀어주기(scaffolding)' 활동으로 전환한다. 이 활동의 끝에는 모둠별 발표와 피드백을 통하여 지금까지 활동한 과정을 정리하면서 개별 학생이 혼자서 독립적으로 활동할 준비를 하도록 한다.

④ 혼자 하기(Independent Acting): 학생들이 앞의 활동을 바탕으로 학습할 장르를 혼자서 독립적으로 구성하는 과정.

(2) 수업설계

수업설계(instructional design, 혹은 수업 체계 설계, instructional system design)는 "학습의 필요, 요구와 목적들을 분석하고 이 요구와 목적을 성취하기 위한 수업 실행 체제를 개발하는 전 과정으로서, 수업 자료와 수업 활동 내용의 개발은 물론, 수업의 시행과 개정, 그리고 학습 성과의 평가 등이 포함(Briggs, 1977)"한다거나, "학습 및 교육의 원리를 교육 자료 및 활동 계획으로 전환하는 체계적이고 반영적인 과정((Smith and Ragan, 2005)"으로 정의된다.[10] 이 밖에도 다양한 국내외 전문가들에 의한 다양한 정의가 있지만, 여기서는 '교육의 목적과 목표, 학습자의 요구와 학습 내용을 조직하고 학습 방법을 선택하여 학습 효과의 효과성과 효율성을 극대화

---

[10] 수업설계에 관한 논의에서 주를 달지 않은 경우를 제외하고는 다음 자료들을 참고하였다. 강이철(2009), 두잉걸의 그냥 지나칠 수 없는 노트, 박성익·임철일·이재·최정임(2011), 조영남(2008), 조용개·신재한(2011), 송상호·박인우·엄우용·이상수 옮김, 2007), 양영선 (역)(1998).

하려는 사전 계획 활동'으로 조작적인 개념으로 사용한다.

수업설계에 관한 학문적 논의는 앞에서 언급한 대로 1910까지 거슬러 올라가지만, 제2차 세계대전을 거치면서 군사교육에서 활성화되었고, 1950년대에 접어들면서 Thorndike와 Watson, Skinner, Dewey 등에 의해 체계적인 학문적 논의를 거쳐 정교화되기 시작하였다.[11] 1960년대에 이르러 동물의 학습 과정과 인간의 학습 과정이 근본적으로 다르다는 것이 제안된 이래로 학습의 최적화 및 효율화를 위한 시도들이 계속되었다. 이 시기에 Glaser(1963)는 최초의 수업 절차 모형을 개발함으로써 수업설계 분야에 업적을 인정받았다. 1970년대 이후 메릴과 라이겔루스(David Merrill and Charles Reigeluth) 등에 의해 인지심리학적인 수업설계론이 도입되었다. 이들은 인간 정신의 내부에서 일어나는 학습의 과정에 초점을 맞추어서 효과적인 학습을 촉진할 수 있는 실질적인 방법에 주목하였다(김종량, 1993).

인지주의를 바탕으로 한 제2 세대 수업설계, 즉 정보처리 모델에서는 인간의 두뇌가 지식·정보를 처리하는 과정을, 컴퓨터가 정보를 처리하는 과정에 은유함으로써 새로운 정보를 자신의 두뇌 속에서 사전에 저장된 선행 지식과 통합하여 새로운 지식을 형성할 수 있도록 수업설계 이론에 반영코자 하였다.

행동주의와 인지주의는 지식이나 의미가 주체 외부에 객관적으로 존재하기 때문에 이 두 패러다임을 함께 '객관주의'라 한다. 이 객관주의 패러다임에서의 수업설계는 학습이라는 과정을 통하여 그 외부에 있는 지식과 의미를 주체 내부로 모사해 오는 방안에 집중하였던 것이다.

객관적 인식론에 근거한 수업설계 모형에서는 설계 과정과 과제들이 단

---

[11] 수업설계에 관한 논의의 흐름도 교학 패러다임의 변천에 따라 그 패러다임이 달라졌는데, 이를 '체계적 수업설계'와 '체제적 수업설계'로(정재삼, 1996), 또 '제1세대 수업설계'와 '제2세대 수업설계'로 구분하는 경우(임선빈, 1996, 1997)와, 행동주의-인지주의-구성주의로 이르는 교육 패러다임의 변천 과정에 따라 논의하는 경우(유영만, 1994; 김신곤·권기, 2017) 세 가지 관점이 병존한다. 어느 쪽이든 그 구획 경계는 일치하지만 본고에서는 앞에서 살펴본 과정 중심 패러다임과 장르 중심 패러다임의 구획을 인지주의와 구성주의로 한 것과 궤를 함께하기 위하여, 행동주의-인지주의-구성주의로 구분하는 논의를 따르기로 한다. 이이 구분법을 따르면, 이미 국어과 교육의 패러다임을 '결과 중심(행동주의)-과정 중심(인지주의)-장르 중심(구성주의)'으로 구분하는 관점이 우리 국어과 교육에 일반화되어 있어서 쉽게 접맥될 수 있는 장점도 있다.

계별로 순차적으로 제시되며, 객관주의를 대표하는 수업설계 모형으로는 Dick과 Carey(1978, 1985, 1990, 1996), Dick과 Carey & Carey(2001, 2005), Gagne의 목표별 수업설계, Keller의 ARCS 모형(2005), Gerlach와 Ely(1980), Reiser와 Dick(1996) 등을 들 수 있다. Sahin(2008)은 이들 객관주의 모형의 특징을 다음과 같이 정리하였다.

1. 수업설계의 과정 제체가 순차적(Sequential)이고 선형적(Linear)이다.
2. 계획은 하향식이며 '체계적(Systematic)'이다.
3. 정확한 행동 목표가 필수적이다.
4. 정교하게 세분된 하위 기능(subskill)을 가르치는 것을 중시하기 때문에 복잡한 작업은 하위 구성 요소로 분절하여 따로따로 가르친다.
5. 목표는 미리 선택한 지식의 전달이다. 훈련과 연습 및 직접 교수법을 선호하는 전문가가 선택한 '사실'과 기능 향상에 초점을 둔다.
6. (설계된 교육 프로그램의 투입 후 처음 설정된 성공 기준에 비추어 성공 여부를 가늠하기 위해 실시하는-인용자) 총괄평가(Summative Evaluation)를 중시하기 때문에 총괄평가에 대부분의 평가 노력을 투자한다.
7. 객관적인 데이터를 중시하기 때문에 자료가 많을수록 데이터의 객관성이 더 우수하다고 본다. (Sahin, 2008)

객관주의 수업설계 모형들의 이러한 특징은 객관주의 패러다임의 일반적인 특징을 그대로 반영한 결과이다. 하향식 논리에 의해 학습 목표에 도달할 수 있도록 지식과 기능을 잘게 나누어 순차적, 선형적으로 주입식 교육을 할 수 있도록 설계한다는 것이다. 그러기에 "수업설계에 대한 전통적인 접근 방식에서 개발자는 의도하는 학습 결과를 얻을 준비를 하기 위해 교육 시스템(예: 콘텐츠, 학습자 및 교육 환경)에 영향을 미치는 조건을 분석하고, 작업 수행 방법을 설명하고 일련의 복잡한 과정을 단순화하고 설명하기 위해 공식화(Bagdonis & Salisbury, 1994.)"하게 되는 것이다.

  1990년대 들어 구성주의가 등장하면서 기존의 객관주의 패러다임에 바탕을 둔 수업설계 이론의 가정이나 방법들을 비판하면서 새로운 구성주의 수업설계 모형들이 등장한다. 이 모형들은 일차적으로 설계 과정과 과제들을 순환적, 비선형적, 반복적으로 진행하도록 설계하고 있다. 상황에 따라 융통성 있게 대처할 수 있는 맥락 지향적인 설계를 추구하면서, 맥락이 수업설계에서 가장 중요한 요인으로까지 강조되고 있다(Jonassen,1993). 대표적인 구성주의 수업설계 모형으로 Willis의 R2D2 모형(1995), Willis와 Wright의 새 R2D2 모형(2000), Cennamo 등(1996)의 협상층(layers of negotiation) 모형, Carr Chellman와 Cuyar & Breman(1998)의 사용자 중심 설계(user-centered design), Morrison, Ross & Kemp(2004)의 타원형 모형, Spinuzzi(2005)의 참여 설계(participatory design) 등의 다양한 모형이 제안되었으며, 최근 소개된 Wiggins & Mctighe(1998, 2005, 2011)의 '백워드 설계 모형'도 구성주의 패러다임을 바탕으로 한 모형이라 할 수 있다. Sahin(2008)은 구성주의 패러다임의 수업설계 모형의 특징을 다음과 같이 정리하였다.

1. 수업설계의 과정이 회귀적, 비선형적이며 때로는 혼돈적이기도 하다.
2. 계획 자체가 유기적, 발달적, 반성적, 협동적이다.
3. 목표는 설계와 개발 작업에서 설정된다.
4. 일반 수업설계 전문가는 존재하지 않는다. 어떤 분야의 주제 전문가와도 수업을 설계할 수 있는 일반 수업설계 전문가는 신화이다. 실질적으로 수업설계를 할 수 있는 전문적 능력이 필요하다.
5. 의미 있는 맥락에서 학습을 강조한다.(목표는 의미 있는 맥락에서 개인적으로 이해하는 범위에서만 존재한다.)
6. (설계된 프로그램의 수정 혹은 보완을 위한 정보를 얻기 위해 실시하는-인용자) 형성적 평가(Formative Evaluation)를 중시한다.

7. 주관적인 데이터를 중시한다. (Sahin, 2008)

이상에서 개괄적으로 살펴본 수업설계 모형 가운데 교육학계에서 가장 널리 알려져 일반화되어 있는 모형은 (1) Dick, Carey & Carey의 모형, (2) ADDIE 모형, (3) Morrison, Ross & Kemp 모형(약칭 'MRK 모형')이다. 이 연구에서는 이 가운데 현행 교육 패러다임인 구성주의를 바탕으로 할 뿐만 아니라 국어과의 '장르 중심 접근법'과 패러다임이 일치하는 MRK 모형을 중심으로 살펴보기로 한다.

이 모형은 공동 개발한 세 사람의 이름 그대로 'Morrison, Ross & Kemp 모형'이라기도 하고, 세 사람의 이니셜을 따 'MRK 모형'이라기도 한다. 세 겹의 타원형으로 제시되어 있는데, 가장 안쪽의 타원 속에는 ① 요구 분석, ② 학습자 특성 분석, ③ 학습 과제 분석, ④ 교수·학습 목표 설정, ⑤ 내용제시 순서 결정, ⑥ 교수·학습 전략 구상, ⑦ 메시지 설계, ⑧ 전달 방법 결정, ⑨ 평가도구 개발 9개의 요소가 제시되어 있고, 이들 아홉 가지 요소가 이 모형의 핵심이다. 원형으로 제시한 것은 이 요소들이, 기존의 객관주의 모형들처럼 선조적인 순서가 아니라 순환적 과정임을 보여 주고 있다.

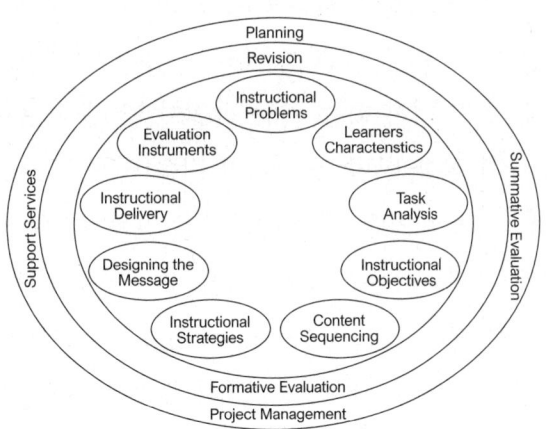

〔그림 3〕 MRK 수업설계 모형(Morrison, Ross, Kemp, Kalman(2010)[12])

---

[12] 국내 저작물에서는 이 모형이 2개의 원, 혹은 3개의 원으로 된 모형이 혼재되어 있어서 Morrison, Ross, Kemp, Kalman(2010)의 원전을 확인한 결과, 이처럼 3개의 원으로 되어 있음을 확인하였다.

명확한 출발점이나 끝이 없이 융통성 있게 지속적으로 개선 활동이 가능하다는 점을 보여 주고 있다.

아홉 가지 요소가 각기 어떠한 과정을 포함하고 있는지 살펴보면 다음과 같다.[13]

① 요구 분석(Instructional Problems): 수업 요구 사항 또는 수행상의 문제점 파악 단계. 수업에 관한 객관적 자료를 수집하여 이를 바탕으로 문제점을 파악하고, 그 문제점을 해결하기 위해 도출해 낼 수 있는 목적을 진술함으로써 이를 수업 프로그램 설계의 포괄적인 목적으로 삼는다.

② 학습자 특성 분석(Learner Characteristics): 학습자에 대한 정보 파악 단계. 학습자를 대상으로 한 질문지 혹은 학부모 면담 등을 통해 학습자에 관련한 자료 및 개인정보를 수집하고 분석한다. 학습자의 연령 및 신체적·정신적 발달 정도, 학습 동기, 흥미, 적성, 가정환경 등과 같은 개인적·사회적 자료도 파악한다.

③ 학습 과제 분석(Task Analysis): 앞에서 설정한 교과 내용과 학습 과제를 체계적으로 상세하게 분석하는 단계. 블룸의 교육 목표 분류, 가네의 학습 목표별 분류, 메릴의 내용·수행 메트릭스 분류 방법 등을 참고하여 과제의 성격과 특성에 따라 과제를 분석한다.

④ 학습 목표 설정(Instructional Objectives): 학습 목표를 명확히 진술하는 단계. 바람직한 학습 목표는 단원 수업 후에 학생이 반드시 알아야 할 지식과 할 수 있어야 하는 기능 갖춰야 할 태도 등이 포함된다. 진술 방법은, Tyler의 진술 방법, Mager의 진술 방법, Gronlund의 진술 방법 등이 있는데, 일반적으로 널리 사용되고 있는 '내용 영역+행동 영역(행위동사)' 형태로 제시하는 Tyler식 진술 방식으로 선택하면 될 것이다.

⑤ 내용 제시 순서 결정(Content Sequencing): 수업에서 교수·학습 활동을 어떻게 효율적으로 전개할 것인지 구성하는 단계. 학습자가 학습 내용을 이해하고 유지하는 데 도움이 되는 방식으로 내용을 배열한다.

---

[13] MRK 수업설계 모형에 대해서는 각주 14)의 자료와 Morrison, Ross, Kemp, Kalman(2010)을 참고하였다.

학습자의 학습 스타일, 교수 기법, 교사와 학생, 학생과 학생 간의 상호작용 등을 고려하여 교수·학습 활동의 순서를 결정한다.

⑥ **교수·학습 전략 구상**(Instructional Strategies): 학습자들이 학습 목표를 달성할 수 있도록 학습 내용과 학습 과제 수행에 적합한 교수 전략을 수립하는 단계. 동기유발, 목표 제시, 출발점 행동 확인을 위한 수업 전 활동, 교수 계열화, 교수 단위 결정, 정보 및 예 제시 등과 같은 정보 제시 활동, 연습과 피드백에 관한 학습자 참여 활동, 사전 검사, 학습 증진 검사, 사후 검사 등의 평가 활동, 교정 학습과 심화학습과 같은 사후 활동 등을 어떻게 실시할 것인지 구상한다.

⑦ **메시지 설계**(Designing the Message): 교수 분석 결과를 토대로 학습 내용과 방법을 구체적으로 설계하는 단계. 학습자의 정보처리 과정(주의 집중, 지각, 이해, 기억, 인출, 통합, 전이)과 연관시켰을 다음 두 가지가 있다. 먼저, 교수를 위한 메시지 설계인데, 이는 학습자의 주의 집중, 지각, 인지를 활성화시키기 위한 텍스트 설계, 컴퓨터 스크린 설계, 멀티미디어 설계, 웹 설계 등과 관련한다. 그리고 학습을 위한 메시지 설계는 새로운 지식의 습득, 통합 및 전이를 활성화하기 위한 콘텐츠 기획으로서 주로 메시지의 조직화·정교화와 관련된다.

⑧ **전달 방법 결정**(Development of the Instruction): 교수를 효과적으로 전달할 수 있는 방법을 결정하는 단계. 강의법, 시범, 시뮬레이션, 사례 연구, 현장 실습, 문제해결법, 협동학습, 팀티칭, 역할극 등을 선택할 수 있다.

⑨ **평가 도구 개발**(Evaluation Instrument): 위에서 설정한 학습 목표에 근거하여 학습자가 지식 및 기능을 제대로 학습했는지를 평가하는 단계이다. 이를 통해 학습 성취도뿐 아니라 교수 프로그램 전반의 타당성과 적절성도 확인해 볼 수 있다. 평가 도구는 규준 지향 평가보다는 준거 지향 평가의 방향으로 개발하는 것이 바람직하다.

가운데 원형에는 '점검 평가(Formative evaluation)'와 수정 보완(Revision) 두 가지가 제시되어 있다. 즉 설계한 교육 프로그램이 애초에 설정된 학습목표를 제대로 도달할 수 있는 것인지 점검하고 이를 바탕으로 수정, 보완해야 한다는 것이다.

맨 바깥 원형에는 계획(Planning), 종합 평가(Summative Evaluation), 프로젝트 관리(Project Management), 지원 서비스(Support Services)와 같은 수업설계와 관련된 환경을 제공한다는 의미를 지니고 있다. 여기서 종합 평가는 설계된 프로그램을 투입한 후에 그 효과를 검증하기 위해 실시하는 평가를 의미하며, 지원 서비스-최종 제품을 만드는 데 도움을 줄 전문가를 포함한다.

3. 장르 중심 수업설계의 실제

(1) 장르 중심 수업의 설계

이 장에서는 앞에서 구안한 장르 중심 수업 모형과 MRK 수업설계 모형을 결합하여 장르 중심 수업설계를 실제 적용해 보기로 한다.

설계 대상 장르와 영역은 '설명문 쓰기'인데, 이는 2007 개정 국어과 교육과정에서부터 현행 2015 개정 국어과 교육과정까지 지속적으로 중학교 쓰기 영역의 성취 기준으로 제시되어 있고, 2015 개정 교육과정에서는 중학교 1~3학년군 쓰기 영역의 "[9국03-02] 대상의 특성에 맞는 설명 방법을 사용하여 글을 쓴다."로 제시되어 있다. 따라서 이 '설명문 쓰기' 성취 기준을 대상으로 설정한 단원 수업을 전제로 수업설계를 하기로 한다.[14]

---

14) 〈2015 개정 교육과정에 따른 교과용 도서 개발을 위한 편찬상의 유의점 및 검정기준〉에 따르면 이 성취 기준은 2학년에 배정되어 있으며, 교육과정에 이 성취 기준에 대한 해설은 생략되어 있다. 이 연구 수행 시점에서는 2학년 교과서가 발행, 배포되어 있지 않고 또 교육과정에도 이 성취 기준에 대한 해설도 제시되어 있지 않음에도 이 성취 기준을 대상으로 수업설계안을 구안하려는 까닭은, 이 성취 기준이 일상생활에서 가장 널리 사용되는 통칭 '설명문 쓰기' 단원이기에 '장르 중심' 접근법의 전형을 보여 줄 수 있을 것으로 판단하였기 때문이다.

먼저, MRK 수업설계 모형의 가장 안쪽에 있는 원형 속에 있는 9개의 요소인 ① 요구 분석, ② 학습자 특성 분석, ③ 학습과제 분석, ④ 교수·학습 목표 설정, ⑤ 내용 제시 순서 결정, ⑥ 교수·학습 전략 구상, ⑦ 메시지 설계, ⑧ 전달 방법 결정, ⑨ 평가 도구 개발로 제시되어 있지만, 이 9개 과정과 나머지 활동 과정에 따라 수업설계 방안을 제시하고, 그에 따른 장르 중심 수업설계안을 제시해 보기로 한다.

① **요구 분석**(Instructional Problems)
- 문제점 파악: 학생들의 쓰기 수준 파악, 설명문에 대한 배경지식 등을 파악하고 문제점을 확인한다.
- 목적 설정: 일상생활 속에서 설명문을 써야 할 상황을 만나면 설명문을 능숙하게 쓸 수 있다.
- 차시 설계: 연간 수업 시수를 바탕으로 3차시 수업으로 결정한다.
  - 1차시: 쓰기 전 활동, 설명하기, 시범 보이기
  - 2차시: 함께 하기(모둠별 협동 작문을 통한 끌어주기-밀어주기)
  - 3차시: 혼자 하기(학생 독립적인 설명문 쓰기)
- 학습 영역: 인지적 영역(설명문의 장르 지식의 인지 및 설명문 쓰기 기능 숙달
  - 알아야 할 것: 설명문 쓰기에 필요한 장르 지식(명제적 지식과 절차적 지식)
  - 할 수 있어야 하는 것: 설명문 장르 지식 쓰기 장르 지식을 바탕으로 설명문 쓰기
- 수업 전개 방향: 교사 시범-학생 활동으로 이어지는 장르 중심 수업 모형

② **학습자 분석**(Learner Characteristics)
- 학습자의 특성: 남녀학생 반인가, 혼성 학급인가, 쓰기에 관한 흥미, 관심, 수준은?
- 성적: 성적은 어느 수준인가?
- 선수학습 상태: 설명문을 써 본 적이 있는가, 글쓰기 절차를 알고 있는가, 설명문의 짜임을 알고 있는가, 설명 방법의 종류를 알고 있는가 등

- 태도: 쓰기를 좋아하는가, 평소 글을 자주 쓰는 편인가?

③ **과제 분석**(Task Analysis)
- 개념-기억: 설명문의 장르 지식 중 명제적 지식인 설명문의 개념, 특성, 짜임, 설명 방법
- 절차-기억: 설명문의 장르 지식 중 절차적 지식인 설명문 쓰기 절차
- 절차-활용: 설명문 쓰기 절차를 활용하여 설명문 쓰기

④ **교수·학습 목표 설정**(Instructional Objectives)
- 설명문의 특성과 쓰는 방법을 설명할 수 있다.(지식 목표)
- 설명문 쓰기 절차에 따라 설명문을 쓸 수 있다.(기능 목표)
- 설명문을 즐겨 쓰는 태도를 기른다.(태도 목표)

⑤ **내용 제시 순서 결정**(Content Sequencing):

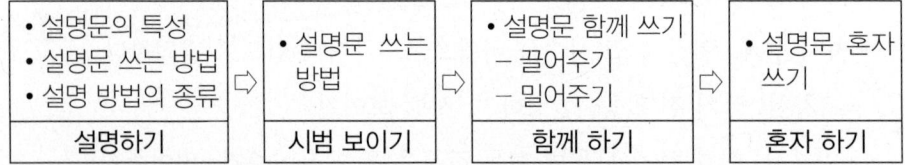

⑥ **교수·학습 전략 구상**(Instructional Strategies)
- 수업 전 활동
  - 동기유발: 설명을 제대로 하지 못해서 어려움을 겪는 동영상을 소개하면서 단원 학습에 대한 흥미와 관심을 높이고 중요도를 인식하게 하여 단원 학습에 대한 내적 동기를 제고한다.
  - 학습 목표 제시: 판서, PPT 혹은 부착 형태로 학생들에게 학습 목표를 제시하면서 이 단원 수업이 끝나고 난 뒤에 알아야 할 것, 할 수 있어야 하는 것, 갖춰야 할 것을 분명히 인지시킨다.
  ※ 학습자들에게 학습 목표를 형식적으로 읽게 하는 형태로는 학습 목표를 제대로 인지하지 못한다. 가령 전체 학습자들과 학습 목표를 합창독을 하고 난 뒤에 교사가 학습 목표를 가리고 방금 읽은 학습 목표가 무엇이었는지

질문을 하는 방법처럼, 학습자들이 반드시 학습 목표를 인지할 수 있도록 하는 전략을 사전에 구상한다.
- 정보 제시 활동: 설명문에 관한 명제적 지식, 절차적 지식을 PPT로 제작하고 또 학습지에 중요한 개념들을 빈칸으로 만들어서 학생들이 반드시 장기 기억 속에 저장할 수 있도록 구상한다.
- 사후 활동: 단원 학습 뒤 형성평가에 제대로 도달하지 못한 학습자들을 대상으로 한 보충학습과 목표를 도달한 학습자를 대상으로 한 심화학습 계획을 세운다.

⑦ **메시지 설계**(Designing the Message)
- 지금까지의 설계한 내용을 바탕으로 한 장르 중심 수업의 설계안이므로 이 장의 '2. 장르 중심 수업설계안'에 제시할 것임.

⑧ **전달 방법 결정**(Development of the Instruction)
- 교사 시범-학생 활동으로 이어지는 장르 중심 수업 모형(실제 수업설계안에는 수업 모형과 과정별 활동 제시한다.)

⑨ **평가 도구 개발**(Evaluation Instrument)
- 평가 목표 설정: 학습 목표에 도달하기 위한 지식 및 기능을 제대로 평가하기 위해서는 학습 목표를 의문문으로 제시하면 평가 목표가 되고, 이를 도달하였는지 여부를 평가하는 것은 '과제 분석'의 내용을 평가하면 된다. 이를 근거로 다음과 같이 평가를 도구를 제작한다.
- 형성평가: 학습 과제 가운데 '개념-기억', '절차-기억'에 관한 문항을 3개 정도 제시한다.
  - 설명문의 특성이 <u>아닌</u> 것은?
  - 아래 제시문의 설명 방법으로 적절한 것은?
  - 설명문 쓰기의 순서가 바른 것은?
- 총괄평가: 학습 과제 분석에서 제시된 3가지 모두를 평가한다. 모둠별 설명문 및 개인별 설명문 쓰기 과제는 수행평가 형태로 실시할 수도 있을 것이다.

(2) 장르 중심 수업설계안[15]

■ 중학교 〈설명하는 글 쓰기〉 성취 기준의 경우

성취 기준	[9국03-02] 대상의 특성에 맞는 설명 방법을 사용하여 글을 쓴다.		
학습 목표	• 설명문의 특성과 쓰는 방법을 설명할 수 있다. • 설명문 쓰기 절차에 따라 설명문을 쓸 수 있다. • 설명문을 즐겨 쓰는 태도를 기른다.		
학습 자료	교사	교과서, 칠판, PPT, 기본 학습지, 모둠 학습지, 형성평가지	
	학생	교과서, 필기구, 기본 학습지, 모둠 학습지, 형성평가지	
학습 모형	장르 중심 수업모형	모둠 편성	5인 1모둠

■ 도입(8분)

○ 학습 분위기 조성

▶ 인사 및 수업 분위기 조성
- 밝은 목소리로 학생과 인사를 하면서 주의를 집중시킨다.

▶ 모둠 편성 확인
- 사전에 편성한 대로 5인 1모둠으로 앉았는지 확인한다.

▶ 사전 학습 내용 확인
- 초등학교 5~6학년군에 있는 쓰기 영역 성취 기준 〈[6국03-03] 목적이나 대상에 따라 알맞은 형식과 자료를 사용하여 설명하는 글을 쓴다.〉와 관련하여 설명문에 대한 사전 학습 내용을 점검하고, 사전 지식이 부족한 학생들에게는 이를 제공한다.

○ 학습 동기유발
- 두 사람이 짝이 되어 한 사람은 단어를 설명하고 다른 한 사람은 단어를

---

[15] 수업의 계획을 담은 'Lesson Plan'을 일반적으로 '지도안'으로 부르고 있다. 오늘날 학교 현장에서 '교수' 측면보다 '학습' 측면을 강조한다는 의도를 담아 '학습 과정안'이란 명칭을 많이 사용하고 있다. 그러나 '교수'와 '학습'을 포괄해야 하는 수업설계의 측면에서 보면 아무리 학습을 강조한다 하더라도 '교수' 측면이 완전히 배제된 '학습 과정안'이란 명칭은 논리적으로 타당하지가 않은 것으로 판단되어, 본고에서는 '수업설계안'이란 명칭을 쓴다.

맞추는 게임 영상을 제시한다.
- 단어를 잘 설명하는 경우와 그렇지 못한 경우에 대한 질의응답을 통하여 설명의 중요성을 인식하도록 한다.

○ 학습 목표 제시 및 확인
- 학습 목표를 칠판에 쓴다(PPT로도 함께 제시한다.).
- 판서된 학습 목표를 학생들과 큰 소리로 읽으면서 기억하도록 유도한다.

> • 설명문의 특성과 쓰는 방법을 설명할 수 있다.
> • 쓰기 절차에 따라 설명문을 쓸 수 있다.
> • 설명문을 즐겨 쓰는 태도를 기른다.

○ 학습 과정 안내
- 학습 목표에 도달하기 위하여 과제 분석을 통하여 선정한 아래와 같은 학습 과제와 학습 과정을 안내하고 인지토록 한다.(단원 수업이 끝나면 혼자서 독립적으로 설명문을 쓸 수 있어야 된다는 점을 다시 한번 강조한다.)

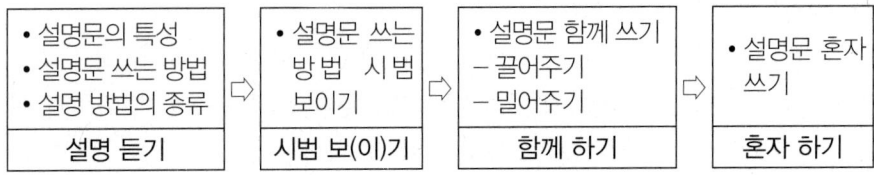

■ 전개(30분)

○ 설명하기
  ▶ 설명문의 특성
  - 설명문의 개념, 특성, 짜임에 대하여 명시적으로 제시하고 설명하면서 학생들이 〈기본 학습지〉에 빈칸을 채우면서 이해하도록 한다. (전체 학습, 교과서, PPT 및 기본 학습지)
  ▶ 설명문 쓰기 방법
  - 설명문 쓰는 방법〈계획하기→내용 생성하기→내용 조직하기→표현하기→고쳐쓰기〉에 대한 설명을 하고 이해하도록 한다. (전체 학습, 교과

서, PPT 및 기본 학습지)
- ▶ 설명 방법의 종류
- – 설명하는 방식(분류, 인과, 분석, 정의, 예시, 열거, 대조, 비교)에 대해 학습지의 내용을 토대로 설명한다. (전체 학습, 교과서, PPT 및 기본 학습지)

○ 시범 보이기
- ▶ 시범글을 통한 설명문에 대한 시범 보이기
- – 시범글을 통하여 '설명하기'에서 공부한 설명하는 글에 대한 이해와 쓰는 방법을 시범을 보이면서 학생들의 설명문 쓰기에 필요한 지식에 대한 이해도를 높인다. (전체 학습, 교과서, PPT 및 기본 학습지)

○ 설명문 함께 쓰기
- ▶ 함께 쓰기 과제 및 방법 안내
- – 모둠별로 함께 쓸 설명문의 맥락(누가, 누구에게, 무엇을, 왜, 어느 매체에)을 분명하게 제시하고, 모둠별 협동 작문을 하는 방법, 시간 등을 안내한다. (모둠 학습, 교과서, 모둠 학습지)
- ▶ 모둠별 함께 쓰기
- – 모둠별로 활동을 하되, 맥락 확인, 계획하기, 내용 생성하기, 내용 조직하기, 표현하기, 고쳐쓰기 단계별로 분절하여 끌어주기 및 밀어주기 활동을 하면서 교사의 책임을 서서히 줄여 나간다.
- ▶ 모둠별 발표
- – 모둠별로 쓴 글을 교사 컴퓨터로 화면에 띄워 제시한다.
- – 모둠별 쓴 글의 장단점 등에 대하여 토의한다.
- ▶ 피드백 제공 및 정리
- – 발표 및 그에 대한 토의 내용을 바탕으로 모둠별 쓴 글에 대하여 교사가 피드백을 제공하면서 정리한다.
- – 모둠별로 쓴 글을 상호 평가하게 한다.

○ 설명문 혼자 쓰기
- ▶ 개별학습 활동 안내

– 모둠별 쓰는 과정을 통하여 설명문 쓰기에 대하여 익힌 내용을 바탕으로, 학생 개개인이 개별 작문을 안내한다. 이때도 맥락(누가, 누구에게, 무엇을, 왜, 어느 매체에)을 분명하게 제시한다(교사가 3,4개의 맥락을 제시하고 그 가운데 하나를 선택해서 작문하도록 한다.)
– 시간이 부족하면 개별 과제(수행평가 과제)로 제시한다.
▶ 피드백 제공
– 개별 작문 결과물에 대하여 피드백을 제공한다.
○ 자기 점검 및 보충·심화학습
▶ 자기 점검

자기 점검 체크리스트		
1. 설명문을 쓰는 절차에 대해 설명할 수 있는가?	☐ 예	☐ 아니요
2. 다양한 설명 방식을 구분할 수 있는가?	☐ 예	☐ 아니요
3. 설명문 쓰는 절차와 설명 방식을 활용하여 설명문을 쓸 수 있는가?	☐ 예	☐ 아니요

▶ 보충·심화학습
– 자기 점검 체크리스트에서 3개 모두 '예'인 학생을 '심화학습'을, 2개 이하인 학생은 '보충학습'을 선택하여 수준별 학습을 하도록 안내한다.
– 보충학습 과제 : 설명 방식 파악하기(교과서 및 기본 학습지 내용 활용)
– 심화학습 과제 : 설명 방식을 활용하여 설명문 쓰기

■ 정리(7분)
○ 학습 목표 재확인
– 학생들이 학습 목표를 기억하고 있는지 질문하면서 단원 학습 목표를 상기시킨다.
○ 학습 내용 정리
– 질의응답을 통하여 설명문의 명제적 지식과 절차적 지식, 설명 방식에 대하여 확인 정리한다.(PPT 활용)

○ 형성평가
  ▶ 형성평가지 배부 및 실시
    - 학생들에게 형성평가지를 배부하고 형성평가를 실시한다.
  ▶ 정답률 확인 및 피드백
    - 주어진 시간이 지나면 문제를 순서대로 풀이하면서 정답률을 확인하고, 어려움을 겪은 사람들에게 교과서 혹은 기본 학습지를 통하여 이해하도록 한다.
○ 과제 제시 및 차시 예고
  ▶ 과제 제시
  - 본시 학습 내용에 관한 과제(혹은 차시 학습 내용에 관한 과제)를 제시한다.
  ▶ 차시 예고
  - 차시에 학습할 내용을 예고하면서 수업을 마무리한다.

■ 고등학교 국어 〈설득하는 글 쓰기〉 성취 기준의 경우[16]

교육과정 성취 기준	[10국03-02] 주제, 독자에 대한 분석을 바탕으로 타당한 근거를 들어 설득하는 글을 쓴다. [10국03-05] 글이 독자와 사회에 끼치는 영향을 고려하여 책임감 있게 글을 쓰는 태도를 지닌다.			
학습 목표	• 설득하는 글 쓰기의 절차를 설명할 수 있다. • 설득하는 글 쓰기의 절차에 따라 설득하는 글을 쓸 수 있다.			
핵심 역량	비판적·창의적사고	다양한 상황이나 자료, 담화, 글을 주체적인 관점에서 해석하고 평가하여 새롭고 독창적인 의미를 부여하거나 만드는 능력		
	자기 성찰·계발	삶의 가치와 의미를 끊임없이 반성하고 탐색하며 변화하는 사회에서 필요한 재능과 자질을 계발하고 관리하는 능력		
학습 자료	교사		학생	
	교과서, 컴퓨터, 시각 자료(파워포인트), 칠판, 학습 교구, 개별학습지, 모둠 학습지, 보충/심화학습지		교과서, 공책, 필기구	

배움 흐름		교수·학습 활동		수업 방식	학습 자료 및 유의점 ㉧: 자료 ㉤: 유의점
		교사	학생		
배움 열기 (7분)	학습 분위기 조성	▶ 인사 및 출석 확인 – 학생들과 인사를 나눈 후 출석을 부른다. ▶ 모둠 편성 확인 – 4인 1모둠으로 앉았는지 확인하면서 학습 분위기를 조성한다. ▶ 학습지 배부 – 학습지 꾸러미를 배부한다.	▷ 인사 및 출석 준비 – 선생님께 인사한다. – 출석에 확인 대답을 한다. ▷ 모둠 편성 확인 – 지난 시간에 공지한 대로 4인 1모둠으로 앉아서 수업 준비를 한다. ▷ 학습지 수령 – 학습지 꾸러미를 받는다.	전체 학습	㉧: 출석부, 학습지 꾸러미 ㉤: 출석을 확인할 때 소란스럽지 않도록 주의시킨다.
	전시 학습 내용 확인	▶ 전시 학습 내용 확인 – 지난 시간에 배웠던 설득하는 글의 개념, 쓰는 방법, 갖추어야 하는 태도를 상기시키는 발문을 한다.	▷ 전체 학습 내용 상기 – 지난 시간에 배웠던 내용을 상기하는 질문을 듣고 대답한다.	전체 학습 &	㉧: 시각 자료 (파워포인트)

16) 이 설계안은 2019년 1학기 경남대학교 국어교육과 3학년 국어과 교수·학습의 실제 수업 시간에 김동규·오나은·장우량 학생이 작성한 것을 부분적으로 수정, 보완한 것임.

		− 학생들의 대답을 듣고 시각 자료를 통해 부족한 부분을 보충하여 선수 학습 능력을 갖추도록 지도한다.	− 시각 자료를 보고 부족한 부분을 보충하여 선수 학습 능력을 갖춘다.	일제 발표	
학습 동기 유발		▶ 생각 깨우기 − 학생들 흥미 유발을 위해 학습 목표와 관련된 영상을 보여 준다. − 영상에 대한 학생들의 생각을 자유롭게 말하게 하여 사고를 확장시킨다. − 학생의 발표 내용을 듣고 학습 내용과 연계하여 짧게 피드백하며 학생들의 동기를 유발시킨다.	− 영상을 보고 자신의 생각을 자유롭게 말하며 학습 내용에 대하여 관심과 흥미를 갖는다.	전체 학습 & 거수 발표	㉯: 시각 자료 (파워포인트) ㉴: 거수자 부재 시 지목 발표로 전환한다.
학습 목표 제시		▶ 학습 목표 제시 − 시각 자료 및 칠판을 통해 학습 목표를 제시한다. − 학생들이 배우게 될 내용에 대해 인식할 수 있도록 학습 목표를 소리 내어 읽게 한다.	▷ 학습 목표 확인 − 교사가 제시한 학습 목표를 소리 내어 읽는다. − 배우게 될 학습 목표를 인식한다.	전체 학습	㉯: 칠판, 시각 자료(파워포인트)
		• 설득하는 글 쓰기의 절차를 설명할 수 있다. • 설득하는 글 쓰기의 절차에 따라 설득하는 글을 쓸 수 있다.			
학습 과정 안내		▶ 학습 과정 안내 − 학습 목표의 도달을 위해 학습 과정의 흐름을 제시한다.	▷ 학습 과정 확인 − 학습 목표의 도달을 위한 학습 과정의 흐름을 확인한다.	전체 학습	㉯: 칠판, 시각 자료(파워포인트) ㉴: 학습 과정을 설명할 때, 학생들을 향해 서서 눈을 마주친다.
		선생님과 함께 설득하는 글쓰기의 절차 알기 → 함께 하기 모둠별 설득하는 글 쓰기 및 발표 → 혼자 하기 설득하는 글 혼자 쓰기 학습 목표 도달 ← 배운 내용 정리 및 형성평가 ← 자기 점검 및 보충 / 심화 학습			

배움 적용 (65분)	설명 하기 및 시범 보(이) 기	설득하는 글쓰기의 절차 알기		전 체 학 습 & 거 수 발 표	㉐: 칠판, 시각 자료(파워포인 트), 개별학습 지 ㉒: 설명 도중 설득하는글을 쓸 때 갖춰야 할 태도를 상 기한다.
		▶ 설득하는 글 쓰기의 절차 설명 및 시범 보이기 − 시각 자료를 활용하여 설득하는 글의 절차를 각 단계별로 설명하고, 학생들이 이후 활동에서 스스로 글을 작성할 수 있도록 시범을 보인다. − 설명에 따라 미리 배부한 개별학습지의 빈칸을 채우며 설득하는 글의 절차를 숙지할 수 있도록 한다. − 학생들이 설득하는 글의 절차를 지속적으로 확인할 수 있도록 판서한다.	▷ 설득하는 글 쓰기의 절차에 대한 설명 듣기 및 시범 보기 − 시각 자료를 확인하며 교사의 설명을 들으며 시범을 확인한다. − 교사의 설명에 따라 미리 배부받은 개별학습지의 빈칸을 채우며 설득하는 글의 절차를 숙지한다. − 판서를 보며 설득하는 글의 절차를 되새긴다.		
	함께 하기	모둠별 설득하는 글 쓰기 및 발표		모 둠 학 습 & 모 둠 발 표	㉐: 시각 자료 (파워포인트), 모둠 학습지 모둠 평가지. ㉒: 모둠 활동 및 발표 시 소 란스러워지지 않도록 주의 시킨다. ㉒:칭찬과 격 려를 통해 학 생들의 협동학 습이 이루어지 도록 한다. ㉒: 피드백은 한 모둠의 발 표가 끝날 때 마다 바로 실 시한다.
		▶ 모둠별 설득하는 글 쓰기 − 시범을 바탕으로 학생들이 모둠 학습지를 작성하며 모둠별 설득하는 글을 작성하도록 지도한다. − 교실을 순회하며 즉각적 피드백을 제공한다. ▶ 모둠별 발표 및 피드백 − 모둠별로 완성한 글을 교사에게 제출하도록 한다. − 제출한 글을 시각 매체를 통해 보여 준다. − 각 모둠의 글을 읽고 수정할 사항을 발표하도록 한다.	▷ 모둠 학습지 작성하기 − 교사의 시범을 바탕으로 배부받은 모둠 학습지를 통해 설득하는 글을 작성한다. − 도움이 필요할 시 교사에게 질문한다. ▷ 상의한 내용을 발표 및 피드백 − 배부받은 모둠 학습지를 모둠별로 완성한 후 제출한다. − 다른 모둠의 발표를 듣고 수정할 사항을 발표한다.		

		설득하는 글 혼자 쓰기		개별학습	㉬: 시각 자료 (파워포인트), 개별학습지 ㉠:각자의 글 쓰기에 집중할 수 있도록 분위기를 조성한다.
	혼자 하기	▶ 설득하는 글 혼자 쓰기 - 학생들이 설득하는 글의 새로운 주제를 결정하게 한다. - 설득하는 글의 절차를 적용하여 주제에 대해 글을 작성할 수 있도록 지도한다. - 교실을 순회하며 피드백을 제공한다.	▷ 개별학습지 작성하기 - 설득하는 글의 새로운 주제를 결정한다. - 설득하는 글의 절차를 적용하여 자신이 결정한 주제에 대해 글을 완성한다.		
		자기 점검 및 보충/심화학습			
	점검 하기	▶ 자기 점검 체크리스트 제시하기 - 학습 목표와 연관된 체크리스트를 제시하여 학생들 스스로 학습 목표에 도달했는지 자기 점검을 해 볼 수 있도록 한다.	▷ 체크리스트를 통한 자기 점검하기 - 제시된 체크리스트를 통해 스스로 자기 점검을 한다.	개별학습	㉬: 시각 자료 (파워포인트), 체크리스트, 보충 학습지, 심화학습지 ㉠: 보충/심화 학습은 학생들의 선택의 자유를 최대한 보장하며 학생들에게 자율적으로 선택할 수 있게 한다.
		자기 점검 체크리스트			
		• 설득하는 글을 쓰는 절차를 설명할 수 있다.	☐ 예 ☐ 아니요		
		• 설명하는 글을 쓸 때에 갖추어야 하는 태도를 설명할 수 있다.	☐ 예 ☐ 아니요		
		• 주장을 뒷받침하는 타당한 근거를 제시할 수 있다.	☐ 예 ☐ 아니요		
		• 설득하는 글의 절차에 따라 설득하는 글을 쓸 수 있다.	☐ 예 ☐ 아니요		
		▶ 결과 확인 및 안내하기 - 체크리스트의 결과 확인 후 4개 모두 '예'인 사람은 심화학습지 활동을, 3개 이하인 사람은 보충학습지 활동을 하도록 지도한다.			
		〈보충학습 과제〉 빈칸을 채우며 부족한 부분을 보충한다.	〈심화학습 과제〉 자신이 이 학교의 학생이라 가정하고 학교에 설득하는 편지를 써 본다.		

		배운 내용 정리 및 형성평가		전체학습&일제발표	㉧: 시각 자료 (파워포인트) ㉤: 학습 목표를 재확인시키면서 이번 시간 수업 내용을 연계하여 정리한다.
	학습목표재확인	▶ 학습 목표 재확인하기 - 학습 목표를 기억하고 있는지 질문을 하여 학생들에게 상기시킨다.	▷ 학습 목표 재확인하기 - 교사와 함께 학습 목표를 확인한다.		
배움정리(8분)	학습내용정리	▶ 학습 내용 정리하기 - 오늘 배운 내용을 학생들이 다시 떠올릴 수 있도록 질문한다. - 학생의 대답에 따른 피드백을 제공한다.	▷ 학습 내용 정리하기 - 교사의 질문에 대해 답하며, 학습 내용을 정리한다.		
	형성평가	▶ 형성평가 실시 - 학습 목표 도달 여부를 확인하기 위하여 시각자료를 통해 형성평가를 실시한다. ▶ 목표 도달 여부 확인 - 학생들의 목표 도달 여부를 확인하기 위하여 각 문항의 정답률을 거수로 확인한다. ▶ 학습 내용 정교화 및 피드백 - 문항에 대해 다시 설명하고, 관련 내용을 상기시킨다.	▷ 형성평가 시행 - 시각자료를 통해 형성평가의 문제를 해결하고 자신의 성취도를 확인해 본다. ▷ 목표 도달 여부 확인 - 자신의 학습 목표 도달 여부를 확인하고 점검한다. ▷ 학습 내용 재확인 - 문항에 대한 설명을 듣고, 관련 내용을 떠올려 정립한다.	전체학습	㉧: 시각자료 (파워포인트) ㉤: 학생들에게 3분의 시간을 부여한다. ㉤: 학생들이 형성평가를 끝마친 후 풀이를 하며 피드백을 제공한다.
		차시 예고 및 수업 마무리		전체학습	㉧: 교과서, 시각자료(파워포인트)
		▶ 차시 예고 - 다음 차시에 학습할 '단원 통합 활동'에 대한 내용을 간략하게 안내한다.	▷ 차시 확인 - 다음 차시에 학습할 '단원 통합 활동'에 대한 내용을 간략하게 안내한다.		
	마무리인사	▶ 인사 및 수업 마무리 - 학생들과 인사를 나눈 후 수업을 마무리한다.	▷ 인사 및 수업 마무리 - 선생님과 인사를 나눈 후 수업을 마무리한다.	전체학습	㉤: 학생들에게 격려하며 수업을 마무리한다.

4. 맺는 말

　이 연구는 오늘날 세계 언어교육 학계에 가장 널리 확산되어 있고, 우리 국어과 교육과정에서도 2007 개정 국어과 교육과정 이후부터 바탕이론으로 작동하고 있는 장르 중심 접근법을, Morrison, Ross, Kemp의 수업설계 모형(약칭 'MRK 모형')에 적용하는 방안을 탐색한 것이다.

　이 과정에서 장르 중심 수업 접근법이 지향하는 수업의 절차와 방법을 살펴보았고, 학문 영역에서 논의되고 있는 수업설계 영역의 논의가 교육 패러다임의 변천에 따라 전개되어 온 양상과 함께, 그 해당 패러다임에 속하는 수업설계 모형들은 어떠한 것들이 있는지를 살펴보았다. 이를 바탕으로 중심 접근법과 Morrison, Ross, Kemp의 'MRK 모형'이 구성주의라는 교육 패러다임상의 일치를 보여 주고 있다는 점에 착안하여 MRK 수업설계 모형에다 장르 중심 접근법을 적용하는 방안을 제시하였다. 그 과정에서 논의된 주요 내용을 정리하면 다음과 같다.

　첫째, 기존의 '장르 중심' 접근법들의 수업 모형들이 대부분 원형으로 제시됨으로써 회귀적(recursive)이고 순환적인 과정은 잘 보여 주지만, 그보다 더 중요한 학습에 대한 책임 이양의 과정을 보여 주는 데는 한계가 있으므로, 책임 이양의 과정을 시각적으로 잘 보여 줄 수 있는 새로운 '장르 중심 수업 모형'을 구안하였다. 이 모형은 교사 주도로 장르 지식에 대한 설명하기, 시범 보이기로 시작하여, 교사와 학생, 학생과 학생의 함께 모둠별 협동 작문을 하는 과정에서 끌어주고(coaching), 밀어주는(scaffolding) 과정을 거쳐, 개별 학생이 독립적으로 혼자 쓰는 과정으로 이뤄져 있다.

　둘째, 우리의 국어교육 학계에는 교육 패러다임의 변천에 따른 수업설계 모형에 관한 구체적인 논의가 진행되지 않았기에, 행동주의·인지주의·구성주의로 이어지는 각 패러다임에 속하는 수업설계 모형들과 그 특징을 살펴보고, 그 결과로 Morrison, Ross, Kemp 모형(약칭 'MRK 모형')이 장르 중심 접근법과는 구성주의 패러다임에 속한다는 사실을 확인하고 이 두 모형의 결합을 시도하였다.

셋째, Morrison, Ross & Kemp 모형을 바탕으로 국어과 교육과정 성취기준 가운데 하나인 설명문 쓰기 단원을 적용하여 장르 중심 쓰기 수업을 설계하고, 실제 수업설계안을 제시하였다.

이 연구 자체만으로 논리적인 완결성을 보여 줘야 한다는 생각에 한꺼번에 장르 중심 접근의 개관, 수업설계에 관한 패러다임 점검, Morrison, Ross & Kemp의 수업 모형에 대한 과정별 절차, 이를 바탕으로 한 장르 중심 수업설계 방안과 설계안의 실제 등을 함께 논의하다 보니 분량이 예상했던 것보다 훨씬 많아졌고, 분량을 줄이려다 보니 논의가 축약된 부분도 없지 않다. 이에 대한 아쉬움은 후속 연구에서의 보완하기로 한다.

❖ 생각해 볼 거리

- 수업설계의 근본 목적은 무엇이며, 그 패러다임적 전개는 어떻게 진행되었는가?
- 국어과 교육에 있어서 수업설계의 개념이 등장한 것은 언제부터였을까?
- 국어과 교육과정에서 개별 장르에 대한 성취 기준들의 수업설계의 근본 원리를 정리해 보자.

참고문헌

강이철(2009), 교육방법 및 공학의 이론과 적용, 학지사.
김국태(2005), 읽기 전략 수업의 설계 양상, 한국초등국어교육, 27집, 한국초등국어교육학회, 167-202.
김봉순(2001), 구성주의적 읽기 교육의 텍스트언어학적 기반, 텍스트언어학, 11집, 텍스트언어학회, 43-71.
김수진(2015), 국어과 교육과정에서의 '설명' 개념과 양상 분석을 통한 설명 교육의 방향 고찰, 학습자중심교과교육연구 15권 11호, 학습자중심교과교육학회, 673-693.
김영미(2010), 학문 목적 한국어 쓰기교육을 위한 장르 분류와 분석의 틀, 텍스트언어학 29, 한국텍스트언어학회, 113-141.
김정란(2009), 상황학습 이론에 근거한 국어과 수업설계 방안, 국어교육학연구, 34집, 239-266.
김진희(2016), 백워드 설계 모형에 따른 국어과 화법 영역 '연설하기' 단원 개발 연구, 청람어문교육, .60집, 청람어문교육학회, 87-118.
김혜정(2005), 국어과 교수·학습 방법론에 대한 비판적 고찰, 국어교육 118집, 국어교육학회.
김혜정(2013), 2007 읽기 독서 교육과정의 성과와 과제 : 장르 중심 구성과 맥락 요소를 중심으로, 독서연구, 29집, 97-130.
두잉걸의 그냥 지나칠 수 없는 노트, 교수설계 모형 이론과 모형 간 특성 비교 및 시사점, http://doinggirl.tistory.com/entry/2006-2%ED%95%99%EA %B8%B0-%EA%B5%90%EC%88%98%EC%84%A4%EA%B3%84-%EA%B5%90%EC%88%98%EC%84%A4%EA%B3%84%EB%AA%A8%ED%98%95-%EC%9D%B4%EB%A1%A0%EA%B3%BC-%EB% AA%A8%ED%98%95-%EA%B0%84-%ED%8A%B9%EC%84%B1-%EB%B9%84%EA%B5%90-%EB%B0%8F-%EC%8B%9C%EC%82%AC%EC%A0%90?category=315897(검색일: 2018.12.12)
류보라(2017), 예비 국어 교사의 수업설계 양상 -읽기 수업설계를 중심으로, 새국어교육, 112집, 한국국어교육학회, 3-70.
박성익·임철일·이재경·최정임(2011), 교육방법의 교육공학적 이해, 교육과학사.
박수자(2010), 국어과 수업설계 지도에서 학습과제 분석의 활용 방안, 국어교육, 131집, 413-436.
박종미(2015), 백워드 교육과정에 따른 문법 교육과정 설계 연구, 한국어교육학회 학술발표 회자료집, 한국어교육학회, 89-108.
박태호·최민영(2013), PCK에 기반한 국어과 쓰기 수업설계 방안 연구, 작문연구, 17집, 한국

작문학회, 155-192.

서영경·이삼형(2013), 장르의 글쓰기 설명력에 대한 일고찰-장르와 맥락의 관계 맺기를 중심으로, 국어교육 142집, 한국어교육학회, 273-296.

서혁(2006), 국어과 교수·학습방법의 탐구; 국어과 수업설계와 교수·학습 모형 적용의 원리, 국어교육학연구, 26집, 국어교육학회, 199-225.

이도영, 국어과 교육과정에 나타난 텍스트 유형에 대한 비판적 검토, 텍스트 언어학 22집, 텍스트언어학회, 2007, 249-276.

이봉익(1998), 구성주의와 수업설계 이론 간의 관계정립, 논문집, 35집, 청주교육대학교.

이상구(2013), 장르 중심 국어 교육의 전망과 과제, 청람어문교육, 48집, 청람어문교육학회, 191-224.

이상구(2018), 국어과 교과서의 장르 지식 제시 양상―2015 개정 국어과 교육과정 중학교 1학년 교과서 쓰기 영역을 중심으로, 배달말 63집, 배달말학회, 223-256.

이상수·강정찬·황주연(2006), 효과적인 비계설정을 위한 수업설계 모형, 교육정보미디어연구, 12집3호, 한국교육정보미디어학회, 149-175.

이재기(2007), 새 국어, 한문과 교육과정의 개정 중점과 방향: 2007년 개정 국어과 교육과정의 특징과 실행 방안, 청람어문교육, 36집, 청람어문교육학회, 81-108.

이채연(1998), WBI(Web-Based Instruction)를 이용한 국어교과 개별화 수업설계와 활성화 방안, 국어교육, 96집, 169-195.

임칠성·최복자(2004), 토론 수업설계 모형 연구, 국어교육학연구, 21집, 국어교육학회, 391-431.

조영남(2008), 구성주의와 객관주의 수업설계 모형 비교 연구, 중등교육연구, 56집3호, 경북대학교중등교육연구소, 67-92.

조용개·신재한(2011), 교육실습·수업시연·수업연구를 위한 교실수업전략, 학지사.

최미정(2004), 학습자중심 수업설계에 대한 의미 탐색, 학습자중심교과교육연구, 4집, 학습자중심교과교육학회, 93-114.

최영환(2008), 국어과 교수·학습 모형과 수업설계, 한국초등국어교육, 36집, 한국초등국어교육학회, 419-445.

쿨데레의 쿨데레한 블로그, 교육공학 개론, https://m.blog.naver.com/PostView.nhn?blogId=hfhsr&logNo=110171437654&proxyRefer=http%3A%2F%2Fwww.google.co.kr%2Furl%3Fsa%3Dt%26rct%3Dj%26q%3D%26esrc%3Ds%26source%3Dweb%26cd%3D8%26v (검색일: 2018.12.28.)

Collins, A., Brown, J.S., and Newman, S. (1989). Cognitive apprenticeship: Teaching the craft of reading, writing, and mathematics. In L. Resnick (Ed.), Knowing, learning, and instruction:

Essays in honor of Robert Glaser, Hillsdale, NJ: Erlbaum, 453-494. gagné, M.G., Wager, W.W. Keller, J. M(2005), Principles of Instructional Design,
(송상호·박인우·엄우용·이상수 옮김, 2007), 수업설계의 원리, 아카데미하우스.

HYLAND K.(2008) Writing theories and writing Pedagogies, Indonesian Journal of English Language Teaching, v.4, n. 2.

LUU. T. T.(2011), Teaching writing through genre-based approach, BELT Journal · Porto Alegre · v.2 · n.1, 121-136, 124, https://core.ac.uk/download/pdf/25529726.pdf (검색일: 2018.12.04.)

Sahin, M. C(2008), INDIVIDUALISTIC INSTRUCTIONAL DESIGN,
https://files.eric.ed.gov/fulltext/ED500183.pdf(검색일: 2018.12.25)

Morrison, G. R. Ross, S. M. Kemp, J. E., Kalman, H.(2010), Designing effective instruction, Hoboken: John Wiley and Sons,
https://www.amazon.com/Designing-Effective-Instruction-Gary-Morrison/dp/0470522828/ ref=sr_1_1?ie=UTF8&qid=1316676800&sr=8-1(검색일: 2019. 01. 05.)

Person · Gallagher(1983), The Instruction of Reading Comprehension, Contemporary Educational Psychology 8(3) · July 1983,
https://www.researchgate.net/publication/49176503_The_Instruction_of_Reading_Comprehension/download(검색일: 2018.12.17.)

Reiser. R. A. & Dick, W. (1996), Planning effective instruction(2nd), Needhan Heights, MA: Allyn & Bacon, 1980, 양영선(1998)(역), 교사를 위한 체제적 수업설계, 서울: 교육과학사.

제2부

6장 문학교육 패러다임에 따른 교육 방법 변천 양상

7장 반응 중심 문학교육과 구성주의 문학교육의 비교

8장 문학교육에서의 협동학습 방안 탐색

9장 국어과 교육에서의 통합교육 방법

10장 구성주의적 읽기 교육의 논의 양상과 과제

6장 문학교육 패러다임에 따른 교육 방법 변천 양상

❖ 개요

 이 장에서는 우리나라 현대 문학교육의 주요 패러다임인 '텍스트 중심 문학교육', '반응 중심 문학교육', '구성주의 문학교육'의 변천 과정과, 이 세 패러다임의 '교육 방법'에 초점을 맞추어 그 변천 양상을 살펴보면서 그 문제점과 해결 과제가 무엇인지 점검하였다.

 제1차 교육과정 말기부터 등장한 '텍스트 중심 문학교육'은 학생들의 문학 텍스트에 대한 감상 능력을 기르기 위해서 문학적 지식을 가르치고, 그것을 바탕으로 문학 텍스트를 '자세히' 분석하여 그 의미를 '정확히' 해석하도록 훈련해야 한다는 관점을 바탕으로 하고 있다.

 두 번째로 등장한 '반응 중심 문학교육'은 '텍스트'에서 '학생(독자)'으로 관점을 이동하였다는 점에서, 또 문학 독서에 대한 관점을 '결과 중심'에서 '과정 중심'으로 이동하였다는 점에서, 행동주의에서 인지주의로 패러다임 이동(paradigm shift)을 실현하였다. 이 반응 중심 문학교육은 신비평에서 중시하던 문학(적) 지식을 의도적으로 배제하고, 학생들의 반응을 장려 촉진할 수 있는 반응 활동을 강조하였다.

 끝으로, 1998년부터 논의가 시작된 '구성주의 문학교육'은, 독일에서 '수용미학'의 후속 패러다임으로 출현한 '구성주의 문예학'을 바탕으로 출발하였다. 구성주의 문예학을 근간으로 한 구성주의 문학교육은 반응 중심 문학교육에서 도외시하였던 문학적 지식 문제를 다시 들고 나와서 신비평에서처럼 존재론적 지식만 가르치지 말고, 장르별로 해석할 수 있는 '경험적 지식(절차적 지식)'인 '장르 지식'을 가르치는 것이 효과적이란 관점을 제시하고 있다.

❖ 핵심어

 문학교육, 텍스트 중심 문학교육, 반응 중심 문학교육, 구성주의 문학교육

1. 들어가며

이 연구는 광복 이후 시작된 현대 학교교육에서의 세 가지 문학교육 패러다임인 텍스트 중심 문학교육, 반응 중심 문학교육, 구성주의 문학교육의 교육 방법적인 측면에 초점을 맞춰 이들을 비교하는 데 목적이 있다.

이러한 논의가 필요한 것은 문학교육의 방법과 그 패러다임은 연구자의 주관적인 선택이나 유행의 논리가 아닌, 효과성 혹은 효율성과 같은 논리로 접근해야 되기 때문이다.[1] 즉 문학교육은 여느 교과나 영역과 마찬가지로 (지금까지 밝혀진 것 가운데) 가장 효과적이고 가장 효율적인 방법으로 교육을 해야 하는 당위성을 지닌다. 따라서 기존에 전개되어 온 문학교육 방법이 지닌 문제점을 점검하면서, 앞으로 우리가 지향해야 할 바람직한 문학교육 방법이 어떠한 것이어야 하는지를 점검하는 문제는 어떠한 과제보다도 우선적인 위치에 있어야 한다는 게 본 연구자의 주관적인 판단이다.

특히나 신비평적인 텍스트 중심의 문학교육은 주입식 교육의 온상으로 비판받고 있고, 문학적 지식을 의도적으로 도외시하는 반응 중심 문학교육은 우리의 중등학교 문학교육의 현실과는 거의 대척점에 있다고 해도 지나치지 않을 만큼 거리가 먼 지점에 위치해 있는 상황에서 새롭게 등장한 구성주의 문학교육은 논의가 더딘 속도로 진행되고 있어서, 이들 패러다임을 함께 점검하면서 함께 논의하는 작업은 문학교육의 발전을 위해서도 필요한 과정이라 할 것이다.

따라서 본고는 이러한 문제의식을 바탕으로 우리의 현대 학교교육에 있어서 영향을 미친 '텍스트 중심 문학교육', '반응 중심 문학교육', '구성주의 문학교육'의 변천 과정과 이 세 패러다임의 '교육 방법'에 초점을 맞추어 그

---

[1] T.J. Newby 외(2006)에서는 학습에 관한 연구가 중요한 까닭으로 효과성, 효율성, 전이, 영향력, 매력성 5가지를 들고 있다. 여기서 효과성(effectiveness)이란 목표에 대한 달성 정도를 나타내는 개념이고, 효율성(efficiency)이란 말은 투입물(input)에 대한 산출물(output)의 비율을 나타내는 개념이며, 전이(transfer)란 어떤 구체적인 해결 기법이 다양한 문제 상황에서 어떻게 사용될 수 있는가에 대한 개념이다. 이에 대한 자세한 개념은 T.J. Newby 외, Pearson Education, Inc., 노준석 외 공역(2008), 『교수·학습을 위한 교육공학』, 2006, 25-26 참조.

변천 양상을 살펴보면서 그 문제점과 해결 과제가 무엇인지 점검해 보고자 한다.

2. 문학교육 패러다임의 변천

교육의 목적은 당대 혹은 미래 사회가 요구하는 바람직한 사람을 길러내는 데 있다. 시대가 바뀌면 바람직한 인간상도 변하므로 그에 따라 교육의 내용과 방법도 바뀌어 왔다. 이러한 관점에서 교육의 변화 동향을 점검해 보면 지난 100년 동안 세 가지 패러다임이 출현하였다. 즉 '반응의 강화'를 기본 관점으로 하는 '행동주의' 패러다임과 '지식의 획득'을 지향하는 '인지주의' 패러다임, 그리고 '지식의 구성'을 추구하는 '구성주의' 패러다임이 바로 그것이다.[2]

우리나라의 교육학계에서 이러한 패러다임의 변화와 그에 따른 교육 방법의 변천 양상은 다음과 같은 자료를 통해 보다 구체적으로 확인할 수 있다.

> (가) 하나는 고대 그리스에서부터 1900년대 초반 듀이의 진보주의 교육사상에 이르기까지 있어 왔던 고전적 교수 방법을 들 수 있다(박성익, 1997; Broud & Palmer, 1965). 대부분 교육 및 학습에 관한 철학적 사고 체계로부터 도출된 교수 방법들이다. 다른 하나는 1920년대를 중심으로 인간의 학습 현상에 대한 행동주의나 인지주의가 제시하는 과학적 탐구 결과로부터 수업에 관한 시사점을 찾으려는 노력이다. 즉 학습심리학, 교수심리학, 인지심리학적 관점에서 교수 방법을 제안하려는 것이다.[3]

---

[2] Richard E. Mayer, "Design Instruction for Constructivism", Charles M. Reigrluth(ed), INSTRUCTIONAL-DESIGN THEORIES AND MODELS, Lawrence Erlbaum Associates, Inc. 1999, 143면.
[3] 박성익 외(1999)에서는 고전적 교수방법을 '철학적 접근' 방식으로 행동주의, 인지주의와 같은 심리학적 패러다임을 기준으로 한 교수 방법을 '심리학적 접근' 방식으로 불렀다. 따라서 본고에서도 이 용어를 사용하기로 한다. 박성익·임철일·이재경·최정임, 『교육 방법의 교육공학적 이해』, 교육과학사, 1999, 67면.

(나) 학습 이론을 적용한 교육공학 연구 76편의 분포 비율을 5년 단위별로 보면, 1985~1990년에 11%(8편), 1991~1990년에 15%(10편), 1996~2000년에 33%(25편), 2001~2005년에, 43%(33편)로 발표되었다. (…) 각 기간별로 교육공학 연구에서 반영된 학습 이론들을 비교해 보면, 1985~1990년에는 인지주의 관점을 반영한 연구가 대부분을 차지한다. 1991~1995년 사이에 구성주의 관점을 적용한 연구가 수행되기 시작하여 1996~2000년에는 구성주의를 적용한 연구들이 거의 대부분(92%)을 차지하고 있다. 최근 5년간에도 구성주의 학습 이론을 적용한 연구가 교육공학 연구의 주된 흐름을 보이고 있다.[4]

(가)는 우리나라를 포함한 세계 교육학계의 교육 방법에 초점을 맞추어 그 패러다임의 전개 과정을 정리한 것이고, (나)는 1985년부터 2005년까지 20년 동안의 우리나라 학습 이론의 패러다임별 연구 편수를 분석한 것이다. 이 두 인용문을 통해 현대 교육의 패러다임 전개 양상을 명확하게 짚어 낼 수 있다. 20세기 초반까지 고전적 교수 방법에 바탕을 둔 '철학적 접근 방식'이 지속되다가 1920년대 이후에 '행동주의'로, 1980년대 초반부터는 '인지주의'로, 그리고 1990년대에 들어서면서 '구성주의'에 바탕을 둔 패러다임적 변천을 보여 왔다는 것이다. 그리고 오늘날 지배적인 교육 패러다임은 구성주의라는 것도 확인할 수가 있다.

학문적 패러다임은 근본적으로 한 시대를 지배하는 가치관이나 인식 체계를 반영하여 형성한다. 그리고 그 패러다임은 전혀 새롭게 구성되는 것이 아니라 기존의 학문적 체계 위에서 혁명적으로 생성되고 쇠퇴하며, 다시 새로운 패러다임으로 대체된다.[5] 따라서 상위 층위로서의 교육 패러다임은 국어교육, 문학교육에까지 자연스럽게 확장, 파급되면서 한 시대의 학문 전체에 걸친 거대 패러다임으로 형성되고 쇠퇴하면서 패러다임적 변천 과정을 거치는 것이다.

---

[4] 정현미·양용칠, 「교육공학연구 20년 연구 흐름 분석」, 『교육공학연구』 21-4, 한국교육공학회, 2005, 188면.
[5] 서울대학교 철학사상연구소, 「네이버 지식백과」, http://terms.naver.com/entry.nhn?cid=276&docId=801184&mobile&categoryId=1112

이렇게 볼 때, 교육 패러다임은 고전적 교수 방법을 바탕으로 한 '철학적 접근 방식'에서 '행동주의', '인지주의'를 거쳐 오늘날 '구성주의' 패러다임에 이르기까지 변천을 보이면서 전개되어 온 것이다.

그렇다면 우리의 문학교육의 패러다임은 이들 교육 패러다임과 어떻게 대응을 이루며 변천해 왔을까? 주지하는 바와 같이 우리의 문학교육은 전통적인 '가치관 중심 문학교육' 시기를 거쳐 신비평을 바탕으로 한 '텍스트 중심 문학교육'으로, '반응 중심 문학교육' 및 '구성주의 문학교육'에 이르기까지 패러다임을 형성하며 변천해 왔다.

이를 앞에서 살펴본 교육 패러다임과 대응시켜 보면, '저자 중심' 문학적 관점은 '철학적 접근 방식'과 또 '텍스트 중심'의 관점은 '행동주의'의 관점과 일대일(一對一) 대응이 되지만, '독자 중심'의 문학적 관점은 '반응 중심 문학교육'과 '구성주의 문학교육'으로 분화된다. 그리고 반응 중심 문학교육은 '인지주의'와 대응되고, 당연히 구성주의 문학교육은 '구성주의'와 대응된다.

3. 문학교육 방법의 변천 양상

(1) 텍스트 중심 문학교육

잘 알려진 바와 같이 우리나라 문학교육사에 있어서 '텍스트 중심 문학교육'은 1958년 백철이 서양의 새로운 문학 이론인 '신비평'을 소개하면서 시작되었다.[6] 이러한 신비평적 관점을 바탕으로 한 제제가 제1차 교육과정기

---

6) 앞에서 살펴본 우리나라 문학교육의 패러다임 가운데 첫 시작은 심리학 이전 시기에 존재했던 '철학적 접근 방식'에 해당하는 '가치관 중심의 문학교육'이다. 이 가치관 중심의 문학교육적 관점은 오늘날까지 우리 문학교육의 밑바탕에 깔려 있는 중요한 관점이긴 하지만, 현대 학교의 문학교육에 패러다임을 형성했다고 보기는 어려우므로 그에 대한 구체적인 검토는 생략하기로 한다.
가치관 중심의 문학교육의 기본 관점과 교육방법에 대해서는 다음 참고.
우한용, 『한국 근대문학교육사 연구』, 서울대학교출판부, 2009, 93-110.
이상구, 『구성주의 문학교육론』, 박이정, 2002, 26-31.

의 말기인 1959년에 발간된 '고등 국어' Ⅲ의 Ⅲ-3단원 '문학의 이해와 비평(백철)'이 수록[7]되면서 '텍스트 중심 문학교육'의 시기가 시작되었다. 이를 기점으로 제2차, 제3차, 제4차 교육과정을 거쳐 오늘날 2012 개정 교육과정에 이르기까지 그 바탕에서 영향을 미치고 있는 패러다임으로 볼 수가 있다. 따라서 우리의 현대 학교교육에서의 문학교육의 첫 패러다임은 신비평을 바탕으로 한 '텍스트 중심 문학교육'으로 볼 수 있다.[8]

신비평의 가장 핵심적인 이론적 가정은, 문학 텍스트는 그 자체로 완결된 형식을 갖춘 유기체이자 자족적 실체로 상정하는 데서 출발한다. 신비평적인 테두리 속에서의 문학교육은 문학 텍스트를 이렇듯 자족적인 질서 체계를 갖춘 유기체로 상정하고, "서사 양식은 플롯·인물·배경 등과 같은 구성 요소를, 서정 양식은 운율·심상 등과 같은 구성 요소를, 그리고 시점, 비유·상징·풍자·알레고리·아이러니·풍자와 같은 문학적 장치 요소와 의미적 요소인 주제를 교육 내용으로 한다."[9]

그렇다면 텍스트 중심 문학교육은 무엇을 어떻게 가르치자는 것인가? 이는 한 마디로 '자세히 읽기'를 가르쳐서 텍스트를 분석하도록 하자는 것이다.[10] 이를 문학교육 차원에서 접근하면, 이러한 원리를 바탕으로 텍스트를 '자세히' 읽어서 '정확한' 해석을 할 수 있도록 가르쳐야 한다는 것이다. 그렇다면 텍스트 중심 문학교육이 지향하는 교육 방법론적 원리는 무엇일까? 이에 대해 명쾌하게 한 곳에 정리된 자료를 찾기가 쉽지 않지만 다음과 같은 세 가지로 압축할 수 있다.

첫째, 학생들의 문학 텍스트에 대한 감상 능력을 기르기 위해서는 텍스트

---

[7] 권혁준, "문학비평이론의 시교육적 적용에 관한 연구-신비평과 독자반응 이론을 중심으로", 한국교원대 대학원 박사학위 논문, 1997, 63면.
[8] 여기서 신비평이라 함은 구체적으로는 미국의 '신비평(New critisim)'을 지칭하지만, 텍스트 내재적인 분석을 지향하는 러시아 '형식주의 비평' 이론도 이에 포함시킬 수 있을 것이다. 물론 이 문학 이론은 그 뿌리가 다르고 영향 수수 관계도 없지만, 텍스트 내재적 분석을 지향한다는 공통점을 바탕으로 광의의 개념으로 사용하고자 한다.
[9] 우한용·박인기·박삼서·정구향·김중신·김창원·김상욱·정재찬, 문학교육과정론, 삼지원, 1997, 154면.
[10] 리처즈가 제시한 기존의 '자세히 읽기'를 넘어선, 최근 테리 이글턴과 리쾨르의 텍스트 중심 해석학을 바탕으로 한 '자세히 읽기'에 대해서는 고정희의 다음 연구를 참조할 것. 이 연구에 따르면 '자세히 읽기'와 신비평을 동일시할 수 없다는 견해도 있지만, 신비평을 벗어난 '자세히 읽기' 방법론은 어디에도 없다고 한다.
고정희, 「텍스트 중심 문학교육의 이론적 기반과 읽기 방법」, 『문학교육학』 40, 57-88 참조.

를 분석하는 능력을 길러 줘야 한다. 둘째, 텍스트를 분석하는 능력을 길러 주기 위해서는 문학적 지식을 가르쳐야 한다. 셋째, 문학적 지식을 바탕으로 문학 텍스트를 '자세히' 읽어서 의미를 '정확히' 해석하도록 훈련해야 한다.

이러한 텍스트 중심 문학교육의 방법론은 텍스트 해석에 대한 객관적인 척도를 마련해 주었고, 문학에 관한 개념을 확정하거나 작품 분석의 방법을 심화시켜 주었으며, 또 주관적이고 인상 비평의 수준에 머물러 있던 문학 독서의 수준을 객관적, 체계적인 이해가 가능하도록 해 주는 등의 기여를 하였다.[11]

그렇지만 한편으로는 뒤이어 등장한 독자반응 이론(수용미학 포함)과 이에 터한 반응 중심 문학교육적 관점이 등장하면서 후대 연구자들로부터 많은 비판을 받기에 이른다. "문학교육을 작품의 해부학으로 전락시키고 말았다"[12]거나, "문학교육을 텍스트의 형식 요소와 관련된 용어나 개념의 인지를 중심으로 하는 지식 항목의 수준으로 축소"[13]시켰다는 지적이 나오는가 하면, "학문 중심 교육과정 체제에서 신비평은 시 해석의 구체적인 방법이나 원리로 수용한 것이 아니라 개념이나 지식의 형태로 수용했던 것이다. 이렇다 보니 시 교육 현장에서는 학생들의 능동적이고 주체적인 시 해석이 이루어지는 것이 아니라, 지극히 수동적이고 사유 과정을 동반하지 않은 기계적인 해석이 이루어지는 현상이 나타났다."[14]고도 했다.

텍스트 중심 문학교육적 관점을 바탕으로 한 교수·학습 모형은 대체로 1993년 경규진의 반응 중심 모형이 등장하기 전까지 등장한 7,80년대에 구안된 대부분의 모형이 여기에 속한다.[15] 한국교육개발원의 '제재 중심 수업 모형(1979)', 정동화 외의 '문학 교수 모형(1989)', 구인환 외의 '제재별 절차

---

11) 권혁준, 앞의 논문, 93면.
12) 김상욱, 「신비평과 소설 교육 방법의 재검토」, 『국어교육』 79·80, 한국국어교육연구회, 1993, 78면.
13) 경규진, "반응 중심 문학교육의 방법 연구", 서울대 대학원 박사학위 논문, 1993, 3면.
14) 윤여탁·최미숙·최지현·유영희, 『현대시 교육론, 사회평론』, 2010, 33면.
15) 최지현에 따르면 "교육심리학적 측면에서 미시적 문학교육 과정의 패러다임을 분석한 예는 아직 없지만, 그간 제시된 문학교육 이론들이 함축하고 있는 패러다임적 경향을 일별하자면 거의가 행동주의에 근접해 있었다고 한다. 최지현, "문학 감상교육의 교수학습 모형 탐구", 『선청어문』 26, 서울대학교사범대학국어교육과, 1998, 313면.

모형(1989)' 등이 대표적이다.

그 가운데 가장 영향력이 컸던 모형으로 구인환 외의 '소설 수업의 절차 모형'을 들 수 있는데, 그 모형은 다음과 같다.

> Ⅰ. 계획 단계
>   1. 수업 목표의 설정
>   2. 평가 요목의 작성
> Ⅱ. 진단 단계
>   1. 소설에 대한 사전 지식의 진단
>   2. 소설 내용에 대한 선체험의 진단
>   3. 진단을 위한 도구의 마련
> Ⅲ. 지도 단계
>   1. 텍스트에 대한 개괄적 접근
>   (1) 작품 읽기
>   (2) 인물, 사건, 배경의 파악
>   (3) 관련 경험의 재생과 경험의 교환
>   2. 텍스트에 대한 분석적 접근
>   (1) 텍스트의 창작 배경 파악
>   (2) 플롯과 스토리의 관계 파악
>   (3) 텍스트의 갈등 구조 파악
>   (4) 서술 방식과 주제와의 관련성 파악
>   (5) 소설적 제 요소 간의 관련성 파악
>   (6) 소설적 세계와 인물에 대한 심화된 이해
>   3. 텍스트의 종합적 재구성
>   (1) 소설 내외적 세계의 상호 관계 파악
>   (2) 작자와 작중 인물의 삶에 대한 자세 이해
>   (3) 허구적 세계의 간접 체험
> Ⅳ. 평가 단계
>   1. 문학교육 평가의 일반 사항 고려

> 2. 소설 교육의 목표와 관련된 평가 방법 고려
>
> V. 내면화 단계
>   1. 텍스트 상호성의 확대
>   2. 개인적 체험의 확대와 심화
>   3. 텍스트에 대한 평문 쓰기

[그림 1] 소설 수업의 절차 모형(구인환 외, 1989)[16]

이 모형에는 독자의 '생체험'과 같은 1980년대에 수용된 수용미학적 개념과 '상호작용 모형', '정보처리 모형' 등과 같은 인지심리학적 읽기 모형과 그 원리가 반영되어 있다. 따라서 전형적인 텍스트 중심 문학 교수·학습 모형으로 볼 것인가에 대해서는 이론의 여지가 있을 수도 있을 것이다. 그렇지만 근본적으로 '텍스트에 대한 개괄적 접근 ⇨ 텍스트에 대한 분석적 접근 ⇨ 텍스트의 종합적 재구성'의 절차를 통해 텍스트를 분석하도록 하고 있다는 점에서 텍스트 중심 문학교육의 전형을 보여 주는 모형이라 할 수 있다.

교수·학습 절차는 크게 '계획, 진단, 지도, 평가, 내면화'의 5단계로 이뤄진다. 그 가운데 교육 방법과 직접 관계되는 '지도 단계'는 다시 '텍스트에 대한 개괄적 접근'-'텍스트에 대한 분석적 접근-텍스트의 종합적 감상' 단계로 나눠지는데, 그 절차 단계를 간추리면 다음과 같다.

'1. 텍스트에 대한 개괄적 접근' 단계에서 작품을 읽고, 소설의 구성 요소를 파악하여 이를 바탕으로 줄거리 파악한 다음, 학생들의 생체험을 바탕으로 관련 작품을 이해한다.

'2. 텍스트에 대한 분석적 접근' 단계에서는 맨 먼저, 텍스트의 창작 배경을 파악하고, 플롯 파악, 갈등 구조 파악, 서술 방식(시점)을 파악하고 주제와의 관련성까지 파악한 다음, 이들 전체 요소들의 관련성을 파악하고 집

---

16) 구인환·박대호·박인기·우한용·최병우, 『문학교육론』, 삼지원, 1989, 267-268면.

단 탐구를 통하여 소설적 세계와 사건에 대한 간접 체험을 통해 최종적으로 소설 내적 구조에 대해 이해한다.

'3. 텍스트의 종합적 재구성' 단계에서는 최종 단계로 감상의 종합적 재구성이 이루어지는 단계로서, 분석적 접근 단계에서 이루어진 소설 표면 구조에 대한 이해를 바탕으로 '소설 내외적 세계의 상호 관계 파악', '작자와 작중 인물의 삶에 대한 자세 이해', '허구적 세계의 간접 체험' 등의 활동이 이뤄진다.

그런데 여기서 주목해야 할 부분은 많은 후대 논자들, 특히 반응 중심 문학교육에서 비판의 대상이었던 문학적 지식에 대한 교수·학습의 문제이다. 이 모형에 관한 설명 가운데 "시점에 관한 추상적인 지식의 제시와 작품을 통한 확인은 매우 유용한 방법이기는 하나 소설의 시점에 대해 학생들이 구체적이고 구조화된 지식으로 확보할 수 있는가는 의문"[17]이라고 하면서, "학생들이 여러 작품을 집단 탐구하여 그에 대해 학생 스스로 체득케 하는 것이 선행되고 적절한 시기에 교사가 이를 구조화된 지식으로 정리해 준다면 훨씬 효과적일 것"[18]으로 보고 있다.

이러한 가이드라인은 탐구학습 원리에 기대어 설명하고 있지만, 문학 교실에서 이러한 방법은 실제로 사용하기는 매우 어렵고, 오히려 대부분의 문학 수업은 갈등이나 시점, 혹은 운율이나 이미지와 개념적 지식을 연역적으로 제시하고, 그것을 바탕으로 학생들에게 텍스트 속에서 찾도록 하는 게 문학 교과서 및 문학 수업의 일반적인 형태이다. 따라서 이러한 지침은 문학 교실 현장에서 구현되지 못한 채 선언적 역할만 하였던 것으로 보는 것이 타당할 것이다.

그런데 이러한 텍스트 중심 문학교육 체제와 교육 방법은 앞에서 살펴본 교육 패러다임 가운데 '행동주의' 패러다임과 거의 일치하고 있음을 알 수 있다. 주지하는 바와 같이 행동주의 패러다임은 지식이나 의미는 인간의

---
17) 구인환 외, 앞의 책, 280면.
18) 위의 책, 같은 면.

외부에 객관적으로 존재하기 때문에 학습을 하기 위해서는 그것을 반복적인 연습을 통해 행동으로 내면화해야 된다고 보는 관점이다. 뿐만 아니라 인간의 두뇌 속에서 일어나는 정보처리 과정이나 의미 구성 과정은 관찰 불가능하기 때문에 학습을 경험의 결과로 나타나는 행동의 변화로 간주하면서 자극(S)과 반응(R) 간의 연합을 통하여 외현적인 행동의 변화를 이끌어내는 학습 체제를 바탕으로 하고 있다.

따라서 학습을 통해 외부에 존재하는 지식을 '정확히' 발견하거나 찾아야 한다. 이러한 관점으로 인해 유일한 정답을 암기해야 하기 때문에 교사 중심의 주입식 교육 방법이 효과적이고 효율적이다. 따라서 학습자는 수동적이고 교사는 지식 전달자 역할이 가장 주된 임무이다. 평가 역시 이러한 체제에 맞춰 학습자들이 얼마나 많은 정답을 정확히 알고 있는가 하는 지식의 양을 측정하는 형태로 진행된다.

텍스트 중심 문학교육은 이러한 행동주의 패러다임의 특성을 그대로 지니고 있다. 즉 문학 텍스트의 의미가 작품 속에 '객관적'으로 내재되어 있기 때문에 그 의미를 '정확히' 찾아내어야 한다. 그렇기 때문에 문학 교실에서 문학 텍스트를 읽고 분석하기보다는, 권위 있는 비평가의 실천 비평만이 '정답'으로 위치하기 때문에 작품을 읽는 과정은 생략되고, 권위 있는 비평가가 제시한 '정답'만 주입된다. 이로 인해 학생들이 문학 작품의 의미를 구성해 내는 '활동'이나 '과정'은 생략되며, 전형적인 교사 중심, 결과 중심의 형태로 진행된다.

따라서 텍스트 중심 문학교육은 텍스트 분석을 지향하는 것 자체가 문제일 수도 있지만, 그보다 더 본질적인 문제는 어떻게 분석해야 하는지 분석 방법을 가르쳐 주지 않는다는 점, 분석한 결과가 유일한 정답이어야 한다는 점, 그로 인해 학습의 효율성이나 효과성이라는 측면에서 학생들이 애써 시간과 노력을 투자해서 분석해 보았자 참고서의 정답과 같아야만 하기 때문에 교사 중심의 주입식 교육으로 진행되고, 그로 인해 결과 중심의 수업이 효과적이고 효율적일 수밖에 없도록 만든 데 있는 것이다.

(2) 반응 중심 문학교육

전술한 바와 같이, 1980년대 후반 수용미학이 우리나라에 소개되면서 이를 바탕으로 한 학습자 중심의 문학교육론이 활기를 띠고 논의되었다. 그렇지만 이러한 논의들은 결국 "다분히 이론적이며 강령적 구상의 차원에 머물게"[19] 됨으로써 문학 교실의 실질적인 변화를 이끌어내는 데까지는 이르지 못하였다. 그러던 중 1993년 경규진이 로젠블렛(R. Rosenbletts)의 반응 중심 문학교육을 소개하면서 자연스럽게 이 반응 중심 문학교육으로 통합되었고,[20] 이렇게 형성된 반응 중심 문학교육은 우리 현대 문학교육의 핵심적인 패러다임으로 자리를 잡게 되었다.

주지하는 바와 같이, 20세기를 전후하여 행동주의 패러다임이 발흥하여 1930년대에 이르러서는 최고의 전성기를 구가하였다. 그로 인해 행동주의 물결은 인간 행동의 거의 모든 국면을 설명하는 이론으로 위상을 확보하게 된다. 그 무렵 또 한편에서는 행동주의에서 관찰 불가능하기 때문에 블랙박스로 간주하고 방치해 두었던 인간의 두뇌 속 인지 과정에 대한 탐구라는 새로운 방향으로의 패러다임적 전환을 시도한다. 이러한 흐름이 곧 인지심리학이며, 이를 바탕으로 한 교육 패러다임을 '인지주의'라 일컫는다.

인지주의에서는 인간의 두뇌가 어떻게 언어 정보를 인지하고 처리하는가 하는 인지적 과정을 중심 과제로 설정하고 이에 대한 집중적인 연구를 수행하였다. 그 결과, 언어와 사고, 독해 과정에 대한 정보를 제공해 주는 것은 물론, 인간의 행위를 인지를 중심으로 설명이 가능하다는 사실을 발견하였다.

이러한 관점에서 볼 때, 반응 중심 문학교육은 두 가지 측면에서 문학교육에 있어서 행동주의에서 인지주의로의 패러다임의 이동을 실현하였다고 하겠다. 첫째, '텍스트'에서 '학생(독자)'으로 관점을 이동함으로써 텍스트

---

[19] 김용현, 「학습자 지향적인 독일문학 수업 모델을 찾아서 —베데킨트의 『사춘기』를 예로 하여」, 『독일어문학』 제54집, 2011, 55-75.
[20] 그렇게 통합된 까닭은 수용미학과 반응 중심 문학교육의 바탕이론인 독자반응 이론이 근본적으로 독자 지향적인 동일 패러다임이란 점이 가장 우선적으로 작용하였고, 또 경규진이 미국에서 전개된 반응 중심 문학교육의 이론적 배경에서부터 구체적인 교수·학습 방법까지 전체 체계를 잘 소화하여 소개하였기 때문으로 보인다.

이해에서 독자의 역할을 강조한다는 점이다. 텍스트 중심 문학교육에서 텍스트의 의미는 텍스트 속에 있기 때문에 그것을 찾아서 머릿속으로 가져와야 된다고 본다. 이에 비해, 반응 중심 문학교육에서는 '학생(독자)'으로 관점을 이동하여 학생들이 자신의 배경지식을 바탕으로 텍스트의 의미를 생성하는데 그것이 곧 '반응'이란 것이다. 둘째, '결과 중심' 관점에서 '과정 중심' 관점으로 이동하였다는 점이다. 행동주의에서는 인간의 두뇌 속 메커니즘을 관찰 불가능하기 때문에 블랙박스 취급하고, 단순히 자극의 투입과 반응의 산출로만 설명하였다. 따라서 글을 읽는 과정에서 두뇌 속에서 일어나는 현상을 설명을 하지 못함으로써 반복 읽기와 암기가 효과적인 학습 방법이었다. 그에 비해 반응 중심 문학교육에서는 학생들이 글을 읽는 과정을 소통 과정으로 보면서 그 자체를 중시한다. 즉 문학 텍스트를 읽는 과정에서 언어 기호들을 통하여 과거의 언어적 경험과 인생 경험을 끌어내면서 텍스트에 대해 반응한다는 것이다.[21]

그런데 흥미로운 것은 우리 문학교육 학계에 1980년대 후반에 이미 이러한 인식이 있었다는 점이다.

> 수용 이론이 그 학문적 맥락은 다르더라도 인지심리학적 접근에 의하여 발전된 독서 이론과 연결, 심화될 수 있느냐 하는 문제이다. (…) 그들은 텍스트 구체화의 결정 요인을 독자의 기대 지평 혹은 선행 지식으로 보는 점에서는 서로 일치한다. (…) 이러한 수용자 중심의 인식이 현대 인문과학의 중핵인 문학과 심리학 분야에 공통으로 나타난다는 것은 의의 있는 현상이 아닐 수 없다.[22]

---

[21] 로젠블렛은 문학 독서 '과정'에 주목하면서 다음과 같은 설명을 하고 있다. "그러면 문학 작품을 읽는 과정에서 어떤 일이 일어나는가? 독자는 지면 위의 기호들을, 과거의 언어적 경험과 인생 경험에서 끌어내면서, 특정 단어, 특정 개념, 특정한 감각적 경험들, 특정 사물, 사람, 행동, 장면의 이미지와 연결한다. 특별한 의미들과 특히 이러한 언어와 인상이 개별 독자에게 가지는 보이지 않는 연상이 주로 작품과 독자와 의사소통을 결정할 것이다. 독자는 작품에 개성, 과거 사건의 기억, 현재의 욕구와 몰입, 순간의 특별한 분위기, 그리고 특별한 물리적 상태를 가져온다. 이러한 것들과 더불어 절대로 복제될 수 없는 조합이 된 요소들은 작품에 특별한 공헌을 해내는 독자의 개입을 결정한다." R. Rosenbletts, Literature as Exploration, 김혜리·엄혜영 역, 『탐구로서의 문학』, 한국문화사, 2006, 31면.
[22] 구인환 외, 앞의 책, 170-171.

반응 중심 문학교육의 바탕이론인 독자 반응 이론과 뿌리가 같은 '수용미학'이 인지심리학적 읽기 이론과 관점이 같다는 걸 확인하고 있다. 그러면서 이 두 학문이 패러다임상으로 볼 때 인지심리학을 바탕으로 한 인지주의에 뿌리를 두고 있음을 인식하고 있다는 사실은 당시로서는 선구적인 안목이라 하겠다.

이러한 인지주의적 패러다임을 바탕으로 출발한 반응 중심 문학교육은, 신비평적인 관점을 바탕으로 문학적 지식을 가르치면서 텍스트의 분석을 지향한 텍스트 중심 문학교육에 대한 비판과 함께 그 대안을 제시하는 것이었다. 따라서 반응 중심 문학교육이 텍스트 중심 문학교육에 대립각을 세운 부분은 크게 두 가지이다. 한 가지는 문학적 '지식'을 가르침으로써 문학교육을 지식 교육화하였다고 보는 점이며, 또 한 가지는 텍스트 내재적인 '분석'에 몰두함으로써 텍스트를 읽는 독자의 중요성을 도외시하였다는 것이다. 따라서 '지식'과 '분석' 대신에 '반응'을 대안으로 제시한 것이다. "문학 지식들은 학생들의 자발성을 해치"[23]고, "문학 지식의 주입이나 지나친 강조는 오히려 텍스트에 대한 부정적 폐쇄적 선입견을 조장할 우려가 있기" 때문에 "그 핵심적인 요소만이 문학 텍스트와 분리되어 제공되지 말고 가능한 연계되어 제공되[24]도록" 해야 한다는 것이다.

이러한 논리를 바탕으로 교육 목표를 "심미적 문학 경험에 대한 반응의 성찰을 통해 더 좋은 반응의 습관을 기르는"[25] 데 두었다. 그리고 이러한 교육 목표 달성을 위한 교육 내용은 반응의 범주를 균형 있게 배분한 '활동'이었다. 이러한 문학교육 목표와 내용의 설정은 로젠블렛이, 문학 텍스트에 대해서는 학생들이 "스스럼없이 자발적으로 문학에 반응할 수 있도록"[26] 장려하고, 또한 "학생들로 하여금 문학이 그들에게 의미하고, 그들을

---

[23] 규진, 앞의 논문, 67면.
[24] 위의 논문, 85면.
[25] 위의 논문, 84면.
[26] R. Rosenbletts, 앞의 책, vii면.

위해서 해 주는 것이 무엇인지를 깨닫도록 도와주"기[27]) 위해서였다. 그리고 그러한 활동은 주로 '발표한다', '이야기한다', '토의한다', '글을 쓴다', '의견을 교환한다' 등과 같은 것이다.[28])

요컨대 반응 중심 문학교육 시간에는 학생들에게 문학적 지식을 가르치고 분석하는 대신에 텍스트를 직접 읽으면서 반응을 형성하고, 다른 학생(및 교사)과의 토의와 반응 쓰기를 통해 반응을 명료화하고, 또 다른 텍스트를 읽으면서 심화하는 활동을 하라는 것이다. 그런데 신비평에서 가장 중요한 위치에 있던 문학(적) 지식을 의도적으로 배제하고, 학생들의 반응을 장려 촉진할 수 있는 반응 활동을 강조하다 보니, '무엇을 가르쳐야 하는가?' 하는 측면에서의 '교육 내용'은 취약한 모습을 드러내게 된 것이다.[29])

반응 중심 문학교육에서의 교육 방법 측면에 눈을 돌려 보면, 먼저 로젠

---

27) 위의 책, 66면.
28) 반응 중심 문학교육에서는 신비평에서 가장 중요하게 다루던 문학(적) 지식을 의도적으로 배제하고, 학생들의 반응을 장려 촉진할 수 있는 반응 활동으로 국한하다 보니 '교육 내용' 측면에서는 취약한 모습을 드러내고 있다. 반응 중심 문학교육에서의 '교육 내용'에 관한 비판은 다음을 참조할 것. 이상구, 앞의 논문, 333-362.
29) 교육 내용의 취약성은, 반응 중심 문학교육의 본산인 미국에서도 마찬가지로 보인다. 아래 자료는 Probst(2004)가 제시한 활동 목록인바, 경규진(1993)과 달라진 게 거의 없어서 교육 내용의 취약성은 여전히 남아 있는 것으로 판단된다.
 - 텍스트가 주는 느낌이나 정서는 무엇인가? 왜 그렇게 생각하는지 간략하게 설명해 보라.
 - 텍스트의 기억에 남는 부분이 있다면 어떤 것인가? 인물, 장소, 사건, 장면 향기 혹은 느낌이나 태도 등 어떠한 것이라도 말해 보라.
 - 텍스트에서 무엇을 보았는가? 본 것을 요약하거나 간략히 말해 보라. 그것에 관해 토론할 때, 다른 친구는 그것에 관해 어떻게 설명하는지 지켜보라.
 - 텍스트가 어떤 특정한 것에 대해 너에게 준 아이디어나 생각이 있다면 무엇인가? 무엇이 그렇게 생각하게 만들었는지 간략히 설명하라.
 - 텍스트에서 가장 중요한 단어는 무엇인가? 그렇게 생각하는 까닭을 간략히 설명해 보라.
 - 텍스트에서 가장 중요한 구절은 무엇인가? 그렇게 생각하는 까닭을 간략히 설명해 보라.
 - 텍스트 속에서 본 이미지나 그림은 무엇인가? 그것은 아마도 텍스트 속에 있는 것과는 어느 정도 차이가 날 것인데, 그 까닭을 설명해 보라.
 - 이 텍스트를 쓴 작가는 어떠한 사람일지 상상해 보라.
 - 다른 토론 파트너들이 텍스트를 읽은 것과 내가 읽은 것의 차이점이 있다면 무엇인가? 그들과는 어느 정도 유사한가?
 - 텍스트나 그것에 대해 얘기함에 따라 그 느낌이 바뀐 것에 대해 어떻게 생각하나?
 - 이 텍스트는 다른 텍스트나, 노래, TV쇼, 혹은 문학 작품을 떠올리게 하는가? 있다면 무엇이며, 그 작품과는 어떤 관련성이 있다고 생각되는가?
 - 토론을 하는 동안 다른 친구(들)에 대해 배운 것이 있다면?
 - 읽은 텍스트에 관하여 짧은 편지를 쓰게 된다면, 누구에게 무슨 내용을 쓸 것인가?
Robert E. Probst, Response and Analysis-Teaching Literature in Second School(2nd edition), HEINMANN Protsmouth, NH, 2004. 82-83.

블렛의 〈탐구로서의 문학(1938)〉에 제시된 내용들을 바탕으로 정리한 프롭스트(Robert E, Probst)의 7가지 '수업 원리'를 볼 수 있다.

첫째, 학생들은 텍스트에 대한 반응을 보이는 데 있어서 자유로워야 한다.
둘째, 교실 상황과 교사와의 관계는 (학생들에게) 안전한 느낌을 주어야 한다.
셋째, 작품에 대한 개인적인 느낌을 처음 만들어 낼 수 있는 시간과 기회를 제공해야 한다.
넷째, 학생들의 표현된 반응의 형태에 대한 지나친 강조는 피해야 한다.
다섯째, 교사는 (학급 토론을 위하여) 학생들의 의견 속에서 접근할 수 있는 대목(point)을 찾아야 한다.
여섯째, 교사의 영향은 문학 본래의 생생한 영향을 위하여, 외부적인 사실들을 대신 활용해서는 안 된다.(문학은 단순한 지식이 아니라, 살아 있는 사고를 제공하는 것이기 때문에)
일곱째, 비록 자유로운 반응이 필요할지라도 학생들이 분석에 치중하려는 경향에 대해 만족감을 충족시켜 줘야 한다.[30]

이들 내용이 수업에 관한 구체적인 '원리'라기보다는 학생들의 반응을 장려하기 위한 지침적인 성격을 지니고 있다. 반응을 촉진하고 장려하기 위해서는 허용적인 분위기를 조성해야 하며(첫째, 둘째), 학생들이 활동하는 과정, 즉 활동 중심, 과정 중심으로 수업을 진행해야 하고(셋째), 개인적으로 생성한 반응은 교사와 학생, 학생과 학생 간의 토의를 통해 혹은 텍스트를 근거로 간주관성을 확보해야 하며(넷째, 다섯째, 일곱째), 그럼에도 문학사나 문학적 지식을 근거로 반응을 재단하지 말아야 한다(여섯째)는 것이다.

이는 곧 반응 중심 문학교육의 기본 관점을 그대로 반영한 것이라 할 수 있다. 이러한 수업 원리를 바탕으로 경규진(1993)은 다음과 같은 '반응 중심

---

[30] Robert E, Probst, Robert. E. Probst, "Literature as Exploration and the Classroom", Edmund j. Farrel & James R. Squire(1990), Transaction with Literature, 31-35.
　이 밖에도 교육방법과 관련된 지침들을 더 찾아볼 수 있다. 랭거가 제안한 '7가지 수업 지침', 그리고 이 둘을 바탕으로 경규진이 추출한 '9가지 수업 원리' 등이 그것인데, 그 내용이 프롭스트가 제시한 것과 크게 다르지 않기에 구체적인 점검은 생략하기로 한다.

교수·학습 모형'을 구안하였다.

> 1단계: 텍스트와 학생의 거래 → 반응의 형성
>   (1) 작품 읽기
>   • 심미적 독서 자세의 격려
>   • 텍스트와의 거래 촉진
>
> 2단계: 학생과 학생 사이의 거래 → 반응의 명료화
>   (1) 반응의 기록
>   • 짝과 반응의 교환
>   (2) 반응에 대한 질문
>   • 반응을 명료히 하기 위한 탐사 질문
>   • 거래를 입증하는 질문
>   • 반응의 반성적 질문
>   • 반응의 오류에 대한 질문
>   (3) 반응에 대한 토의(또는 역할놀이)
>   • 짝과의 의견 교환
>   • 소그룹 토의
>   • 전체 토의
>   (4) 반응의 반성적 쓰기
>   • 반응의 자유 쓰기(또는 단서를 놓은 쓰기)
>   • 자발적인 발표
>
> 3단계: 텍스트와 텍스트의 상호 관련 → 반응의 심화
>   (1) 두 작품의 연결
>   (2) 텍스트 상호성의 확대
>   * 태도 측정

〔그림 2〕 반응 중심 교수·학습 모형(경규진, 1993)[31]

---

31) 경규진, 앞의 논문, 168면.

이 모형은 한 편의 텍스트에 대한 교수·학습 과정을 크게 3단계로 설정하여 '독자와 텍스트와의 거래 단계를 통한 반응의 형성 ⇨ 학생과 학생 사이의 거래를 통한 반응의 명료화 ⇨ 텍스트와 텍스트의 상호 관련 활동을 통한 반응의 심화'라는 3단계의 점층적인 구조로 되어 있다. 각 단계의 활동을 검토해 보면, 일단 모든 교수·학습 활동은 '반응'에 초점이 맞춰져 있음을 확인할 수 있다.

1단계인 '텍스트와 학생의 거래'에서는, 학생들이 심미적 읽기 방법으로 텍스트와 상호 교섭(거래)을 통해 반응을 형성한다. 이때, 교사는 (정보 추출적인 읽기보다는) 심미적 읽기 자세로 읽도록 격려하고, 반응을 촉진시킨다.

2단계인 '학생과 학생 사이의 거래' 단계에서는 문학 텍스트를 읽고 반응을 기록한 다음, 짝과 교환하여 읽고 서로의 의견을 교환하는 등의 활동을 통해 스스로의 반응을 탐색하고 명료화할 기회를 제공하고, 또 다음 학습 단계인 토의의 자료를 얻도록 한다. 그리고 나서 짝과의 토의와 소그룹 토의를 통해 서로 간의 반응과 견해를 교환하고 이를 통해 타당성이 없거나 부정확 혹은 무방향성의 반응을 정리하고, 전체 학급 토의에서는 앞선 토의 과정에서의 논의를 바탕으로 학교급별에 맞는 주제로 토의를 한다. 그리고 역할놀이, 극화, 즉흥극 등과 같은 극적 활동을 통하여 문학 경험을 심화시킨다. 반응에 대한 반성적 쓰기 단계에서는 앞의 과정들을 통해 심화되고 확장된 반응 쓰기 활동을 통해 반응을 더욱 정교화한다.

반응을 심화, 발전시키기 위해 설정된 마지막 3단계에서는 문학적 인유, 문학적 연상, 상호 텍스트성을 바탕으로 다른 텍스트로 확장시켜 이전 텍스트의 경험과 관련을 통해 전이력을 높인다.

이러한 교수·학습 과정에서 개별 활동에서 소집단 토의, 토론 학습 과정으로, 기본 텍스트에서 상호 텍스트성을 바탕으로 확대하여, 학생 개개인이 문학 텍스트에 대한 반응을 명료화시키고 심화, 확장시켜 나가도록 구성되어 있다.

경규진의 이 〈반응 중심 교수·학습 모형〉은 수많은 후속 연구에서 반복적으로 인용 혹은 활용되면서 반응 중심 문학교육의 대표적인 교수·학습 모형으로 자리를 잡게 된다. 이와 함께 반응 중심 문학교육에 대한 후속 연구가 이어지면서 경규진의 모형을 바탕으로 한 일련의 변이형들이 등장하였다. DRA 모형과 경규진의 모형의 결합을 시도한 양점열(1994)의 'DRA + 반응 중심 수업 모형'32), 반응 중심 문학교육과 신비평적 문학교육의 결합을 시도한 권혁준의 '신비평과의 통합 모형(1997)'33), 초등학생을 대상으로 하여 텍스트 상호 관련성 활동을 제외하고 토의 과정을 보다 구체화한 이희정의 '반응 중심 문학 토의학습 모형(1999) 모형'34), 톰킨스의 4단계 읽어주기 모형(Steps Reading Literature Aloud)을 근간으로 한 곽춘옥의 '심미적 듣기를 통한 문학 교수·학습 모형(2002)'35), 그리고 김성진(2004)의 '인상 중심 교수·학습법', '설명 중심 교수·학습법', '사회·역사적 가치 탐구 중심 교수·학습법'36) 등이 그것이다.

그런데 이들 변이형들에서 발견되는 공통적인 특징은 경규진의 모형을 수정, 보완하는 것이 아니라, 그 기본형에다 다른 무엇을 추가한다는 점이다. 양점열의 경우는 읽기 기능 학습을 지향하는 DRA 모형37)과, 권혁준은 신비평적 분석 방법과, 이희정은 Dugan의 '상호 교섭적 문학 토의 모형'과, 곽춘옥은 톰킨스의 '4단계 읽어주기 모형'과 각각 결합을 시도하고 있다. 그리고 이들 연구에서 결합(혹은 통합)하고 있는 것은 주로 문학에 관한 개념적 지식이거나 텍스트를 읽는 방법들이다. 양점열과 곽춘옥은 읽기 모형과의 결합을 시도하였고, 권혁준의 신비평적인 분석 방법을, 이희정은 상호 텍스트성 활동을 생략하고 토의 학습 절차를 더욱 구체화시켰다.

이렇게 다른 요소를 추가하는 까닭은, 반응에 대한 토의, 반응 쓰기, 역

---

32) 양점열, "창작동화의 문학적·교육적 가치와 지도 방안에 관한 연구", 한국교원대 교육대학원 석사학위 논문, 1993.
33) 권혁준, 앞의 논문.
34) 이희정, "초등학교의 반응 중심 문학 교육방법 연구", 한국교원대 대학원 석사학위 논문, 1999.
35) 곽춘옥, "심미적 듣기를 통한 문학교수·학습 방안 연구—저학년 '이야기 글'을 중심으로", 한국교원대 석사학위 논문, 2002.
36) 김성진, 「문학 교수·학습 방법론 연구」, 『國語敎育學硏究』 21, 2004, 231-254.
37) 한철우, 「국어과 교수·학습 모형 및 책략」, 『한국어문교육』 2, 한국어문교육연구소, 1991.

할놀이, 극화, 즉흥극 등과 같은 활동만 하는 것으로는 문학 텍스트를 온전히 감상하고 이해하는 데는 부족하다는 판단이 따랐기 때문일 것이다.

요컨대, 반응 중심 문학교육은 우리 문학교육사에서 행동주의 패러다임인 '텍스트 중심 문학교육'에서 인지주의 문학교육으로의 패러다임적 이동을 실현하였다. 그러나 의도적으로 문학적 '지식'을 배제하고 '반응'을 장려하고 촉진하는 활동에 집중하다 보니, 교수·학습 내용에도 심각한 문제점을 지니고 있고, 그로 인해 학생들의 '활동'만 있지 교수·학습 방법 역시 체계를 지니지 못하였던 것이다. 그래서 이러한 문제점을 인식한 연구자들에 의해 지속적으로 '반응'과 '활동'에다 '+α'를 통해 지식을 추가하거나 독서 방법을 추가하는 작업을 계속해 왔던 것이다.

(3) 구성주의 문학교육

90년대 중반을 넘어서면서 반응 중심 문학교육적 논의가 활발하게 진행되고 있는 가운데 1998년 구성주의 문학교육이 등장한다. 구성주의 문학교육은 텍스트의 내재적 분석을 지향한 텍스트 중심 문학교육을 비판한다는 점에서 반응 중심 문학교육과 그 출발점이 같다. 그러나 반응 중심 문학교육에 대해서 두 가지 측면에서 명백한 문제점을 제기하고, 그 대안을 모색한다. 한 가지는 반응 중심 문학교육이 학생들의 다양한 반응을 통제하고 제어할 장치를 지니지 않고 있기 때문에 반응의 카니발적 다양성만 양산하고 있다는 것이다. 또 한 가지는 '반응'만으로는 문학 텍스트를 이해 혹은 해석하지 못하기 때문에, 문학 텍스트를 해석하는 방법을 가르쳐야 한다는 것이다.

이는 일차적으로 기존의 텍스트 중심 문학교육을 향하여 문학에 관한 '존재론적 지식'(개념적 지식)만 가르치면서, 그러한 존재론적 지식을 실제로 작품 속에서 찾을 수 있는 '경험적 지식'을 가르쳐 주지 않았기 때문에, 주입식 교육과 암기 위주의 학습으로 일관하였다고 비판을 가한 것이다. 아울러, 반응 중심 문학교육을 향해서는 학생들의 '반응'을 장려하고 촉진하기 위해서 다양한 '활동'을 하지만, 그 활동들이 끝나고 난 뒤에 학습한 내용이 무엇이냐는 반문인 것이다.

따라서 이러한 비판의 연장선에 구성주의 문학교육의 두 가지 원리가 자리한다. 한 가지는, 문학에 관한 '개념적 지식'을 가르치고 그것을 바탕으로 텍스트의 정확한 분석을 지향하는 것은 주입식 교육, 암기 위주의 학습으로 치닫게 되므로, 문학 텍스트 인지 과정에 대한 '경험적 지식'을 바탕으로 장르별로 해석하는 방법을 가르쳐 주고 텍스트를 해석하도록 해야 한다는 것이다. 또 한 가지는, 텍스트의 의미는 공통적인 사회·문화적 맥락에 속해 있는 독자 집단의 공동 가치이기 때문에, 텍스트에 대한 해석은 개별 독자가 산출하는 것으로 끝나는 것이 아니라, 반드시 집단 구성원들끼리의 협의 과정(커뮤니케이션)을 거쳐서 도출해 내야 한다는 것이다.

이 두 가지 원리는 곧 구성주의 문학교육의 교수·학습 모형에 그대로 반영되는데, 이를 반영한 교수·학습 모형은 다음과 같다.

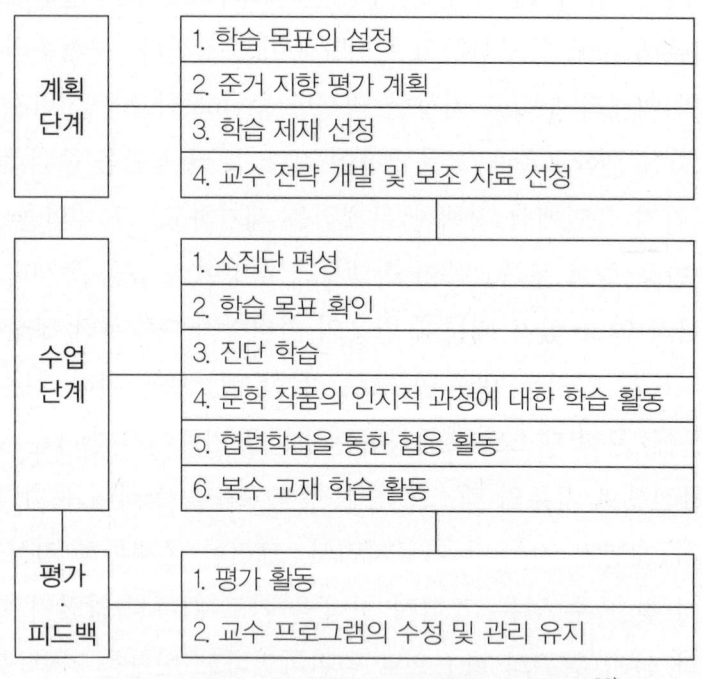

〔그림 3〕 구성주의 문학 수업 모형(이상구, 1998; 2002)[38]

---

38) 이상구, "학습자 중심 문학교육 방안 연구", 한국교원대 박사학위 논문, 1998, 149–157.
  이상구, 『구성주의 문학교육론』, 박이정, 2002, 215면.

이 모형에서 위의 두 가지 원리를 반영한 곳은 '수업 단계'의 '4. 문학 작품의 인지적 과정에 대한 학습 활동'과 '5. 협력학습을 통한 협응 활동'이다.

'4. 문학 작품의 인지적 과정에 대한 학습 활동' 단계는 문학 텍스트의 해석을 위해 문학적 지식(존재론적 지식)과 해석하는 방법적 지식(경험적 지식)을 학습하고, 이를 바탕으로 텍스트를 읽고 난 뒤, 개별적인 소통소를 형성하는 단계이다. 이를 위해 먼저, 교사는 제재 단원의 장르에 대해 '명제적 지식(존재론적 지식)'과 절차적 지식(경험적 지식)을 설명하고, 시범을 보인다. 즉 시 단원의 경우, 시에 대해 학생들이 '알아야 될' 명제적 지식과 시 감상을 위해 '할 수 있어야 하는 기능(절차적 지식)을 설명하고 시범 보이는 것이다. 이렇게 학습한 명제적 지식과 절차적 지식을 바탕으로 텍스트를 읽으면서 개별적인 소통소를 형성한다.

'5. 협력학습을 통한 협응 활동' 단계에서는, 개별 학생들이 읽은 텍스트에 대한 각자의 주관적인 생각(소통소)를 바탕으로, 모둠 구성원들과의 언어적 상호 작용을 통해 공감할 수 있는 의미를 도출해 내는 '협동학습' 단계이다. 즉 4단계에서 개별학습 독자들이 시를 읽는 방법을 배운 대로 시를 읽고 각자가 생성한 소통소를 바탕으로, 모둠 구성원들과의 협동학습을 하면서 정합성 있는 '의미'를 산출해 내는 단계인 것이다. 이때 산출된 의미는 구성원들의 공감대만 형성되면 단일할 수도 다양할 수도 있다.

이와 같은 과정을 거치면서 시 혹은 소설과 같은 각 장르에 대한 해석을 위한 경험적 지식을 축적함으로써 문학 감상 능력을 기르게 된다. 그리고 그 지식을 적용하여 텍스트를 읽으면서 형성한 소통소를 바탕으로 협동학습을 통해 의미 구성의 협응 과정을 거침으로써 개인적 의미가 공준성 있는 의미로 정착된다는 것이다.

한편, 류덕제(2001) 역시 구성주의 문예학과 구성주의 인식론과 관련된 학문들을 바탕으로 하여, 초등학교에서의 구성주의 문학교육 방안에 대한 논의를 하면서 다음과 같은 '구성주의 관점의 문학 교수·학습 모형'을 제안하였다.

개인적 구성	1. 텍스트 읽기와 독서 목표 설정 2. 텍스트와 관련된 선체험 동원 3. 코뮤니카트 형성
개인 간 구성	1. 개인 반응 기록 2. 반응의 교환 3. 반응에 대한 토론: 소집단 토론
사회적 구성	1. 전체 토론: 학습자와 학습자 간 대화, 교사와 학습자 간 대화, 해석적 공동체의 상호 작용, 학문 공동체와의 대화 2. 비평 텍스트 쓰기(criticism)와 상위 비평(meta-criticism): 학습자의 상위 비평, 교사의 상위 비평 3. 텍스트 상호성(inter-textuality)의 확대

〔그림 4〕 구성주의 관점의 문학 교수·학습 모형(류덕제, 2001)[39]

이 모형은 크게 '개인적 구성, 개인 간 구성, 사회적 구성'의 3단계로 짜여져 있다.

먼저, '개인적 구성' 단계에서 자신의 선체험(배경지식)을 바탕으로 텍스트를 읽고, 소통소(커뮤니카트)를 형성한다. 이때 형성된 소통소는 텍스트에 대한 개별학습 독자의 주관적인 생각이다. 이 소통소는 주관적인 것이기 때문에 '개인 간 구성' 단계로 넘어가서 동료 간 협동학습(peer collaboration)을 통해 아이디어 수준의 반응을 상호 교환하면서 사고의 폭을 확산하고 깊이를 더해 간다. 마지막 '사회적 구성' 단계에서는 '전체 토론'과 '비평 텍스트 쓰기와 상위 비평', 그리고 '텍스트 상호성의 확대' 세 가지 활동을 순차적으로 한다.[40]

이 모형은 이상구의 모형에서와는 달리, 문학 텍스트를 해석하기 위한 개별 장르에 대한 경험적 지식을 가르치는 단계를 제외시키고, 협력학습 단계를 '개인 간 구성'과 '사회적 구성'의 두 단계로 분리하여 전체적으로 3단계 모형으로 구성되어 있다.[41] 개인적 구성 단계에서 경험적 지식을 학습하는

---

39) 류덕제,「구성주의 관점의 문학교육」,『한국초등국어교육』제18집, 한국초등국어교육학회, 2001, 157면.
40) 위의 논문, 157~160 참조.
41) 류덕제는 이렇게 구분한 근거를 "Driver(1995)가 개인적 구성, 개인 간 구성, 공인된 지식(public knowledge)으로서의 구성으로 나눈 것과 이상구(1998, 135면)의 의견을 참고"하였다고 밝히고 있다. 위의 논문, 157면.

과정을 제외시킨 것은 초등학생을 대상으로 한 모형이라는 점에서, (경험적) 지식이나 그것을 바탕으로 한 해석에 비중을 상대적으로 낮춘 것으로 판단된다. 그러나 구성주의 문학교육의 바탕이론인 '구성주의 문예학'의 근본적인 출발점이 문학 텍스트에 대한 해석 방법을 지향한다는 것인데, 이 과정을 제외하면 반응 중심 문학교육과의 본질적인 차이를 어떻게 설명할 수 있을 것인지가 문제점으로 남는다고 하겠다. 따라서 이 모형은 구성주의 문예학적 원리에 충실하기보다는 초등학생을 대상으로 한다는 전제를 바탕으로 문학적 지식의 교수·학습 단계를 생략한 변이형이라 할 수 있을 것이다.

구성주의 동향의 문학교육 방법과 관련하여 또 하나의 흥미로운 모형이 있는데, 최미숙(2006)의 시 교육에 있어서 '대화 중심 교수·학습 모형'이 그것이다.

과정	주요 활동
시에 관한 지식 이해하기	• 해당 시와 관련 있는 문학적 지식 이해하기 • 현대시 읽기 학습 방법 안내
시 낭송하기	• 시의 분위기나 어조 파악하기 • 낭독자의 목소리를 선택하여 분위기에 맞게 낭송하기 • 시의 의미 예측하기
〈대화 1〉 독자의 내적 대화	• 시 이해에 필요한 질문을 스스로 생성하고 답하기 • 상호 경쟁적인 읽기 중 스스로 가장 타당한 근거를 제시할 수 있는 읽기(지배적 읽기)를 선택하기 • 독서 스토리 작성하기
〈대화 2〉 독자와 독자의 대화	• 타당한 근거를 내세울 수 있는 시의 해석과 다른 독자의 근거를 이야기하며 비교하기 • 타당한 근거와 관련있는 내용 찾아보기 • 애매한 내용 명료화하며 각 근거의 설득력을 비교하며 판단하기
〈대화 3〉 교사(전문가)와 독자의 대화	• 그동안의 대화 과정에서 제시되지 않은 새로운 관점 제시하기 • 여러 관점 간의 경쟁적 대화를 통해 좀더 근거 있는 해석의 가능역 설정하기
시의 의미 정리하기	• 가장 타당하다고 생각되는 시의 의미 정리하기 • 모작, 개작, 모방 시 창작하기

〔그림 5〕 대화 중심 교수·학습 모형(최미숙, 2006)[42]

---

42) 최미숙, 「국어과 교수·학습 방법의 탐구: 대화 중심의 현대시 교수·학습 방법」, 『국어교육학연구』 26집, 국어

이 모형이 반응 중심 접근법과 유사하지만 바흐친으로부터 이끌어낸 개념들을 '대화 중심의 현시 교수·학습 방법으로 발전시켰다.'는 견해43)가 있는 것처럼 패러다임적 성격을 규정하는 데 다소 혼란스러운 게 사실이다.

그렇지만 첫 단계에서 반응 중심 문학교육에서 의도적으로 배제시킨 '시에 관한 지식 이해하기'와 '현대시 읽기 학습 방법 안내' 단계를 설정하고 이를 '전이력을 가진 방법적 지식을 익히는 단계'로 설명한다는 면에서 반응 중심 문학교육과는 근본적인 출발점이 다르다. 오히려 앞에서 살펴본 이상구의 '구성주의 문학 수업 모형'과 근본적으로 유사하다. 뿐만 아니라 '대화주의', '내적 대화'와 같은 바흐친과 비고츠키의 구성주의적 개념을 사용하고 있어서 구성주의 패러다임과 관련시키는 것이 훨씬 더 설득력이 있을 것 같다.

특히 이 모형의 핵심 개념인 '독자의 내적 대화', '독자와 독자의 대화'는 비고츠키의 이론에서 중심 개념이라 할 수 있는 '개인 내적 대화', '개인 간의 대화'의 개념과 유사하고, '전문가와 독자의 대화' 역시 구성주의에서의 핵심적인 교수·학습의 방법적 도구인 '인지적 도제'에서의 '비계(飛階, scaffolding)'의 원리와 흡사하기 때문이다. 따라서 이 모형은 비고츠키와 바흐친의 관점이 반영된 사회구성주의 패러다임과 관련된 모형으로 볼 수 있을 것 같다.

그렇지만 연구자가 이 모형을 구안하는 과정에서 직접적으로 '구성주의 문예학'이나 '구성주의'와 관련된 언급을 하지 않고 있어서 이에 대한 후속 논의가 따라야 할 것으로 보인다. 따라서 최미숙의 이 모형은 큰 틀에서 보면 분명 반응 중심 문학교육의 교수·학습 방법과는 분명 패러다임적인 차이를 보이지만, 구성주의적 교수·학습 방법론에 충실하다기보다는 구성주의적 원리가 반영된 모형으로 봐야 할 것이다.

교육학회, 2006, 247면.
43) 윤여탁·최미숙·최지현·유영희, 『현대시교육론』, 사회평론, 2010, 93면.

이상에서 살펴본 바와 같이 구성주의 패러다임을 바탕으로 한 문학 교수·학습 모형은, 구성주의 문예학적 관점을 반영한 '구성주의 문학 수업 모형'(이상구, 1998; 2002)이 먼저 구안되고, 뒤이어 초등학교용 모형이 구안(류덕제, 2001)되었으며, 또 이러한 구성주의적 원리를 반영한 대화 중심 교수·학습 모형(최미숙, 2006)으로까지 확대되었다.

그러나 "제대로 된 구성주의적 읽기가 구성주의에 대한 인식을 선언적 수준에서 확인하거나 방법(전략)적·모형(교수법)적 차원에서만 접근하는 일로 해결될 성질은 아닌 듯싶다."[44]는 지적에서처럼 진정한 의미에서의 구성주의 문학교육은 개별 장르를 해석하는 데 필요한 장르도식이 아직 개발되어 있지 않아서 이러한 후속 연구가 이뤄져야만 가능할 것이다.

4. 맺는 말

지금까지 우리의 현대 학교교육에서의 문학교육과 관련된 주요 패러다임인 텍스트 중심 문학교육, 반응 중심 문학교육, 구성주의 문학교육의 패러다임적 차이와 그에 따른 교육 방법을 비교해 보았다. 이들을 정리해 보면 다음과 같다.

먼저, 제1차 교육과정 말기부터 등장한 '텍스트 중심 문학교육'은 행동주의 패러다임을 바탕으로 한 문학교육 체제이다. 이는 학생들의 문학 텍스트에 대한 감상 능력을 기르기 위해서 문학적 지식을 가르치고, 그것을 바탕으로 문학 텍스트를 '자세히' 분석하여 그 의미를 '정확히' 해석하도록 훈련해야 한다는 관점을 바탕으로 하고 있다. 이러한 관점으로 인해 실제로 문학 교실에서 문학 텍스트를 읽고 분석하기보다는, 권위 있는 비평가의 실천 비평만이 '정답'으로 위치하기 때문에 작품을 읽는 과정은 생략되고,

---

44) 임경순, "구성주의적 관점에서 문학텍스트 읽기", 『독서연구』 18, 2007, 82면.

권위 있는 비평가가 제시한 '정답'이 주입식 교육과 암기 위주의 학습으로 행해지며, 이로 인해 학생들이 문학 작품의 의미를 구성해 내는 '활동'이나 '과정'은 생략되며, 전형적인 교사 중심, 결과 중심의 형태로 진행되는 문제점을 안고 있었다.

두 번째로 등장한 '반응 중심 문학교육'은 '텍스트'에서 '학생(독자)'으로 관점을 이동하였다는 점에서, 또 문학 독서에 대한 관점을 '결과 중심'에서 '과정 중심'으로 이동하였다는 점에서, 행동주의에서 인지주의로 패러다임 이동(paradigm shift)을 실현하였다. 이 반응 중심 문학교육은 신비평에서 중시하던 문학(적) 지식을 의도적으로 배제하고, 학생들의 반응을 장려 촉진할 수 있는 반응 활동을 강조하였다. 그 결과, '교육 내용'이 무엇인지 불분명한 모습을 보이고 있고, 그로 인해 학생들이 다양한 '활동'을 하긴 하지만 구체적인 교수·학습 방법적 측면에서도 역시 문제점을 지니고 있는 것으로 나타났다.

끝으로, 1998년부터 논의가 시작된 '구성주의 문학교육'은 독일에서 '수용 미학'의 후속 패러다임으로 출발한 '구성주의 문예학'을 바탕으로 출발하였다. 구성주의 문예학을 근간으로 하여 출발한 구성주의 문학교육은 반응 중심 문학교육에서 도외시하였던 문학적 지식 문제를 다시 들고 나와서 신비평에서처럼 존재론적 지식만 가르치지 말고, 각 장르별로 해석할 수 있는 '경험적 지식(절차적 지식)'인 '장르 지식'을 가르치자고 주장한다. 구성주의 문예학적 관점을 전제로 한 교육 방법은 장르 지식을 가르치는 단계와 협동학습을 하는 모형이 먼저 구안되었고(이상구, 1998;2002), 뒤이어 초등학교용 모형이 구안(류덕제, 2001)되었으며, 또 바흐친의 대화주의와 연결된 모형(최미숙, 2006)으로까지 확대되었다.

이상에서 살펴본 우리의 현대 학교교육에서의 문학교육의 패러다임적 전개 과정과 그에 따른 교육 방법의 변천 양상은 비록 그 시기는 달라도 교육 전체의 패러다임의 변천 양상과 일치한다는 사실을 확인할 수 있었다. 그런데 오늘날 추구하고 지향하는 교육 방법은 무엇을, 어떻게 가르쳐야만 효과와 효율을 높일 수 있는지 과학적으로 체계적으로 검증하는 시기에 이르렀다. 따라서 우리의 문학교육에서 이와 같은 패러다임적 변천에 대한 인식을 바탕으로, 문학교육 전공자 모두가 바람직한 방법과 절차를 반영한 교육 방법을 모색하고, 이를 바탕으로 문학 교실의 실질적인 변화를 이끌어 내는 데 힘을 합쳐야 할 것이다.

> ❖ **생각해 볼 거리**
> - 우리나라 현대 문학교육 패러다임의 변천 과정을 정리해 보자.
> - 텍스트 중심 문학교육의 특징과 문제점은?
> - 반응 중심 문학교육의 특징과 문제점은?
> - 구성주의 문학교육의 특징과 과제는?

참고문헌

경규진, "반응 중심 문학교육의 방법 연구", 서울대학교 박사학위 논문, 1993.
고정희, 「텍스트 중심 문학교육의 이론적 기반과 읽기 방법」, 『문학교육학』 40, 57-88.
곽춘옥, "심미적 듣기를 통한 문학 교수·학습 방안 연구-저학년 '이야기 글'을 중심으로", 한국교원대학교 석사학위 논문, 2002.
구인환·박대호·박인기·우한용·최병우, 『문학교육론』, 삼지원, 1989.
권혁준, "문학비평이론의 시교육적 적용에 관한 연구-신비평과 독자반응 이론을 중심으로", 한국교원대학교 박사학위 논문, 1997.
김동환, 현대문학교육의 목표와 방법의 문제, 민족문학사연구 12, 1998.
김상욱, 「신비평과 소설 교육방법의 재검토」, 『국어교육』 79·80, 한국국어교육연구회, 1993.
김성진, 「문학 교수.학습 방법론 연구」, 『國語敎育學硏究』 21, 2004, 231-254.
김용현, 「학습자 지향적인 독일문학 수업 모델을 찾아서-베데킨트의 『사춘기』를 예로 하여」, 『독일어문학』 제54집, 2011, 55-75.
김정우, 「문학사교육에서의 지식의 문제 : 국어 지식 교육의 영역 및 활동과 관련하여」, 『국어교육연구』 제6집, 1999, 299-320.
김중신, 한국 문학교육론의 방법과 실천, 한국문화사, 2003.
김창원, 『시교육과 텍스트 해석』, 서울대학교 출판부, 1995.
류덕제, 「구성주의 관점의 문학교육」, 『한국초등국어교육』 제18집, 한국초등국어교육학회, 2001, 133-167.
박성익·임철일·이재경·최정임, 『교육방법의 교육공학적 이해』, 교육과학사, 1999.
양점열, "창작동화의 문학적·교육적 가치와 지도방안에 관한 연구", 한국교원대학교 석사학위 논문, 1993.
염은열, 「문학능력의 신장을 위한 문학교육 지식론의 방향 탐색」, 『문학교육학』 제28집, 한국문학교육학회, 2009, 193-222.
우한용·박인기·박삼서·정구향·김중신·김창원·김상욱·정재찬, 『문학교육과정론』, 삼지원, 1997.
우한용, 『한국 근대문학교육사 연구』, 서울대학교출판부, 2009.
유영희, 「시 교육 변천사」, 한국어교육학회 편, 『국어교육론 3』, 한국문화사, 2005.
윤여탁·최미숙·최지현·유영희, 『현대시 교육론』, 사회평론, 2010.
이광복, 「구성주의 문예학과 그 문학교수법적 함의」, 『독어교육』 17, 한국독어독문학교육학회, 1999, 231-254.
이상구, 『구성주의 문학교육론』, 박이정, 2002.

이상구, 「반응 중심 문학교육과 구성주의 문학교육의 기본 관점과 교육 내용 비교 고찰」, 『문학교육학』 40, 한국문학교육학회, 2013, 333-363.

이희정, "초등학교의 반응 중심 문학 교육방법 연구", 한국교원대학교 석사학위 논문, 1999.

임경순, "구성주의적 관점에서 문학텍스트 읽기", 『독서연구』 18, 2007, 71-95.

정재찬, 「신비평과 시교육의 연관에 대한 비판적 검토」, 『先淸語文』 20, 1992, 241-264.

정현미·양용칠, 「교육공학연구 20년 연구 흐름 분석」, 『교육공학연구』 21-24, 한국교육공학회, 2005, 167-194.

최미숙, 「국어과 교수·학습방법의 탐구 ; 대화 중심의 현대시 교수·학습 방법」, 『국어교육학연구』 26집, 국어교육학회, 2006, 227-252.

최지현, "문학 감상교육의 교수·학습 모형 탐구", 『선청어문』 26, 서울대학교사범대학국어교육과, 1998, 309-357.

한철우, 「국어과 교수·학습 모형 및 책략」, 『한국어문교육』 2, 한국어문교육연구소, 1991, 133-152.

T.J. Newby 외, Pearson Education, Inc., 노준석 외 공역(2008), 『교수·학습을 위한 교육공학』, 2006.

R. Rosenbletts, Literature as Exploration, 김혜리·엄혜영 역, 『탐구로서의 문학』, 한국문화사, 2006.

R. Rosenbletts, The Reader, the Text, the Poem—The Transactional Theory of the Literary Work, 김혜리·엄혜영 옮김, 『독자, 텍스트, 시-문학 작품의 상호 교통 이론』, 한국문화사, 2008.

Richard E. Mayer, "Design Instruction for Constructivism", Charles M. Reigrluth(ed), INSTRUCTIONAL-DESIGN THEORIES AND MODELS, Lawrence Erlbaum Associates, Inc. 1999, 142-179.

Robert E. Probst, "Literature as Exploration and the Classroom", Edmund j. Farrel & James R. Squire(1990), Transaction with Literature, 31-35.

Robert E. Probst, Response and Analysis-Teaching Literature in Second School(2nd edition), HEINMANN Protsmouth, NH, 2004, 82-83.

Siegfried J. Schmidt, Der Diskurs des Radikalen Konstruktivismus, 박여성 옮김, 『구성주의』, 까치, 1995.

Siegfried J. Schmidt, Kognitive Autonomie und soziale Orientierung, Suhrkamp, 박여성 옮김, 『미디어 인식론: 인지 - 텍스트 - 커뮤니케이션』, 까치, 1994.

H. Hauptmeier & S. J. Schmidt, Einführung in die empirische Literaturwissenschaft, 차봉희 역, 『구성주의 문예학』, 민음사, 1995.

서울대학교 철학사상연구소, 『네이버 지식백과』, http://terms.naver.com/ entry.nhn?cid=276&docId=801184&mobile&categoryId=1112

7장 반응 중심 문학교육과 구성주의 문학교육의 비교

❖ 개 요

　이 장에서는 반응 중심 문학교육과 구성주의 문학교육의 기본 관점과 교육 내용에 대한 공통점과 차이점을 살펴보았다.
　기본 관점에 있어서 공통점으로는, 첫째, 양쪽 다 신비평적 문학교육에 대해 비판을 하면서 그 한계에 대한 극복을 시도하고 있으며, 둘째, 문학 텍스트는 의미 자체를 지니지 않고 독자에 의해 실현된다고 본다. 셋째, 반응 혹은 해석의 단일성을 거부하고 '다양성'을 지향하며, 넷째, 학습자 간의 토의, 토론을 강조한다. 차이점으로는, 첫째, 반응 중심 문학교육에서는 다양한 '반응'을 추구하고, 구성주의 문학교육에서는 다양한 '해석'을 지향한다. 둘째, 반응 중심 문학교육에서는 개별 텍스트에 대한 독자의 '반응'을 장려, 촉진하는 데 머무는 데 비해, 구성주의 문학교육에서는 개별 독자가 텍스트를 읽고 난 주관적인 반응을 소통소(커뮤니카트)라 하면서 이를 의미나 해석으로 보지 않고, 구성원들 간의 토의, 토론 과정인 협력학습을 통해 간주관성(間主觀性)을 확보한 것만을 해석 혹은 의미로 인정한다. 셋째, 교육 패러다임의 전개 과정에서 볼 때, 반응 중심 문학교육은 개별 독자의 주관적 반응을 존중하는 주관주의, 인지주의에 속하고, 구성주의 문학교육은 구성주의, 그 가운데서도 '독일의 급진적 구성주의'에 속한다. 따라서 시기적으로 볼 때, 반응 중심 문학교육은 1938년에 출발하여 80년대에 활성화되어 오늘날까지, 구성주의 문학교육은 1985년부터 현재까지이다.
　교육 내용에 있어서 공통점은, 양쪽 다 신비평적 테두리 속에서의 문학에 관한 개념적 지식을 가르치는 데 대해서는 강하게 반발한다는 점이다. 차이점은, 반응 중심 문학교육에서는 문학에 관한 개념적 지식은 최소화해서 가르치면서, 반응을 다양화하고 심화할 수 있도록 가르칠 것을 주장한다. 그러나 반응을 다양화하고 심화시키기 위해서 무엇을 가르쳐야 하는지 '교육 내용'에 대한 논의가 체계적으로 전개되지 못하고 있다. 반면, 구성주의 문학교육에서는 문학 텍스트를 해석하는 데 필요한 '경험적 지식'인 '장르도식'을 가르쳐야 한다고 주장한다.

❖ 핵심어

　문학교육, 반응 중심 문학교육, 구성주의 문학교육

1. 들어가며

1970년대부터 시작된 우리의 현대 문학교육에 관한 연구는 크게 네 단계의 흐름으로 전개되어 왔다. 첫 번째 흐름은, 1958년 백철에 의해 '신비평'이 국내에 소개된 이후 70년대까지 이어진 신비평을 바탕으로 한 문학교육적 동향이다.[1] 두 번째 흐름은 1978년에 차봉희에 의해 독일의 수용미학이 소개되면서 1980년대는 이를 토대로 문학교육적 적용 방안에 관한 논의가 전개되었다.[2] 세 번째 흐름은, 1993년 경규진이 본격적으로 소개한, 로젠블렛(R. Rosenbletts)의 독자 반응 비평이론과 문학교육론을 근간으로 한 반응 중심 문학교육이 그것이다.[3] 네 번째는, 1995년을 전후하여 차봉희 등에 의해 소개된 구성주의 문예학을 바탕으로 논의가 시작된 구성주의 문학교육론이 그것이다.[4]

이 가운데에서 신비평에 관한 논의는 이미 90년대 초반에 활발한 논의를 통해 어느 정도 일단락되었으므로 본고에서는 논의를 생략하기로 한다. 남은 3개의 연구 동향 가운데에서 두 번째인 수용미학을 바탕으로 한 학습자 중심 문학교육과 세 번째의 반응 중심 문학교육은 각기 바탕이론이 독일의 수용미학과 영미의 독자 반응 이론이기 때문에, 근원적인 뿌리가 같기 때문에 이 두 흐름을 '반응 중심 문학교육' 패러다임으로 함께 묶어 논의하기로 한다.

가장 최근의 동향인 구성주의 문학교육은, 근본적으로 이들과는 패러다임상의 차이를 보여 주고 있다. 즉 앞의 수용미학적 학습자 중심 문학 교육

---

[1] 신비평에 바탕을 둔 문학 교육적 연구는 90년대 초·중반에 집중적으로 이뤄졌는데, 그 주요 문학교육적 연구로는 우한용 외(1993), 김상욱(1993), 우한용(1995), 정재찬(1995), 권혁준(1997) 등을 들 수 있다.
[2] 이에는 김인환(1978), 박인기(1986), 구인환 외(1989), 이향숙(1988), 권오현(1989), 김주향(1991), 권혁준(1997) 등이 있다.
[3] '반응 중심 문학교육'은 경규진(1993)에 의해 본격적인 소개가 이루어졌으며, 이어서 염창권(1998), 이희정(1999), 한명숙(2000), 김창원(2004), 진선희(2006), 양정실(2012) 등에 의해 지속적으로 논의되어 오고 있다.
[4] 문학이론인 '구성주의 문예학'은 차봉희(1995ㄱ, 1995ㄴ, 1995ㄷ, 1995ㄹ)와 박여성(1994, 1995, 2004)에 의해 소개되었고, 이를 문학교육에 적용하려는 논의는 이상구(1998, 2000, 2002, 2003), 이광복(1999, 2000), 류덕제(2000, 2011), 김용현(2006, 2007, 2011), 김상욱(2005), 김성진(2006), 임경순(2007) 등에 의해 전개되었다.

과 반응 중심 문학교육은, 문학 이론(비평 이론)의 패러다임상으로는 독자 반응 이론에, 또 교육 패러다임상으로는 인지주의적 동향에 속하고, 구성주의 문학교육은 구성주의 문예학이라는 문학 이론과 구성주의에 패러다임에 속하기 때문에, 이들과는 분명한 구획이 그어진다. 그런데 1998년에 구성주의 문학교육에 대한 논의가 시작된 이후, 이들 두 관점을 바탕으로 한 연구가 병렬적으로 전개되면서,[5] 그 차이를 간과 혹은 혼동하거나 함께 섞어서 논의하는 경우가 적지 않게 발견되고 있어, 그 차이점과 공통점을 점검하는 논의가 필요한 것으로 판단된다. 반세기의 시차를 두고 발생한 이 두 패러다임이 병렬적으로, 혹은 혼재되어 논의되고 있는 상황에서, 이들에 대한 공통점 혹은 차이점을 점검하는 논의가 이뤄지지 않고 있다는 점에서 그 논의의 필요성은 일정 부분 설득력을 지닐 것으로 판단된다.

본고는 이러한 문제의식을 바탕으로, 로젠블렛이 주창한 반응 중심 문학교육('반응 중심 문학교육'이라 칭함.)과 구성주의 문예학을 바탕으로 한 구성주의 문학교육(이하, '구성주의 문학교육'이라 칭함.)[6]의 문학교육에 대한 '기본 관점'과 '교육 내용' 두 측면에서 공통점과 차이점을 점검해 보고자 한다. 그리고 이를 바탕으로 향후 우리 문학교육이 해결해야 될 과제나 시사받을 수 있는 점이 있는지도 함께 살펴보고자 한다.

---

[5] 이 두 문학교육 패러다임을 바탕으로 한 논의가 양적으로 어떻게 진행되고 있는지를 알아보기 위해 2013년 2월 28일을 기준으로 한국교육학술정보원(http://www.riss.kr)에서 '반응 중심 and 문학교육'과 '구성주의 and 문학교육'이란 검색어로 검색한 결과 다음과 같은 결과가 나왔다.

패러다임	구분	전체	학위 논문	국내 학술지	단행본
반응 중심 문학교육	전체	1015	707	82	226
	1998 이후	926	677	78	171
구성주의 문학교육 (1998 이후)		306	187	36	83

[6] 우리나라에 1980년대 후반 독일의 수용미학이 소개된 이후, 1980년대부터 90년대 중반에 이르기까지 이를 토대로 한 문학 교육적 논의가 전개되었다. 그러다가 1993년에 반응 중심 문학교육이 소개되면서 90년대 중반부터는 이에 통합되어 논의되어 오고 있다. 따라서 여기서는 로젠블렛의 반응 중심 문학교육적 관점을 중심으로 살펴보기로 한다.

2. 문학교육에 관한 기본 관점

(1) 반응 중심 문학교육

주지하는 바와 같이 반응 중심 문학교육의 직접적인 출발은 미국의 독자 반응 비평가이자 문학교육가인 로젠블렛이 1938년에 『탐구로서의 문학』을 출간하면서부터이다. 이는 1960년대에서 80년대에는 영미권의 중심적인 문학교육 이론으로 확산되었고, 우리나라에서는 1993년 경규진에 의해서 소개된 이후 오늘날까지 이어지고 있다.

로젠블렛은 『탐구로서의 문학』을 통하여, 제2차 세계대전 이후 영미 문학계는 물론 문학교육의 주류로 자리 잡은 신비평에 반기를 들면서, "독자들의 다양한 반응을 무시하는 잘못되어진 독서 방법에서 벗어나야 한다는 때늦은 깨달음"[7])에서 출발하였다고 한다. 이렇게 출발한 반응 중심 문학교육의 주요 관점을 살펴보면 다음과 같다.

먼저, 텍스트에 대한 관점이다. 문학 '텍스트(text)'는, 독자가 텍스트를 읽고 '문학 작품(work)'으로 재현하게 될 때까지는 단지 종이와 잉크에 지나지 않으며, '문학 작품(work)'은 독자와 텍스트 사이에 놓인 생생한 회로 속에 존재한다. 독자는 그러한 텍스트에다 자신의 배경지식을 바탕으로 심미적인 반응을 형성하게 되는데, 이로써 '문학 작품(work)'으로 구체화된다.

그리고 로젠블렛은 텍스트가 작품으로 구체화되기까지의 독서 과정을 '환기(evocation)'와 '반응(response)'이라는 두 가지 장치를 통해 설명하고 있다. 즉 독자는 독서 과정에서 '텍스트'를 통하여 '환기'와 '반응'을 형성하는데, 여기서 환기란 텍스트와 심미적으로 교류를 하는 동안 독자가 자신의 과거 경험에서 끌어온 아이디어, 감각, 느낌, 이미지를 선택하여, 그것을 새 경험인 환기된 시나 소설 또는 희곡으로 종합하는 과정이다. 그리고 이러한 '환기'에 의해서 생성된 의미가 곧 '반응'이라는 것이다. 즉 독자가

---
7) R. Rosenbletts, The Reader, the Text, the Poem—The Transactional Theory of the Literary Work, 김혜리·엄혜영 옮김, 『독자, 텍스트, 시·문학 작품의 상호 교통 이론』, 한국문화사, 2008, vii면.

기호에 불과했던 텍스트와 심미적으로 관련을 맺는 작용인 '환기'를 통하여, 독자가 느끼고 생각하는 내면적인 변화가 발생하는데 이것이 곧 '반응'이라는 것이다.

그녀는 또 한편으로 당대 미국의 대표적인 교육학자이자 교육심리학자인 존 듀이와 그의 동료 벤틀리의 아동 중심 교육철학을 받아들여 독서의 과정을 기존에 논의되어 오던 것처럼 '상호작용(interaction)' 과정이 아니라, '상호 교섭 작용(transaction)'을 통하여 형성된다고 설명하였다. 즉 텍스트와 독자의 상호작용으로 보는 기존 관점은 텍스트와 독자를 분리된 존재로 인식한 결과이기 때문에, 이러한 이원론을 극복하고 독자와 텍스트를 상호 보완적인 관계로 인식하는 상호 교섭 작용적 관점으로 이동해야 한다는 것이다. 이에 관한 로젠블렛의 직접적인 설명을 보면 다음과 같다.

"과거의 독서는 너무나도 빈번히 인쇄된 지면에 나타난 의미를 독자가 의식하도록 하거나 독자가 텍스트에 내포된 의미를 추출해 내야 하는 상호작용으로 생각되어 왔다. 사실 독서는 특별한 상황하에서 여러 시기에 걸쳐서 이루어지는 건설적이고 선택적인 과정이다. 독자와 지면 위의 기호들 간의 관계는 앞뒤로 왔다 갔다 하는 나선형으로 진행되면서, 그 안에서 독자와 기호는 서로 상대에게 기여하는 바에 의해서 계속적으로 영향을 받게 되었다"[8]

종래에는 독서 과정을 독자가 텍스트를 읽고 의미를 추출해 내는 '상호작용'으로 이해해 왔는데, 그것이 아니라 독자와 텍스트가 서로 지속적으로 교류하면서 영향을 받아 의미가 생성되는 상호 교섭 작용에 의해 이뤄진다

---

[8] R. Rosenbletts, 앞의 책, 27면.
　로젠블렛의 이론적 체계를 이해하는 데 가장 핵심적인 개념은 '반응(response)'과 '상호 교섭 작용(transaction)'이다. 그런데 'transaction'을 경규진(1993)이 '거래'로 처음 번역 사용한 이래, 우리의 문학 교육학계에서는 줄곧 이를 그대로 사용해 왔다. 그런데 이희정(1999)이 '거래'란 용어가 상업적 어감이 짙고, 두 대상이 역동적으로 영향을 주고받는다는 의미를 담아내기에 부족하므로 '교류'로 번역하자는 설득력 있는 제안을 한 바 있다. 한편, 로젠블렛의 〈탐구로서의 문학〉을 번역한 김혜리·엄혜영은 '상호 교통'으로 번역하였고, 이와는 별도로 국어교육 학계에서는 이를 '상호 교섭 작용'으로 사용해 오고 있고, 이지영(2011)에서도 '상호 교섭 작용'으로 사용하고 있다. 이 연구에서는 이 가운데 로젠블렛의 의도에도 부합하고 또 학계에서 용어의 혼란도 막아 줄 수 있을 것으로 판단되는 '상호 교섭 작용'을 사용하기로 한다.

것이다.9)

한편, 학생들이 형성한 다양한 반응을 장려하고 촉진하는 과정에서, 다른 학생들 혹은 교사와의 토론을 통해 자신의 것과는 다른 태도나 견해가 생길 수도 있음을 알게 하고 또 심화, 확대시켜 나가도록 해야 한다고 했다.10) 이러한 과정에서 문학 작품을 분석하거나 개념적 지식을 주입식으로 설명하는 형태를 지양하고, 학생들이 문학에 "스스럼없이 자발적으로 문학에 반응할 수 있도록"11) 장려하고 촉진해야 한다는 것이다. 그리고 교사는 "학생들로 하여금 문학이 그들에게 의미하고, 그들을 위해서 해 주는 것이 무엇인지를 깨닫도록 도와"12) 줘야 한다는 것이다.

(2) 구성주의 문학교육

독일에서 수용미학이 7, 80년대에 만개하여 80년대 후반에 들어 퇴조의 길을 걷게 되면서,13) 80년대 중반에 그 후속 패러다임인 구성주의 문예학이 등장한다. 즉 1985년 S. J. 슈미트를 중심으로 한 독일의 빌레펠트 및 지겐 대학의 비보수적 문예학 그룹을 중심으로 결성한 구성주의 문예학, 즉 '경

---

9) 로젠블렛은 상호 교섭 작용 개념을 제안한 배경을 다음과 같이 설명하고 있다.
"내가 사용하는 '상호 교섭 작용'과 '상호 교섭적'이란 용어는, 자연과 인간 관계에 대한 사고에 관한 오늘날 20세기적 관점의 변화와 일치하는 것이다. 존 듀이와 벤틀리는, 앎에 관한 '상호작용'이란 용어가 데카르트나 뉴턴의 철학적 이원론에 너무 밀접하게 연결되어 있어서, 이 패러다임은 인간과 자연을 분리된 존재로 취급한다고 지적했다. 새로운 상호 교섭적 패러다임은 인간과 자연의 상호 보완적인 관계를 강조하는 관점으로서, 물리학에서의 아인슈타인과 입자물리학의 발전을 특히 반영하고 있다. (…) 즉 서로 분리된 인간과 자연이 서로에게 상호작용한다는 관점 대신에, 존 듀이와 벤틀리는 상호 의존적으로 구성된 상황 속에서 서로에 의해 조건 지어지는 상황과 상태를 가리키는 상호 교섭 작용이란 용어를 제안하였다."
Louise M. Rosenblatt, WRITING AND READING:THE TRANSACTIONAL THEORY, Technical Report No. 416, New York University, January 1988, 2면.
10) 비록 토의나 토론 과정을 통해, 자신의 반응과는 다른 견해가 생길 수 있음을 알게 하고 또 심화, 확대한다고는 하지만, 근본적으로 개별 독자의 반응을 촉진하고 장려하는 데 초점을 두기 때문에 이는 패러다임상으로는 주관주의, 인지주의에 속한다. 그리고 이러한 다양성의 장려는 구성주의 문예학으로부터 해석의 무정부적 다양성 혹은 카니발적 다양성의 양산을 통할 장치를 지니지 못하고 있다는 비판의 대상이 된다. 그리고 구성주의 문학교육에서는 이를 극복하기 위한 장치로 '협력학습'을 제안하고 있다(이상구, 1998; 2002; 류덕제, 2000; 2011 참조).
11) R. Rosenbletts, Literature as Exploration, 김혜리·엄혜영 역, 『탐구로서의 문학』, 한국문화사, 2006, vii면.
12) R. Rosenbletts, 앞의 책, 66면.
13) 김천혜에 따르면 독일에서 수용미학에 관한 연구는 80년대 후반을 지나면서 쇠퇴의 모습을 보이고 있고, 90년대에 와서는 거의 전무하다고 한다. 김천혜, 수용미학의 흥성과 쇠퇴에 대한 고찰, 독일어문학 8집, 1998.

험 사실 구성적 문예학'이 등장한 것이다.

구성주의 문예학은, 신비평은 물론 텍스트 분석을 지향하는 내재적 관점의 문학 이론과 비평에 반기를 들고, 문학 텍스트를 이해하는 데 있어서 작가의 의도나 올바른 해석 혹은 유일한 해석을 거부하면서 독자의 능동성과 배경지식을 강조한다는 점에서, 독자 반응 이론(수용미학 포함)과 그에 터한 반응 중심 문학교육과 기본적인 출발점은 같다. 그러나 '반응' 대신 '해석'과 '해석 방법'을 지향하면서, 독자 반응 이론의 문제점과 한계를 극복하기 위해 등장한 패러다임답게 근본적인 차이점을 더 많이 보여 준다. 따라서 문학교육에 관한 주요 관점을 정리해 보면 다음과 같다.

먼저, 텍스트에 대한 관점이다. "텍스트는 의미를 지니고 있지[14] 않기" 때문에 "정신적 모델 구성을 위한 데이터베이스로 작용한다."[15] 그렇기 때문에 텍스트 자체는 "(독자에 의해 실현되기를 기다리는) 특정한 의미를 담고 있는 것이 아니라 독자의 행위를 촉발시키는"[16] 질료가 된다.

이러한 텍스트를 대상으로 개별 독자가 "자신의 지식과 경험을 바탕으로 텍스트에 내재된 많은 의미들 가운데 하나를 실현한다."[17] 그러기에 "텍스트에는 하나의 의미가 아니라 많은 의미들이 내재되어 있"[18]어서 그 텍스트를 읽은 독자들의 공감대가 형성된다면 그 수와는 상관없이 다양하게 산출될 수 있다고 본다. 이렇게 볼 때, 텍스트관 및 그에 대한 의미의 다양성 추구 등은 기본적으로 반응 중심 문학교육과 크게 다르지 않다.

그러나 독자 반응 이론은 개별 독자의 반응에 대한 독자성을 장려함으로써 다양한 반응을 촉진하는 데는 성공하였으나, "다양성만 양산하는 소위 주관주의(subjectivism)적인 경향으로 치달은 문제점을 지니고 있을 뿐만 아니라, 문학 텍스트에 대한 해석이 어떠한 과정으로 이뤄져야 하는가 하

---

14) H. Hauptmeier & S. J. Schmidt, 차봉희 역, 『구성주의 문예학』, 민음사, 1995, 62면.
15) Siegfried J. Schmidt, 박여성 옮김, 『미디어 인식론』, 까치, 1994, 456면.
16) 김용현, 「구성주의와 문학수업의 방향성에 관하여」, 『독어교육』 제37집, 한국독어독문학교육학회, 2006, 23면.
17) 위의 논문, 11면.
18) 위의 논문, 같은 면.

는 절차적 행위에 대한 설명을 제시하지 못하고 있다는 점에서 독자를 재구성해 내는, 그리하여 종국에 가선 항상 (독자) 자신만을 '재구성해 내는' 작업으로 이끌어 가는 문제점을 안고 있다."[19]고 봄으로써 독자 반응 이론과는 차별화를 지향한다.

그 결과, 문학 텍스트에 대한 독서 결과로 산출된 결과를 무엇으로 보느냐는 점에서는 일차적인 차별화를 시도한다. 즉 반응 중심 문학교육에서는 문학 텍스트의 독서 결과를 '반응'이라고 보는 데 비해, 구성주의 문학교육에서는 '해석'을 지향한다. 그리고 그 해석을 통해 의미를 산출하는 과정을 〔그림 1〕과 같이 설명하고 있다.

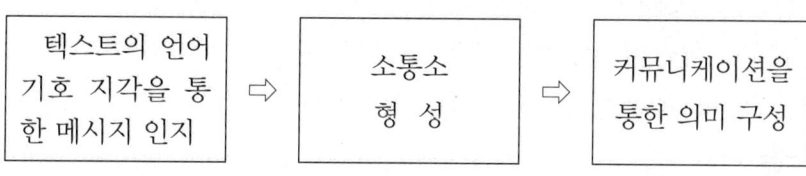

〔그림 1〕 텍스트 의미의 산출 과정[20]

〔그림 1〕에서처럼 독자가 텍스트의 언어 기호를 지각하면서 그 메시지를 인지하여 텍스트 처리 과정을 거쳐 자신의 배경지식을 바탕으로 (주관적인 생각인) '소통소'를 형성한다. 그렇지만 이 소통소는 주관적인 것이기 때문에 아직 확정된 '의미'로 인정하지 않는다. 개별 독자는 자신이 형성한 소통소를 바탕으로 다른 구성원들과 언어적 상호작용 과정인 커뮤니케이션(토의 혹은 토론, 즉 협력학습)을 거쳐 간주관성을 확보하여 최종적으로 '의미'로 공준받는다(구성원들로부터 공감을 받지 못하면 기각된다.). 이러한 과정을 통해 공준된 의미는 하나일 수도 있고 다양할 수도 있는데, 그 평가 기준은 "'올바른'이 아니라 '책임감 있는', 그리고 '설득력 있는' 것이다."[21]

그런데 여기서 개별 독자가 소통소를 형성하는 과정까지는 '개인 내적'인

---

19) 이상구, 『구성주의 문학교육론』, 박이정, 2002, 76면.
20) 이상구, 앞의 책, 97면.
21) 이광복, 구성주의 문예학과 그 문학교수법적 함의, 독어교육, 17집, 1999, 247면.

인지 과정이고, 그것을 바탕으로 커뮤니케이션을 하는 과정은 '개인 간'의 사회적 과정이다. 이는 곧 개인의 인지 과정을 중시하는 '인지적 구성주의' 적 관점과, 개인 간의 사회적 과정을 중시하는 '사회적 구성주의' 관점이 동시에 반영되어 있음을 확인할 수 있다. '구성주의 문학교육'이란 명칭 속에 이미 '구성주의'가 포함되어 있어서 구성주의를 바탕으로 한 문학교육적 체계임은 쉽게 확인할 수 있다. 그러나 한꺼번에 구성주의의 하위 패러다임인 인지적 구성주의의 '인지'와 사회적 구성주의의 '사회'를 동시에 반영하고 있는 까닭은 바탕이론인 '구성주의 문예학'이 출발 때부터 이미 이 두 관점을 동시에 반영한 독일의 '급진적 구성주의'를 바탕이론으로 하고 있어서, 그 관점을 바탕으로 하였기 때문이다.[22]

문학 교수·학습의 실제에 있어서는 위의 과정을 반영하여 해석 방법을 가르치는 '인지' 과정과, 그것을 바탕으로 개별 학생들이 문학 텍스트에 대해 형성한 소통소를 바탕으로 커뮤니케이션하는 '사회(협력학습)' 과정으로 단계화하여 가르칠 것을 제안하고 있다.[23]

이상에서의 논의를 바탕으로 반응 중심 문학교육과 구성주의 문학교육의 기본 관점에 있어서 공통점과 차이점을 정리하면 다음과 같다.

먼저, 공통점이다. 첫째, 반응 중심 문학교육과 구성주의 문학교육은, 텍

---

[22] 구성주의 문예학이 인지적 구성주의의 '인지'와 사회적 구성주의의 '사회'를 동시에 반영하고 있다는 사실은, 1983년에 『구성주의 문예학』의 체계를 주도적으로 세운 슈미트가 1986년에 저술한 『구성주의』 책 전권에 걸쳐 그 관점을 체계적으로 설명하고 있다는 사실에서 분명히 확인할 수 있다. 이에 대해서는 Siegfried J. Schmidt 편저, 박여성 옮김, 『구성주의』, 까치, 1995. 참조.

그런데 이와 관련하여 흥미로운 사실은, 우리 국어교육 학계에 구성주의를 바탕으로 한 논의가 90년대 초반부터 읽기 및 쓰기 영역에서부터 시작되었고, 초기에는 '인지적 구성주의'를 바탕으로 전개되다가, 90년대 후반부터는 '사회적 구성주의'를 바탕으로 한 논의, 그리고 이 두 관점을 결합한 '사회·인지 이론' 순서로 논의가 전개되었는데, 문학교육에서는 처음부터 인지구성주의의 '인지'와 사회구성주의의 '사회' 두 관점을 결합한 형태로 전개되었다는 점이다.

그 까닭은 본문에서 설명한 것처럼 구성주의 문예학 자체가 이 두 관점을 결합한 독일의 '급진적 구성주의'를 바탕으로 출발하였기 때문이다. 따라서 구성주의 문학교육을 논하는 모든 연구는 예외 없이 이 '인지'와 '사회'를 동시에 반영한 독일의 급진적 구성주의를 바탕으로 하고 있다.

[23] 구성주의 문학교육에 대한 대표적인 논의인 이상구(1998, 2002)에서 교수·학습 과정에서 '문학 작품의 인지적 과정에 대한 학습 활동' 단계와 '협력학습을 통한 협응 활동' 단계를 상정하는 것이나 류덕제(2000, 2011)가 '개인적 구성－개인 간 구성－사회적 구성'으로 구분한 것은 구성주의 문예학의 이러한 가정을 반영하였기 때문이다.

스트 내재적 분석을 지향하는 신비평적 문학교육에 대해 비판을 하면서 그 한계에 대한 극복을 시도하고 있다는 점에서 공통적이다. 둘째, 양쪽 다 문학 텍스트는 의미 자체를 지니지 않고 독자에 의해 실현된다고 본다. 셋째, 반응 혹은 해석의 단일성을 거부하고 '다양성'을 지향한다. 넷째, 학습자 간의 토의, 토론을 강조한다. 반응 중심 문학교육에서는 개별학습 독자가 다른 학생 혹은 교사와의 토론을 통해 자신의 반응을 비판적으로 점검하고 사람마다 다르게 반응할 수 있다는 것을 깨닫게 하기 위해서 토의, 토론을 강조하고, 구성주의 문학교육에서는 학습 독자들 간의 협응을 위한 토의, 토론하는 과정인 '협력학습'을 강조한다.

다음은 차이점이다. 첫째, 반응 중심 문학교육에서는 독자의 다양한 '반응'을 지향하고, 구성주의 문학교육에서는 독자의 다양한 '해석'을 지향한다. 둘째, 반응 중심 문학교육에서는 개별 텍스트에 대한 독자의 반응을 강조하지만, 구성주의 문학교육에서는 개별 독자가 텍스트를 읽고 난 주관적인 반응을 소통소(커뮤니카트)라 하면서 이를 의미로 보지 않고, 구성원들 간의 토의, 토론 과정을 통해 간주관성을 확보한 것만을 의미로 인정한다. 셋째, 교육 패러다임의 전개 과정에서 볼 때, 반응 중심 문학교육은 개별 독자의 주관적 반응을 존중하는 '인지주의'에 속하고, 구성주의 문학교육은 구성주의, 그 가운데서도 '독일의 급진적 구성주의'에 속한다. 시기적으로 볼 때, 전자는 1938년에 출발하여 80년대에 활성화되어 오늘날까지, 후자는 1985년부터 현재까지이다.

3. 문학교육의 내용

교육 내용이란 '무엇을 가르칠 것인가'에 해당하는 개념으로서, 교육 목적과 목표에 의해 결정되며, 교육 방법의 방향을 제시한다. 따라서 문학교육에서 가르치고 배워야 할 내용을 무엇으로 할 것인가 하는 문제는 문학교육의 목적과 목표, 그리고 방향과 직결된 중요한 문제이다. 이러한 관점에서 볼 때, 모든 문학교육의 목적은 그 패러다임과는 상관없이 학습자로 하여금 문학 작품을 능숙하게 이해하고 감상할 수 있는 문학 능력을 갖추어 능숙한 문학 독자로 성장하도록 하는 데 있다.24) 문학 작품을 창작하는 생산 활동을 추가한다고 하더라도 그것이 작가로서의 소양을 기르는 데 두지 않기 때문에 이 역시 '이해와 감상 능력' 신장에 초점을 둔다.

그렇다면 이러한 이해와 감상 능력을 갖추기 위하여 실제 문학교육의 내용은 무엇으로 설정해야 하는가? 문학교육에 있어서 내용의 범주는 장르론적 접근, 수용론적 접근, 주제론적 접근, 속성 탐구적 접근 등으로 구분할 수 있다.25) 여기서는 이러한 관점을 바탕으로 포괄적인 개념으로서 문학교육에 있어서 '무엇을 가르쳐야 하는가?' 하는 광의의 개념으로 사용하면서, 반응 중심 문학교육과 구성주의 문학교육에서의 교육 내용을 점검해 보기로 한다.

(1) 반응 중심 문학교육

반응 중심 문학교육에서 교육 내용에 관한 답을 찾기 전에 우선 신비평을 바탕으로 한 문학교육 체제에서 이에 대한 답을 찾아보면 누구나 쉽게 답을 할 수 있다. 시의 운율, 이미지, 등장인물, 사건, 배경 등과 같은 문학에 관한 '개념적 지식'을 가르치고, 그것을 바탕으로 문학 텍스트에 적용하여 내재적으로 분석하도록 한다. 따라서 신비평적 관점에서의 문학교육의 내용은 문학에 관한 개념적 지식을 교육 내용으로 한다.

신비평적 문학교육에 비판을 가하면서 등장한 반응 중심 문학교육에는 문학 수업 시간에 무엇을 가르치라고 하는가? 반응 중심 문학교육 연구물에서 이에 관한 답을 찾아보면 일단 다음과 같은 진술을 찾을 수 있다.

---

24) 이해와 감상의 개념에 대한 상세한 논의는 조연현, 구인환, 김대행, 김중신, 최지현, 김창원 등의 논의를 바탕으로 개념 정립을 시도한 조하연(2010)을 참조함.
25) 노명완 외(2012), 국어교육학개론, 삼지원, 466~477 참조. 이 외에 문학교육에 있어서 '내용'에 관한 논의는 유영희(2011)에서 심도 있게 논의하고 있다.
26) 경규진, 앞의 논문, 83면.

"그렇다면 학생들이 문학 텍스트를 대하기 전에 문학 지식의 주입이나 지나친 강조는 오히려 텍스트에 대한 부정적 폐쇄적 선입견을 조장할 우려가 있다. 문학 텍스트를 심미적 독서 자료로 인식하는 것이 아니라, 문학 지식이나 이해를 위한 자료로 인식하게 하는 오류를 빚을 수 있다. 또한 제공된 문학 지식에 의해 텍스트를 보는 눈을 제한시켜 학생들의 살아 있는 다양한 문학 경험을 협소화시킬 우려가 있다. 따라서 학생들이 아무 선입견 없이 텍스트를 마주하는 일차적 독서가 생략되고 문학 지식이 학생들에게 일차적으로 제시되어서는 안 된다. 결국 문학 지식은 학생들의 문학 경험을 돕는 보조적인 위치에 있어야 할 것이다. 이 점은 문학 지식이 문학교육 전체의 방향을 뒤흔들 정도로 강조되거나, 구체적으로 문학 교육과정의 목표항의 일차적인 위치에 자리해서는 안 된다는 점을 의미한다."[26]

인용문에서 보는 것처럼 심미적 독서나 살아 있는 다양한 문학 경험을 위해서는 신비평적 관점에서의 문학적 개념을 가르치는 것을 최소화해서 가르쳐야 한다고 제안한다. 그렇다면 그 대안은 무엇일까? 경규진은 "교육과정의 내용 항목에서 각 학년에 적당히 배정된 텍스트 요소를 중심으로 설정된 진술들은 학생들의 반응을 중심으로 학생들의 활동이 구체적으로 드러나는 진술로 바꾸어 한다."[27]고 하면서 다음과 같은 내용 요소를 제안하고 있다.

- 시를 읽고, 자신에게 어떤 의미가 있는지를// 발표한다.
- 소설과 관련된 경험을// 서로 이야기한다.
- 소설의 허구적 성격에 대해// 토의한다.
- 수필에서 지은이의 가치관과 자신의 가치관을// 비교 평가하는 글을 쓴다.
- 희곡을 읽고 희곡의 성격을// 일반화한다.
- 심미적 자세로 시를 읽는 태도에 관해// 의견을 교환한다.
- 작품에 대한 반응을// 발표한다.
- 소설에서 갈등 상황을 설정하고, 여러 해결 가능성을// 토의한다.
- 관련 수필을 찾아 읽고, 두 수필의 개성을// 비교하는 글을 쓴다.(//표시 연구자)[28]

---
27) 위의 논문, 같은 곳.
28) 위의 논문 91~92.

앞의 5개는 퍼브스가 제시한 반응의 4가지 범주를 적용한 것이고, 뒤의 4개는 로젠블렛이 제안한 거래의 국면을 확장하여 제시한 것이다. 가르쳐야 할 요소로서의 '내용'이 교육과정에 진술될 때는 일반적으로 교육 목표 분류 체계 및 진술 방식에 따라 '내용+행위동사' 형태로 제시되는데, 여기서 앞부분은 대상이고 뒷부분은 행동을 표현한 행위동사로서 이 자체가 하나의 내용을 형성한다. 예를 들면, "시의 운율의 개념을 이해한다.", "시의 운율을 파악할 수 있다."에서 둘 다 시의 운율이란 대상을 다루지만 '이해한다'는 알아야 하는 '지식'의 범주에 속하고, '파악한다'는 할 수 있어야 하는 '기능'의 범주에 속한다.

그런데 위에 경규진이 제안한 내용 가운데 다섯 번째 "희곡을 읽고 희곡의 성격을// 일반화한다."에서 '일반화한다.'를 제외한 나머지 8개는 '발표한다.', '이야기한다.', '토의한다.', '글을 쓴다.', '의견을 교환한다.' 등과 같이 지식, 기능, 태도 어느 범주에도 넣을 수 없는 형태이다.

반응 중심 문학교육은 이처럼 문학에 관한 개념적 지식을 의도적으로 배제하다 보니 대부분의 연구자들의 연구 목록에는 "무엇을 가르칠 것인가?" 하는 '내용' 부분에 대해서는 뚜렷한 언급이 없는 경우가 대부분이다. 다음과 같은 진술은 좋은 증거 자료가 된다.

"초기에는 주로 특정 텍스트에 대한 묘사, 대조, 비교, 분석 등에 관한 쓰기 반응으로부터 학습될 수 있는 것에 논의를 맞추어 왔다. 그러나 최근에는 연구 방향을 바꾸어 텍스트에 대해 학습자가 자신의 의견, 느낌을 언어화하고 조직하고, 반영하고, 생각하는 방법을 이해하기 위해 학습자들에 의한 반응의 다양성을 연구하는 데 관심을 쏟고 있다. 이와 같이 반응의 개념을 확대시키면 독자, 즉 학습자의 입장, 읽기 과정 그 자체에 대한 입장, 반응의 생산적인 조사 방법 등에 변화를 일으킨다. 또한 독자로서의 학생들은 자신의 사고를 추론하거나 추상화할 수 있는 능력을 지닌 적극적인 언어 구성자, 적극적인 학습자로 인식되고 있으며, 문학 환경 속에서 읽기와 쓰기를 지속적으로 학습하게 된다."[29]

---

29) Mariam G.Martinez · Nancy L.Roser, Children's response to literature, James Flood & Jumile M. Jesen & Dine Lapp & James R. Squire. Handbook of research on Teaching the English Language Arts(New York:Macmimman Publishing Company, 1991, 643-644.

신비평이 중시하던 문학에 관한 개념적 지식을 가르치는 대신, "특정 텍스트에 대한 묘사, 대조, 비교, 분석 등에 관한 쓰기"를 지향하다가 그 방향을 바꾸어 "문학 텍스트에 대한 학습자의 의견, 느낌을 언어화하고 조직하고, 반영하고, 생각하는 방법을 이해하기 위해 학습자들에 의한 반응의 다양성을 연구"하고 있다는 것이다.

이렇듯 반응 중심 문학교육에서는 신비평에서처럼 문학 텍스트를 분석하는 대신 학생들이 생성하는 '반응'에 초점을 맞추다 보니 문학 텍스트를 읽고 토의(혹은 토론)하는 '활동'에 치우쳐져 있어서, '교육 내용' 측면에서는 취약한 모습을 보여 주고 있다. 이러한 교육 내용 측면의 취약성은 곧 우리의 문학교육에 적용하는 데도 한계를 드러내고 있는 것으로 보인다. 즉 문학 텍스트를 읽고 언어 활동을 강조하는 초등학교 문학교육에서는 강점을 보일 수도 있지만, 문학 텍스트에 대한 해석과 비평을 강조하고 있는 중등학교, 특히 고등학교 문학 교실에서는 적용 자체가 어려울 만큼 거리가 있는 것으로 보인다.

(2) 구성주의 문학교육

구성주의 문학교육은 반응 중심 문학교육의 문제점과 한계에 대한 해결을 지향하는 후속 패러다임답게, 반응 중심 문학교육이 교육 내용적인 측면에서 안고 있는 한계에 대한 분명한 대안을 제시한다. 한 마디로 문학 텍스트를 읽는 방법을 가르치자고 주장한다. 문학 텍스트를 읽는 경험을 바탕으로 생성된 방법에 관한 지식을 '경험적 지식'이라 이름 지으면서 이를 가르치자고 제안한다. 즉 텍스트를 읽고, 이를 독자 자신의 배경지식 및 심리적·정서적 상태를 바탕으로 의미를 구성하는 절차적 과정에 대한 지식을 가르치고 배우자는 것이다.

이러한 관점을 제시하는 배경에는, 기존의 문학 이론 및 문학교육에서는 문학에 관한 '존재론적 지식'(개념적 지식)만 가르치면서 그러한 존재론적 지식을 실제로 작품 속에서 찾을 수 있는 '경험적 지식(절차적 지식, 방법론적 지식)'은 제공하지 못하였다는 비판이 담겨 있다. 따라서 종래의 문학교육에서는 개별 텍스트를 해석하고 감상하는 '방법'을 가르쳐 주지 못하였기 때문에 당연히 존재론적 지식에 대한 주입식 교육과 암기 위주의 학습으로 일관하였다는 것이다.[30]

구성주의 문학교육에서는 이러한 형태의 문학교육에 대한 반동으로 특정 장르를 해석할 수 있는 경험적 지식을 가르침으로써 학생들이 시나 소설과 같은 장르의 텍스트를 접하게 되면 그 장르의 '인지도식(認知圖式)'을 자동적으로 작동시켜 이해·감상할 수 있는 인식론적 모델을 구축토록 하자는 것이다. 독자 반응 문학교육이 신비평이 지향하는 '개별 텍스트의 분석' 대신 '독자의 반응'을 대안으로 제시하였다면, 구성주의 문학교육에서는 '독자가 문학 텍스트를 읽는 방법' 쪽으로 방향을 선회한 것이다.[31]

그렇기 때문에 '개별적인 텍스트에 대한 분석이나 반응을 지향할 것이 아니라, 해석학적 구성원들이 해석하는 방법을 구명(究明)하고 그것을 활용할 수 있는 '경험적 지식' 산출에 근본 목표를 설정한다. 그러면서 다음과 같이 경험적 지식의 학문적 습득을 위한 충족 조건을 제시하고 있다.

- 지식 습득의 목표들이 명시적이어야 하며, 그 수행 또한 의미 있는 또는 유용한 것으로 납득할 수 있어야 한다.
- 언제 이 목표가 달성되었다고 판단하는가에 대한 명시적인 조건들이 제시되어야 한다.

---

[30] 학생들에게 문학 텍스트를 해석하는 데 필요한 경험적 지식을 가르쳐서 해석 능력을 길러 줘야 한다는 얘기는, 해석 행위에 대한 경험적 지식 제공 없이 해석이나 실천 비평만 양산해 온 기존의 문학 연구 및 비평에 대해 구성주의 문예학의 창시자인 슈미트가, "어느 정도 후하게 보수를 받는 학자들의 집단이, 무엇 때문에 공공 연구소들의 범주에서, 그리고 (문학)강의와 시험에서 당연한 교육 근거로서 문학 텍스트의 〈해석〉을 끈덕지게 고집하고 있는가?"라고 비판을 가하는 대목에서 명백히 확인된다. 즉 개별 텍스트에 대한 해석이나 비평을 양산하고, 이를 학생들에게 가르치는 기존의 문학 체계 및 문학교육학 체계에 비판을 가하면서 '해석 방법'인 경험적 지식과 인지도식, 장르도식 등을 연구하고, 그것을 가르쳐야 한다는 것이다. 이에 대한 자세한 논의는 이상구, 앞의 책 75면 참조.

[31] 반응 중심 문학교육의 범주 속에서도 텍스트를 읽을 때 독자들은 텍스트 관습을 바탕으로 텍스트를 읽는 '방법적 지식'을 얻는다는 논의가 있다. 그럼에도 이러한 방법적 지식을 지향하는 것이 아니라 이를 반응의 다양화 혹은 심화의 원천으로 논의한다는 점에서 구성주의 문학교육과는 분명한 차이를 보인다고 하겠다. 반응 중심 문학교육에서의 텍스트 관습 혹은 방법적 지식에 대해서는 진선희의 「학습 독자 반응 연구의 문학교육적 함의 및 연구 방향」, 『문학교육학』 제16호, 한국문학교육학회, 2005, 295-6)을 참조함.

- 목표 지향적인 전략들, 처리 방식 등은(언어적으로) 실행 가능해야 하며, 적절한 형식으로 기록될 수 있고, 간주관적으로 가르칠 수 있고 배울 수 있어야 한다.
- 개발된 전략들이나 절차들은, 의도된 목표들이 해당하는 행위 맥락으로 적용됨으로써 간주관적으로 달성될 수 있는지의 여부에 따라 검증되어야 한다.
- 이런 검증 절차들은 간주관적으로 실행 가능하며, 가르쳐지거나 배울 수 있고, 그리고 간주관적으로 용이하게 기록되어야 한다.32)

이러한 요건을 충족하는 경험적 지식을 '인지도식'이라 하여 그 개념을 다음과 같이 조작적으로 정의해서 사용하고 있다.

"인지도식이란 기본적으로, 극도로 상이한 복잡도 및 추상도를 체험 및 실재 영역의 구조화를 수행하는, 즉 전형적인 경험에 비추어서 대상, 상태, 사건, 행위들에 대한 '지식'을 조직하는 (예를 들면 구매, 축구에서의 골인 등의 인지도식) 개념들의 유사성으로 조직된 그물로 간주될 수 있다. 이때 인지도식들은 단위마다 호출될 수 있기 때문에 그 결과 그들의 구성 성분이 일단 따로따로 하나씩 검색되고 나서 합성되는 것은 아니라고 가정된다. 이러한 지식 조직의 형성을 통하여, 인지도식은 특정한 행위 및 상황 맥락에서도 인지적 정향을 쉽게 해 준다."33)

그리고 이러한 요건을 충족하는 경험적 지식으로서의 인지도식 가운데 가장 일반적인 것에 해당되는 '장르도식' 개념을 제시한다. 여기서 '장르도식'이란 장르 명칭에 대한 존재론적 지식이 습득되면서 장르의 수용 및 가공(처리) 과정에 대한 조직된 경험적 지식을 말한다. 이는 특정한 장르의 속성에 대한 지각과 인식 및 평가에 대한 지식이자, 한 사회 집단에서 특정한 장르를 이해, 감상하고 해석하는 데 보편화된 지식을 말한다. 슈미트가 예로 든 장편 소설의 장르 지식을 보면 다음과 같다.

---

32) Siegfried J. Schmidt, 편저, 앞의 책, 48면.
33) 위의 책, 198면.
34) Siegfried J. Schmidt, 박여성 옮김, 『미디어 인식론』, 까치, 1994, 211면

- 장편 소설은 (철학서나 역사 기술서와는 달리) 문학 작품이다.
- 장편 소설은 (서사시나 시와는 달리) 산문 텍스트이다.
- 장편 소설은 (논리적 논증 구문이나 풍경 묘사와는 달리) 산문 텍스트이다.34)

이러한 장르도식을 지닌 학생들의 보편적 경험 지식으로 두뇌 속에 저장되어 있다가, 자신이 읽고 있는 언어 텍스트가 일단 시나 소설이라는 장르라는 판단이 서기만 하면 자신의 독서를 성공적으로 수행시키기 위해, 시 혹은 소설에 대한 인지도식을 자동적으로 작동시켜서 독서 행위를 진행시킨다는 것이다. 이러한 과정을 통해 독자들은 자신의 경험적 지식을 활용하여 텍스트에 대한 소통소를 형성하면서 이해하게 된다. 그리고 자신의 마음속에 '인식론적 모델'을 구축하게 된다는 것이다.35)

문학교육에서 무엇을 가르칠 것인가 하는 문제는 곧 문학교육에서의 '지식'의 문제로 귀결되는바, 이에 관한 최근의 경향 역시, 명제적 지식 중심에서 절차적 지식, 방법적 지식으로 확장하자는 논의로 이어지고 있다는 사실도 구성주의 문학교육에서의 고민과 같은 출발점에서 고민을 하고 있다는 증거라 할 수 있을 것이다.36)

요컨대, 텍스트 분석을 지향하는 신비평에 대한 비판에서 출발한다는 점에서는 반응 중심 문학교육이나 구성주의 문학교육 양쪽 다 공통적이지만, 독자 반응 문학교육은 '텍스트 분석' 대신 '독자의 반응'을 선택함으로써 내용적인 측면보다는 활동을 강조했고, 구성주의 문학교육에서는 '독자가 텍스트를 읽는 방법'을 가르치고 배우자고 제안한 것이다. 그렇게 함으로써 텍스트의 처리 과정과 의미 구성 과정을 학습하게 하여 진정한 의미에서의 문학 작품을 이해, 감상할 수 있는 능력을 길러 주자는 것이다.

이러한 사실을 바탕으로 문학 독서 방법에 대해 양쪽 관점을 비교해 보면, 상당한 차이가 있음을 확인할 수 있다. 로젠블렛은 읽기 방식을 '정보

---

35) 이상구, 앞의 책, 196면. 이러한 논의는 이광복(1999, 2000), 류덕제(2000, 2011), 김용현(2006, 2007, 2011) 등에서 이어지고 있다.
36) 문학교육에 있어서 '지식'의 문제는, 염은열(2009), 김미혜(2006), 김정우(1999) 등에서 논의되어 있음.

추출적 독서(원심적 독서)'와 '심미적 독서'로 나누고, 문학 독서에서는 심미적 독서를 강조했다. 그리고 반응 중심 문학교육을 논하는 후속 연구들 대부분이 이러한 로젠블렛의 심미적 읽기 방식을 수용 혹은 계승하여 논의하고 있다. 그런데 구성주의 문학교육에서 제시하는 '장르도식' 개념을 상정하면 독서 방법은 (로젠블렛이 제안한) 두 가지 방식만 존재하는 것이 아니라, 장르의 수만큼 분화될 것이란 점이다. 예를 들면 시 장르도식, 소설 장르도식, 시조 장르도식, 추리소설 장르도식, 성장소설 장르도식 등등으로 말이다.[37] 그런데 그러한 장르도식이 개발되어 있지 않고 있다는 점에서, 또 다른 과제를 안고 있다고 하겠다.

이상에서 살펴본 교육 내용에 관한 공통점과 차이점을 정리하면 다음과 같다. 먼저, 공통점으로는 양쪽 다 신비평적 테두리 속에서의 문학에 관한 개념적 지식을 가르치는 데 대해서는 강하게 반발한다는 점을 들 수 있겠다.

다음은 차이점이다. 반응 중심 문학교육에서는 문학에 관한 개념적 지식은 최소화해서 가르치고 학습자들의 반응을 다양화하고 심화할 수 있도록 가르칠 것을 주장한다. 그런데 그렇게 반응을 다양화하고 심화시키기 위해서 무엇을 가르쳐야 하는지 '교육 내용'에 대한 논의가 체계적으로 전개되지 못하고 있다. 교육 내용의 개념을 문학 텍스트를 읽는 것으로 확장해서 볼 수도 있겠지만, 엄격한 의미에서 그것은 '활동'이지 '내용'이 아니기 때문에 반응 중심 문학교육은 '활동' 중심의 패러다임이라는 규정을 가능하게 해 준다고 하겠다. 반면, 구성주의 문학교육에서는 개별적인 작품의 해석 그 자체를 추구할 것이 아니라, 작품을 해석하는 방법, 즉 '경험적 지식'을 가르칠 것을 주장한다. 문학 작품을 해석하는 데 필요한 경험적 지식인 '장르도식'을 가르쳐야 한다는 것이다. 장르도식을 가르치자는 주장은 선명하지만 개별 장르에 대한 인지도식이 개발되어 있지 않아서 이에 대한 과제

---

[37] 구성주의 문학교육의 이러한 특성을 바탕으로 이상구(1998, 2002)에서는 문학 교과서를 '장르적·유형학적 분류'를 바탕으로 단원을 구성함으로써 학습자들이 장르에 대한 유형학적인 인지 모델을 구축할 수 있도록 하자고 주장하였고, 그 예시안을 이상구(2007)에서 제시하고 있다.

를 안고 있다고 하겠다.

지금까지 살펴본 내용을 바탕으로 반응 중심 문학교육과 구성주의 문학교육의 기본 관점과 교육 내용에 관한 특성을 정리하면 〔표 1〕과 같다.

〔표 1〕 반응 중심 문학교육과 구성주의 문학교육의 비교

항목 \ 구분	반응 중심 문학교육	구성주의 문학교육
시기	1938년 출발, 60~80년대 일반화/ 우리나라는 80년대 이후 오늘날까지	1985년 출발, 우리나라는 90년대 후반부터 오늘날까지
교육 패러다임	인지주의, 주관주의	구성주의, 특히 (독일의) 급진적 구성주의(인지+사회)
바탕 문학이론	독자 반응 이론(수용미학 포함)	구성주의 문예학
텍스트관	- 반응(해석)의 자극체 - 정신적 모델 구성을 위한 데이터베이스로 작용	
문학교육 목표	능숙한 반응자	능숙한 해석자
독서 과정	텍스트 인지⇒ 환기 ⇒ 반응 형성 ⇒ 토론·토의를 통한 타당성 있는 반응 산출	텍스트 인지⇒소통소 형성⇒커뮤니케이션을 통한 의미 구성
지식관	최소화된 문학에 관한 명제적 지식	텍스트 해석을 위한 경험적 지식 (장르도식)
주요 개념	반응, 환기, 심미적 읽기, 상호 교섭작용	해석, 경험적 지식, 장르도식
학습자관	능동적 반응자	능동적 해석자
교사의 역할	다양한 반응으로 이끄는 조력자	다양한 해석을 위한 경험적 지식 제공자, 인지 모델 시범자
교육 내용	심미적 독서	각 장르별 해석에 필요한 '장르도식'에 의한 독서

〔표 1〕에서 확인할 수 있듯이 반응 중심 문학교육과 구성주의 문학교육은 양쪽 다 신비평적인 문학교육의 극복이라는 과제에서 출발하지만, 교육 패러다임이나 바탕이론, 출발 동기, 기본 관점, 교육 내용 등에 걸쳐서 전반적으로 차이가 분명하게 드러남을 확인할 수 있다. 그리고 그러한 차이점을 통한 최종적인 확인점은 반응 중심 문학교육은 교육 활동 편향으로 인

해 교육 내용에 대한 취약성이라는 태생적인 문제점을 지니고 있고, 구성주의 문학교육은 아직 개발되지 않은 장르별 인지도식을 개발해야 한다는 과제를 안고 있음을 확인할 수 있겠다.

4. 맺는 말

지금까지 반응 중심 문학교육과 구성주의 문학교육의 기본 관점과 교육 내용에 대한 공통점과 차이점을 살펴보았다. 이를 요약하면 다음과 같다.

먼저, 기본 관점에 있어서 공통점이다. 첫째, 양쪽 다 신비평적 문학교육에 대해 비판을 하면서 그 한계에 대한 극복을 시도하고 있으며, 둘째, 문학 텍스트는 의미 자체를 지니지 않고 독자에 의해 실현된다고 본다. 셋째, 반응 혹은 해석의 단일성을 거부하고, '다양성'을 지향하며, 넷째, 학습자 간의 토의, 토론을 강조한다.

차이점으로는, 첫째, 반응 중심 문학교육에서는 다양한 '반응'을 추구하고, 구성주의 문학교육에서는 다양한 '해석'을 지향한다. 둘째, 반응 중심 문학교육에서는 개별 텍스트에 대한 독자의 '반응'을 장려, 촉진하는 데 머무는 데 비해, 구성주의 문학교육에서는 개별 독자가 텍스트를 읽고 난 주관적인 반응을 소통소(커뮤니카트)라 하면서 이를 의미나 해석으로 보지 않고, 구성원들 간의 토의, 토론 과정인 협력학습을 통해 간주관성을 확보한 것만을 해석 혹은 의미로 인정한다. 셋째, 교육 패러다임의 전개 과정에서 볼 때, 반응 중심 문학교육은 개별 독자의 주관적 반응을 존중하는 주관주의, 인지주의에 속하고, 구성주의 문학교육은 구성주의, 그 가운데서도 '독일의 급진적 구성주의'에 속한다. 따라서 시기적으로 볼 때, 반응 중심 문학교육은 1938년에 출발하여 80년대에 활성화되어 오늘날까지, 구성주의 문학교육은 1985년부터 현재까지이다.

교육 내용에 있어서 공통점은, 양쪽 다 신비평적 테두리 속에서의 문학에 관한 개념적 지식을 가르치는 데 대해서는 강하게 반발한다는 점이다. 차이점은, 반응 중심 문학교육에서는 문학에 관한 개념적 지식은 최소화해서 가르치면서, 반응을 다양화하고 심화할 수 있도록 가르칠 것을 주장한다. 그러나 반응을 다양화하고 심화시키기 위해서 무엇을 가르쳐야 하는지 '교육 내용'에 대한 논의가 체계적으로 전개되지 못하고 있다. 반면, 구성주의 문학교육에서는 문학 텍스트를 해석하는 데 필요한 '경험적 지식'인 '장르도식'을 가르쳐야 한다고 주장한다.

반응 중심 문학교육과 구성주의 문학교육은 이상과 같은 공통점과 차이점을 각기 지닌다. 그런데 반응 중심 문학교육은 '반응'을 강조하면서 반응을 형성하고 명료화, 심화하는 활동에 초점을 맞추다 보니 무엇을 가르쳐야 할 것인가 하는 문학교육의 내용적인 측면에서 문제점을 안고 있음을 확인하였다. 반면에 구성주의 문학교육에서는 개별적인 작품의 해석 그 자체를 추구할 것이 아니라, 작품을 해석하는 데 필요한 경험적 지식인 '장르도식'을 가르쳐야 한다고 주장하지만, 아직 제대로 개발된 '장르도식'이 없다는 과제를 안고 있음도 확인하였다.

이렇게 볼 때, 장차 우리의 문학교육이 반응 혹은 해석 어느 쪽을 지향해야 할 것인가 하는 문제가 대두된다. 이는 문학 능력을 해석 능력으로 볼 것인가, 반응 능력으로 볼 것인가 하는 문제와도 연결되기 때문에 심도 있는 논의가 따라야 할 것으로 보인다.

이를 해결하기 위해서 우선 교육 패러다임의 전개 과정이란 측면과, 또 우리의 문학 교육과정과 문학교육 현실 측면에서 점검해 보는 것이 우선 순서일 것이다. 반응 중심 문학교육의 바탕이론인 독자 반응 이론과 뿌리가 같은 수용미학이 독일에서 90년대를 넘어서면서 더 이상 논의되지 않고 있다는 사실, 그리고 구성주의가 우리의 국어교육학의 각 영역에서 바탕이론으로 이미 자리를 잡았다는 사실을 인식할 필요가 있다.[38] 또 미국, 영

---

[38] 1990년대 중반을 넘어서면서 국어과 각 영역에서 구성주의가 활발하게 논의되어 왔고, 또 2007 개정 국어과 교육과정부터 구성주의를 바탕으로 한 '장르 중심 접근법'을 바탕으로 하고 있음을 상기할 필요가 있다.

국, 독일, 호주 등 선진 각국에서 오늘날 교육 패러다임으로 확고하게 패러다임을 형성하였다는 점에서 구성주의 문학교육 쪽으로 전환해야 한다는 공감대가 어느 정도 형성될 것으로 믿어진다. 또한 우리의 문학교육 과정 역시 주요 장르별 개념적 지식들로 구성되어 있고, 특히 고등학교 문학 교실 현장과 대입 수능 국어 영역의 평가 체제를 고려하면 '반응'으로 가기는 마땅치 않을 것으로 보인다.

그렇다면 문학 작품에 대한 해석에서 비교적 자유로운 초등은 반응 중심 문학교육으로, 중등은 구성주의 문학교육 쪽으로 가닥을 잡는 논의도 가능하겠지만, 초·중등의 문학교육 체계가 달라진다는 문제점이 대두되므로 대해서는 후속 논의가 따라야 할 것이다.

> ❖ **생각해 볼 거리**
> - 바람직한 장르 중심 접근법에 따른 단원 배열과 구성의 모습은?
> - 과정 중심 접근법과 장르 중심 접근법에 따른 교과서 단원의 배열과 구성은 차이점은 어떠한 것들이 있을까?
> - 과정 중심 접근법과 장르 중심 접근법에 따른 단원의 배열과 구성의 효과성과 효율성은 어떠한 차이가 있을까?

참고문헌

1. 단행본
김인환, 『문학교육론』, 평민사, 1978.
노명완·신헌재·박인기·김창원·최영환·원진숙·유동엽·김은성, 『국어교육학개론』, 삼지원, 2012.
구인환·박대호·박인기·우한용·최병우, 『문학교육론』, 1989.
류덕제, 『학습자 중심 문학교육의 이해』, 보고사, 2011.
우한용·정병헌·윤여탁·김종철·김중신·김동환·정재찬, 『문학교육원론』, 서울대학교출판부, 2008.
이상구, 『문학교육론』, 박이정, 2002.

2. 논문
경규진, 「반응 중심 문학교육의 방법 연구」, 서울대학교 대학원 박사학위 논문, 1993.
권오현, 「수용미학적 인식과 문학 텍스트의 구체화 모델」, 『독어교육』 제7집, 한국독어독문학교육학회, 1989, 137–161.
권혁준, 「문학비평이론의 시교육적 적용에 관한 연구—신비평과 독자 반응 이론을 중심으로」, 한국교원대 대학원 박사학위 논문, 1997.
김미혜, 「문학교육에서 지식의 재개념화를 위한 연구」, 『문학교육학』 제19호, 한국문학교육학회, 2006, 155–184.
김상욱, 「실천적 이론과 이론의 실천: 문학교사를 위한 제언」, 『문학교육학』 제18집, 한국문학교육학회, 2005, 327–356.
김성진, 「서사 이론과 읽기 교육의 소통을 위한 시론」, 『문학교육학』 제19집, 한국문학교육학회, 2006, 185–209.
김용현, 「구성주의와 문학수업의 방향성에 관하여」, 『독어교육』 제37집, 한국독어독문학교육학회, 2006, 7–31.
김용현, 「구성주의적 글읽기 개념과 그 가능성에 대하여」, 『독일어문학』 제36집, 한국독일어문학회, 2007, 1–21.
김용현, 「학습자 지향적인 독일문학 수업 모델을 찾아서—베데킨트의 『사춘기』를 예로 하여」, 『독일어문학』 제54집, 2011, 55–75.
김용현, 「구성주의와 문학수업의 방향성에 관하여」, 『독어교육』 제37집, 한국독어독문학교육학회, 2007, 7–31.
김정우, 「문학사 교육에서의 지식의 문제 : 국어 지식 교육의 영역 및 활동과 관련하여」, 『국

　　　　　어교육연구』, 제6집, 1999, 299-320.
김창원, 『시교육과 텍스트 해석』, 서울대학교 출판부, 1995.
김창원, 문학교육의 성격과 문학 교과서의 지향, 국어교육연구, 제27집, 국어교육학회, 2006,
　　　　　187-222.
김천혜, 「수용미학의 흥성과 쇠퇴에 대한 고찰」, 『독일어문학』 제8집, 1998, 231-252.
류덕제, 「구성주의 관점의 문학 교육」, 『한국초등국어교육』 제18집, 한국초등국어교육학회,
　　　　　2001, 133-167.
박인기, 「문학제재의 수용특성과 교수·학습의 조건」, 『先淸語文』 제14호, 1986, 52-75.
양정실, 「문화교육의 뿌리와 줄기 : 우리나라 문학교육 연구에서 독자 반응 이론의 수용 현
　　　　　황과 전망」, 『문학교육학』 제38호, 한국문학교육학회, 2012, 99-123.
염은열, 「문학능력의 신장을 위한 문학교육 지식론의 방향 탐색」, 『문학교육학』 제28집, 한국
　　　　　문학교육학회, 2009, 193-222.
염창권, 「반응 중심 문학교육의 현재와 전망」, 『한국언어문학』, 제43집, 한국언어문학회,
　　　　　1999, 385-409.
유영희, 「교육과정 개정 국면에서 본 문학교육 : 문학 교육과정 내용의 범주화, 위계화 및 기
　　　　　술 양상」, 『문학교육학』 제35호, 한국문학교육학회, 2011, 33-60.
이광복, 「구성주의 문예학과 그 문학교수법적 함의」, 『독어교육』 제17집, 한국독어독문학교육
　　　　　학회, 1999, 231-254.
이광복, 「독일 문학교육을 위한 새로운 문학교수법적 개념들」, 『독일언어문학』 제13집, 2000.
이상구, 「학습자 중심 문학교육의 원리와 방법」, 한국교원대 대학원 박사학위 논문, 1998.
이상구, 「구성주의적 독서교육 방안 탐색」, 『새국어교육』 제70호, 2004, 101-145.
이상구, 「국어 교과서 단원 설계의 방향 –장르 중심 접근법을 중심으로」, 『청람어문교육』 제
　　　　　35집, 청람어문교육학회, 2007, 51-81.
이지영, 「아동독자의 이야기책 읽기 반응 연구」, 고려대학교 대학원 박사학위 논문, 2011.
이희정, 「초등학교의 반응 중심 문학교육 방법 연구 –토의학습을 중심으로」, 한국교원대 대
　　　　　학원 석사학위 논문, 1999.
임경순, 「구성주의적 관점에서 문학텍스트 읽기」, 『독서연구』 제18집, 한국독서학회, 2007,
　　　　　71-95.
경규진, 「문학 중심 문학교육 방법 연구」, 서울 대학교 대학원 박사학위 논문, 1993.
조하연, 「문학 감상 교육 연구 – 고려속요를 중심으로」, 서울대학교 대학원 박사학위 논문, 2010.
진선희, 「학습독자 반응 연구의 문학교육적 함의 및 연구 방향」, 『문학교육학』 제16호, 한국문
　　　　　학교육학회, 2005, 298-328.
차봉희, 「텍스트 분석이론의 전망, 경험사실 구성적 문예학이란 무엇인가?」, 『문학사상』,

1995년 1월호, 1995.

차봉희, 「구성주의적 문예학이란 무엇인가?」, 『문학사상』, 1995년 1월호, 1995.

차봉희, 「학제적 방식으로 작동하는 사회학으로서의 문예학 – S. J 쉬미트 교수와의 인터뷰」, 『문학사상』, 1995년 2월호, 1995.

최미숙, 「국어과 교수학습 방법의 탐구 ; 대화 중심의 현대시 교수·학습 방법」, 『국어교육학연구』 26집, 국어교육학회, 2006, 227-252.

한명숙, 텍스트 바꾸어쓰기의 환기 효과와 시 감상 교육, 한국초등국어교육 제17집, 2000, 105-143.

3. 번역·외국 서적

Siegfried J. Schmidt 편저, 박여성 옮김, 『구성주의』, 까치, 1995.

Siegfried J. Schmidt, 박여성 옮김, 『미디어 인식론』, 까치, 1994.

Siegfried J. Schmidt, 박여성 옮김, 『구성주의 문학체계이론』, 책세상, 2004.

H. Hauptmeier & S. J. Schmidt, 차봉희 역, 『구성주의 문예학』, 민음사, 1995.

James Flood & Jumile M. Jesen & Dine Lapp & James R. Squire, Handbook of research on Teaching the English Language Arts(New York:Macmimman Publishing Company, 1991.

Edmund J. Farrel & James R. Squire, Transaction with Literature, Saint Louis: Liberary of Congress Cataloging Publication data, 1991.

R. Rosenbletts, Literature as Exploration, 김혜리·엄혜영 역, 『탐구로서의 문학』, 한국문화사, 2006.

R. Rosenbletts, The Reader, the Text, the Poem –The Transactional Theory of the Literary Work, 김혜리·엄혜영 옮김, 『독자, 텍스트, 시–문학 작품의 상호 교통 이론』, 한국문화사, 2008.

Louise M. Rosenblatt, WRITING AND READING:THE TRANSACTIONAL THEORY, Technical Report No. 416, New York University, January 1988, 1-18.

M. David Merrill, Zhongmin Li & Mark K. Jones, Instructional Transaction Theory: An Introduction, Utah State University Second Generation Instructional Design Research Project, Educational Technology, 1991, 31(6), 7-12.

T.J. Newby·D. A. Stepich·J. D. Lehman·J. D. Russell, Educational Technology for Teaching and Learning(3rd Edition), 노준석·오선아·오정은·이순덕 공역, 『교수·학습을 위한 교육공학』, 학지사.

한국교육학술정보원 http://www.riss.kr

8장 문학교육에서의 협동학습 방안 탐색

❖ 개요

 이 장에서는 현대 교육 패러다임의 바탕이론인 구성주의적 학습 원리를 실현할 수 있는 방법론적 도구라 할 수 있는 협동학습을 문학교육에 적용하는 방안을 모색하였다.

 이를 위하여 80년대 후반 독일에서 발생한 경험사실 구성주의 문예학을 바탕으로 성립된 구성주의 문학교육 모형(이상구, 1998)과 슬라빈(Slavin)과 그의 동료들(Madden, Stevens, & Farnish, 1987)에 의해 개발되어진 읽기와 쓰기 통합 협동학습 모형(CIRC: Cooperative Integrated Reading and Composition)를 적용하여 구성주의적 문학 협동학습 방안을 찾아보았다.

 구성주의 문학교육 모형과 CIRC를 결합시킨 까닭은, 텍스트 감상에 필요한 읽기 전략을 가르치는 단계와 학생들의 소집단 협동학습을 하는 단계를 공통적으로 가지고 있기 때문이었다. 따라서 구성주의 문학교육 모형을 바탕으로 CIRC의 협동학습 단계에서의 활동을 적용하여, 구성주의 문학 협동학습의 절차와 방법을 모색하였다.

❖ 핵심어

 문학교육, 협동학습, 문학 협동학습, 구성주의 문학교육, 읽기와 쓰기 통합 협동학습 모형(CIRC)

1. 들어가며

협동학습(Cooperative Learning)은 인간은 사회적 동물이라든가, 지식의 사회적 구성, 민주주의 원리에 의한 더불어 살아가는 삶의 태도 형성과 같은 고전적 명제에서 출발하여, 학생들이 학습의 효율성을 높이기 위해 이질적인 소집단을 형성하여 집단의 목표를 위해 함께 상호작용하면서 학습하는 교수 방법이다.

협동학습은 1920년대 듀이 등에 의해 학교교육에 실험적으로 도입된 이후, 70년대 후반에 이르러 미국을 비롯해 세계 여러 나라에서 새로운 관심을 받게 되었다. 우리나라에서는 1980년대 후반부터 이 분야에 대한 연구가 시작되었으며, 1990년 이후에 활발히 진행되어 오고 있다. 이렇게 된 데는 협동학습 자체에 대한 연구가 축적된 것과 아울러 구성주의, 학습자 중심 교육 등과 같은 현대 교육의 변화 동향과 부합된다는 요인이 크게 작용한 것으로 볼 수 있다.

문학교육에서의 협동학습에 대한 논의 역시 이와 같은 흐름 속에 포함되어 전개되어 왔는데, 특히 1998년을 기점으로 2002년까지 집중적으로 연구되었다.[1] 그리하여 2003년에 들어서면서 신헌재 등에 의해 쓰여진 '국어과 협동학습 방안'이란 단행본이 출간되기에 이르렀다.

협동학습은 그 이론적 뿌리가 비고츠키의 인식론을 바탕으로 한 사회적 구성주의에 닿아 있기 때문에 이에 대한 논의 역시 구성주의와 관련지어서 전개되어 왔다. 본고에서도 이러한 논의의 흐름에 따라 지금까지 논의되어 온 협동학습을 구성주의 문학교육에 적용하는 방안을 탐색해 보고자 한다.

이를 위하여 먼저, 구성주의 패러다임에 입각한 문학교육에서 협동학습의 필요성을 점검해 보고, 이를 바탕으로 학교 현장에서의 적용 실태와 논

---
1) 대표적인 연구물로는, 김경희(1998), 전병화(1999), 이영희(1999), 이희정(1999), 정지영(1999), 조정애(1999), 장성욱(2000), 이은정(2000), 김홍이(2000), 강전희(2000), 허순범(2000), 김광주(2001), 김선희(2001), 민계순(2001), 박기혁(2001), 최은희(2001), 손갑식(2001), 송기택(2001), 양창수(2001), 여진희(2001), 조영미(2001), 조영주(2002), 최취희(2002), 황환택(2001), 신연미(2002), 남웅(2002), 송정화(2002) 등을 들 수 있다.

의의 전개 과정을 점검해 본 뒤, 최근에 대두되고 있는 구성주의 문학교육론에 부합하는 '읽기와 쓰기 통합 모형(CIRC:Cooperative Integrated Reading and Composition)'을 바탕으로 구성주의 문학 협동학습 방안을 모색해 보기로 한다.

2. 문학 협동학습의 필요성과 논의의 전개 양상

(1) 문학 협동학습의 필요성

협동학습이 학교 현장의 주요 수업 방법으로 자리잡아 가고 있는 상황에서 그 필요성을 논한다는 것 자체가 불필요한 과정이라 할 수도 있을 것이다. 그러나 기존에 열린 교육이나 수행평가 등의 경우에서처럼 교육 내적인, 그리고 교과 내적인 논리와 필요성에서 적용되기보다는 교육 행정적인 차원에서 강요됨으로써 2,3년 정도 적용을 시도하다 뿌리를 못 내리고 유행처럼 사라져 버리게 해서는 안 될 것이다. 마땅히 교육 내적인, 그리고 교과 내적인 논리에 의해 그 필요성을 절감하고, 왜, 무엇 때문에 해야 되는지 명확한 근거를 지니고 있을 때, 협동학습에 대한 이해가 올바르게 형성되고, 또 수업 개선의 효과를 얻을 수 있을 것이기 때문이다.

문학교육에서 협동학습의 필요성을 논하기 전에 협동학습 자체가 기존의 개별학습과 전통적 소집단 학습에 비해 지닌 차이점과 장점을 살펴보면 다음과 같다.

〔표 1〕 협동 · 경쟁 · 개별학습 구조(정문성, 2002)

구분	협동학습	전통적 소집단 학습	개별학습
교수 활동 형태	고급 사고력 중심의 내용을 다양한 활동으로 교수함.	학습해야 될 내용은 분명하며 경쟁 규칙이 분명히 제시됨.	지식이나 기능을 학생 스스로 얻을 수 있도록 과제가 분명하며, 해야 될 행동도 세분화됨.

학습 목표의 중요성 인식	학습 목표는 각 학생들에게 중요한 것으로 받아들여지며, 각 학생은 집단이 그 목표를 달성할 것으로 기대함.	학습 목표는 학생들에게 중요하게 받아들여지지 않으며, 단지 성공과 실패에 관심을 가짐.	학습 목표는 학생들에게 매우 중요하게 받아들여지며, 언젠가는 자신의 목표가 달성되기를 기대함.
학생의 활동	각 학생은 다른 학생과 긍정적 상호작용을 하며 아이디어와 자료를 공유하고, 공동 책임, 집단에 기여, 과제 분담, 구성원의 다양성을 이용함.	각 학생은 승리할 수 있는 기회를 균등히 가지며, 자신의 학습 활동을 즐기며, 경쟁자의 진보 상태를 평가하며, 능력, 기술, 지식 등을 비교함.	각 학생은 다른 학생에 의해 간섭받지 않으며, 과제 완성에 대해 자신이 책임지며 자신의 노력 과제 수행의 질을 평가함.
도움의 원천	동료 학생	교사	개별학습자나 교사

 이와 같은 차이점과 특징을 지닌 협동학습은 기존의 개별학습과 전통적 소집단 학습의 문제점을 보완함과 동시에 현대 교육이 지향하는 바람직한 교육을 실현할 수 있다는 점에서 강점을 지닌다.
 이러한 장점을 지닌 협동학습을 문학교육과 관련시켜 논의할 경우, 다음과 같은 세 가지 측면에서 보다 더 맥락적인 필요성이 제기된다. 첫째, 오늘날 교육의 패러다임으로 자리잡고 있는 구성주의적 학습 원리를 실현할 수 있는 방법론적 도구라는 점에서, 둘째, 국어과 교육의 변화 동향과 부합한다는 측면에서, 셋째, 구성주의로의 전환을 서두르고 있는 문학교육의 변화 동향 측면에서 그 필요성이 요청된다. 이를 좀더 구체적으로 살펴보면 다음과 같다.

1) 협동학습은 구성주의적 학습 원리를 실현할 수 있는 방법론적 도구이다.

 교육의 변화 동향에서 볼 때, 1990년대 이후 현대 교육의 큰 흐름으로 자리 잡고 있는 구성주의 교육이 추구하는 학습 원리가 곧 협동학습이다. 조나센(Jonassen, 1991)에 의하면 구성주의 수업의 특징은 ① 학습자 중심의 교수, ② 하이테크놀로지의 이용, ③ 고차적 학습의 강조, ④ 실제 상황에 기반한 학습, ⑤ 협동학습을 강조한다. 특히, 지식 혹은 의미 구성의 사회적 상호작용을 중시하는 비고츠키의 인식론을 수용한 사회적 구성주의, 사회

문화적 구성주의, 급진적 구성주의 등이 교육에 강력한 영향을 미치면서 협동학습을 배제하고는 학교교육을 논할 수 없는 상황에까지 이르게 되었다.

이러한 영향으로 구성주의 교육에서는 사회적 상호작용에 의한 협의 활동 자체가 학생들의 사고와 지식의 폭을 확장시킨다고 본다. 이에 따라 학생들이 교사 및 학급 구성원들과의 대화에 적극 참여토록 하고, 또 소집단 활동을 통하여 가설에 도전할 수 있는 기회를 장려하게 된다.

변영계 외(1999)는 협동학습이 구성주의의 학습 원리를 적용하는 데 가장 적합한 까닭을 다음 두 가지로 제시하고 있다. 1) 협동학습은 실제 상황에서 과제가 수행되는 것과 일치한다는 것이다. 실제 상황에서 문제해결은 독자적으로 하기보다는 여러 사람의 공동 작업을 통해서 개인의 부담을 줄이는 방향으로 진행된다. 협동학습 역시 공동의 목표를 위해 상호 협력하에 과제를 수행함으로써 개인 구성원이 가지는 문제해결에 인지적 부담을 줄일 수 있다. 2) 학습자들은 다양한 시각들을 접합으로써 자신이 구성한 지식의 타당성을 검증해 볼 수 있다. 또래 학습자들과의 상호작용을 통해 서로 다른 시각과 관점 간의 갈등 속에서 자신의 시각을 규명해 봄으로써 자신이 가진 지식의 틀에서 벗어나 사회의 구성원들이 상호 인정하는 지식을 구성하게 되는 것이다.

2) 협동학습은 현대 국어교육의 변화 동향과 부합한다.

협동학습은 학습자들 간의 언어적 상호작용을 통해 이뤄진다는 점에서 근본적으로 국어과 교육의 특성과 잘 부합된다.[2] 그런데 오늘날의 국어교육과 관련지어 보면 협동학습의 당위성은 두 가지 측면에서 논의가 가능하다. 첫 번째는 오늘날 국어교육이 추구하는 통합교육적 동향(통합 언어교육 포함)에서 볼 때, 협동학습이 국어과 교육을 포괄하는 수업 방법론적 도구로 자리잡아 가고 있는 상황이란 점이다.

제7차 중학교 국어과 교과서의 단원 구성 체제가 '읽기 전-읽기 중-읽기

---

2) 이에 대해서는 신헌재 외(2003), 15-18 및 23-31에 상술되어 있다.

후'라는 3단계의 과정 중심 체제로 구성되어 있고, 수업의 큰 흐름을 '읽기-이야기하기-쓰기'의 언어 활동 중심 수업 모형을 채택하고 있다. 그런데 여기서 이야기하기란 곧 "읽은 교과서 글의 내용에 대하여 생각하고 논의하고 토론하는 활동"이며, 이는 곧 "교사는 학생들에게 여러 가지 질문을 주면서 교과서 글을 깊고 넓게 이해하도록 유도하고, 학생들이 잘 모르는 내용을 설명해 주기도 한다. 때로는 학생들 사이에 열띤 토의나 토론을 유도하여 교과서 내용을 심화시키기도 하는(노명완, 2000)" 활동을 뜻한다. 이러한 활동은 제대로 하려면 협동학습을 도입해야 할 것이다.

두 번째 측면은, 최근 들어 국어교육 학계에서 구성주의적 관점에서의 '사회·인지' 이론[3]이 새롭게 대두되고 있는데, 이러한 측면에서도 협동학습이 대세로 자리를 잡아 가고 있다는 점이다.

이미 잘 알려져 있는 것처럼 구성주의에는 개인 내적인 의미 구성 과정(인지 과정)을 중시하는 인지구성주의와, 개인 간의 사회적 상호작용을 사회구성주의가 있다. 그런데 최근 이들 양쪽에서 다루는 '인지'와 '사회'를 상호 배타적인 관점이 아닌 상호 보완의 관점에서 결합을 시도하여 이들 양 극단의 갈등을 극복할 수 있는 하나의 대안으로 사회·인지(Socio-Cognitive) 이론이 등장하게 되었다. (Ruddel & Unran,1994; Flower,1994; 원진숙·황정현 역, 1998; Cobb,1995; Fosnot, 1996; 박영목,1996; 박태호, 1999; 최현섭, 2000; 최현섭, 2002; 최순영, 2002)에 따르면, 읽기 혹은 쓰기에 있어서 이러한 관점이 강하게 대두되고 있다. 즉 인지 이론가들은 개인의 활동을 중요시하는 반면, 사회 문화적 이론가들은 활동을 문화적으로 조직된 실제와 결부시키면서, 대척적인 위치에서 인식론을 이끌어 왔는데, 두 이론의 상반되는 관점을 결합함으로써 교수·학습에 더 효과를 가져올 수 있다는 것이다.

읽기에 있어서 사회·인지적 관점은 박영목(1996)에 의해 도입되었다. 그

---

[3] 사회·인지(Socio-Cognitive)란 Flower(1989, 282-311)가 개인이 읽기와 쓰기를 하는 동안 상황이 인지에 어떤 영향을 미치는지 설명하기 위해서 사용한 용어이다(박태호, 1999).

는 Ruddel & Unran(1994)의 관점을 바탕으로, 교과 학습 상황에서 이루어지는 독서의 과정을 설명하기 위하여 '사회·인지 상호작용 모형'을 제안하기도 하였다. 그리고 최근에 와서는 읽기와 쓰기 영역에 각각의 연구를 통하여 오늘날 독서 교육(박영목, 2002a)과 작문 교육(박영목, 2002b)에서의 사회와 인지의 통합적 측면을 강조하고 있다.

한편, 쓰기에는 박태호(1999)와 최현섭(2000)에 의해 집중적으로 소개되었다. 박태호는 90년대 후반부터 쓰기에 있어서 줄곧 사회구성주의 관점을 소개하면서 이러한 인지와 사회의 통합의 가능성을 제기하여 왔다. 최현섭(2000)은 이러한 사회·인지 이론을 국어과 교육에 도입하면서, 구성주의 학습 이론에 있어서 인지구성주의와 사회구성주의는 상호 대립되는 관점을 전제로 하면서, 두 이론이 인식론적인 차이로 인해서 교수·학습 상황을 서로 상반되는 관점으로 설명하므로 두 관점을 합치는 것이 모순된 학습 이론을 만들어 내는 것이 아니라, 오히려 교수·학습에 더 효과적이라고 하였다.

이렇게 새롭게 대두되고 있는 인지와 사회의 통합적 관점은 오늘날의 인지적 구성주의와 사회적 구성주의로 양분되어 오던 구성주의적 담론을 상호 보완적인 관점에서 결합을 취한다는 점에서 매우 중요한 의미를 갖는다. 다시 말해서 국어교육에 있어서 개인의 인지적 과정과 개인 간의 협동학습을 통한 사회적 상호작용을 동시에 추구함으로써 국어과 교수·학습 상황에서 협동학습의 필요성을 증명하고 있는 것이다.

3) 문학교육의 변화 동향에서 볼 때 협동학습은 필수적이다.

문학교육 이론은 문학 이론의 변화 동향을 근간으로 성립되며, 문학 이론은 인식론 혹은 심리학의 동향과도 패러다임상의 일치를 보이면서 변화해 오고 있다. 즉 지난 100년 동안 '학습'과 '교수'에 관하여 세 가지 관점이 출현하였는데, 그 첫 번째는 행동주의 심리학적 테두리 속에서 20세기 전반기 내내 지속되어 온 '반응의 강화(response strengthening)'로서의 관점이며, 그 다음에 출현한 관점은 1950년대 미국의 인지 혁명과 더불어 시작된 인지주의 패러다임과 관련된 '지식의 획득(knowledge acquisition)'으로서의 관점인데, 이는 1970년대까지 지속되었다. 세 번째로 출현한 것은 구성주의적 관점에서의 '지식의 구성(knowledge construction)'으로서의 관점인바, 이는 1980년대 이후 오늘날까지 지속되고 있다(Mayer, 1998; 357-60, 1999; 143).

문학 이론 및 문학교육의 변화 동향 역시 그 시기는 다소 차이가 있지만, 진행 과정에 있어서 이들 행동주의-인지주의-구성주의라는 패러다임과 일치하면서 변화, 발전해 왔다. 아래 〔표 2〕는 이러한 사실을 한눈에 잘 보여 준다. 〔표 2〕에서처럼 신비평, 형식주의, 구조주의 등이 행동주의 패러다임에 속하는 문학 이론이라면, 독자 반응 이론, 수용미학 등이 인지

〔표 2〕 문학 이론 및 문학교육의 변천 과정

구분	객관주의		구성주의
	행 동 주 의	인 지 주 의	구 성 주 의
시기	1950년대	1960~70년대	1980년대 이후
문학 이론	전기 비평, 신비평, 형식주의, 구조주의, 기호론, 서사론 등	수용미학, 독자 반응 비평 등	구성주의 문예학, 대화주의 포스트 모더니즘, 해체주의
기본 관점	텍스트 혹은 저자 중심주의 - 의미는 텍스트 속에 존재 - 정확히 읽기 강조. - 텍스트 안에 혹은 저자 안에 있는 객관적인 하나의 진리를 목표	독자 중심주의 - 독자의 심미적 반응을 중시함. - 이상적인 독자를 전제로 함. - 개인적 의미의 다양성 통어 장치 없음.	독자 중심주의 개별 독자의 읽은 결과(소통소)를 바탕으로 사회적 상호작용을 통한 공준된 의미 도출(인지 + 사회)
문학 교육 이론	(신비평적 문학교육), (텍스트 중심 문학교육)	반응 중심 문학교육	구성주의 문학교육
문학 교육 형태	교사 중심, 텍스트 중심 교육 - 유일한 정답 강조 - 학습자들의 활동보다는 교사 중심의 전달, 주입식 교육, 암기 위주의 학습 형태로 전개됨.	학습자(학생) 중심 문학교육 - 학습 독자들의 다양한 반응 촉진하고 심미적 읽기를 장려함. - 개인적 의미의 다양성 통어 장치 없음.	학습자(학생) 중심 문학교육 - 문학 작품을 이해하고 해석하는 방법을 교수·학습의 주요 내용으로 삼음. - 사회적 상호작용을 통한 의미의 다양성 통어함.

주의를 바탕으로 한 문학 이론이다. 그리고 두 이론은 의미 혹은 지식은 인식 주체와는 분리되어 객관적으로 존재하는 객체를 모사한다는 객관주의적인 관점을 바탕으로 문학 작품의 의미나 텍스트 자체 안에 그 고유한 의미가 내포되어 있다는 관점을 취하고 있기 때문에 최근의 읽기 교육의 관심은 담화 차원에서의 언어 이해 과정에 그 초점이 맞추어지고 있다. 언어 이해 과정은 의미 구성 과정을 보는 관점에 따라 크게 인지구성주의 관점과 사회구성주의 관점으로 나뉜다. 이들 인지구성주의 관점과 사회구성주의 관점은 모두 구성주의(constructivism)에 그 기반을 두고 있으며, 구성주의라는 연속체의 양 극단에 위치하면서 상호 대립되는 관점을 취한다.

① 인지구성주의 관점 : 의미 구성 과정을 개인 인지 과정으로 봄.
② 사회구성주의 관점 : 의미 구성을 담화 공동체 구성원들 간의 사회적 상호작용으로 간주

구성주의의 인식론적 기초는 넓게는 인문, 사회 계열에서 일고 있는 포스트모더니즘 운동과 맥을 같이하며, 좁은 범위에서는 이전의 교수·학습 이론의 인식론적 바탕이 된 객관주의 혹은 논리적 실증주의의 대안 패러다임이라고 하겠다. 구성주의 패러다임은 기존 객관주의(objectivism) 패러다임의 인식론적 전제와 그 패러다임에 의거한 교수·학습 전략에 이르기까지 전면적인 의문을 제기한다.

객관주의와 구성주의의 각 패러다임에 따른 교수·학습 원리를 비교해 보면 다음과 같다.

〔표 3〕 각 패러다임에 따른 교수·학습 원리 비교

	객관주의	구성주의
과제 제시	• 지식을 가능한 작은 단위로 세분화하여 제시함.	• 실제적 상황을 전제로 지식과 과제를 제시함.
학습 환경	• 개별학습 환경 : 개인과제, 개인 활동, 개인적 성취의 중요성 강조	• 협동학습 환경 : 다양한 견해에 대한 인식과 견해를 습득 • 문제해결력, 사고력, 인지 전략의 습득, 지식의 전이성 강조

교사와 학습자 역할	• 교사 : 지식의 전달자 • 학습자 : 지식의 습득자, 지식의 수용자	• 교사 : 학습자의 학습을 돕는 조언자, 촉매자 • 학생 : 자율적이고 적극적이고, 책임감 있는 학습의 주체자
평가 방식	• 평가는 학습 목표 설정과 동시에 설계하고 맨 나중에 실시함(객관식 평가)	• 학생이 실제 과제에 참여하는 과정 속에서 자연스럽게 수행됨(객관식, 주관식, 관찰, 포트폴리오 등 다양한 평가 방법을 활용).

텍스트 자체 안에 그 고유한 의미가 내포되어 있다는 관점을 취하기 때문에, 텍스트에 대한 해석은 저자(혹은 텍스트)의 의도에 호소함으로써 결정 가능하다는 관점을 바탕으로 한 문학 이론들이다.

1960년대부터 텍스트 내재적인 의미를 강조하는 신비평에 반기를 들고 활발히 논의된 수용미학과 독자 반응 이론은, 독자의 경험으로부터 의미를 만들어 내는 독자의 능동성을 강조한 문학 이론이다. 이는 문학 현상에 있어서 텍스트의 독자성과 객관성을 부정하면서 지금까지 한 번도 주목받지 못했던 '독자'에게로 시선을 이동하여, 개별 독자가 산출해 낸 심미적 반응을 중시함으로써 문학 이론의 전개 과정에 한 획을 그었다. 우리의 문학교육 역시 이러한 바탕 위에서 80년대 이후 전개되어 왔으며, 경규진(1994) 등에 미국의 반응 중심 문학교육이 소개되면서 지금까지 그 주류를 이루고 있다. 그런데 독자 반응 이론은 근본적으로 인지주의를 바탕으로 하고 성립되었다는 점, 그리고 작품을 읽으면서 개별 독자가 만들어 낸 의미를 중시하긴 하지만, 모든 개별 독자가 이끌어 낸 의미들의 다양성을 통어할 장치를 가지고 있지 않다는 문제점[4] 등으로 인해 구성주의 문예학에 그 자리를 내어주기에 이르렀다.[5]

---

[4] 이와 같은 점에 대해 독자 반응론적 관점에서는 해석의 다원주의를 극복하고 객관성을 검증하기 위해서는 '텍스트'로 복귀하거나, 아니면 맥락 상황적인 측면에서 무한정하게 다원주의로 나아가지 않는다는 논리로 설명해 왔다. 이에 대한 문제점은 한명숙(2003)에서도 확인된다. 한명숙은, "학습 독자가 이야기를 읽고 거기에 반응을 하고 감상을 하며, 나름대로의 '의미 있는 의미'를 구성하게 하는 구체적인 방법론을 마련하는 데까지는 나아가지 못하는 한계를 드러냈다는 점에서 그러하다. 그래서 반응 중심 문학교육을 적용한 문학 수업에서 학습 독자의 지나치게 주관적인 해석이나 반응에 대하여 교육적으로 대응하는 구체적인 방법론의 부재를 경험하게 되었다." 고 했다(한명숙, 2003 : 2).

[5] 김천혜(1998)에 따르면 독일에서 수용미학에 관한 연구는 80년대 후반을 지나면서 쇠퇴의 모습을 보이고 있고, 90년대에 와서는 거의 전무하다고 한다.

80년대 이후에 등장한 구성주의 문예학, 해체주의, 대화주의 문학론 등은 구성주의적 동향을 띤 문학 이론으로 볼 수 있다. 특히 구성주의 문예학의 기본적인 관점은, 〈인지〉와 〈커뮤니케이션〉이라는 급진적 구성주의의 2대 명제를 그대로 수용하여, 개인 독자가 텍스트를 '인지'하여 구성한 커뮤니카트(疏通素)를 사회 구성원들끼리 협의하는 과정인 '커뮤니케이션' 과정을 통하여 의미를 구성해 낸다고 본다.

아래 〔그림 1〕에서와 같이 '텍스트 → 커뮤니카트 형성 → 커뮤니케이션을 통한 의미 구축'의 과정을 거침으로써 공인된 의미 도출이라는 과정을 거친다는 것이다.

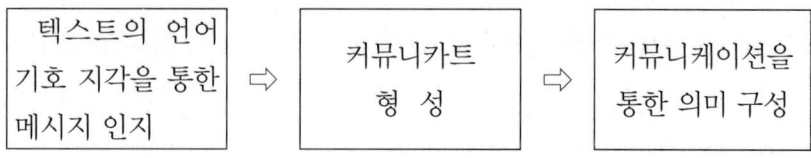

〔그림 1〕 구성주의 문예학에서 텍스트 의미의 산출 과정(이상구, 1998)

이렇게 문학 작품 감상에 있어서 개별 독자의 '커뮤니카트' 형성이라는 심리 내적 의미 처리 과정과, 그렇게 형성된 개인적인 커뮤니카트를 바탕으로 사회문화적 구성원들의 협응을 통한 의미 구성이라는 두 과정을 제시하여, 개별 독자의 다양한 이해를 바탕으로 동의된 단일한 의미를 이끌어 냄으로써 독자를 중시함과 동시에 문학 작품 의미의 무정부적 다양성을 통제할 수 있는 방법론을 제공하고 있다.[6]

물론 인지주의적 바탕 위에 성립된 수용미학 및 독자 반응 이론, 그리고

---

[6] 문학 작품에 대한 의미 구성의 주체 의존성이라는 현대 문학 이론의 변화 동향에 부응하면서도, 서양적인 로고스 중심의 세계관에 대한 비판적 관점에서 일어난, 구조주의 이후의 포스트모더니즘, 포스트구조주의, 해체주의 등 일련의 프랑스 문예 이론들은 적어도 오늘날 대한민국이란 교육적 상황에서는 문학교육의 바탕이론으로 채택하기에는 어려움이 있다. 이들 문학이론들이 일단 텍스트 중심의 패러다임에서 독자 중심의 문학이론으로 전환하였다는 점에서는 독자 반응 이론이나 구성주의 문예학 이론과 그 본질적인 방향은 같다고 볼 수 있다. 그렇지만 그 주된 관심을 '독자(학습자)'가 아닌 '언어'에 주목함으로써 문학 작품의 의미를 시간과 공간에 의해 끊임없는 차이와 지연으로 끌고 감으로써 일종의 회의론적인 불확정성과 카니발적인 다양성을 양산한다. 이로 인해 이들 문학 이론들은 해석의 무정부주의적 성향을 띠고 있기 때문이다. 이에 대해서는 이상구(1998)에 상론되어 있다.

그에 터한 반응 중심 문학교육에도 협동학습이라는 장치를 결합시킬 수 있다. 그러나 앞에서 살펴본 것처럼 이들이 지닌 독자가 산출한 의미의 다양성을 통어할 수 없다는 문제점을 보완하기 위해 '인지'와 '커뮤니케이션'이라는 장치를 마련한 구성주의 문예학과 이를 바탕으로 한 구성주의 문학교육이 훨씬 더 설득력이 강하다.

이렇게 볼 때 구성주의 문학교육에서는 근본적으로 협동학습 과정을 거치지 않고는 수업 자체가 불가능하다고 할 정도로 협동학습이 중요한 위치에 있다고 할 수 있다.

이상에서 살펴본 것처럼 1) 구성주의 교육이라는 교육의 전체적인 큰 틀과, 2) 그 속에서 총체적 언어교육, 그리고 사회와 인지의 통합을 추구하고 있는 국어과 교육의 변화 동향, 3) 그리고 이러한 동향과 패러다임상의 일치를 보여 주는 구성주의 문예학을 바탕으로 한 구성주의 문학교육의 내적인 요인 등에서 문학교육에 있어서 협동학습은 이제 필요 불가결한 수업 방법적 도구로 등장하고 있다.

(2) 문학 협동학습에 대한 논의의 전개 양상

문학 협동학습에 대한 논의의 양상을 살펴보기 전에 현장 교사들의 협동학습 자체에 대한 인식 및 실천 양상을 보면, 대체적으로 협동학습에 대해서는 긍정적이면서도 아직도 구체적인 적용과 실천에는 어려움을 겪는 것으로 보인다. 이러한 현상은 협동학습에 대한 조사 연구들에 대해서 대체적으로 동일한 경향을 보이고 있다.

2000년도에 설문 조사를 한 양창수(2001)에 의하면, 협동학습을 실시해 본 결과에 대한 질문에 시간이나 노력만 낭비했다(32%), 효율적인 방법이었으나 지금은 실시하지 못하고 있다(28%), 방법과 절차의 미숙함 때문에 효율적이지 못했다(16%), 효율적인 방법이었으며 계속해서 실시하고 있다(16%), 구체적인 협동학습 모형이 없어 실시하기 어려웠다(5%)로 대답하였다고 보고했다.

이은정(2000)의 연구에서 교사들이 소설 지도에서 주로 사용하는 지도 방법을 묻는 질문에는 교사 중심의 강의식(48.2%), 교사 설명과 학생 발표 병행(25.9%), 과제 제시를 통한 탐구학습(17.8%), 학습자 중심의 토의 학습(5.6%), 기타(소설 재구성하기, 다른 장르로 바꾸기) 순으로 응답하였다.

김홍이(2000)에서도 시 감상 지도 시에 소집단 협동학습을 실시하는가라는 질문에 대하여 47.4%가 "거의 없다."거나 10.5%가 "전혀 없다."고 응답하였으며, "가끔 한다."(37.9%)나 "자주 한다."(4.2%)는 반응을 보였다.

본 연구자가 홈페이지를 통해 2003년 11월 4일부터 11월 24일까지 3주간에 걸쳐 실시한 국어과 교사들을 대상으로 한 협동학습에 대한 간편 설문 조사에서도 이와 유사한 결과가 나왔다. 총 28명이 응답하였는데, 협동학습에 대해 "잘 알고 있다."(14명, 50%), "잘 모른다."(4명, 14%), "보통이다."(10명, 36%)로 응답했다. 협동학습을 적용해 본 경험에 대해 묻는 질문에, "있다."(24명, 86%), "없다."(4명, 14%)로 나타났으며, 적용해 본 경험이 있는 경우, 결과가 "효과적이었다."(10명, 42%), "실패했다."(6명, 25%), "잘 모르겠다."(8명, 34%)로 각기 응답했다.[7]

이처럼 현장 교사들은 협동학습에 대해 긍정적인 생각을 가지고 있으면서도 여러 가지 여건의 미비로 제대로 실천하는 데 어려움을 겪고 있는 것으로 나타났다.

한편, 90년대 초반부터 협동학습에 대한 연구가 시작된 이래 지금까지 이에 대한 다양한 연구가 진행되어 왔다. 초기에는 주로 협동학습의 효과에 대한 연구, 그중에서도 학업 성취의 측면에서 그 효율성을 검증하는 연구가 주류를 이루어 왔으나, 오늘날에는 각 교과별로 협동학습 모형들을 적용하면서 다양화 및 심도를 더해 가고 있다.

지금까지 소개된 협동학습 모형은 다음과 같이 13개 정도이다(정문성, 2002).
① 과제 분담 학습 모형: 직소 모형(Jigsaw), 모둠 탐구 모형(Group

---

[7] 이 조사는 인터넷 홈페이지를 통한 간편 조사이고, 응답자도 소수이기 때문에 신뢰성에는 한계가 있다. 다만 본 연구자가 협동학습에 대한 실태를 이해하기 위한 참고자료로 조사했음을 밝힌다.

Investigation), 협동을 위한 협동학습(Co-op Co-op)
② 보상 중심 협동학습: 모둠 성취 분담 모형(Student Team-Achievement Division), 모둠 게임 토너먼트 모형(Teams Games Tournaments)
③ 교과 중심 협동학습 모형: 모둠 보조 개별학습 모형(수학), 읽기 쓰기 통합 모형(국어), 일화를 활용한 의사 결정 모형(사회)
④ 함께 학습하기 모형: 공동체 학습법(Learning Together), 찬반 논쟁 협동학습 모형(PRO-CON), 시뮬레이션 협동학습 모형, 온라인 협동학습 모형, 짝 점검 모형(Dyads)

이들 협동학습 모형 가운데 지금까지 우리의 문학교육에 적용한 주요 연구들을 이들 모형과 관련시켜 살펴보면 다음과 같다.

① 협동학습 모형을 문학교육에 적용시킨 경우:
- 직소 모형 : 이영희(1998)
- 직소 Ⅲ 모형 : 전병화(1999)
- 공동체 학습법(Learning Together) : 신헌재 외(2003)
- 팀 성취도 배분 학습(STAD) : 강전희(2000)
- 자율적 협동학습(Co-op Co-op) : 허순범(2000)
- 두레별 협동학습: 김경희(1998), 조영미(2001)
- 독서 클럽(Book Club) : 한철우(1999), 강원경(1999), 염수희(2001), 임영규(2002)
- 읽기와 쓰기 통합 모형(CIRC): 장성욱(2000), 장기형(2003)

위에서 확인할 수 있듯이 가장 기본적인 모형이라 할 수 있는 직소 모형에서 출발하여 직소(Jigsaw)Ⅲ 모형, 공동체 학습법(Learning Together), 두레별 협동학습, 팀 성취도 배분 학습(STAD), 자율적 협동학습(Co-op Co-op), 독서 클럽(Book Club), 읽기와 쓰기 통합 모형(CIRC) 등 7개의 모형에 이른다. 따라서 거의 대부분의 협동학습 모형이 문학교육에 적용할 수 있는 가능성은 열려 있다고 볼 수 있다. 그런데 근래의 연구들 가운데 이들처럼 특정 협동학습의 모형의 절차를 그대로 적용하지 않고 다양한 방법과 관점에서 적용하거나 논의한 연구들 또한 많다.

② 통합 언어 혹은 통합교육적 관점을 바탕으로 문학 협동학습을 모색한 연구: 신헌재·이재승(1994), 이성은(1995), 권진아(1997), 장혜순(1998), 김경희(1998), 정지영(1999), 양창수(2001) 등.
③ 수용미학, 독자 반응 이론 혹은 반응 중심 문학교육을 바탕으로 토의학습 방안을 모색한 연구: 이희정(1999), 송홍철(1999), 김홍이(200), 손갑식(2001) 등.
④ 구성주의 문학교육에 근거하여 협동학습을 논의한 연구: 이상구(1998), 류덕제(2000), 공성숙(2001), 박창균(2001), 송정화(2002) 등

이들 세 가지 유형의 문학 협동학습에 관한 연구들은 아래에서처럼 문학교육에 대한 세 가지 관점을 반영한 결과이다. 즉 첫 번째 유형은 통합 언어적 언어활동에 초점을 두고 문학 작품을 효과적인 읽기 자료집으로 활용하는 경우로서, 통합 언어적 관점에서의 문학 협동학습 유형에 속한다. 두 번째 유형은 반응 중심 문학교육적 기반 위에서 문학 작품의 심미적 읽기와 다양한 반응을 장려하기 위한 경우로서 반응 중심 문학교육적 협동학습이라 할 수 있다. 세 번째 유형은 가장 근래에 논의되고 있는 구성주의 문학교육을 토대로 문학 작품의 이해와 감상 능력 신장을 위한 인지 전략 학습 및 그에 대한 상호 협응 과정에 초점을 두는 경우로서 구성주의 문학 협동학습이라 할 수 있을 것이다.

문학 협동학습에 대한 이러한 세 가지 유형은 사실 학교급별 문학교육의 목표와 거의 일치한다는 점을 알 수 있다. 즉 초등학교 저학년으로 내려올수록 문학 협동학습은 언어 사용 능력 신장에 더 많은 비중을 두게 되고, 중학교를 거쳐 고등학교 고학년으로 올라갈수록 문학 작품에 대한 이해·감상 측면을 강화하는 형태를 띠게 되는데, 이러한 현상이 협동학습 적용 양상에 반영되어 나타난 것으로 볼 수 있을 것이다.

따라서 실제 학교 현장에서 국어과 교사들이 문학 협동학습을 시도할 경

우, 학교급별에 따른 문학교육의 목표를 고려하여 초등학교 저학년으로 내려올수록 문학 작품을 언어 사용 능력 신장의 도구로 활용하는 비중을 높여서 다양한 언어 활동과 문학에 대한 반응을 촉진하고 장려하는 방향으로 전개하고, 고등학교 고학년으로 올라갈수록 이러한 면보다는 문학 작품에 대한 이해·감상 측면을 지향하는 문학 독서 전략을 강화하는 방향으로 나아가야 할 것이다.

3. 구성주의 문학 협동학습의 방법과 절차

(1) 구성주의 문학 협동학습의 설계: CIRC와 구성주의 문학교육의 결합

앞에서 문학 협동학습에 적용된 협동학습 모형들은 각 연구자들이 실제 적용을 통해 효율성을 검증하였다는 점에서 앞으로 문학 협동학습을 적용하는 데 귀한 자료가 될 것이다. 초기 모형에 속하는 직소 모형, 직소 Ⅲ모형, 팀 성취도 배분학습(STAD) 등은 널리 알려져 있다는 점에서 장점을 가지고 있다는 점에서, 두레별 협동학습, 독서 클럽(Book Club), 읽기와 쓰기 통합 모형(CIRC) 등은 다른 모형들에 비해 문학교육의 특성을 잘 살릴 수 있다는 점에서 각기 장점을 지니고 있다고 하겠다. 그리고 이들 모형을 앞에서 살펴본 ② 통합 언어 혹은 통합교육적 관점을 바탕으로 문학 협동학습을 모색한 연구, ③ 수용미학, 독자 반응 이론 혹은 반응 중심 문학교육을 바탕으로 토의학습 방안을 모색한 연구, ④ 구성주의 문학교육에 근거하여 협동학습을 논의한 연구들과 유기적으로 결합될 때 더욱 효율성을 얻을 수 있을 것이다.

본 연구에서는 지금까지 논의된 다양한 협동학습 모형 가운데, '읽기와 쓰기 통합 모형(CIRC:Cooperative Integrated Reading and Composition, 이하 'CIRC'라 칭한다.)'에 주목하고자 한다. 이는 존스 홉킨스 대학의 슬라빈(Slavin)과 그의 동료들(Madden, Stevens, & Farnish, 1987)에 의해 개발되어진 협동적 읽기·쓰기 통합 프로그램으로 초등학교 읽기, 쓰기 등 언어교육을 위해 만들어진 대표적인 협동학습 모형이다.

우리나라에서는 이종억(1997), 장성욱(2000), 정혜영(2001), 황혜연(2001), 장기형(2003) 등에 의해 그 효과를 입증하였다.[8] 이 모형이 비록 초등학생들의 읽기·쓰기 통합교육을 위해 구안된 모형이긴 하지만, 이미 중학교 시 교육에 적용하여 그 효율성을 검증(장성욱, 2000)하였다는 점에서 중등학교 문학교육에서 활용 가능성을 열었다고 하겠다. 이와 더불어 특히 주목할 만한 사실은, 문학교육의 협동학습의 필요성에서 살펴본 구성주의적 국어과 교육, 문사회·인지 통합 이론, 구성주의 문학교육 등의 조건을 충족시킬 수 있다는 점이다. CIRC에 대해 개괄적으로 살펴보면 다음과 같다.[9]

CIRC는, 1982년에 Slavin과 동료들은 이질적 읽기와 언어 교과의 수업에 활용될 수 있는 협동학습의 한 형태를 개발하기 시작했는데, 그 목표는 종합적이고 통합적인 읽기, 쓰기, 언어 교과 프로그램을 고안하는 것이었고, 어린이들이 읽고 쓰기를 배우는 방법에 관하여 새로운 지식을 통합하려는 것이었다. CIRC의 특징은 다음과 같다.

첫째, 이질적인 수준의 학습자로 읽기 집단을 구성한다. 이질적으로 구성된 소집단 내에서 서로 다른 능력 수준의 학생들이 동료를 지도하면서 주어진 학습 문제를 해결하거나 협동적 쓰기 활동을 하게 된다. 초등학교 읽기 수업의 전형적인 모습은 비슷한 수준을 가진 동질적인 읽기 집단(reading groups)을 활용하고 있다. 그러나 이때 발생하는 현실적인 문제는

---

[8] 이종억(1997)은 CIRC는 전통적 교수보다 학생의 읽기 메타인지의 인식을 향상시키는 데 효과적이며, 이를 통해 학습한 학생 중 학업성취가 높은 학생이 학업성취가 낮은 학생보다 읽기 메타인지 수준이 더 향상된 것으로 나타났다. 즉 학업성취가 높고 낮음에 따라서도 읽기 메타인지 인식 수준의 향상에 차이가 있는 것으로 나타났다. 장성욱(2000)은 중학생을 대상으로 CIRC 프로그램을 변용하여 읽기와 쓰기의 통합 활동을 중심으로 시 교수·학습 방법을 연구하였다. 그 결과 통합 활동을 통하여 학습자의 시 읽기 전략, 쓰기 능력, 시에 대한 태도가 긍정적으로 변화되었다는 결과를 제시하고 있다. 정혜영(2001) 역시 CIRC 프로그램이 학습자의 읽기 전략 향상과 긍정적인 읽기 태도 형성에 효과적이었음을 밝혔다. 이 연구는 초등학교 3학년 1개반 학생들을 대상으로 인지적 측면에서 읽기 전략을 검증하기 위한 읽기 인식 검사를 실시하고, 정의적 측면에서는 일반적 읽기 태도 검사·읽기 행동 검사·읽기 신념 검사의 세 요소로 구성된 읽기 태도 검사를 실시하였는데, CIRC 프로그램은 학습자의 읽기 전략 향상과 읽기 행동에 유의미한 결과를 가져옴을 증명하였다. 장기형(2003) 또한 초등학교 아동의 읽기 인식과 읽기 이해도, 그리고 읽기 태도에 적용하여 그 효과를 증명하였다. 한편, 황혜연(2001)은 초등학교 4학년 학습 장애아를 대상으로 한 언어 능력 및 학습 태도에 관한 실험 연구에서 이를 적용하여 그 효과를 증명하였다.
[9] CIRC 모형에 대한 이론적 배경은 정문성(2002) 및 신헌재 외(2003)를 주로 인용하였으며, 필요한 경우 장기형(2003), 장성욱(2000)을 따랐음을 밝힌다.

교사가 어떤 한 집단에서 그들을 도와주고 있을 때 다른 집단들은 교사의 최소한의 지도도 받지 못한다는 점이다. Beck과 그의 동료들은 실제로 교사의 지도가 없는 학습 활동에 대한 연구들은 그 활동의 질이 매우 낮고, 학습 활동 시간에 과제에 집중하는 시간도 매우 짧은 것으로 보고하고 있다(정문성, 김동일, 1998). CIRC는 협동학습 구조의 집단 보상을 이용하여 구성원들이 서로 열심히 학습하도록 동기화시킨다.

둘째, 이 모형은 한 차시의 수업에 적용되고 끝나는 것이 아니라 여러 차시에 걸친 일종의 프로그램 성격을 띤다. CIRC의 절차를 보면 소집단 구성에서 시작하여 읽기의 여러 가지 전략을 학습하고, 교사 주도 활동, 짝끼리의 활동, 소집단에서의 활동 등 다양한 활동을 한다. 그리고 평가를 거쳐 학습자가 독립적으로 읽을 수 있는 단계(independent reading)에 이를 때까지 지속적으로 안내하는 역할을 한다. 읽기나 쓰기 능력은 단기간에 습득될 수 있는 것이 아니다. 이런 면에서 CIRC는 학습자의 흥미를 지속시키면서 능력이 완전히 내면화될 때까지 안내하는 장기 프로그램인 셈이다.

셋째, 읽기와 쓰기의 통합을 지향하고는 있지만 기본적으로 읽기 수업에 적합한 모형이다. 이 모형에서 지향하는 쓰기 활동, 예를 들어 '이야기와 관련된 쓰기'는 읽기의 이해를 돕기 위한 보조 활동의 성격이 강하다. 또 어휘 학습에 상당한 비중을 두고 여러 가지 활동을 지원하고 있다. 기본적 활동에서는 이야기에 새로 나온 어휘나 어려운 어휘 목록을 주고, 학생들이 사전에서 정의와 사용 예를 찾게 한다. 또 평가에서도 주어진 어휘를 이용하여 문장을 쓰게 하거나, 어휘 목록을 정확하게 읽는지를 평가한다.

CIRC의 수업 절차는 크게, 기본적 활동, 읽기 이해에 대한 직접 교수, 통합 언어교육과 쓰기의 세 가지 원리로 구성되어 있다. 그리고 이러한 활동은 모두 이질적으로 구성된 모둠에서 진행된다. 그리고 교사의 설명, 모둠의 연습, 개인적 연습, 동료의 점검, 추가적인 연습, 평가의 절차로 진행되는데, 구체적인 절차는 ⑴ 모둠 구성, ⑵ 읽기 이해를 위한 직접 교수, ⑶ 기본적 활동, ⑷ 짝의 점검과 추가 연습, ⑸ 평가로 진행된다(정문성, 2002).

그런데 이들 5단계 가운데 가장 핵심이 되는 단계는 아래 [표 4]에서 확인할 수 있듯이 '(2) 읽기 이해를 위한 직접 교수'의 단계와 '(3) 기본적 활동' 및 '(4) 짝의 점검과 추가 연습'으로 이어지는 이야기 관련 활동'이다([표 4] 참조).

[표 4] CIRC의 절차 및 단계(장기형, 2003)

CIRC의 단계		교수·학습 단계
읽기 이해를 위한 직접 교수		• 직접 교수 단계 – 동기유발 – 학습 목표 확인 – 설명 듣기 – 시범 보고 해 보기 – 질문 듣고 대답해 보기 – 활동하기 – 정리하기
이야기 관련 활동	교사 주도 활동 (교사 안내 활동)	• 교사의 안내 단계 – 동기유발 – 학습 목표 확인 – 새 낱말의 소개 – 학습 활동 안내
	아동 주도 활동 (읽기·쓰기 통합)	• 읽기와 쓰기의 통합 단계 – 낱말을 소리내어 읽기 – 낱말의 뜻 알기 – 짝과 함께 읽기 – 보물찾기 – 이야기 다시 말하기 – 이야기 관련지어 쓰기
평가 및 보상		• 평가 단계
홀로 읽기		• 홀로 읽기 단계

여기서 '읽기 이해를 위한 직접 교수'는 교사가 직접 글을 읽는 데 필요한 이해 전략을 지도하는 단계이다. 즉 교사가 해당 단원을 읽는 데 필요한 읽기 전략, 즉 요약하기, 중심 생각 구분하기, 인과관계 이해하기, 내용 질문에 답하기, 예측하기, 명료화하기, 추론하기를 직접 교수의 원리로 가르친다는 것이다. '이야기 관련 활동' 단계는 앞 단계에서 학습한 읽기 전략들을 바탕으로 짝과 함께 소리내어 이야기를 읽고 짝끼리 번갈아 교정·점검 활

동을 하면서, 낱말의 뜻을 알아보고 이야기의 구조를 파악해 보는 보물찾기 활동과 짝의 점검 활동을 받는 이야기 다시 말하기 활동과 이야기 관련지어 쓰는 활동을 하는 단계이다.

그런데 이 CIRC는 아래 〔표 5〕의 구성주의 문예학을 바탕으로 구안한 구성주의 문학 수업 모형(이상구, 1998)과 그 절차와 단계에서 매우 유사하다. 전술한 바와 같이 〔표 4〕의 주요 활동이 '읽기 이해를 위한 직접 교수'와 '이야기 관련 활동'인바, 이는 〔표 5〕의 '2 수업 단계'의 '4. 문학 작품의 인지적 과정에 대한 학습 단계' 및 '5. 협력학습을 통한 의미 구성하기'와 동일한 목적을 두고 설정한 것임을 알 수 있다.

〔표 5〕 구성주의 문학 수업 모형(이상구, 1998, 2002)

```
1 계획 단계
  1. 학습 목표의 설정
  2. 준거 지향 평가 계획
  3. 학습 제재 선정
  4. 교수 전략 개발 및 보조 자료 선정
2 수업 단계
  1. 소집단 편성
  2. 학습 목표 확인
  3. 진단 학습
  4. 문학 작품의 인지적 처리 과정에 대한 학습 단계
     (1) 읽기 전 사고 활동
     (2) 경험적 지식 활용을 통한 이해 활동
     (3) 이해 과정에 대한 초인지 전략
  5. 협력학습을 통한 의미 구성하기
  6. 복수 교재 학습
     (1) 복수 교재 선택
     (2) 작품 읽기 활동
     (3) 작품 이해 과정에 대한 협력학습
     (4) 에세이(논술) 쓰기
3 평가 및 피드백 단계
  1. 평가 활동
     (1) 지필 평가
     (2) 수행평가
  2. 교수 프로그램의 수정 및 관리 유지
```

양쪽 다 문학수업에서 먼저 제재 작품을 읽기 전에 그 작품을 읽는 데 필요한 읽기 전략을 직접 교수의 원리로 가르치고, 작품을 읽으면서 그 전략을 활용하여 작품을 읽은 뒤, 소집단 협동학습을 통하여 작품을 공동으로 구성해 낸다는 것이다. 다만 [표 5]에 비해 [표 4]에서 협동학습 과정을 정교화하여 교사 주도 활동과 아동 주도 활동에 의한 읽기·쓰기 통합 활동을 하고 있다는 점에서 다소 차이가 난다. 그럼에도 불구하고 양쪽 모두 '인지'와 '사회'라는 두 과정을 수용하여 공통적으로 설정하고 있기 때문에 양쪽을 쉽게 결합시킬 수 있다.

문학 작품 감상에 필요한 읽기 전략을 가르치는 단계는 양쪽 다 직접 교수의 원리를 적용하면 되고, 협동학습 단계에서는 CIRC의 방법을 원용하면 될 것이다.

물론, 수용미학이나 독자 반응 이론 혹은 반응 중심 문학교육에 CIRC를 적용하면 되지 않느냐는 반문이 생길 수도 있지만, 이에 대한 해답은 명쾌하다. 무엇보다도 앞에서 살펴본 것처럼 수용미학이나 독자 반응 이론은 인지주의적 바탕 위에 성립된 문학 이론이고 지금은 그 생명력을 다하였기 때문에, 근본적으로 구성주의 산물인 협동학습과는 패러다임상의 불일치라는 문제점을 지니고 있다. 그리고 수용미학이나 독자 반응 이론을 바탕으로 한 문학교육이 학습 독자들의 다양한 반응을 장려하기는 하지만 이 반응을 통어할 수 있는 장치를 가지고 있지 않다. 그러나 구성주의 문예학에서는 명백하게 개인 독자가 텍스트를 '인지'하여 구성한 내용(커뮤니카트; 소통소)을 사회 구성원들끼리 협의하는 과정인 '커뮤니케이션' 과정을 통하여 의미를 구성해 낸다는 가정하에, 독서의 과정을 커뮤니카트(疏通素) 형성 → 커뮤니케이션을 통한 의미 구축이라는 두 단계로 설정하고 있고, 이를 문학 교육적으로 차용하면, 개인적으로 읽은 내용을 바탕으로 소집단 구성원들과 협동학습을 통하여 공인된 의미를 도출하는 2개의 과정으로 구성할 수 있기 때문에 CIRC와 결합이 용이한 것이다. 또한 독자 반응론적 관점 위에서 성립된 반응 중심 문학교육 역시 문학작품에 대한 심미적 반응을 장려한다는 점에서는 초등학교에는 무리가 없으나, 문학 작품에 대한 감상과 이해 방법에 더 초점을 두어야 하는 중등에서는 무리가 있다는 점이다.

이러한 이유들로 하여 본고에서는 구성주의 문학교육 수업 절차에다 CIRC의 협동학습 방법을 수용하여 구성주의 문학교육적 협동학습 방안을 모색하려는 것이다.

(2) 구성주의 문학 협동학습의 방법과 절차

앞에서 CIRC 모형이 사회·인지 이론과 구성주의 문예학 이론을 바탕으로 한 구성주의 문학교육 방법과 그 이론적 가정과 절차가 동일함을 확인하였다. 따라서 여기서는 제7차 교육과정 중학교 8학년 1학기 국어 교과서 〈6. 작품 속의 말하는 이〉 단원을 대상으로 앞의 [표 5]에 제시한 구성주의 문학교육에서의 절차를 바탕으로 CIRC의 적용 방안을 살펴보고자 한다.

□ 단원
　- 8학년 1학기　6. 작품 속의 말하는 이(문학)
　　(2) 사랑손님과 어머니
□ 학습 목표
　○ 소설에서 말하는 이를 찾을 수 있다.
　○ 소설의 시점을 파악할 수 있다.
□ 협동학습 집단 편성

중간고사 혹은 학기말 고사의 성적을 근거로 상, 중, 하 세 집단으로 나눈 뒤에 상위 집단에서 1명, 중위 집단에서 2명, 하위 집단에서 1명씩 각 집단에 배정을 하여 이질 집단으로 된 4인 1조의 협동학습 집단으로 편성한다. 학급 정원이 40명일 때 10개의 집단을 기준으로 하고 '활 궁(弓)'자 식으로 배치를 하게 되면 결국 CIRC를 지향하는 상위 1명, 중위 2명, 하위 1명의 형태로 집단이 편성된다. (표 5 참조).

〔표 6〕 협동학습 집단 편성표

1	2	3	4	5	6	7	8	9	10
20	19	18	17	16	15	14	13	12	11
21	22	23	24	25	26	27	28	29	30
40	39	38	37	36	35	34	33	32	31

집단을 구성한 뒤 구성원의 역할을 나누고 책무성을 높이기 위하여 집단의 규칙을 정하며 원만한 분위기 속에서 서로 협력할 수 있도록 다양한 활동을 하게 한다. 즉 집단 이름이나 구호 짓기, 집단 일지 쓰기 또는 집단 마스코트 만들기 등 각 집단이 화합할 시간을 준다.

1. 전시 학습 내용 확인 및 동기 유발
○ 전 시간에 배웠던 〈1. 나룻배와 행인〉이 어떤 종류의 시인지, 말하는 이가 누구인지 등에 관해 질의 응답을 통해 확인한다.
○ 1학년 1학기 때 배운 소설 〈옥상의 민들레꽃〉에 대한 기억을 상기시키며 소설 학습에 대한 동기를 유발시킨다.

2. 학습 목표 확인
단원의 학습 목표를 학생들이 확인하고, 왜, 무엇 때문에 그것을 학습하는지에 대한 내면화가 이뤄지도록 한다.

3. 진단 학습
본시 단원 학습을 하기 위해서 학습자가 반드시 미리 알고 있어야 할 학습 요소 및 기능을 결정하고, 이 학습 요소에 대한 진단 활동을 한다. 이는 곧 출발점 행동 분석이라고 할 수 있는데, 이러한 진단 학습을 통하여, 본시 학습에 반드시 필요한 요소라고 하더라도 이미 학생들이 알고 있는 사항이면 학습 단계를 생략할 수 있고, 모르는 요소에 대해서는 그에 대한 처치가 필요하다.

4. 문학 작품의 인지적 처리 과정에 대한 학습 단계
학생들로 하여금 문학 작품의 인지적 처리 과정을 통해 텍스트에 대한 커뮤니카트를 형성하고, 텍스트 이해에 대한 경험적 지식의 습득을 위한 단계이다. 따라서 이 단계를 통해, 학생들로 하여금 문학 작품 해석에 관한 인지도식과 같은 경험적 지식을 습득 내면화함으로써 문학 작품을 읽는 절차적 모델을 형성하도록 하는 데 주목적이 있다. 학생들이 문학 독서 상황에서 알아야 할 읽기 전략들은 크게, 읽기 전, 읽는 중, 읽은 후에 수행해야 될 전략이 따로 있다. 여기서는 이은정(2000), 한철우(2001), 허덕희(2002)를 바탕으로 살펴보면 다음과 같다.[10]

① **읽기 전 활동**
- 예측 안내표: 활동은 글을 읽는 동안 접하게 될 논점이나 개념에 대해 생각하거나 나름대로의 입장을 가지게 한다.
- 앙케이트/질문표: 특정 주제에 대하여 학생들이 갖고 있는 신념이나 견해, 배경지식과 사전 경험 등을 자극한다.
- 대조표: 서로 반대가 되는 개념을 정리해 보면서 특정 상황을 명확히 이해하고 정교화시킬 수 있게 한다.
- 의미 지도: 범주화된 정보를 시각적으로 정리해 보는 활동으로서 배경지식을 조성하고 활성화하는 데 유용하다.
- KWL(Know, What to know, Learn)표: 학생들이 글을 읽기 전에 특정 화제에 대해 알고 있는 것, 알고 싶은 것이 무엇인지 확인할 수 있는 간단한 틀을 제공해 준다 (한철우 외, 2001:100-116).

② **읽기 중 활동**
- 문학 지도: 중요하거나 흥미 있는 정보를 파악하고 조직하는 것을 도움으로써 독해를 향상시킨다. 이는 배경이나 인물 등 텍스트 요소에 학생들의 주의를 집중시키고, 언어에 대해 주의를 환기시키며, 개인적 반응을 살펴보는 데 쓰일 수 있다.
- 인물 지도: 특별히 인물과 그들의 관계를 분석하는 데 쓰인다.

---

[10] 이러한 활동들은 이은정(2000), 한철우(2001), 허덕희(2002)에 그 방법과 예시 자료가 상세하게 제시되어 있다. 그리고 과정 중심 읽기와 관련해서는 박태호(2000)에 의해 상세히 정리되어 있으며, 이에 대한 가장 최근의 논의로는 김명순(2003)이 있다. 김명순은 (Graves et al.,1998)의 견해를 빌어 〈읽기 전 활동〉으로 읽기 동기를 부여하고 목적을 세우기, 배경지식을 활성화하고 형성하기, 텍스트 관련 특수 지식을 형성하기, 읽기를 자신의 삶과 관련 짓기, 주요 어휘와 개념을 미리 가르치기, 사전 질문하고, 예측하기, 독해 전략을 제시하기, 〈읽기 중 활동〉으로는 묵독하기, 학생들에게 읽어 주기, 학생들이 소리내서 읽기, 안내된 읽기, 텍스트 수정하기, 〈읽기 후 활동〉으로는 질문하기, 토의하기, 쓰기, 극화하기, 비언어적 형태의 활동하기(그리기, 노래부르기 등), 적용과 확장, 다시 가르치기 등을 제시하였다. 이러한 '전·중·후' 활동은 문학교육에서도 적절히 활용할 수 있을 것이다.

- 인물망: 인물을 분석하는 데 쓰일 수 있는데, 이는 인물의 특성을 뒷받침하는 특정 행동을 기록하는 것이 요구된다는 점에서 '인물 지도'와 다르다.
- 일지 형식: 모두 작품에 대한 개인적인 반응을 활성화시킨다.
- 감정표: 다른 관점을 파악하고 서술하는 형식'을 제공함으로써 작품 감상을 돕는다.
- 대조표: 일련의 교수·학습 모든 단계에서 적절하다(한철우 외, 2001:117-145).

③ **읽기 후 활동**
- 대립 척도표 : 학생들이 등장인물이나 특정 개념에 대해 사고할 수 있는 틀을 제공한다. 이 활동은 인물의 특성에 관한 독자의 판단을 요구하므로 학생들은 인물의 행동을 분석한다.
- 문학 보고 카드: 등장 인물과 그들의 특성에 대해 생각하고 토의할 수 있도록 동기를 유발하는 활동.
- 플롯 조직표: 이야기의 구성을 조직하거나 분석하는 시각적인 도구를 이용한 활동.
- 세계 문화망: 여러 지역의 문화를 다룬 책의 정보들을 요약하고 조직하기 위한 방법.
- 벤다이어그램: 두 명이나 그 이상의 인물, 사건, 또는 책들을 비교하거나 등장인물과 독자 자신을 비교할 기회를 준다.
- 책 개요표: 같은 저자 또는 같은 주제를 다룬 책을 조사하고자 할 때에 유용하다.
- 테이블 대화: 서로 다른 책에 등장하지만, 같은 행동을 하는 인물에 관해 학생들이 서로 의견을 나누는 전략이다(한철우 외, 2001:100-172).

그런데 구성주의 문학교육의 관점에서 보면, 이러한 일반적인 문학 독서 전략 외에도 장르에 따라 다양한 전략을 상정할 수 있다. 예를 들면, 소설의 경우, 인물의 종류 파악하기, 시점 파악하기, 구조 파악하기, 사건 파악하기, 갈등 파악하기 등 다양한 전략을 상정할 수 있다.

CIRC에 의하면 이러한 전략들은 원칙적으로 주 1회 정도 가르치고, 또 필요한 상황에서 수시로 가르칠 수도 있다. 따라서 여기서는 본 단원의 학습 목표와 관련하여 다음과 같이 '시점 파악하기 전략'을 구안하고 이를 읽기를 위한 직접 교수 단계에서 가르치기로 한다.

(1) 설명하기
교사: 자, 내가 지금 말을 하고 있고 여러분은 듣고 있죠? 이렇게 말을 듣는 사람을 우리말로 무엇이라 하는가요?
학생: '듣는 이'요.
교사: 그렇다면 말을 하는 사람은요?
학생: '말하는 이'요.
교사: 네, 잘 대답했습니다. 말을 듣는 사람은 '듣는 이'라 하고 말하는 사람은 '말하는 이'라고 합니다. 여러분은 소설이 꾸며 낸 이야기라는 걸 이미 알고 있지요? 그런데도 소설을 읽다 보면 자신도 모르게 소설 속의 인물들과 함께 웃고 울면서 그 이야기에 빠져들게 됩니다. 이것은 내가 소설 속의 이야기의 주인공인 된 것처럼 나의 감정을 이입하기 때문에 이러한 현상이 나타나게 되는 것입니다. 이렇게 소설 속에서 말하는 사람도 '말하는 이'라고 하는데, 말하는 이에 따라 소설에서는 시점의 차이가 생기게 되죠. 소설에서 인물의 성격이나 행위, 사건 등을 누구의 눈으로 바라보고 이야기하는가를 '소설의 시점'이라고 합니다.
　　소설의 시점에는 1인칭 시점과 3인칭 시점이 있습니다. 말하는 이가 '나'로 지칭되는 것을 '1인칭'이라 하고, 말하는 이가 '그, 그녀, 그들'로 지칭되는 것을 '3인칭'이라고 해요. (ppt 혹은 웹으로 된 시점에 대한 자료를 제시한 후) 구체적으로 시점의 종류와 특징에 대해 설명한다.

(2) 시범 보이기
교사가 수업 전 준비한 예문들을 읽어 주고 학생들이 들을 내용을 바탕으로 대답하는 형식을 취한다. 다음과 같은 소설을 제시한다.

나는 약이 오를 대로 다 올라서 두 눈에서 불과 함께 눈물이 퍽 쏟아졌다. 나무 지게도 벗어놓을 새 없이 그대로 내동댕이치고는 지게막대기를 뻗치고 허둥지둥 달려들었다. 가까이 와 보니 과연 나의 짐작대로 우리 수탉이 피를 흘리고 거의 빈사지경에 이르렀다. 닭도 닭이려니와 그러함에도 불구하고 눈 하나 깜짝 없이 그대로 앉아서 호드기만 부는 그 꼴에 더욱 치가 떨린다. 동리에서도 소문이 났거니와 나도 한때는 걱실걱실히 일 잘하고 얼굴 예쁜 계집인 줄 알았더니 시방 보니까 그 눈깔이 꼭 여우새끼 같다. 나는 대뜸 달려들어서 나도 모르는 사이에 큰 수탉을 단매로 때려 엎었다. 닭은 푹 엎어진 채 다리 하나 꼼짝 못하고 그대로 죽어 버렸다.

김유정의 『동백꽃』 중에서

교사: 여기서 말하는 사람은 누구일까요?
학생: '나'입니다.
교사: 누구의 이야기를 하고 있죠?
학생: '나'입니다.
교사: 네, 그렇습니다. 이 작품에서는 주인공인 '나'가 '나'의 이야기를 하고 있습니다. 이런 것을 '1인칭 주인공 시점(1인칭 주관적 시점)'이라고 합니다. 여기서는 허구화된 '나'인 주인공이 직접 자기 자신의 이야기를 하는 것으로 등장인물의 내면 세계를 제시하는 데 효과적입니다. 그래서 독자들에게 신뢰감을 줄 수 있습니다. 1인칭 주인공 시점은 주로 자기 자신을 고백하는 고백 소설, 편지와 같은 형식으로 자신이 쓰는 서간체 소설, 자신의 일기처럼 쓴 일기체 소설, 사람의 심리를 나타낸 현대의 심리 소설에 많이 이용되고 있답니다.

나는 이 지나치게 반가워하는 말씨에 대하여 무어라고 대답할 말도 없고 또 굳이 대답하기도 싫기에 덤덤히 입을 닫쳐 버렸다.
"서울에 오래 살았는기오?"
그는 또 물었다.
"육칠 년이나 됩니다."

조금 성가시다 싶었으되 대꾸 않을 수도 없었다.
"에이구, 오래 살았구마. 나는 처음 길인데 우리 같은 막벌이꾼이 차를 내려서 어디로 찾아가야 되겠는기오? 일본으로 말하면 '기진야도' 같은 것이 있는기오."
하고 그는 답답한 제 신세를 생각했던지 찡그려 보였다. 그때 나는 그의 얼굴이 웃기보다 찡그리기에 가장 적당한 얼굴임을 발견하였다.

현진건의 『고향』 중에서

교사: 여기서 말하는 사람은 누구입니까?
학생: '나'입니다.
교사: 누구의 이야기를 하고 있죠?
학생: '그'입니다.
교사: 이 작품에서는 주인공인 '나'가 '그'를 지켜보면서 그에 관한 이야기를 하고 있습니다. 이런 경우를 '1인칭 관찰자 시점(1인칭 목격자 시점)'이라고 합니다. 1인칭 관찰자 시점은 등장인물인 '나'가 객관적인 관찰자가 되어 주인공의 이야기를 서술하는 방법으로 '나'의 눈에 비친 세계만을 다루어야 하는 제한이 있답니다.
(이러한 방법으로 전지적 작가 시점, 작가 관찰자 시점에 대해 시범을 보인다.)
교사: 이상에서 소설의 4가지 시점인 '1인칭 주인공 시점, 1인칭 관찰자 시점, 전지적 작가 시점, 작가 관찰자 시점'에 대해서 알아보았습니다. 여기서 알 수 있듯이 시점은 '1인칭'과 '3인칭'으로 나누어집니다. 그렇다면 그 기준이 뭘까요? 소설 속에는 서술자와 주인공이 등장합니다. 여기서 서술자란 작가가 만들어 낸 허구적 대리인으로 서사 내용과 독자 사이에 개입하는 말하는 이를 말한답니다. 예를 들어 『고향』에서 '나'가 서술자의 목소리를 대신해서 나의 심리처럼 얘기하는 것이 1인칭 시점이고, 『수난이대』에서처럼 만도와 서술자가 따로 나와서 서술자가 그 작품 속의 주인공의 얘기를 하는 것이 3인칭 시점이랍니다. 그러면 소설에서의 서술자는 수필이나 희곡에서의 서술자와 무엇이 다를까요? 수필에서의 말하는 이는 직접

보고 들은 것을 말할 뿐, 꾸미지 않습니다. 왜냐하면 수필에서의 글쓴이는 자신의 경험과 생각을 말하는 것이므로 굳이 꾸밀 필요가 없기 때문입니다. (필기를 한다.) '수필의 말하는 이 = 나 = 글쓴이' 그리고 희곡에서는 등장 인물의 행동과 대사만으로 독자는 시점과 인물을 쉽사리 떠올릴 수 있습니다. 그리고 이것은 연극으로 직접 보여줄 테니 서술자가 필요 없겠지요. (필기를 한다.) 희곡의 말하는 이 = 등장인물 ≠ 서술자

(3) 질문하기

학생 1: 인칭이란 무엇인가요?

교사: 일반적으로 사람을 가리킬 때 나, 너, 그리고 그 또는 그녀라는 말을 쓰는데, 소설의 시점에서의 1인칭, 3인칭도 거기에서 빌려온 거라고 보면 됩니다. 작품 속에서 '나'가 서술자가 되면, 1인칭 소설이라고 하고, 작품 밖에서 사건과는 아무런 관련이 없는 제3자인 '작가'가 서술자가 되면 그 소설은 3인칭 소설이 되는 거죠.

학생 2: 그럼 왜 2인칭 소설은 없는 건가요?

교사: 2인칭, 즉 '너'라는 존재가 사건을 이야기한다고 봅시다. 그 '너'란 존재는 누군가에게서 상대방이라는 의미가 있다고 볼 수 있습니다. 그럼 작품 속에서 '나'라고 불리는 사람이 있어야겠죠? 자, '나'란 존재가 '너'라고 하는 사람에 대해서 말하는 시점, 그것은 1인칭 관찰자 시점과 같은 것이죠. 앞에서 '사랑손님과 어머니'에 대해 배운 것 기억하나요? 그때, 옥희인 '나'가 어머니라는 상대방에 대해 서술하고 있는 부분이 여기에 해당하는 것입니다. 정확하게 말해서 2인칭 소설은 있다고 봐야겠지만, 편의상 1인칭 관찰자 시점으로 부르는 것이랍니다.

학생 3: 시점의 종류는 1인칭 주인공 시점, (1인칭)관찰자 시점, 전지적 작가 시점, 작가 관찰자 시점 이렇게 네 가지밖에 없나요?

교사: 대부분의 작품이 하나의 시점으로 진행됩니다. 하지만 그렇지 않을 때도 있어요. 작가가 생각하는 방향에 따라 시점이 달라지기도 한답니다. 그것을 우리는 '복합 시점'이라고 부릅니다. 한 작품에 여러 개의 시점이 있기 때문이죠. 그렇게 함으로써 작가는 자신이 표현하고 싶어하는 것을 잘 나타낼 수 있게 되는 것이랍니다.

학생 4: 저는 '작가 관찰자 시점'이 뭔지 잘 모르겠습니다. 전지적 작가 시점과는 완전히 다른 것인가요?

교사: 전지적 작가 시점에 대해 공부할 때, 작가가 작품 밖에서 신적인 위치에서 등장인물들의 심리, 사건의 과거나 미래 등 소설의 모든 상황에 대하여 해설해 준다고 한 것 기억나요? 작가 관찰자 시점이란, 작가가 작품 밖에서 서술하는 것은 같은데 주인공의 심리는 읽지 못합니다. 겉으로 드러나는 인물의 행동이나 말만 전해 주는 거예요. 눈으로 확인할 수 있는 것만 말해 주는 것이죠. 철저하게 관찰자가 되는 것이랍니다. 동작이나 표정으로 그 인물의 심리를 나타내는 거죠. 객관적으로 지켜보기만 하면서 그 인물에 대해 묘사하고 있을 뿐이랍니다.

학생 5: 소설에서의 시점은 어떤 기능을 가지고 있는 것인지 궁금합니다. 그리고 소설에서 중요한 것인가요?

교사: 정말 좋은 질문이에요. 우리가 시점을 공부하는 이유이기도 하죠. 지금 우리가 어떤 이야기를 들었다고 합시다. 그 이야기는 듣는 사람에 따라 이야기에 대해 느끼는 감정은 다 다릅니다. 화를 내는 사람도 있고, 슬퍼하는 사람도 있을 거예요. 그런 것처럼 소설 속의 이야기도 그것을 누가 말하느냐, 즉 말하는 시점에 따라 대상에 대한 이해나 판단의 내용이 달라지는 것이랍니다. 예를 들어 장님들에게 코끼리를 만지게 하고 각각의 느낌에 대해 말해 보자는 이야기를 알고 있을 겁니다. 장님들에게 "코끼리는 어떻게 생겼습니까?" 하고 물어봅시다. 분명히 모두 다른 대답을 하게 될 겁니다.

코끼리는 굵고 튼튼한 통나무같이 생겼다고 할 수도 있고, 넓적한 부채처럼 생겼다고 말할 수도 있죠. 왜냐하면 그들은 다른 위치에서 코끼리를 만져 봤기 때문입니다. 굵은 통나무 같다고 한 사람은 코끼리의 다리를 만지고 말했을 것이고, 넓적한 부채라고 말한 사람은 코끼리의 귀를 만진 것이죠. 소설도 이와 똑같은 이치라고 생각하면 됩니다. 작가가 쓴 감정대로 읽는 사람들도 작가가 쓴 그대로를 느끼며 소설을 바르게 읽기 위해서라고 볼 수 있습니다.

(4) 활동하기

다음과 같은 소설을 제시하고, 학생들에게 시점의 종류를 파악하게 한다. 또한 1인칭 시점을 작가 시점으로 바꾸도록 하는 등 다양한 활동으로 시점을 완전히 이해할 수 있게 한다.

"장인님! 인젠 저…" 내가 이렇게 뒤통수를 긁고, 나이가 찼으니 성례를 시켜 줘야 하지 않겠느냐고 하면 대답이 늘, "이 자식아! 성례구 뭐구 미처 자라야지!" 하고 만다. 이 자라야 한다는 것은 내가 아니라 장차 내 아내가 될 점순이의 키 말이다.

김유정의 『봄봄』 중에서

- 읽기 중 전략을 적절하게 활용하여 학생들에게 제재 단원 작품 〈사랑 손님과 어머니〉를 읽도록 한다.

(5) 협동학습을 통한 의미 구성하기(작품 관련 활동하기)

이 단계에서는 앞에서 제시한 '읽기 후 활동(대립 척도표, 문학 보고 카드, 플롯 조직표, 세계 문화망, 벤다이어그램, 책 개요표, 테이블 대화 등)'을 소집단별 협동학습으로 전개하는 단계이다. 현행 7차 교과서의 〈학습 활동〉의 내용 학습, 목표 학습, 적용 학습도 포함시켜서 한다.

〈내용 학습〉
　○ 다음은 '사랑손님과 어머니'에 제시된 그림들이다. 이 그림들을 보면서 이 소설의 줄거리를 말해 보자.　- 생략 -

〈목표 학습〉
　○ 이 소설의 말하는 이는 누구인지, 또 어떤 특징이 있는지 적어 보자.
　　- 말하는 이: 옥희
　　- 특징: 여섯 살 난 여자 아이, 어머니와 작은외삼촌과 함께 살고 있음, 하숙하는 아저씨에게 호감을 가지고 있음, 달걀을 좋아함, 어머니와 아저씨 사이에서 일어나는 일들을 알지 못함.

〈작품 관련 활동〉
　앞에서 제시한 '읽기 후 활동'이 가운데 〈사랑손님과 어머니〉를 이해하는 데 적절하다고 판단되는 '문학 보고 카드'와 구성주의 문예학에서 제시하는 '인물의 등급 판정' 활동을 해 보도록 한다.[11]

　① 문학 보고 카드
　이는 등장인물의 성격을 분석하는 데 유용한 방법이다. 이 활동에서 학생들은 읽은 내용의 인물에 관해서 등급을 매길 수 있는 기회를 갖게 된다. 학생들은 실제로 보고 카드를 작성해 본 후에 보고 카드 사용법을 시범 보여 줄 수도 있다. 그 절차는 다음과 같다.
　1) 등급이 매겨질 등장인물을 선정한다.
　2) 인물의 성격 개성과 관련해 등급이 매겨질 내용을 선정한다.
　3) 각 내용에 대해 우수함은 '우', 보통임은 '보', 부족함은 '부'로 등급을 매긴다.
　4) 각각의 등급을 매긴 것에 대한 논평을 하거나 이유 근거를 제시한다.
　* 글을 읽고, 인물 성격의 특성을 글에서 찾아 그 이유를 써 보자.

---

[11] 작품 관련 활동은 앞에서 배운 읽기 전략들을 바탕으로 작품을 이해하고 감상할 수 있도록 하는 데 주된 목적이 있다. 이 단계에서 할 수 있는 활동을 제공받을 수 있는 저서로 박인기·최병우·김창원 옮김(2001), 문학 작품을 어떻게 가르칠 것인가를 권한다.

2학년 ( )반 ( )모둠　　모둠원(, , ,)			
내용	등급	근거
나(옥희)		
용기	우	하고 싶은 행동이나 말을 다 하지 못하므로.
내성적임	부	아저씨에게 호감을 적극적으로 표현하니까.
순진함	우	어머니와 아저씨 사이에서 일어나는 일들을 알지 못하기 때문에
어머니		
용기	부	다른 사람의 이목을 두려워하니까.
내성적임	우	마음 속에 하고 싶은 말을 하지 잘 않으므로.
순진함	우	옥희가 가져온 꽃을 아저씨가 주었다고 할 때, 얼굴이 꽃보다 더 빨갛게 되었으므로.
아저씨		
용기	부	용기 있게 사랑을 고백하지 못하고 떠나므로.
내성적임	우	하고 싶은 말을 제대로 표현하지 않으니까.
순진함	우	교회에서 옥희와 얼굴이 마주쳤을 때, 얼른 고개를 숙이는 걸로 봐서.

② **인물의 등급 표시**[12]

– '옥희'에 해당되면 '옥', 어머니에 해당되면 '어', 아저씨에 해당되면 '아'로 표시하시오.

	1 (+3)	2 (+2)	3 (+1)	4 (0)	5 (−1)	6 (−2)	7 (−3)	
잘생긴	옥,어,아							못생긴
용기 있는	옥					아	어	용기 없는
적극적인		옥				아	어	소극적인
활기 있는	옥					아	어	활기 없는
도덕적인	어,아							비도덕적인
현명한		어,아						현명하지 못한
이성적인	어,아							비이성적인
정숙한								방탕한
총명한	옥							우둔한
예의 바른	아	옥						예의 없는

---

12) 이 활동은 슈미트/하우프트마이어(차봉희 옮김)(1995), 구성주의 문예학, 민음사, 200면과, 박인기·최병우·김창원(2001), 353–355면을 바탕으로 재구성한 것임.

③ 소설에서 말하는 이와 시점 파악하기

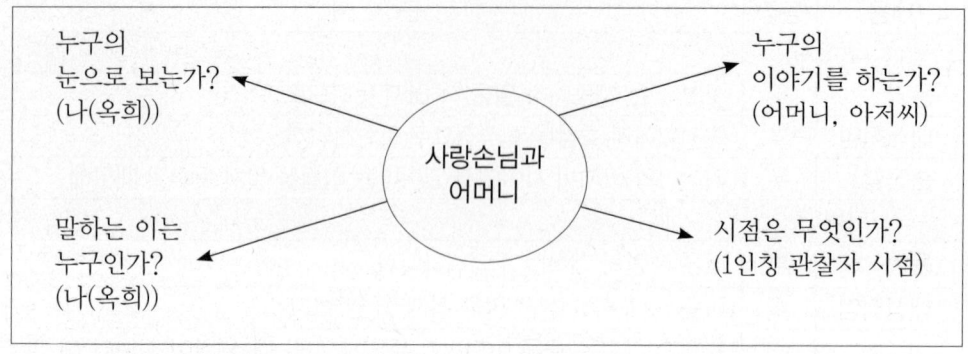

(6) 점검 활동(partner checking)

활동이 끝나면 짝들은 학생들이 완수해야 될 기준에 도달했는지 점검하도록 한다. 만약 학생들이 과제를 주어진 시간보다 빨리 끝내고 싶으면 허용한다.

(7) 평 가

수업 종료 시 혹은 단원 학습 종료 시에 개별 학생들을 대상으로 형성평가의 측면에서 학생들에게 소설의 말하는 이와 시점 파악하기에 관한 이해력 검사를 실시한다. 이때는 집단의 동료들이 도와줄 수 없도록 한다. 팀별 보상제를 실시할 경우에는 개개인의 점수를 팀별로 합산한다.

"남대문 정거장까지 말씀입니까?"
하고, 김 첨지는 잠깐 주저하였다. 그는 이 우중에서 우장도 없이 그 먼 곳을 철벅거리고 가기가 싫었음일까? 처음 것, 둘째 것으로 고만 만족하였음일까? 아니다, 결코 아니다. 이상하게도 꼬리를 맞물고 덤비는 이 행운 앞에 조금 겁이 났음이다.
현진건의『운수 좋은 날』중에서

○ 이 소설에서 말하는 이는 누구인가?
○ 이 소설의 시점은?

4. 맺는 말

지금까지 구성주의 문학교육의 방안을 탐색하기 위해서 문학교육에서 협동학습의 필요성과 학교 현장에서의 적용 실태, 그리고 문학 협동학습에 대한 논의의 전개 과정을 점검해 본 뒤, 최근 대두되고 있는 구성주의 문학교육 방법에 읽기와 쓰기 통합 모형(CIRC)을 적용하는 방안을 모색해 보았다.

이 과정에서 앞으로 우리가 지향해야 될 문학교육은 구성주의 문학교육이란 점을 확인하면서, 이 구성주의 문학교육은 협동학습 모형 가운데 CIRC와 그 이론적 가정과 절차가 유사하기 때문에, 구성주의 문학교육의 수업 절차에다 CIRC의 협동학습 방법을 적용하여 보았다.

이러한 작업이 의미를 지니려면 현장 교실에서 실제 적용하고 그 효율성을 바탕으로 정당성을 확보하는 것이 마땅할 것이나, 이에 대한 실천은 다음 기회로 미룬다.

> ❖ 생각해 볼 거리
>
> - 오늘날 학교교육에서 협동학습이 필요한 까닭은 무엇인가?
> - 오늘날 협동학습의 이론적 뿌리는 어디에서 찾아야 할까?
> - 협동학습과 기존의 토의, 토론학습과의 차이점은 무엇일까?

참고문헌

강원경(1999), 독서클럽 활동 양상 연구, 한국교원대학교 대학원 석사학위 논문.
강전희(2000), 협동학습을 통한 소설 읽기 지도 방안 연구, 한국교원대학교 석사학위 논문.
강현재(1991), 시교육의 수용론적 방법 연구, 서울대학교 석사학위 논문.
경규진(1994), 반응 중심 문학교육의 방법 연구, 서울대학교 박사학위 논문.
공성숙(2001), 사회적 구성주의에 따른 소설 교수·학습 모형 연구, 경북대학교 석사학위 논문.
권진아(1997), 총체적 언어교육을 적용한 아동 문학교육 방법 연구, 한국교원대학교 석사학위 논문.
권혁준(1997), 문학이론과 시교육, 박이정.
김경희(1998), 협동학습을 통한 시 쓰기 지도 방안 연구, 한국교원대학교 석사학위 논문.
김광주(2001), 문학영역의 수준별 교수학습 방안 연구, 한국교원대학교 대학원 석사학위 논문.
김도남(2000), 상호 텍스트성의 개념과 국어교육적 함의, 한국어문교육 9집, 한국어문교육연구소.
김명순(2000), "협동학습의 국어교육적 의의", 한국어문교육 9집, 한국교원대학교 한국어문교육연구소.
김선희(2001), 협동학습을 통한 소설 교수·학습 방법 연구, 상명대학교 교육대학원 석사학위 논문.
김천혜(1998), 수용미학의 흥성과 쇠퇴에 대한 고찰, 독일어문학, 제8집.
김홍이(2000), 초등학교 학습자 중심 시 감상학습 방법 연구, 한국교원대학교대학원 석사학위 논문.
남 웅(2002), 협동학습을 통한 문학교육 방법 연구, 이화여자대학교 석사학위 논문.
노명완(1999), 중학교 국어과의 영역별 수업, 협동학습 및 수행평가에 대한 기본 관점과 시행상의 유의점. 노명완 교수 홈페이지.
노명완(2001) 중학교 국어 교과서와 독서교육, 독서교육 6권, 한국독서학회.
류덕제(2001), 구성주의 관점의 문학교육, 한국초등국어교육학회 학술대회 자료집.
민계순(2001), 문학 단원 협동학습모형 적용을 통한 토의 능력 신장 연구, 공주대 교육대학원 석사학위 논문.
박영목(2002a), 독서교육연구에 있어서의 사회·문화적 접근, 독서연구, 제7호
박영목(2002b), 협상을 통한 의미 구성과 협동 작문, 국어교육, 107권.
박영목·한철우, 윤희원(2001), 국어과 교수 학습론, 교학사.
박영민(2003), 비평문 쓰기를 통한 작문 지도 방법 연구, 한국교원대학교 대학원 박사학위

논문.
박창균(2001), 학습자 중심 소설 교육 방법 연구, 전남대학교 석사학위 논문.
박태호(1995), "반응중심 문학 감상 전략과 교수·학습 방법", 청람어문학 제13집, 청람어문학회.
박태호(1999), 구성주의 작문이론의 전개동향과 교육적 시사점, 초등교과교육연구, 한국교원대학교 초등교육연구소 초등교과교육연구회.
변영계·김광휘(1999), 협동학습의 이론과 실제, 학지사.
손갑식(2001), 문학 협동학습 양상 연구, 한국교원대학교 석사학위 논문.
송정화(2002), 협동학습을 통한 문학작품 감상 지도, 전남대학교 석사학위 논문.
송충현(2001), 문학 감상능력의 신장을 위한 '빈자리 메우기'전략화 방안, 한국교원대학교 석사학위 논문.
신연미(2002), 협동학습을 통한 문학 교육 방법 연구, 성신여자대학교 석사학위 논문.
신헌재·이경화·이재승·이주섭·김도남·한명숙·이수진(2003), 국어과 협동학습 방안, 박이정.
양창수(2001), 통합적 언어활동을 통한 국어과 교수 학습 방법 연구, 한국교원대학교 석사학위 논문.
여진희(2001), 문학교육에 있어서 협동학습 적용 가능성 연구, 부경대학교대학원.
염수희(2001), 독서토의를 통한 국어과 교수·학습 방법 연구, 한국교원대학교 석사학위 논문.
염창권(2000), 반응 중심 문학교육의 현재와 전망, 광주초등국어교육연구 제4집, 광주초등국어교육학회.
옥정희(2003), 협동학습이 중학생들의 읽기 능력에 미치는 영향, 부산대학교 석사학위 논문.
우한용 외(1997), 문학교육과정론, 삼지원.
이경화(2002), 읽기교육의 원리와 방법, 박이정.
이광복(1999), 구성주의 문예학과 그 문학교수법적 함의, 독어교육 제17집, 독어교육학회.
이상구(1998), 학습자 중심 문학교육 방안 연구, 한국교원대학교 박사학위 논문.
이상구(2002a), 구성주의적 학습자 중심 문학 교육의 원리와 방법, 문학교육학 제10호, 한국문학교육학회.
이상구(2002b), 구성주의 문학교육론, 박이정.
이성은(2000), 총체적 언어교육, 창지사.
이영희(1999), 협동학습을 통한 고쳐 쓰기 지도방안 연구, 한국교원대학교대학원 석사학위 논문.
이은정(2000), 과정 중심 소설 읽기 지도 방안 연구, 한국교원대학교 석사학위 논문.

이재승(1999), 과정 중심의 쓰기 교재 구성에 관한 연구, 한국교원대학교 박사학위 논문.
이종억(1997), 협동적 통합 읽기 작문 프로그램이 초등학생의 읽기 메타인지에 미치는 영향, 한국교원대학교대학원 석사학위 논문.
이희정(1999), 초등학교의 반응중심 문학교육 방법 연구, 한국교원대학교 석사학위 논문.
임영규(2002), 독서클럽을 통한 효율적인 독서 지도 방안 연구, 한국교원대학교 석사학위 논문.
장기형(2003), 협동적 읽기·쓰기 통합(CIRC) 프로그램이 아동의 읽기 능력에 미치는 효과, 한국교원대학교 석사학위 논문.
장성욱(2000), 협동학습을 통한 시 교수 학습 방법 연구, 한국교원대학교, 석사학위 논문.
전병화(1999), 협동학습을 통한 소설 지도 방안 연구, 한국교원대학교 석사학위 논문.
정문성(2002), 협동학습의 이해와 실천, 교육과학사.
정지영(1999), 協同學習을 活用한 詩쓰기 指導方法 硏究, 서울교육대학교 석사학위 논문.
조영미(2001), 협동학습을 통한 심상적 접근이 시 표현력 신장에 미치는 효과, 한국교원대 교육대학원.
조영주(2002), 협동학습을 통한 뒷이야기 상상하여 쓰기 지도방안 연구, 한국교원대학교 석사학위 논문.
조영환(1997), 시 교육의 방법론 연구-반응 중심이론의 적용을 중심으로, 연세대학교 석사학위 논문.
조정애(1999), 협동학습을 통한 소설교육방법 연구: 최인훈의 〈광장〉을 중심으로, 강원대학교.
최순영(2002), 사회-인지 읽기 교수·학습 방안 연구, 한국교원대학교대학원 석사학위 논문.
최은희(2001), 장르 전환 글쓰기를 통한 소설 학습 방법 연구, 강원대학교 교육대학원 석사학위 논문.
최취희(2002), 협동학습을 통한 중학교 고전소설의 효율적인 지도 방안, 홍익대학교 교육대학원.
최현섭·박태호·이정숙(2000), 구성주의 작문 교수학습론, 박이정.
한명숙(2003), 독자가 구성하는 이야기 구조 교육에 관한 연구, 한국교원대학교대학원 박사학위 논문.
한철우 편(1999), 독서클럽-이론과 확장, 한국교원대학교.
한철우(1998), 독서와 문학의 통합적 접근, 『문학과 교육』 제 6호.
한철우·김명순·박영민(2001), 문학중심 독서 지도, 대한교과서주식회사.
허덕희(2002), 문학 읽기 중심의 독서교육 방법 연구, 한국교원대학교 석사학위 논문.
허순범(2000), 과제 분담 협동학습을 통한 소설 교수 학습 방법 연구, 한국교원대학교 석사학위 논문.
황환택(2001), 협동학습을 통한 중학교 소설 지도 방법 연구, 공주대학교 교육대학원.

그리블, 나병철 역(1993), 문학교육론, 문예출판사.
스펜서 케이건(1999), 협동학습 연구교사모임 옮김, 협동학습, 디모데.
S. J. 슈미트/ H. 하우프트마이어, 차봉희 옮김(1995), 구성주의 문예학, 민음사.
Catherine Twomey Fosnot(1996), "Constructivism: A Psychological theory of Learning," Catherine Twomey Fosnot(ed), Constructivism: theory, perspectives, and practice, Newyork and london: Teachers College, Columbia University.
Ernst von Glasersfeld(1996), "Aspect of Constructivism", Catherine Twomey Fosnot(ed), Constructivism: theory, perspectives, and practice, Newyork and london: Teachers College, Columbia University.
John B. Biggs(1994), "Modle of learning, forms of knowing, and ways of schooling," Andreas Eemetrious, Michael Shaeyer, and Anasatasia Efklides(ed), Neo-Piagetian theories of cognitive devolopment, -Implication and application for education, london: Great Britian.
John Shotter(1995), "In dialogue: Social Constructivism and Radical Constructivism," Kenneth J. Gergen, "Social Construction and the Educational Process," Leslie P. Steffe & E. Jerry Gale(ed), Constructitivism In Education, Hillside, New Jeesey: Lawerance Erlbaum Associate.
Laryellen Weimer(2002), Lerner-Centered Teaching, Jossey-Bass A Wiley Company, San Francisco.
Linda B. Gambre & Fanice F. Almasi(1996), Lively Discussion!: Forstering english engaged reading, International Reading Association, Inc.
Nadine M. Lambert & Barbara L. McCombs(1998), How Students Learn, -Reforming school Through Learner-Centered Education, American Psychological Association, Washington, DC.
Richard E. Mayer(1999), "Design Instruction for Constructivism", Charles M. Reigrluth(ed), INSTRUCTIONAL-DESIGN THEORIES AND MODELS, Lawrence Erlbaum Associates, Inc.
Robert J. Btahl, ed(1995), Cooperative Learning Arts-A handbook for Teachers, Addison-Wesley Publishing Company.

9장 국어과 교육에서의 통합교육 방법

❖ 개요

　이 장에서는 국어교육에 있어서 통합교육(Integrated Education)의 적용 방안을 탐색하였다.
　이를 위하여 먼저, 통합교육의 이론적 배경을 검토하고, 그 과정에서 총체적 언어(Whole Language), 협동학습(Cooperative learning), 상호 텍스트성(Intertextuality) 등이 통합교육과 밀접한 관련이 있음을 살펴보았다. 그리고 선행 연구를 바탕으로 통합교육의 개념과 역사적 배경, 방법과 절차 등을 검토한 다음, 고등학교 문학 과목의 시 수업 단원에서 적용 방안을 구안하였다.
　구안된 수업 단원은 '문학 중심 교과 내적 주제 단원 학습법(literature-based integrated thematic units)'에 의해 문학 개념을 학습하는 단원과, 상호 텍스트성을 바탕으로 '이별'이라는 주제를 가진 시 작품을 대상으로 한 주제 단원이었다.

❖ 핵심어

　국어교육, 문학교육, 통합교육, 주제 단원 학습법, 총체적 언어, 협동학습, 상호 텍스트성

1. 들어가며

오늘날 국어교육은, 교육 전반적인 변화와 맞물려 교사 중심, 교과서 중심의 주입식 교육 체제에서 벗어나 학습자 중심, 사고력 중심의 교육으로 변화해 가고 있다. 특히 대학수학능력시험의 도입(1994), 5·31 교육개혁안(1995), 제5차 교육과정의 적용(1995) 등과 같은 제도적인 변화와 함께 국어교육의 내적인 변화 발전에 기인한 것이다.

그러나 1990년대 중반까지 우리의 학교 교육의 화두였던 '열린 교육'이 쇠퇴하면서, 정보통신 기술(ICT) 활용 수업, 웹 기반 수업(WBI) 등이 확대되고 있지만, 이는 교육 환경의 변화 내지는 교육 매체의 전환이지 교육 방법론의 전환은 아니라는 점에서 새로운 대안을 모색하는 일은 시급한 과제라 하겠다.

이러한 문제 의식을 바탕으로 세계 선진 각국의 교육의 변화 동향을 점검해 보면, 90년대를 기점으로 구성주의(Constructivism)의 재조명과 함께 열린 교육의 대체 패러다임으로 통합교육(Integrated Education)이 등장하고 있음을 볼 수 있다. 이는 기존의 '교과'의 영역을 무너뜨리고 교과 내적 통합 혹은 교과 간의 통합을 통하여 학생들끼리 협력적인 상호작용을 통한 토의과정을 통해 지식과 의미를 구성해 내도록 함으로써 전통적인 교과교육의 체계가 안고 있던 문제를 해소할 수 있는 대안으로 다가오고 있다.

통합교육이 우리의 국어교육 학계에 소개되기 시작한 것은 1990년대 초반 이화자(1991), 이재승(1993), 신헌재·이재승(1993), 이성은(1994) 등에 의해 총체적 언어(Whole Language) 및 통합교육이 소개되면서부터였다. 그와 더불어 한철우(1998)의 문학과 독서의 통합을 통한 문학 중심 독서 교육론이 제기되면서, 학생들의 토의학습 혹은 협력학습을 통한 언어 기능의 통합적 발전을 도모하려는 논의가 활발해졌다(이상구; 1998, 박태호; 2000, 장성욱; 2000, 주진홍; 2002, 박영란; 2002).

본고는 이러한 논의들을 바탕으로 통합교육이란 무엇이며, 이론적 배경은 무엇인가, 그리고 그 방법과 절차는 어떠한 것인가를 살펴보면서, 고등학교 1학년 국어과 수업에서 시 단원을 설정하고, 고등학교 국어과 수업에서의 적용 방안을 모색해 보고자 한다.

2. 통합교육의 방법과 절차

(1) 통합교육의 개념과 특성

통합교육이란 교육 내용을 잘게 세분하고, 그 세분된 내용들을 위계적 순서로 학습해 온 종래의 기능주의적 교육에서 벗어나, 지식 내용의 전체성을 강조하면서 사고의 통합, 학문의 통합 및 학습자 능력의 통합을 지향하는 학습 방법이다. 즉 국어, 문학, 수학, 과학 등으로 범주화하고 있는 교과목으로서의 지식 내용은 원래는 분리된 것이 아니었는데도 인위적으로 분리함으로써 학습자들에게 지식의 전체성과 통합적 안목을 저해하였다는 것이다. 이렇게 산만하고 단절된 사실들이 습득되는 것을 피하고 지식과 새로운 정보를 습득하는 데 개인적으로 유용한 도구로 전환시켜 사고와 학습을 통합시킴으로써 전인적인 인간 형성에 기여하려는 데 목적을 두고 출발한 것이 통합교육이다.

통합교육의 기원과 역사는 매우 오래되었다. 19세기 이전에 이미 루소와 페스탈로치의 생활 중심 교육 사조는 교육과정 통합의 태동을 이루었고, 교육과정의 통합은 19세기 후반 헤르바르트 학파의 중심 통합법(Konzentration)에 의해 보다 구체적으로 나타났으며, 20세기에 들어와서 독일에서 '합과 교수(Gesamt Unterricht)'로 발전한다. 미국에서는 교육과정 개조 운동의 일환으로 Core-Curriculum으로, 독일에서는 기초학교에서의 '사실교수(sachunterricht)'로, 프랑스에서는 개발 활동으로, 일본에서는 생활과(生活科)로 발전했다. 초기에는 초등학교를 중심으로 일어났던 통합교육이 1970년대에 들어서면서부터 중등학교를 비롯 대학에 이르기까지 통합교육과정 프로그램들을 개발하고 있다(광주교육대학교 초등교육연구소, 1998). 1930년대 듀이의 진보주의 교육에서 이미 고전적인 통합교육의 방법으로 '다학문적 교과 접근법(Multidisciplinary Approach)'이 유행하였다.

국어교육 및 문학교육에 있어서도 통합교육은 오늘날 새롭게 대두된 것은 아니다. 로드리게스 등(Rodriges & Badaczewski, 1978)의 증언에 따르면, 1970년대 당시에 이미 문학교육의 내용을 배열하는 데 있어서 주제에 의한 통합적 조직 방법이 "가장 유행하는 방법으로서 단연 최고(박인기 외, 2001)"였다고 한다.

이렇게 오랜 역사와 다양한 각도에서의 접근을 통하여 뿌리를 내린 통합교육은, 멀리는 루소와 페스탈로치에서 출발하여 가까이는 듀이의 진보주의 철학에서부터 오늘날 급속히 확산되고 있는 구성주의, 통합교육, 총체적 언어 운동 등과 관련성을 맺으면서 발전하여 왔음을 알 수 있다.

그리하여 1980년대 유럽과 미국 등 세계 선진 각국의 국어교육의 목적이 공통적으로 '언어 사용 기능 신장'으로 확산되면서, 오늘날 미국과 유럽의 국어 교실은, 문학 작품을 읽고 토의를 하는 형태로 전개되는 과정에서 문학 중심의 통합적 주제 단원 학습법이 중심 활동으로 자리를 잡고 있다(한철우; 1998, Linda B. Gambrell 외 ; 1996). 그리고 우리 나라 초·중학교 교육 현장에서 '열린 교육'을 받아들이면서 전국적으로 확산을 하고 있을 1990년대 중반에, 미국과 같은 나라에서는 이미 '열린 교육'의 실패를 선언하고 통합교육으로 선회하고 있었다는 점에서(이현남, 1996 : 25 및 Amy E. Seely, 1995 : 2-6), 통합교육이 우리의 국어교육은 물론, 학교교육 전반에 걸쳐 주는 시사점은 크다고 하겠다.

오늘날 통합교육을 지탱하고 있는 주요 개념들은, 크게 구성주의, 학습자 중심 교육, 총체적 언어, 협력학습, 자기주도적 학습 등을 들 수 있는데, 여기서 지면 관계상 가장 직접적으로 관련되는 총체적 언어, 협력학습, 상호텍스트성 등에 대해 간략히 살펴보면 다음과 같다.

'총체적 언어(Whole Language)'는 언어 기능 간의 통합적인 운영을 지향하는 통합교육의 국어과 내적 운동을 말한다. 즉 언어 기능(듣기, 말하기, 읽기, 쓰기)은 근본적으로 분화될 수 없을 뿐만 아니라, 철자나 단어, 구, 문장 등은 실제적인 언어 사용에서 항상 동시적으로 제시되며 이들은 상호작용하여 전체(의미)를 이룬다고 본다. 언어의 각 단위는 실제적인 사용에 있어서 분리되어서 사용되지 않는다는 것이다. 따라서 총체적 언어적인 관점에서의 언어 활동은 그 자체에 초점을 두는 것이 아니라, 모든 언어 기능을 활용하여 '의미'를 구성해 내는 데 그 목적을 두고 있다.

통합교육에 있어서 또 하나의 주요한 개념적 도구가 '협력학습(Cooperative learning)'이다. 이는 학생들이 학습 집단에서 학습 활동을 하고 그 집단의 성적에 기초를 둔 보상과 인정을 받는 교실 상황에서의 학습 방법 또는 학습 능력이 각기 다른 학생들이 동일한 집단 목표를 향하여 소집단에서 함께 활동하는 수업 방법으로서, 이 학습에서는 개인을 위한 전체, 전체를 위한 개인이라는 태도를 갖게 되고, 팀 동료를 서로 격려하고 도우며 학습이 부진한 동료와 협력학습을 하는 학습 체제이다(Slavin, 1980).

반응 중심 문학교육에서도 학급 내 문학 반응 토의를 중요한 도구로 다루고 있으며, 특히 구성주의 문예학 이론을 바탕으로 한 구성주의 문학교육에서는, 개별 학생들이 자신이 읽고 이해한 '다양한' 내용(소통소, 커뮤니카트)을 바탕으로 다시 동료 학생들과 토의를 함으로써 공인된 '단일 의미'를 산출하는 '협응 과정'을 거쳐 토의학습, 즉 협력학습의 중요성을 결정적으로 자리 매김하고 있음을 볼 수 있다(이상구, 1998).

텍스트의 병렬에 의한 상호 관련성에 근거하여 다른 텍스트의 구문을 인용하는 것과 관련된 '인용의 문법'과 송신자, 발신자, 코드 등에 관련된 '인용의 용법' 등에서 출발한 상호 텍스트성(intertextuality) 역시 통합교육, 특히 주제 단원 학습법과 깊은 관련을 맺고 있다. 즉 텍스트를 생산하고 수용함에 있어서 텍스트 사용자들이 지니고 있는 다른 텍스트의 지식에 의존하는 모든 방식들을 포괄하는(Beaugrande at all, 1978) 개념으로서의 상호 텍스성은 오늘날 독서 및 작문 교육은 물론 문학교육에 이르기까지 폭넓게 사용되기에 이르렀다.

이로 인해 상호 텍스트성은 문학교육은 물론 독서, 작문 교육 등 국어교육 전반에 걸쳐 폭넓게 활용 가능성을 점검하기에 이르렀다(이상구; 1998, 김도남; 2000, 류덕제; 2001). 특히 제6차는 물론 오늘날 제7차 문학 교육과정의 바탕이론이 되고 있는 수용미학에서뿐만 아니라, 앞으로 활성화될 것으로 보이는 구성주의 문예학 이론, 그리고 텍스트 언어학에서 주요한 개념적 도구로 등장하고 있으므로 상호 텍스트성은 장차 문학교육은 물론 국어교육 전반에 걸쳐 활용하려는 논의가 활발해질 것으로 기대된다.

(2) 통합교육의 종류와 방법

오늘날 통합교육은 1930년대 듀이의 '다학문적 교과 접근법(Multidisciplinary Approach)'적 접근의 틀을 벗어나 다양하게 전개되고 있다. 이를 크게 나누면 '통합교과적 접근 방법(Interdisciplinary Approach)'과 '교과 내적 접근 방법(Intradisciplinary Approach)'으로 구분할 수 있다. 전자가 교과목을 가로질러서 내용 영역의 교차를 통한 학습 방법이라면, 후자는 문학이나 사회, 과학과 같은 하나의 교과목 안의 영역 간의 통합에 초점을 둔 학습 방법이다.

이 두 접근 방법은 학생들에게 아이디어의 아이디어 '내적인', 그리고 그 '사이의' 관련성과 연결고리를 찾아내는 기회를 제안한다. 따라서 이를 문학 영역(혹은 과목)에다 적용시킬 경우, 문학 중심 주제 단원 학습법이 되며, 그 종류는 크게 문학 교과를 중심으로 다른 교과와 통합적으로 운영하는 '문학 중심 통합 교과적 접근 방법'과 '문학 교과 내적 접근 방법'으로 나눌 수 있게 된다. 만약 다른 교과와 관련지어 주제 단원을 선정한다면 통합 교과적 활동이 된다. 이는 '문학을 통하여' 듣기, 말하기, 쓰기, 문학뿐만 아니라, 수학, 과학 등과 같은 다양한 과목을 통합하고, 학습 과정에서 소집단 협력학습을 통해 의미를 구성해 내는 학습 방법이 된다. 이를테면 우주,

사랑, 우정, 장애인 등과 같은 포괄적인 주제에서 시작하여 그 범위를 구체적으로 한정할 수 있을 것이다.

문학 교과 내적 접근법은 학습 내용의 측면에서는 '문학에 대하여' 학습하는 데 유용한 접근법이라 할 수 있으며, 기능적인 측면에서는 듣기·말하기·읽기·쓰기와 같은 언어 기능을 통합적으로 발달시킬 수 있는 소위 '문학 내적 언어 기능 접근법'에 해당될 것이다. 여기서 단원의 주제는 문학과 관련된 요소가 주로 선정된다. 즉 문학의 요소인 작가나 등장인물의 유형, 장르는 물론, '일제 강점기'와 같은 특정 주제를 선정할 수 있다. 지금까지 살펴본 문학 중심 주제 단원 학습법의 목적과 주요 원리를 정리해 보면 다음과 같다.

〔표 1〕 문학 중심 주제 단원 학습법의 종류와 원리

종류	문학 교과 내적 주제 단원 학습법	문학 중심 통합 교과적 주제 단원 학습법
목적	- 문학 교과 내에서의 언어 기능에 대한 통합 - '문학에 대하여' 학습에 유용	- 언어 기능의 통합 및 교과의 통합학습 - '문학을 통하여' 지식 학습 및 세상사에 접근
주요 원리	- 학습자 중심, 과정 중심, 활동 중심 - 교사의 역할은 기획자, 보조자 - 다양한 선택의 기회 제공(작품 선정, 주제 선정 등) - 학생들의 상호 작용에 의한 협력학습에 의한 전개 - 언어 기능의 총체적 활용 - 복수(複數) 교재, 다수 교재 사용	
단원 범위	- 문학 교과 내의 내용 학습 - 문학의 작가, 장르, 구성 요소 등	- 문학 교과를 중심으로 다른 교과와 통합 운영 예 우주, 사랑, 우정 등

종류	문학 교과 내적 주제 단원 학습법	문학 중심 통합 교과적 주제 단원 학습법
적용	-고학년, 문학에 대한 전문적 내용 학습에 유용	- 유·초등 및 중등의 저학년 학습에 유용
바탕 이론	- 구성주의, 통합교육, 총체적 언어, 협력학습, 상호 텍스트성 등	
학습 집단	- 4~6명으로 구성 - 이질 집단	
단원 크기	- 1시간~수개월까지 다양	

3. 국어과 교육에 있어서 통합교육의 적용 방안

(1) 절차 단계

문학 중심 주제 단원 학습법의 방법과 절차는 Routman(1991), Steven Zemelman 외(1993), Amy E. Seely(1995), Tchudi & Mitchell(1999) 등을 참조할 수 있는데, 이들의 절차와 방법을 요약하면 다음 표와 같다.

〔표 2〕   문학 중심 주제 단원 학습법의 절차 단계

Routman	Steven Zemelman 외 Amy E. Seely	Tchudi & Mitchell
1. 탐색하고자 하는 주제나 소재를 선정한다. 2. 계획 단계에 학생들을 극적으로 참여시킨다. 3. 이 단원에서 강조하고자 하는 내용을 전반적으로 진술한다. 4. 단원에 포함할 읽기 자료와 활동을 결정한다. 5. 읽기 자료를 포함하여 보조 자료를 목록화하고 준비한다. 6. 주제 중심 독서의 도입부를 계획한다. 7. 정해진 목표에 초점을 맞추고 평가한다.	1. 주제 찾기 : 브레인스토밍을 통하여 2. 주제 검토하기 : 교육과정에 비춰 선정하기 3. 주제 단원의 형태와 크기 결정하기 4. 주제 단원들 사이의 관계 파악하기 5. 시간 계획 및 활동하기 6. 활동 및 평가하기	1. 초점 선택 및 목표 설정하기: 학생들이 무엇을 탐구하고 배울 것으로 기대하는가? 2. 제재 선택하기: 주제 중심 독서 자료로 쓸 수 있는 작품이나 자료는 무엇인가? 3. 단원 구성하기: 주제 중심 독서 활동은 어떠하며, 어떻게 조직하고 운영할 것인가? 4. 활동 통합하기: 수업 활동과 언어 사용 활동을 어떻게 구성하고 통합할 것인가? 5. 평가하기: 학생들이 배운 것을 어떻게 표현하고, 어떻게 판단할 것인가?

위의 세 사람이 제시하는 절차와 전개상의 유의점들은 크게 다르지 않고, Routman의 경우는 주진홍(2002)에서, Tchudi & Mitchell의 경우는 주진홍(2002) 및 박영란(2002)에서 소개되어 있으므로, 여기서는 Steven Zemelman 외(1993) 및 Amy E. Seely(1995) 등이 제시하는 방법과 절차를 중심으로 작품 선정 과정을 포함시켜 살펴보기로 한다.

1) 주제 찾기

문학 중심 통합적 주제 단원 수업으로 가는 첫 단계는 주제를 찾고 선정하는 것이다. 주제 선정의 근거는 일차적으로는 교육과정이 되겠지만, 편의상 교과서의 단원에 따라 운영할 수도 있으며, 유연성을 발휘하여 창의적으로 운영할 수도 있을 것이다. 물론 교육과정을 재구성하는 방법(광주교육대학교 초등교육연구소, 1998 참조)도 있지만, 우리나라 중등학교 현장의 현실을 고려하면 부담이 너무 크므로, 현실적으로 교과서의 단원 순서에 따라 하는 것도 좋은 방법일 것이다.

주제를 선정할 때에는 학습 목표와의 관련성, 유의미한 관련 지식, 학생들의 성장과 요구, 흥미, 그리고 발달 수준 등을 고려해야 한다(Smith & Johnson, 1994). 학생들의 발달과 흥미를 위해서 다음과 같은 질문에 대한 해답을 고려해야 할 것이다. 첫째, 학생들이 참여하기를 좋아하는 것이 무엇인가? 둘째, 학생들이 즐거워하고 흥미로워하는 활동들은 무엇인가? 셋째, 학생들이 좌절이나 실망하지 않고 도전적이고 동기를 얻는 때는 언제인가? 넷째, 학생들의 대화 속의 화제는 무엇인가? 이러한 질문에 대한 해답은, 통합적 주제 단원을 위한 목록 개발을 위한 시사점을 제공해 준다.

브레인스토밍을 할 때에는 교육과정을 바탕으로 학생들과 함께 하는 것이 좋으며, 가능하면 학생들의 실제 삶과 관련된 것일수록 좋다. 가능성이 희박한 목록들도 브레인스토밍을 통해서 포함할 수 있으며, 한 사람의 아이디어가 다른 사람들의 아이디어에 촉매가 될 수 있다. 학생들과 함께 브레인스토밍을 할 때도 역시 주제와 아이디어가 어떻게 산출되는가 하는 것에 이해를 하게 만들고 또한 주제와 아이디어가 아무렇게나 생성되는 것이 아니라는 것을 가르쳐야 한다. 과정에 대한 모델링은 학생들 자신의 쓰기 목록과 다른 프로젝트들을 위한 목록을 시작함으로써 특히 도움을 줄 수 있다. 그러므로 교사와 학생들과 그리고 그 동료들에 의해 산출된 목록은 두 가지 목적, 즉 학습 과정에 학생들을 참가시킨다는 것과 가능한 주제가 생성되는 것을 허용한다는 것이다.

또한 주제는 교사용 지도서나 그 밖의 참고 자료에서도 찾을 수 있다. 중·고등학교 수준에서의 통합 교과적 접근에서 일반적으로 상정할 수 있는 주제 목록의 예로는 환경, 성장, 전쟁, 사랑, 이별, 죽음, 장애인, 우주, 일제 강점기, 풍자, 역설, 종교, 폭력 등을 들 수 있을 것이다.

많은 주제 목록을 만들고 난 후, 다음 단계는 학생들에게 다음과 같은 관점에서 주제가 적합한지를 결정하기 위한 기준에 관해 생각해 보도록 한다. 첫째, 이 주제는 학생들의 사전 지식과 경험을 발전시킬 수 있겠는가? 둘째, 이 주제는 정해진 시간 범위 안에 학생들의 흥미를 돋우고, 또 활동할 수 있는 유인 요소를 지니고 있는가? 셋째, 이 주제가 제안하고 있는 세상사에 관해 어떠한 관계 혹은 관련성은 무엇인가?

이러한 질문들은 바람직한 의도나 목적에 기여하지 못하는 주제들을 미리 제거한다는 의미를 지닌다. 성공적인 통합적 주제 단원은 학생들로 하여금 세상에 관해 참여하게 하고, 그 관계를 파악할 수 있도록 촉진할 수 있는 것이어야 한다. 또한 이러한 질문들을 함에 따라 교사들은 과정에 대하여 비판적으로 검토할 수 있게 하며, 질문 목록들은 실현 가능성을 바탕으로 엄밀하게 선정할 수 있게 한다. 주제 목록에 대한 엄격함은 학생들이 무엇을 선택하는 데 있어서 토의나 투표를 할 때, 영향을 미치는 효과도 가져다줄 것이다.

2) 주제 선정하기

주제 찾기, 즉 주제 목록을 작성하고 난 뒤에는 실제 수업 활동을 할 주제를 선정하는 것이다. '문학을 통하여' 언어 기능 활동과 사고력 신장에 근본 목표를 두고 있는 통합 교과적 접근법에서 주제는 실제 현실 경험이나 생활과 밀접한 주제를 선정한다. 이러한 주제 선정을 통하여 학생들의 흥미와 동기를 유발할 수 있으며, 더 추상적으로 사고할 수 있도록 어린이의 자질을 확장시킬 수 있다. 또한 현재와 미래의 지식을 알리는 주제들이 대체로 매우 높은 유용성을 가진다. 왜냐하면, 학생들은 그 화제들을 배운 후에 학교 안은 물론 밖에서까지도 끌어올 수 있기 때문이다.

'문학에 대하여' 학습하는 것을 내용 목표로 설정하고 있는 문학 교과 내적 접근 방법에서는 일차적으로 문학적 지식 습득을 위해서는 각 장르의 명제적 지식과 절차적 지식을 활용할 수 있을 것이다. 여기서 주제를 선정하는 기준은 일차적으로 교육과정의 내용 요소들이 되겠지만, 현실적으로 교과서의 단원 내용 요소 혹은 학습 목표와 관련지으면 쉽게 접근할 수 있을 것이다. 예를 들면, 시의 리듬에 대한 학습 단원이라면 시의 리듬에 대한 개념적인 탐구와 함께, 한 편의 시를 읽고 리듬을 파악하는 능력을 기르는 방법으로 학습 활동이 전개될 것이다. 이러한 장르적 지식 학습이 끝나면 작품 속에 나타난 특정 주제를 찾아서 문학 교과 내에서, 혹은 문학 교과를 벗어나서 통합적 활동을 할 수 있을 것이다.

결국 이렇게 보면 단원의 형태나 학습 목표는 기존의 그것과 크게 차이가 나지 않을 가능성이 높지만, 수업의 전개 과정은 전적으로 학생들의 소집단 토의 활동에 의해서 읽기, 말하기, 듣기, 쓰기와 같은 총체적인 언어 활동을 전개한다는 것을 확인할 수 있다.

3) 주제 단원의 형태와 크기

주제 단원의 크기는, 어떤 주제는 수 주일 동안 집중적인 활동을 요구하는 것이 있는가 하면, 어떤 것들은 1,2시간의 한정된 시간에 해결할 수 있는 간단한 것도 있을 수 있다. 학생들은 통합적 학습에 참여함에 따라, 학년이 올라감에 따라 다양한 주제를 접하게 된다. 많은 경우에 있어서 여러 학년에 걸쳐 학생들은 유사한 주제를 공부하고 참가하게 된다. 그 차이는 주제와 수업의 깊이 및 넓이의 따라 달라진다. 즉 같은 주제라도 학교급별, 학년에 따라 달라지는 것이다.

주제를 결정하는 과정을 돕기 위해, 교사는 다음과 같은 자기 질문을 해 봐야 한다(Shubert, 1993). 첫째, 학생들에게 의미로운 것인가? 둘째, 실질적인 것이며, 또한 학생들의 실제 경험 세계에 적용할 수 있는 것인가? 셋째, 어떠한 관계에서 미래의 주제에 적용을 촉진할 수 있는가? 넷째, 주제는 확장할 수 있으며, 기능과 개념을 포함할 수 있는가?

이러한 질문을 통해 교사는 주제의 적절성과 중요성 및 학급에 적용할 수 있는 단원 개발을 생각해야 한다. 모든 주제가 학생들에게 의미를 줄 수 있는 단원인가 하는 점에서 성공에 대하여 비판적이어야 한다. 의미는 흥미와 아이디어의 유용성으로 귀속된다.

4) 주제 단원들 간의 관계 파악

교사들이 학생들에게 유의미한 통합 교육과정을 개발함에 있어 중요한 것은 어떠한 관계로 다른 주제를 촉진하는가 하는 것을 고려해야 한다는 것이다.

학생들이 주제들과 단원들 간의 관계를 창안하는 기회를 주는 것은 학습의 통합적인 특성을 지원하는 것이다. 학생들이 사고의 패턴을 발견함에 따라 지식의 형태들 사이에 일반적인 특성이 나타난다. 예를 들면, 학생들에게 친숙한 주제인 '첫사랑' 혹은 '성장'이란 주제를 떠올릴 수 있다.

학생들은 해당 연도의 전체적인 수업 코스를 통해 특정한 학문적 성장의 수준을 획득할 수 있으며, 교사들은 요구되는 기능들과 개념을 가르칠 수 있게 되기를 기대한다. 또한 교사들이 통합적 학습과 주제 단원들에 대한 계획을 짜면서, 주제의 범위 안에서 창안된 활동을 통하여 학생들이 자신의 사고와 지식을 계발해야 한다는 점을 명심해야 한다.

통합적 주제 단원은 비용이 적게 들어야 하며, 이해하기 쉬워야 하며, 나타나는 관계들을 위한 많은 통로를 제공해야 한다. 주제 단원에서 제시하고 있는 활동과 기능들은 '주제의 자연적인 확장이어야 한다(Lapp & Flood, 1994, p.418)'. 주제 단원을 계획할 때, 교사는 운영할 활동에 대한 필요하고도 중요한 기능들을 결합시켜야 한다.

5) 작품 선정하기

작품 선정은 무엇보다도 독자의 수용적 측면이 중요하므로, 청소년들이 읽기에 바람직하고 실제 청소년들이 읽고 있는 작품들을 대상으로 해야 한다. 따라서 여기서는 신헌재 외(1993), B. Joyce Wieneek(1994) 등을 참고하여 작품 선정 기준을 제시하면 다음과 같다.

첫째, 학생의 발달 단계, 흥미를 고려하면서 읽기에 바람직하고 실제 청소년들이 읽고 있는 작품을 선정하라. 따라서 무조건 교훈적이고 좋은 책, 즉 '양서'의 기준으로만 선정하지 말고 학생들의 발달 단계에 맞는 책, 즉 '적서(適書)'를 선정하는 것이 중요하다.

둘째, 학생들에게 친근한 장르인 단편소설부터 시작하라. 대개 시작 단계에서는 단편소설에서 출발하는 게 좋다. 즉 대부분의 경우 학생들은 단편을 읽고, 경험하고, 이야기하며 연관시킬 기회를 가진다. 이러한 과거의 경험들은 참여자들의 풍부한 선험지식을 나타내는데, 참여자들은 문학 토론 중 책을 읽고 해석할 때 그러한 선험지식을 가져와 기초로 삼는다. 이러한 경험들은 또한 참여자들이 초기의 문학 토론에서 긍정적인 경험을 가질 개연성을 높여 준다.

셋째, 토론에 가장 적합한 이야기들, 즉 학생들의 주의를 끌거나 매우 흥미를 유발하는 그런 이야기들을 선정하라. 문학 작품의 질은 토론에 결정적인 영향을 미치게 된다는 사실도 중요하다. 한 학기 혹은 한 학년 말에, 학생들에게 그동안 다루었던 문학 작품을 평가하게 하고, 1점에서 3점까지 점수를 매기도록 한다. 즉 3점은 학생들이 그들의 동료들에게 적극 추천할 만한 우수한 작품을 의미하고, 2점은 때때로 추천할 만한 만족스러운 작품, 1점은 추천하고 싶지 않은 작품을 의미한다.

넷째, 학생들이 비판적으로 읽고, 학생들이 자신의 생각을 창의적으로 풀어 낼 수 있는 작품을 선정하라. 학생들의 흥미와 요구에 따라서 선택하는 것을 원칙으로 하고, 수준이 높고 토론하기에 적합한 작품들로 하되, 학생들 스스로가 선택할 수 있는 기회를 제공해야 할 것이다. 아니면, 교사가 이러한 요건들을 충족시킬 수 있는 작품들을 사전에 제시하고 그 가운데에서 학생들이 선택하게 할 수도 있을 것이다. 예를 들면 35명 학급에 5,6권

정도의 작품을 제시하고, 학생들이 작품을 선택하도록 하되, 학생들이 4~6명으로 구성된 소집단 협력학습을 할 수 있도록 인원을 조절하는 것이 좋을 것이다.

다섯째, 가능하면 최근의 작품과 외국 고전의 비율을 높여라. 교과서에 수록되는 작품에 대한 기준은 문학사의 평가를 받은 작품을 원칙으로 하고 있으나, 교사가 합리적인 기준을 가지고 위에 제시된 기준을 근거로 최근의 작품으로까지 융통성을 발휘할 필요가 있다. 또한 교육부의 교과서 집필 기준에 의하면 국내 작품과 외국 작품의 비율이 7:3인바, 문학교육의 중요한 목표 가운데 우리의 문화 전수라는 점을 생각하면 매우 합리적인 기준으로 보인다. 그러나 국제화, 세계화를 지향하는 오늘날 사회의 특성에 비춰 볼 때, 외국의 고전들을 소홀히 하지 않도록 배려해야 할 것이다.

6) 시간 계획 및 활동

계획의 적절성을 위한 주제와 기준으로서 또 하나의 시작 단계가 시간적 국면이다. 통합적 교육과정 접근법은 전통적인 교육과정보다는 달리 시간 이용을 배우고 가르친다. 통합적 교육과정에서의 시간은 주제의 특성과 포함된 활동들에 따라, 매 시간 단위로 분절되는 것이 아니라, 연속된 시간의 블록으로 나누어진다. 통합적 교육과정은 현재의 불연속적인 작은 과업들을 신뢰하기보다는 학생들로 하여금 유의미한 과업(projects)과 활동들에 참여하도록 노력한다.

연속적인 시간의 블록은 종래 '열린 교육'에서 이미 체험하였듯이 수업을 조정함으로써 이뤄진다. 많은 경우에 있어서 하루 수업 시간은 2개의 대단위 블록으로 분할된다. 한 블록은 오전에, 한 블록은 오후이다. 편안하고 쾌적한 통합적 교육과정이 시작됨에 따라 시간 블록 사이의 경계는 보다 투과성이 강하게 되며, 수업 시간을 통하여 다루어질 다양한 내용 영역을 용이하게 한다. 수업 시간의 개혁은 통합 교육과정이 학습의 확실성을 증진시킬 수 있도록 시간의 대단위 블록화를 포함한다. 학습은 시간이 통제 요소가 아닐 때에 이뤄진다.

과제 활동은 한 시간 단위로 제한되지 않는 것이 좋다. 책을 읽는 최선의 방법은 요약문을 쓰거나, 아니면 문제 해결이 흥미와 만족이 결정 요소일 때 이뤄진다. 연속적인 시간의 블록화를 통하여 학생들로 하여금 결과에 만족할 때까지, 그리고 다른 흥미로 옮겨갈 때까지 활동과 과업에 열중하도록 장려한다. 어떤 학생들은 집중하는 데 시간이 보다 많이 필요할 것이며, 또 어떤 학생들에게는 전형적으로 제공된 3,40분의 시간을 필요로 하기보다는 개념을 학습하는 데 시간이 더 필요할 것이다.

통합적 교육과정에서의 과업 및 과제의 복잡성은 실제 세상을 그대로 반영하기 때문이다. 교실 밖의 문제들은 분절적이고 고립되거나, 단 하나의 질문으로 된 단정한 꾸러미로 되어 있는 것이 아니라, 가능한 해결책의 복합적인 그물로 이뤄져 있다.

7) 주제 탐구 및 토의 활동

교사가 제시한 몇 개의 주제 가운데에서 학생 스스로가 주제를 선택하게 한다. 그리고 동일 주제를 선택한 학생들끼리 4~6명의 이질 집단으로 된 모둠을 이루게 하고, 주제 수행에 따른 학습 계획, 방법, 역할 분담 등을 토의하고, 함께 공동 작업으로 수행토록 한다.

특히 학생들의 주제에 관한 토의, 즉 문학적 상호작용을 하는 동안 학생들의 해석의 발전을 구체화하는 데 있어서 문화와 사회의 역할이 얼마나 중요한가를 깨닫게 해 준다. 따라서 문학 토의 과정에서 발생하는 학습과 지식은 활동과 맥락과 학급 문화에 대한 고려 없이는 평가될 수 없다(Brown, Collins, & Dugid, 1989). 학생들이 펼쳐 보이는 지식은 다른 학생들과의 상호작용에서 실제 행하는 의사소통적 능력에 대한 능력이다(Bailey, 1989). 이는 곧 학생들이 대화에서 시작한 과제들에 대해 드러내 보여 주는 능력이며, 이미 토의가 전개된 내용들과 의사소통을 원하는 정보와 관계를 짓는 것이며, 다른 사람들이 발언 내용에 대한 반응을 의미하는 동시에, 다소간 다른 사람에 의해 이해할 수 있게 한다는 것을 의미한다.

지식 역시 학생들의 해석적 능력이 진행되는 동안 드러난다. 우리는 그룹이 의미를 구성하는 과정과 어떠한 특정 환경 속에서 드러낼 수 있는 학생들의 능력을 지켜볼 필요가 있다. 이러한 지식은 특징을 비교할 수 있고, 다른 책과의 상호 관련성, 즉 텍스트 상호성을 만들 수 있으며, 저자의 문체에 도전할 수 있고, 또한 하나의 관점 그 이상으로부터 텍스트를 비판적으로 검토할 수 있는 능력을 포함하고 있다. 뿐만 아니라, 학급 토의 범위 속에서 학습의 책임은 교사로부터 학생으로 전이된다. 이러한 환경 속에서 학생들은 자기 스스로 다른 구성원들과 상호작용하는 방법을 배움으로써 자신의 학습을 조절할 수 있다는 확신을 갖게 된다(Alvermann, O'Brein, & Dillon, 1990; O'Flahavan, 1989; Slavin, 1990). 그러므로 학생들은 토의를 통해, 사회적으로 상호작용을 하는 방법과 의사소통적 능숙성을 개발하는 방법을 배우게 될 뿐만 아니라, 자신의 학습에 책임을 지는 방법까지 배우게 된다.

8) 평가하기

수업 시간에 과제 수행에 따른 협력학습 과정을 관찰하면서 학생들의 과제 수행 능력, 참여 정도, 토의 수준 등을 평가(수행평가)할 수도 있을 것이다. 아울러 공동 과제 혹은 개인 과제에 대하여 한 편의 보고서로 완성하도록 하여, 그 결과를 평가할 수도 있을 것이다.

(2) 적용의 실제

국어교육에서의 적용 방안은 다양하게 접근할 수 있으나, 일단 문학 작품이 제재 단원으로 설정되어야 한다는 전제 조건하에서 '문학 중심 주제 단원 학습법'으로 접근해야 할 것이다. 또 한 가지는 고등학교 1학년(10학년)을 대상으로 한다는 점에서 '통합교과적' 접근보다는 '문학 교과 내적 접근'이 바람직할 것이다. 따라서 아래에 제시하는 2개의 통합교육의 예시 단원은 고등학교 1학년 문학 과목의 시 단원 수업에서 문학 교과내적 주제 단원 학습법의 예이다.

1) 주제 단원 1 : 문학에 관한 개념 학습
① 주제 단원 설정 및 학습 계획

주제 단원명	학습 과제	주제 탐구 활동	차시	협동학습 구조
시적 언어 와 은율	○ 시적 언어 의 개념 ○ 시적 언어 의 특성	○ 시적 언어의 개념적 이해 – 일제 학습 – 주제 탐구 협력학습 활동 ○ 제재 작품 적용 활동 – 주제 탐구 협력학습 활동 ○ 복수 제재 탐구 활동 – 복수 제재에 대한 주제 탐구 협력학습 활동	1차시	○ 소집단 브레인스토밍 ○ 집단 구성원과 의미 공유하기
	○ 시의 운율 – 외형률 – 내재율	○ 시적 표현 기교의 종류와 특성 – 일제 학습 – 주제 탐구 협력학습 활동 ○ 제재 작품 적용 활동 – 주제 탐구 협력학습 활동 – 복수 제재에 대한 주제 탐구 협력학습 활동	2차시	○ 돌아가며 말하기 ○ 학급 구성원과 의미 공유하기
	○ 형성평가 ○ 보충 심화학습	○ 자기 점검 ○ 단원의 마무리	3차시	

② 주제 단원 학습 설계안

1 **1차시**
  □ 학년 수준: 10학년
  □ 학습 과제: 시적 언어의 특징
  □ 협력학습 집단: 4~6명으로 된 이질 집단으로 편성

□ 학습 목표:

> • 운율과 분위기에 맞게 시를 낭독할 수 있다.
> • 시어와 일상어의 차이점을 파악할 수 있다.
> • 시어의 함축적 의미를 파악할 수 있다.

□ 제재 작품: 윤동주의 〈참회록〉
　복수 제재: 한용운의 〈임의 침묵〉
□ 학습 자료: 국어 교과서, 노트, 학습지, 인터넷 혹은 문학 작품이 수록된 CD
□ 과정:

1. 시어에 대한 진단 학습을 진행한다. 10학년 학생들은 이미 초·중학교에서 시어의 개념이나 특징, 함축적 의미 등을 배워서 알고 있으므로 전체 학생을 대상으로 질의응답을 통해 이를 점검한다.
2. 진단 학습에 대한 자기 점검을 통하여 학생 스스로가 무엇을 알고 무엇을 모르는지에 대하여 확인하도록 한다.
3. 파워포인트(혹은 웹이나 유인물)으로 시어와 일상어의 차이점 및 그 특성을 설명하고, 학생 스스로 보충하도록 한다.
4. 전체 학급생을 대상으로 지명 혹은 거수로 교재 시인 윤동주의 〈참회록〉을 두 차례 정도 낭독한다.
5. (시의 내용을 쉽게 이해할 수 있도록 하기 위하여) 집단 구성원들과 협력학습 활동을 통하여 시의 내용을 산문으로 풀어 보도록 한다. 특히 중요한 단어나 어려운 어휘는 자신의 언어로 풀이하도록 하고, 생략되었다고 생각되는 조사나 어미, 혹은 구절을 넣어서 산문으로 풀어 보도록 한다. 이러한 활동의 근거는 일단 학생들이 시의 내용을 이해해야만 시어의 특성이나 함축적 의미를 파악할 수 있기 때문이다.
6. 풀이한 산문과 시를 비교하여 어떤 차이점이 있는지를 토의하여 발표하게 한다. 이러한 활동을 통하여 시어와 일상어, 그리고 시와 산문의 차이를 알 수 있도록 한다.
7. 2,3개의 집단을 발표시키고, 전체 학생을 대상으로 교사가 내용을

정리한다.
8. 협력학습 활동을 통하여 이 시에서 사전적 의미로는 해석이 되지 않는 함축적 의미를 지닌 시어를 찾도록 하고, 집단별 발표를 통하여 시어의 함축적 의미를 파악토록 한다.
9. 한용운의 〈임의 침묵〉을 제시하고, 협력학습에 의한 주제 탐구 활동을 통하여 함축적 의미를 지닌 시어를 찾게 한다.
10. 2,3개의 집단을 발표시키고, 전체 학생을 대상으로 교사가 내용을 정리한다.
11. 지금까지 배운 내용을 요약 정리하며, 수업을 마무리한다.

□ 다양화

학습지, 인터넷, 혹은 시 작품 수록 CD에서 소집단별로 시를 찾아 함축적 의미를 찾도록 한다. 이를 수행평가 과제로 제시할 수도 있을 것이다.

2 2차시

□ 학년 수준: 10학년
□ 학습 과제: 시적 표현 기교
□ 협력학습 집단: 4~6명으로 된 이질 집단으로 편성
□ 학습 목표

- 시적 표현 기교의 종류와 특징을 안다.
- 시를 읽고 표현 기교를 파악할 수 있다.

□ 제재 작품: 김소월의 〈산유화〉
  복수 제재: 김영랑의 〈끝없는 강물이 흐르네〉
□ 학습 자료: 국어 교과서, 노트, 학습지, 인터넷 혹은 문학 작품이 수록된 CD
□ 과정:
1. 전체 학생을 대상으로 질의응답을 통해 시의 운율에 대한 진단 학습을 한다.
2. 자기 점검을 통하여 시의 운율에 관하여 학생 스스로가 무엇을 알

고, 무엇을 모르는지에 대하여 확인하도록 한다.
3. 다음과 같은 내용을 바탕으로 시의 운율에 대하여 설명한다.
4. 집단 구성원들과 협력학습 활동을 통하여 다음 시들의 운율이 무엇인지 토의하도록 한다.

　(1) 머언 먼 젊음의 뒤안길에서/ 인제는 돌아와 거울 앞에 선
　　　　　　　　　　　　　　　　　　　　　　－ 서정주, '국화 옆에서'에서

　　▶ 운 – 자음 ㄹ의 반복에 의한 운을 형성

　(2) 술 익는 마을마다/ 타는 저녁놀.// 구름에 달 가듯이/ 가는 나그네.
　　　　　　　　　　　　　　　　　　　　　－ 박목월, '나그네'에서

　　▶ 외형률, 7.5조의 음수율

　(3) 가시리 가시리잇고 나는/ 바리고 가시리잇고 나는
　　　　날러는 엇디 살라 하고/ 바리고 가시리잇고
　　　　　　　　　　　　　　　　　　　　　　－ 고려 가요, '가시리'에서

　　▶ 외형률, 3음보의 음보율

5. 전체 학급생을 대상으로 지명 혹은 거수로 교재 시인 김소월의 〈산유화〉을 두 차례 정도 낭독한다.
6. 집단 구성원들과 협력학습 활동을 통하여 제재 작품의 운율이 어떻게 나타나고 있는지 토의하도록 한다.
7. 2,3개의 집단을 발표시키고, 전체 학생을 대상으로 교사가 내용을 정리한다.

　　▶ 외형률, 3음보의 음보율

8. 3음보의 음보율을 확인한 후, 이 시를 3음보씩 끊어 읽어 보도록 한다. 읽으면서 각 음에 / 표시를 하도록 한다(협력학습으로).
9. 2,3개의 집단을 발표시키고, 전체 학생을 대상으로 교사가 내용을 정리한다.

　　▶ 산에는/ 꽃 피네/ 꽃이 피네//　갈 봄/여름 없이/꽃이 피네.//
　　　산에/ 산에/ 피는 꽃은//　저만치/ 혼자서 /피어 있네.//

산에서/ 우는/ 작은 새여// 꽃이 좋아/ 산에서/ 사노라네.//
산에는/ 꽃 지네/ 꽃이 지네/ 갈 봄/ 여름 없이/꽃이 지네.//

10. 김영랑의 〈끝없는 강물이 흐르네〉를 제시하고, 협력학습에 의한 주제 탐구 활동을 통하여 운율을 파악토록 한다.
11. 2,3개의 집단을 발표시키고, 전체 학생을 대상으로 교사가 내용을 정리한다.
12. 지금까지 배운 내용을 요약 정리하며 수업을 마무리한다.

□ 다양화

학습지, 인터넷, 혹은 시 작품 수록 CD에서 소집단별로 시를 찾아 시의 운율을 파악하도록 한다. 이를 수행평가 과제로 제시할 수도 있을 것이다.

2) 주제 단원 2: 동일 주제에 관한 복수 제재 연계 학습
① 주제 단원 설정 및 학습 계획

주제 단원명	학습 과제	주제 탐구 활동	차시	협동학습 구조
이별	○ 제재 작품 서정주의 〈귀촉도〉 학습 ○ 복수 제재 작품과의 비교 토의	○ 제재 작품 학습 - 주제 탐구 협력학습 활동 ○ 복수 제재 선택 ○ 동일 복수 제재 선택 학생끼리 소집단 정하기 ○ 소집단별 협력학습 활동하기	1차시	○ 소집단 브레인 스토밍 ○ 집단 구성원과 의미 공유하기 ○ 돌아가며 말하기 ○ 학급 구성원과 의미 공유하기
	○ 복수 제재 작품과의 비교 글쓰기 및 토의	○ 복수 제재 선택 소집단별로 글 완성하기 ○ 복수 제재 선택 소집단별로 글 발표하기 ○ 복수 제재 선택 소집단별로 글 수정 완성하기	2차시	
	○ 형성평가 ○ 보충 심화학습	○ 자기 점검 ○ 단원의 마무리	3차시	

② 주제 단원 학습 설계안

1 1차시

□ 학년 수준: 10학년
□ 단원 학습 주제: 이별
□ 협력학습 집단: 4~6명으로 된 이질 집단으로 편성
□ 학습 목표

> • 시의 주제를 파악할 수 있다.
> • '이별'을 주제로 한 시를 비교하여 글을 쓸 수 있다.

□ 제재 작품: 서정주의 〈귀촉도〉
 복수 제재: 고대 가요 〈황조가〉, 고려가요 〈가시리〉, 한용운의 〈임의 침묵〉, 고려가요 〈서경별곡〉, 김소월의 〈접동새〉, 김영랑의 〈두견〉, 조지훈의 〈낙화〉
□ 학습 자료: 국어 교과서, 노트, 학습지, 인터넷 혹은 문학 작품이 수록된 CD
□ 과정:

 1. 학습 계획을 안내한다.
    ① 제재 작품인 서정주의 〈귀촉도〉를 공부한다. ② 이 작품과 같이 주제가 〈이별〉인 시 작품을 복수 제재로 선택한다. ③ 동일 작품을 선택한 사람들끼리 한 조를 이루어 한 편의 협동 글쓰기 활동을 할 것이다.
 2. 다음과 같이 한 편의 시를 감상하기 위해 알아야 될 내용의 목록을 제시한다. 이러한 활동을 하는 까닭은 학생들로 하여금 스스로 참고 서적 혹은 인터넷 등을 통하여 자기주도적으로 시를 감상할 수 있는 능력을 기르기 위해서이다.
    ① 시인의 생애, 작품 경향 ② 시의 종류 ③ 표현상의 특징(운율, 이미지, 상징 등) ④ 소재 ⑤ 시적 화자 ⑥ 주제
 3. 개별적으로 제재 작품인 서정주의 〈귀촉도〉를 읽으면서 위의 항목에

스스로 파악할 수 있는 내용을 적어 넣어 보도록 한다. 혼자서의 활동 시간을 준 다음, 소집단 구성원들과 함께 토의하면서 완성토록 한다.

4. 복수 제재를 제시하고, 제재 작품과 비교할 작품을 각자 선택하도록 한다. 작품 제시 방법은 웹 자료로 보여 주는 것이 가장 효과적이나, 여의치 못할 때는 유인물로 제시한다. 이때 각 작품별로 간단한 소개를 할 수도 있다.

> 고대 가요 〈황조가〉, 고려가요 〈가시리〉, 한용운의 〈임의 침묵〉, 고려가요 〈서경별곡〉, 김소월의 〈접동새〉, 김영랑의 〈두견〉, 조지훈의 〈낙화〉

5. 거수로 복수 제재를 선택한 학생들을 확인하여 동일 복수 제재 작품을 선택한 학생들끼리 같은 4~6명 정도의 소집단을 구성하도록 한다. 이때 한 작품에 너무 많은 혹은 너무 적은 학생들이 몰리지 않도록 교사가 정리를 한다.

6. 소집단별 협력학습 활동을 통해 각 소집단별로 선택한 복수 제재에 대하여 위 2번에 제시된 항목들을 완성토록 한다.

7. 제재 작품과 소집단별로 선택한 복수 제재 두 작품을 비교 분석하여 공통점과 차이점을 바탕으로 한 편의 글을 써 오도록 과제를 제시한다. (수행평가 과제로 제시할 수도 있을 것임.)

    ※ 과제 수행 방법은 인터넷 검색이나 다른 참고 자료를 활용하도록 안내한다. 인터넷 검색을 위해 검색 엔진 사용 방법, 검색어 활용 방법도 상세히 안내한다. 특히 인터넷 자료를 그대로 복사해서 글을 완성하는 일이 없도록 안내한다.

  □ 다양화
    주제를 '사랑', '계절', '일제시대', '전쟁' 등으로 다양화할 수 있을 것이다.

2 2차시
  □ 학년 수준: 10학년

▫ 단원 학습 주제: 이별
▫ 협력학습 집단: 4~6명으로 된 이질 집단으로 편성
▫ 학습 목표

> • 시의 주제를 파악할 수 있다.
> • '이별'을 주제로 한 시를 비교하여 글을 쓸 수 있다.

▫ 제재 작품: 서정주의 〈귀촉도〉

　복수 제재: 고대 가요 〈황조가〉, 고려가요 〈가시리〉, 한용운의 〈임의 침묵〉, 고려가요 〈서경별곡〉, 김소월의 〈접동새〉, 김영랑의 〈두견〉, 조지훈의 〈낙화〉

▫ 학습 자료: 국어 교과서, 노트, 학습지, 인터넷 혹은 문학 작품이 수록된 CD
▫ 과정:

1. 지난 시간에 동일한 복수 제재를 선택한 학생들끼리 소집단을 이루도록 안내하고, 전시 학습 내용을 확인한다.
2. 〈귀촉도〉와 선택한 복수 제재를 비교하는 글이 어느 정도 완성되었는지 소집단별로 점검한다.
3. 동일 복수 제재를 선택한 소집단별로 발표토록 한다. 다른 집단의 발표 내용을 듣고 토론을 할 수 있도록 메모하면서 듣게 한다.
4. 발표가 끝나면 다른 집단의 발표 내용에 대해 집단 내 토의를 하도록 하고, 의견을 모아 다른 집단에 질의, 응답토록 한다.
5. 다른 조와 토론 내용을 바탕으로 집단별로 써 온 글을 수정, 보완토록 한다.
6. 글을 수정, 보완하여 과제물로 제출토록 한다.

▫ 다양화

　이러한 활동을 프로젝트 과제, 혹은 포트폴리오 형태로 수행평가와 연결시킬 수 있을 것이다.

4. 맺는 말

지금까지 오늘날 학교교육의 새로운 대체 패러다임으로 부각되고 있는 통합교육의 방법을 국어과 교육에 적용하는 방안을 살펴보았다.

통합교육은 총체적 언어, 협력학습, 상호 텍스트성 등과 같은 개념들을 바탕으로 하고 있으며, 지식 내용의 전체성을 강조함으로써 사고의 통합, 학문의 통합 및 학습자 능력의 통합을 지향하는 학습 방법이다. 따라서 통합교육은 근래 강조되고 있는 정보통신 기술(ICT) 활용 수업, 웹 기반 수업(WBI) 등을 도구로 한 새로운 수업 방법론으로 정착될 수 있는 가능성을 확인하였다.

아울러 고등학교 국어과 수업에서도 적용할 수 있는 가능성을 확인하였으며, 특히, 국어과 교육에서 문학 제재 학습에 있어서 '문학 교과 내적 주제 단원 학습법'에 터한 수업 방안을 모색해 본 것이 본고의 작은 성과라 하겠다. 이론 중심적인 연구 동향에서 벗어나 현장 지향적인 그래서 국어과 교실의 변화에 기여할 수 있는 실천적인 연구들이 활성화되기를 기대해 본다. 그러나 이론과 실제를 함께 담으려다 보니 지면상의 제약으로 국어 교과 혹은 문학 과목 전반에 걸친 세부적인 설계안을 제시하지 못한 아쉬움은 다음 기회로 미룬다.

> ❖ 생각해 볼 거리
>
> - 통합교육이 필요한 까닭은?
> - 주제 단원 학습법의 원리와 절차는?
> - 통합교육이 오늘날 회자되는 융합교육, 통섭교육 등과는 어떤 관련성이 있을까?

참고문헌

광주교육대학교 초등교육연구소(1998), 주제단원 중심 통합교육과정 개발.
구인환·우한용·박인기·최병우(1988), 『문학교육론』, 삼지원.
권진아(1997), "총체적 언어교육을 적용한 아동 문학교육 방법 연구", 한국교원대학교 대학원 석사학위 논문.
김도남(2000), "상호 텍스트성의 개념과 국어교육적 함의", 한국어문교육 9집, 한국어문교육연구소.
류덕제(2001), 텍스트상호성과 문학교육, 초등국어교육연구 1호, 대구경북초등국어교육학회.
박영란(2002), 주제 중심 독서활동을 통한 인성지도 방안 연구, 한국교원대학교 교육대학원 석사학위 논문.
박영목(2002), 협상을 통한 의미 구성과 협동 작문, 국어교육 107호, 한국국어교육연구학회.
박영목·한철우·윤희원(2001), 『국어과 교수학습론』, (주)교학사.
박인기·최병우·김창원 옮김(2001), 문학 작품을 어떻게 가르칠 것인가, 박이정.
박태호(1995), "반응중심 문학감상 전략과 교수·학습 방법", 청람어문학 제13집, 청람어문학회.
손갑식(2001), "문학 협동학습 양상 연구", 한국교원대학교 대학원 석사학위 논문.
신헌재·권혁준·우동식·이상구(1993), 독서교육의 이론과 방법, 서광학술자료사.
신헌재·이재승 편저(1994), 『학습자중심의 국어교육』, 박이정.
양창수(2001), "통합적 언어활동을 통한 국어과 교수 학습 방법 연구", 한국교원대학교 석사학위 논문.
염창권(1995), "문학교재 읽기의 통합적인 지도 방안", 한국언어문학 제35집, 한국언어문학회.
이상구(1998), "학습자 중심 문학교육 방안 연구", 한국교원대학교 대학원 박사학위 논문.
이상태(1993), 국어교육의 길잡이, 한신문화사.
이성은(1994), 총체적 언어교육, 창지사.
이재승(1996), 총체적 언어 교육의 의의와 과제, 청람어문학 제19집, 청람어문학회.
이현남(1996), 열린 교육의 유래와 개념, 한국열린교육연구회·한국초등교육학회 편, 열린교육의 이해, 양서원.
장성욱(2000), 협동학습을 통한 시 교수 학습 방법 연구, 한국교원대학교 교육대학원 석사학위 논문
주진홍(2002), 주제 중심 소설 독서 지도 방법 연구, 한국교원대학교 대학원 석사학위 논문.

한철우(1998), 독서와 문학의 통합적 접근, 문학과 교육 제6호, 문학과 교육연구회

한철우 · 김명순 · 박영민(2001), 문학 중심 독서 지도, 대한교과서(주).

Almasi, J. F(1996). A View of Discussion. Gambrell, L. B. & Almasi J. F.(Eds). Lively Discussion: Fostering Engaged Reading. DE: IRA.

Amy E. Seely, M. (Ed) (1995), Integrated Thematic Units, Westminster CA: Teach Created Materials, Inc.

Kenneth J. Gergen(1995), Social Construction and the Educational process, Leslie P. Steffe & E. Jerry Gale(ed), Constructivism In Education, New Jersey: Lawerance Erlbaum Associate, Publishers.

Robert J. Stahl, Editor(1995), Cooperative Learning in Language Arts —A Handbook for Teachers, Addison-Wesley Publishing Company, Inc.

Steven Zemelman · Harvey Daniels · Arthur Hyde(1993), Best Practice: new standards for teaching and learning in America's schools, Porstmouth NH: Heinmann.

10장 구성주의적 읽기 교육의 논의 양상과 과제

❖ 개요

 이 장에서는 1990년대 초부터 시작된 읽기 교육 영역에서의 구성주의적 논의 양상을 정리하였다.

 구성주의가 도입되기 시작한 1990년대 초반에는, 피아제의 인지구성주의를 바탕으로 한 논의가 시작되었다. 인지구성주의를 바탕으로 한 읽기 교육에서는, 의미 구성에 있어서 개별 독자의 인지적 과정을 중시함으로써 스키마 이론, 과정 중심 읽기, 읽기 전략 등이 중심 개념이 된다. 그러나 읽기 과정에서 독자의 인지적 의미 구성을 강조하다 보니, 독자와 글의 상호작용에 초점을 둠으로써 상황 맥락은 간과하는 문제점을 지닌다.

 1990년대 말부터는 비고츠키의 사회문화 인식론에 근거한 '사회구성주의'로 방향이 전환되었다. 사회구성주의 관점의 읽기 교육에서는, 인지구성주의적 읽기에서 제시되었던 스키마 이론, 읽기 전략, 과정 중심 읽기 등의 절차와 사회적 상호작용을 통한 의미를 구성하는 협동학습으로 이어진다. 그러나 사회구성주의적 읽기 교육에 관한 논의는 추상적인 수준에서 방향성을 제시되고 있는 실정이어서 그 구체적인 절차나 방법에 대해서는 많은 과제를 안고 있다.

 이러한 관점에서 앞으로 사회구성주의적 관점에서의 구체적인 논의는, 지금까지 이뤄져 온 구성주의적 읽기 교육에 대한 논의를 바탕으로, 'CIRC'와 '구성주의 문학교육론'에서 얻을 수 있을 것이다.

❖ 핵심어

 읽기 교육, 독서 교육, 구성주의적 읽기, 인지구성주의, 사회구성주의

1. 들어가며

21세기 진입과 더불어 맞이한 지식기반사회는, 기술 문명과 정보 테크놀로지에 의존하던 정보사회에서와는 달리, 기술과 교육 혹은 지식과 같은 무형의 자본이 개인과 기업, 그리고 국가의 생존과 부(富)를 결정하기 때문에, '인간의 창의력'이 변화를 추진하는 원동력으로 작용한다. 이러한 사회 변화에 따라 기존의 유일한 정답을 교사 주도로 주입하고 암기하는 객관주의적 교육 체제로는 이 시대가 요구하는 교육에 부응할 수 없기 때문에, 새로운 대안으로서의 구성주의(Constructivism) 교육에 대한 관심이 증폭되고 있다.

구성주의는 지식기반사회로의 이행과 더불어 80년대 후반부터 미국과 독일 등 서양의 선진 각국에서 교육의 바탕이론으로 확산되고 있고, 우리나라에서도 90년대 이후 종래의 주입식 교육, 암기 위주의 학습 체제를 벗어날 수 있는 대안으로서의 교육 패러다임으로 자리를 잡아 가고 있다. 국어과 교육에서도 이러한 흐름 속에서 90년대 초반부터 읽기와 쓰기 영역을 중심으로 부분적으로 논의되기 시작한 이래, 오늘날에는 국어과 교육의 전 영역으로 확대되면서 그 바탕이론으로 자리를 잡아 가고 있다.

국어과 교육에서의 구성주의적 논의의 전개 과정을 점검해 보면, 도입 초기인 90년대 초반에는 인지주의(Cognitivism)에 영향을 받아, 개인의 인지 내적인 과정에 초점을 두고 있는 '인지구성주의(cognitive constructivism)'에 근거를 둔 논의가 주류를 이루다가, 90년대 말부터는 개인 간의 사회적 상호작용과 문화적 맥락을 중시하는 '사회구성주의(social constructivism)' 쪽으로 변화하면서 논의의 흐름이 바뀌고 있다.

본고는 국어과 교육에서의 이러한 구성주의적 논의의 전개 과정에 주목하여, 국어과 교육의 읽기 영역에 있어서 구성주의적 담론이 어떻게 진행되어 왔으며, 그에 따른 앞으로의 전망을 바탕으로 해결해야 될 과제가 무엇인지 점검해 보고자 한다. 따라서 본고에서 다루고자 하는 논의의 초점이 국어교육 학계에서 학문적으로 논의되어 온 양상을 구명하고 그 전망과 과제를 점검하는 데 있으므로, 교육과정 혹은 교과용도서에 구현된 정도나 교실 현장에서의 실천적인 면에 대해서는 구체적으로 다루지 않음을 밝힌다.

2. 교육 패러다임의 변천과 구성주의의 등장

부르너(Bruner)는 일찍이 "인지 발달에 가장 큰 영향을 미치는 문화적 요인 중의 하나가 바로 학교 학습(홍순정, 1987; 43)"이라고 하였다. 부르너의 이 말에 타당성을 부여할 때, 그 역으로 학교 학습은 바로 인지 발달을 우선적으로 고려해야 된다는 논리가 성립된다. 뿐만 아니라, "인간의 앎 또는 앎의 방법까지를 포함하는 넓은 의미의 지식을 탐구하는 학문인 인식론의 도움 없이는 교육, 학습, 수업을 얘기할 수는 없(허형, 1987; 151)"기 때문에, 교육 혹은 학습에 대한 논의는 반드시 인식론이나 인지 이론 혹은 심리학적 성과를 바탕으로 이뤄져야 한다(이상구, 1998 참조).

이러한 관점에서 심리학의 역사를 더듬어 보면, 19세기 말엽에 발흥한 '구조주의' 심리학에서부터 시작하여, 1930년대를 전후한 '행동주의(Behaviorism)', 그리고 1950년대에 부르너 등을 중심으로 '인지 혁명'을 거치면서 등장한 '인지심리학'을 바탕으로 한 인지주의의 시기가 전개되었고, 1980년대 후반을 넘어서면서 '구성주의' 인식론과 그에 터한 심리학이 대두되었다. 즉 60년대와 70년대에 걸쳐서 행동주의로부터 인지주의로의 철학적 변천은 심리학, 사회학, 언어학, 그리고 인류에서 커다란 변화를 초래했고, 그것은 마찬가지로 모든 분야의 연구, 언어심리학을 부흥시키고 고무시켰으며, 인지심리학은 개념 형성, 복잡한 문제 해결, 그리고 인지구조와 행동 사이의 연결 등에 새롭게 관심을 갖게 되었다(Noddings, 1990, 7-8; 박영배, 1993; 253에서 재인용).

이러한 흐름에 따라 구성주의 인식론과 그에 따른 교수·학습관 및 수업설계 이론이 전 세계 교육계 전반에 폭넓게 확산되고 있는데, 미국, 영국, 독일 등과 같은 구미(歐美) 국가들에서 더욱 구체적으로 나타난다. 미국의 경우, 구성주의(Constructivism)는 90년대 초반에 이미 미국 의회 자문기관인 기술평가소(OTA)가 교육백서에서 미래 교육을 이끌어갈 이론으로 소개할 정도로 교육의 이론 및 실천에 영향을 주는 이론적 틀이 되었다(목영해, 1996). 독일 역시 1990년대에 들어서서, 구성주의라는 총론으로서의 학계 전반에 걸쳐 학문적 패러다임을 설정하고, 그 하위에 철학, 심리학, 과학, 수학, 문학 등의 학문 영역들이 구성주의적 동향에 부응하는 실천 방향들을 분과 학문적인 위치에서 모색하고 있다(이상구, 1998).

따라서 유사 이래 인간 지식의 역사에서 가장 오랫동안 고전적인 위치를 누려 온 행동주의적 심리학과 인지심리학과 같은 지식에 관한 객관주의적 관점은 80년대를 기점으로 이미 현격히 소멸되고, 구성주의가 교육계의 새로운 패러다임으로 정착하기에 이르렀다. 이러한 현상은 아래 〔그림 1〕을 통해 구체적으로 비교 확인할 수 있다.

	객관주의		구성주의
	행동주의	인지주의	
	1930년대	1960년대	1990년대
관점	반응의 강화	지식의 획득	지식의 구성
핵심 개념	강화	정교화	내재적 동기
학습관	도달점 행동을 위한 행동의 변화	정보처리를 위한 새로운 규칙의 인식	통찰에 의한 개인의 의미 구성
학습의 유형	식별, 일반화, 결합, 연쇄	단기 기억, 장기 기억	탐구, 문제 해결, 자기주도적 학습
교수 전략	연습과 피드백의 제공	인지적 학습 전략의 제공	활동과 자기 조절, 그리고 반성적 학습의 제공
매체 전략	다양한 전통적 매체와 CAI(Computer Assisted instruction)	CBI(Computer based instruction)와 인간	WBI(Web based instruction)와 ICT 활용수업

〔그림 1〕 교육 패러다임의 변천 과정[1)]

---

1) ① 이 표는 Barbara Seels(1989)의 "The Instructional Design Movement in Educational Technology", Educational

메이어(Mayer)의 통찰에 따르면, 지난 100년 동안 '학습'과 '교수'에 관하여 세 가지 관점이 출현하였는데, 그 첫 번째는 행동주의 심리학적 테두리 속에서 20세기 전반기 내내 지속되어 온 '반응의 강화(response strengthening)'로서의 관점이며, 그다음에 출현한 관점은 1950년대 미국의 인지 혁명과 더불어 시작된 인지주의 패러다임과 관련된 '지식의 획득(knowledge acquisition)'으로서의 관점인데, 이는 1970년대까지 지속되었다. 세 번째로 출현한 것은 구성주의적 관점에서의 '지식의 구성(knowledge construction)'으로서의 관점인데, 이는 1980년대 이후 오늘날까지 지속되고 있다(Mayer, 1998; 357-60, 1999; 143).

첫 번째 관점에서의 학습은 행동주의에 근거하여 학습자가 자극과 반응 사이에서 결합이 강화되거나 약화될 때 일어난다고 본다. '반응 강화'로서의 학습관은 20세기 초반기에 고도로 발전하였다. 교수자의 역할이 반복 연습 등에서 보상과 처벌을 시행하는 것인 데 비하여, 학습자의 역할은 보상과 처벌을 수동적으로 받아들이는 것이다(Mayer, 1998; 358-359; 1999;143).

〔그림 1〕에 잘 나타나듯이 '행동주의'는 인간이나 동물의 생리적 반응 또는 행동은 외적 자극에 의해 형성되는 것으로 가정하면서, 자극(S)과 반응(R)의 연합을 통해서 행동이 형성된다고 봄으로써 인간의 정신을 외부 세계에 객관적으로 존재하는 실체를 반영하는 도구로 파악한다. 이에 따라 교육 형태는 백과사전적 단순 지식의 제공이나 '올바른 의미 찾기'에 치중함으로써 교사 중심, 텍스트 중심, 결과 중심의 교육으로 전개되며, 이로 인

Technology, 29(5), 11-15 및 Mayer(1999)를 바탕으로 본 연구자가 재구성한 것임.
② 교육의 변화 동향에 있어서 '행동주의 → 인지주의 → 구성주의'로의 변천은, 1980년도부터 1994년도까지 미국의 교육공학계와 영국의 교육공학계에 발표된 연구 논문을 대상으로 한 분석 연구(고인정 외, 1995)에서 다음과 같은 논의가 이를 잘 설명해 준다.
"미국의 교육공학지(ET)에 발표된 아티클의 (1980년부터 1994년까지의) 전체적인 연구 경향의 특징이, 크게 행동주의 경향, 인지주의 경향, 구성주의 경향이 나타나고 있다. 특히, 각 연구 영역은 연도별로 크게 차이를 보이고 있는데, 1980년대 초반에는 그동안 주류를 이루어 왔던 행동주의 심리학의 약점을 지적하면서 교육공학에 인지심리학을 적용시킬 것을 주장하는 연구가 대두되었고, 점차 인지주의의 경향이 교육공학의 이론적 기반으로 자리를 잡았다. 인지심리학이 고도로 발달하며 1990년대에는 이를 한 단계 더 발전시킨 구성주의 이론이 대두되었는데, 특히 1991년에는 5월과 9월에 특별 이슈로 다룰 정도로 큰 boom을 일으켰다.(고인정 외, 1995)"

해 학생들의 참여나 능동적인 의미 구성 활동 자체가 제대로 이뤄지지 않을 뿐만 아니라, 인간을 피동적인 존재로 본 점, 인간의 고등 정신을 탐구하지 못했다는 점, 또한 기본적인 원리를 '효과의 법칙'에 두고서 '학습 이론'은 반복과 훈련에 의한 강화에 근거를 두고 있는 등의 문제점으로 인해 심리학적 탐구에서 그 자취를 감추게 된다.

행동주의 관점에서 읽기 교육은 다음과 같은 특징을 가진다. 첫째는 반복적으로 소리 내어 읽기를 강조한다. 둘째는 텍스트의 내용을 객관적인 것으로 보고, 그대로 받아들이는 것을 강조한다. 셋째, 텍스트의 분석과 결합을 강조한다. 넷째는 읽기에 필요한 기능을 세분화한다. 독자는 읽기 과정에 필요한 여러 가지 기능이 필요하다고 보고, 이를 세부적으로 나누어 지도함으로써 읽기 능력이 향상될 것이라는 전제를 가진다. 다섯째는 부분에서 전체로 접근하는 방식을 취한다(김도남, 2002).

한편, 인지주의는 1950년대에 부르너 등에 의해 '인지 혁명'을 통해 새로운 방식으로 인간의 인식 행위에 대한 설명 방식을 찾기 시작했는데, 이러한 흐름이 곧 인지심리학이며, 이를 바탕으로 한 교육 패러다임을 '인지주의'라 일컫는다. 인지주의적 관점에서의 학습의 과정을 '지식의 습득'으로 본다. 즉 학습자가 장기 기억에 새로운 정보를 저장할 때 학습이 일어난다고 보는 관점에 바탕을 두고 있다. 이 관점은 1950년대에서 1970년대에 걸쳐서 발달되었고, 인위적인 실험실 상황에서의 인간 학습에 대한 연구에 주로 바탕을 두고 있다. 학습자의 역할은 수동적으로 정보를 습득하는 것이고, 교사의 일은 교재나 강의 등에서 정보를 제시하는 것이다. 지식 습득 관점에 의하면, 정보는 교사로부터 학습자에게 직접적으로 전해질 수 있는 것으로 본다(Mayer, 1998; 359-360; 1999; 144).

인지심리학자들은 행동주의 심리학에서 방치해 두었던 인간의 인지 과정에 대해 집중적으로 탐구하기 시작하였다. 이들은 인간의 능동성과 인간 인지가 행위에 결정적인 역할을 한다는 사실을 밝혀냈으며, 또한 인간의 인지를 중심으로 인간 행위를 설명하기 시작하였다. 인지심리학의 발전으로 인간의 뇌신경 조직의 활동에 관한 생리학적 기초 지식을 이해하게 된다. 이는 인간의 지적 과정에 대한 과학적 연구라 할 수 있는데, 이는 인간의 두뇌가 어떻게 언어 정보를 인지하고 처리하는가 하는 인지적 과정을 중심 과제로 설정하고 이에 대한 집중적인 연구를 수행함으로써 언어와 사고, 독해 과정에 대한 정보를 제공해 주는 것은 물론, 국(언)어교육, 독서 교육 등에 구체적인 방법과 전략들을 제공해 주고 있다. 뿐만 아니라 텍스트 언어학이나 독자 반응 문학 이론 등 인접 학문이 성립하는 데 결정적인 영향을 미치게 된다.

읽기 교육에 대한 인지심리학적 접근은 다음과 같은 특징을 지닌다. 첫째, 읽기의 과정을 전·중·후로 나누어 각 과정에 따른 전략을 강조한다. 이것은 행동주의가 학습 활동 전에 활동 목표를 분명히 해야 하는 것과 유사하다. 둘째, 읽기를 인지 과정 속에서의 문제 해결로 봄으로써 읽기 교육의 내용을 전략이라고 본다. 셋째, 텍스트 이해에서 독자의 역할을 강조하는 면에서 스카마를 중요시한다. 넷째, 독자의 인지 외적인 활동을 경시한 면이 있다. 다섯째, 텍스트 이해가 독자의 배경지식을 바탕으로 이루어진다는 관점에서 학습자 외부 환경 조건을 무시하는 경향이 있다. 여섯째, 읽기 지도에서 독자들 간의 상호작용의 역할에 대한 의미 부여가 미흡하다. 일곱째, 텍스트의 내용보다는 읽는 방법을 강조함으로써 정전에 대한 학습자의 공유를 무시한 면이 있다. 여덟째, 텍스트의 내용과 의미가 독자의 마음과 삶에 작용할 수 있는 관점을 제시하지 못했다(김도남, 2002).

그런데 마음이라는 요인을 학습 방정식에 대입하여 학습을 학습자의 인지 구조의 변화, 즉 학습자가 외부에서 주어지는 정보를 내적인 정보처리 과정을 통하여 인지 구조를 변화시키는 것으로 본다는 점에서 행동주의보다는 다소 능동적이고 적극적인 학습자관을 취하고 있지만, 인지주의 역시 행동주의와 마찬가지로 지식을 학습자의 의지와는 관계없이 외부에 독립적으로 존재하는 것으로 보고, 이를 학습자에게 전이시키는 데 초점을 두고 있는 객관주의 인식론적 관점이다(조영남, 1998;95).

객관주의적 관점에서는 "지식은 인간 외부에 객관적으로 실재하며, 그러한 객관적 지식에 도달할 수 있는 길은, 인간의 사고에서 사용되는 기호 체계가 외계를 정확히 표시할 수 있을 때뿐(G. 레이코프, 1992; 223)"이다. 그렇기 때문에, 학습자의 능동성이나 의미 구성의 주체 의존성과 같은 개념들은 애초부터 설 자리가 존재하지 않았다. 따라서 이러한 체제 속에서의 학습은 학생들의 흥미나 관심과는 관계없이 외부에 존재하는 지식을 수동적으로 습득하여 축적해야 한다. 그렇기 때문에 수업의 형태는 유일한 정답에 대한 주입식 교육과 반복 암기(훈련) 형태를 띠게 된다.

그렇기 때문에 학생 중심의 수업이기보다는 교사 중심의 수업 형태가 된다. 이러한 형태의 수업에서는 지식이나 원리 산출의 과정에 대한 관심은 생략되고 이로 인해 (과정이 아닌) 산출된 결과 내용을 기계적으로 암기해야만 한다. 다시 말하면, 과정이 생략된 결과 중심의 수업 형태가 되기 때문에, 교사는 가능한 한 많은 양의 단편적인 지식들을 전달하고 학생들은 그것을 단순히 암기하는 형태의 수업으로 일관된다. 이로 인해 평가 역시 교과서 안에 담긴 지식 내용들을 얼마나 기억하고 있는가 하는 암기 능력의 측정으로 치닫게 된다. 이러한 객관주의적 교육 체제 속에서는 원리 산출이나 지식을 생산하는 종합적이고 고차적인 사고 능력은 실종되고 단편적이고 비논리적, 비합리적인 인간을 양산하게 된다.

객관주의의 이러한 관점에 대한 반발로 1980년대 후반을 기점으로 성립된 구성주의적 관점에서의 '지식'은 개인에 의해 구성되는 것으로서, 개인이 세상의 의미를 만드는 것이지 세상에서 발견되는 것이 아니라고 본다(Steffe & Gale,1995;xii). 구성주의란 한 마디로 기존의 인식론이 지식의 대상에 대한 존재론적 물음에 치중해 온 데 대한 반동으로, 지식은 '어떻게' 성립되는가라는 방법론적 물음으로 전환한 현대 인식론적 동향이다. 이는 근본적으로 종래 심리학 및 철학적 사유들이 보여 준 주체·객체의 이분법적인 사유의 틀을 파괴하면서, '무엇을 아는가'라는 전통적인 인식론적 탐구 과제 자체가 잘못되었다는 반성에서 출발한다. 즉 주체·객체의 이분법으로 인해 파생되는 인식론적 패러독스를 해결하기 위해, '무엇을 아는가'라는 질문을 '어떻게 아는가'라는 질문으로 대체함으로써 '근본적인 발상의 전환(Glasersfeld, 1996;8)'을 제안한다.

학습을 '지식의 구성'으로 보는 세 번째 관점은 학습자가 활동 기억에서 지식 표상을 능동적으로 구성해 갈 때 학습이 이루어진다는 견해에 바탕을 두고 있다. 이 관점은 1980년대에서 90년대에 발달되었고, 점차적으로 실제 환경에서의 인간 학습에 대한 연구에 주로 바탕을 두고 있다. 지식 구성 관점에 따르면, 교사는 실제적 학습 과제를 통하여 안내를 하고 시범을 보여 주는 인지적 안내자인 반면에 학습자는 의미 창출자이다.

우리는 인식할 수 있는 것만을 인식하며, 다시 말해 이 세상에서 우리가 사는 동안 우리의 삶을 통해서 겪었던 것만을 인식한다는 '인식의 주체 의존성'이란 명제를 제시한다. 지식은 지각이나 의사소통을 통하여 수동적으로 얻어지는 것이 아니라, 사고할 수 있는 주체에 의해 능동적으로 구성된다는 것이다(Wood, 1995;331). 따라서 구성주의에서는 객관주의와는 달리, 지식은 수동적으로 받아들여지는 것이 아니라, 인식주체에 의하여 능동적으로 구성되며, 인간 인지의 기능은 현실의 존재를 발견하는 것이 아니라, 경험 세계를 조직하고 그에 적응해 나가는 것이라 본다. 그렇기 때문에 구성주의적 관점에서는 백과사전적인 객관적 정보들을 두뇌 속에 저장하는, 다시 말해서 정보의 양으로 지식의 고저를 평가하려는 관점을 배제하고, '앎의 과정' 자체를 중시한다. 이러한 지식의 구성 과정 자체를 중시함으로 인해, 주입식 교육에 의한 반복 연습과 기계적 암기는 소용이 없을 뿐만 아니라, 개념적 지식의 구성이나 원리 산출에 아무런 도움을 못 주기 때문에 완전 타파되어야 할 대상이다.

또한 구성주의에서의 학습이란 학습자(주체)가 능동적으로 터득해 가는 환경에 대한 적응 방식을 의미한다. 즉 학습은 학습자의 인지 구조를 바탕으로 환경에 대한 적응을 통해 구성되는 것이며, 이를 통해 습득되는 지식은 환경에 대한 학습자 자신의 해석, 즉 의미 만들기라는 것이다. 이때 환경이란 문화적, 사회적, 생물학적 모든 외적 환경을 포함하는데, 이러한 환경 속에 이뤄지는 학습은, 사회 구성원들 간의 상호작용의 소산이기 때문에, 객관주의에서처럼 학습자와 유리되어 객관적으로 존재하는 지식을 기계적으로 암기하거나 반복 연습하는 것은 원천적으로 불가능하다고 본다. 즉 인간을 포함한 모든 유기체는 지적 세계를 능동적으로 구성하기 때문에, 학생들에게 기존 지식과 가치를 피동적으로 전수시키는 것은 가능하지도 않고 바람직하지도 않다는 것이다.

이러한 점에서 구성주의 학습관에서는 능동적인 학습자와 이 능동적인 학습자가 유의미한 학습을 할 수 있는 맥락적인 환경을 요구한다. 다시 말하면 구성주의적 관점에서의 학습은 능동적, 구성적, 목적 지향적, 누적적 과정이기 때문에 학습자의 내재적 동기에 의한 능동적인 학습이 강조되는 것이다. 이렇게 내재적 동기를 가진 능동적인 학습은 "객관주의에서처럼 실생활과 유리된 무의미 학습이 아니라 자신의 실생활과 관련되고 관심과 흥미에 근거하기 때문에 유의미 학습(Ausubel, 1965 ; Shuell, 1990)"이 되는 것이다.

이렇듯 행동주의-인지주의-구성주의의 변천 과정을 거치면서 90년대에 들어서면서 새롭게 조명받기 시작한 구성주의 인식론과 그에 따른 교수·학습관 및 수업설계 이론이 강력한 영향을 미치면서, 교육 전반에 걸쳐 객관주의적 패러다임을 완전히 넘어서서 구성주의적 동향으로 전환하게 된다. 그리고 90년대에 접어들면서 전 세계 교육 전반에 걸쳐 강력한 영향을 펼치면서 새로운 교육 패러다임을 형성하기에 이르렀다.

3. 읽기 교육에서의 구성주의적 담론의 전개 양상

구성주의가 우리나라에 소개되기 시작한 것은 90년 초반부터였는데, 교육과정 및 교육공학 전공자들에 의해, 종래의 지식 암기 중심의 학교교육 환경을 바꿀 수 있는 새로운 대안으로 소개되었다(목영해, 1996).

국어과 교육에서의 구성주의적 논의의 출발은 1988년에 출간된 노명완·박영목·권경안의 『국어과 교육론』에서 그 단초를 찾을 수 있다. 이 책에서 저자들은 읽기에서는 스키마 이론과 언어 이해의 과정 모형(상향식 모형, 하향식 모형, 상호작용 모형) 등을 제시하고 있고, 또 쓰기에서는 플라워와 해이즈(Flower & Hayes, 1981)의 인지적 작문 모형을 소개하는 등 인지주의의 연장선상에 있는 '인지구성주의'를 바탕으로 한 읽기 교육의 관점과 모형을 제시하였다.

이렇게 출발한 읽기 교육에서의 구성주의적 담론은 초기에 개인의 인지 과정에 초점을 맞춘 '인지구성주의'를 바탕으로 한 논의가 주류를 이루다가 차츰 '사회구성주의'를 바탕으로 논의되는 단계로 진행되었다. 따라서 여기서는 그 전개 과정을 인지구성주의를 바탕으로 한 논의 단계와 사회구성주의를 바탕으로 한 논의 단계로 나누어서 살펴보기로 한다.

(1) 인지구성주의 범주에서의 논의

인지구성주의는 피아제(Piaget)의 발달론적 인식론에 그 이론적 근거를 두고 교수·학습 환경에서 실제로 적용할 수 있는 교수·학습 모형이나 원리에 대해 주된 관심을 두고 있다. 이는 전대의 인지주의에서의 중심 테제였던 지식 구성에서의 주체 내부의 사고 과정(의미 구성 과정)을 피아제의 인식론적 관점을 근간으로 집중적으로 조명하고 있는 인식론이자 심리학 혹은 학습 이론이라 할 수 있으며, 지식과 의미 구성에 대한 근본적 가정은 개인이 삶을 사는 동안에 개별적으로 경험한 것이며, 또한 구성의 산물로 보는 인식론적 관점이다.

인지구성주의를 이해하기 위해서는 피아제의 인식론적 관점을 이해하는 것이 무엇보다 중요하다. 피아제에게 있어서 인식은 인식 주체와 대상(객체) 사이의 상호작용에 의한 산물이며, 지식이나 의미는 주체의 능동적인 활동에 의해 구성되는 것이다. 따라서 지식은 인간의 외부에 객관적으로 존재하는 실재의 반영이 아니라, 환경에 대한 적응의 결과물이라고 간주한다(Fosnot, 1996;8). 인간이 인식한다는 것은 현실이 반영되는 것이 아니라, 그 최종적 결과에서 바로 이러한 인식을 이루는 주체가 반영된다는 것이다. 인식한다는 것은 실재를 복제하는 것이 아니라, 인식 주체와 인식 대상 간의 상호작용을 중시한다는 점에서 이는 이전의 다른 인식론적 관점들, 특히 지식을 객관적 실재의 복제로 보려는 행동주의 심리학을 근저로 한 '객관주의'의 대립적인 위치에 놓인다.

이렇게 해서 발생된 인지 구조는 적응 과제에서 생기는 인지적 비평형성을 극복하기 위해서 '동화'와 '조절'이라는 기제를 사용하게 되며, 그 결과로 '평형'을 이루게 된다. 이러한 '비평형-동화-조절-평형'의 고리는 반복되며, 그 과정을 통해서 인지 구조는 질적인 변화를 이룩하게 되는데, 그 변화의 수준에 따라 4단계로 유형화된다. 그리고 연령이 높아질수록 인지 구조의 적응성도 높아진다. 또한 외적 세계에 대한 지각적 경험을 통해 자신의 지식을 구성한다는 관점을 제기함으로써 의미 구성에 있어서 개인의 심리적 과정 해명에 몰두하는 인지심리학과는 또 다른 관점을 제시한다.

인지구성주의를 바탕으로 한 읽기 교육에서는 의미 구성에 있어서 개별 독자의 인지적 과정을 중시한다. 따라서 피아제의 중심 개념 중에 하나인 스키마 이론, 과정 중심 읽기, 읽기 전략 등이 중심 개념이 된다. 이러한 관점은 일찍이 영국의 심리학자인 바틀렛(Bartlett,1932)에서 그 기원을 찾아볼 수 있다. 그는 텍스트와 관련된 몇 가지 문제를 논의하면서 지각·이해·기억의 능동적 특성을 논하였다. 개인이 의미 생성의 주체이며, 주체는 기존의 배경 지식과 경험을 이용하여 대상을 기억하고, 구조나 틀을 가지고 복잡한 대상을 조직한다는 그의 주장은 오늘날 국어 교육에서 중요한 위치를 차지하고 있는 스키마 연구의 출발점을 제공함과 동시에 국어과 구성주의 관점을 제공하였다는 점에서 중요한 위치를 차지한다(Spivey, 1997; 박태호, 1996 참조). 또한 러멜하트(Rummelhart, 1980)의 '상호적 모형'과 같은 읽기에서의 인지 과정 모형(cognitive-processing model)이 인지구성주의에 바탕을 둔 대표적인 읽기 모형이라 할 수 있다.

이와 같은 인지구성주의 범주에서의 인지 과정 모형에서는 독자의 인지적 의미 구성을 강조하다 보니, 사회적 상호작용 관련 변인으로 글과 독자 이외에 상황 맥락 변인을 고려하고는 있으나, 주로 상황 변인이 과제 변인에만 한정되는 경우가 많다. 그러므로 인지 과정 모형에서 상호작용이란 독자와 대상, 즉 글과의 상호작용이 주가 된다. 인지 과정 읽기 모형은 읽기 상황 속에서 독자와 글의 상호작용을 통해 의미를 구성한다는 점에서 하향식 모형과 마찬가지로 독자 위주이다. 그러나 읽기 과정을 선형적인 것이 아니라 순환적인 것으로 보고 있으며, 글의 정보와 독자의 정신적 활동(통사적, 어휘적, 의미적 및 화용적 정보를 포함한)이 동시에 이해에 중요한 영향을 준다. 한편의 글을 읽는 데에는 글과 독자가 계속적으로 상호작용하게 된다. 독자가 가진 스키마는 글 측면에서의 문자 해독에 영향을 미치고 문자를 해독하는 것은 다시 독자의 스키마로 돌아가며, 이 두 측면은 계속적으로 상호 작용한다.

국어과 교육에서 읽기 영역의 경우, 노명완 외(1988)에서 읽기의 개념을 '텍스트로부터 의미를 구성하는 과정'으로 설정하고, 구성주의적 동향의 근간이 되는 스키마 이론, 그리고 상향식 모형, 하향식 모형, 상호작용 모형 등과 같은 언어 이해의 과정 모형을 제시하면서 구성주의적 논의의 단초를 마련하였다.

이경화(1991)[2]는 읽기 영역에 있어서 팔린서와 브라운(Palincsar & Brown, 1984)이 개발한 상보적 교수법(reciprocal teaching)을 초등학교 5학년을 대상으로 적용하여 그 효과를 검증하였다. 이를 통해 구성주의의 본질에 가장 근접하고 있다는 상보적 교수법을 소개함과 동시에 실험 연구를 통해 그 효율성을 입증하였다.

같은 해 말 한철우(1991)[3]가 읽기 영역에 있어서 교사 안내 모형(DRA),

---

2) 이경화(1991). 독해 점검 전략의 상보적 수업을 통한 아동들의 독해력 향상에 관한 연구. 숙명여대 박사학위 논문.
3) 한철우(1991). 읽기 교수·학습 모형 및 책략에 관한 연구. 〈한국어문교육〉 제2집.

사고 중심 모형(DRTA), 읽기 과정 모형(GRP), 직접 교수법(Direct Instruction), 질문법(Question Strategies) 등의 수업 모형을 구체적으로 소개함으로써 지금까지 구성주의적 읽기 수업 모형의 근간이라 할 수 있는 직접 교수법을 소개하였다.[4]

박수자(1993)[5]는 심리학의 변화 동향을 '행동주의적 관점-정보처리적 관점-인지심리학적 관점-구성주의적 관점'으로 진단하고, 스키마, 읽기 전략, 읽기 학습과 초인지 개념 등을 논의하는 동시에, 읽기 전략 수업 모형으로 직접 교수 모형, 현시적 수업 모형, 상보적 수업 모형을 제시함으로써 인지구성주의를 바탕으로 한 읽기와 읽기 교육의 전체적인 윤곽을 소개하였다는 국어교육사적 위치를 확보하였다.

국어교육 전공자들에 의해서 처음으로 독서 교육론이 쓰여진 신헌재 외(1993)[6]에서는 노명완(1988) 등에서 소개된 스키마 이론, 텍스트 이론 등을 정리하면서 처음으로 독서의 과정을 〈읽기 전-읽기 중-읽기 후〉 활동으로 소개함으로써 과정 중심 읽기 교육에 대한 방향성을 제시하였다.

1995년부터 3년간은 인지구성주의적 관점을 바탕으로 한 국어교육 및 읽기 교육에 관한 저서들이 잇따라 출간되었다. 대표적인 저서들로는 최현섭 외(1995)[7]와 박영목 외(1995)[8], 최현섭 외(1996)[9], 박영목 외(1996)[10] 박영목(1996)[11] 천경록·이재승(1997)[12] 등이 있다. 특히 이 시기에 주목할 만한 일은 우리 국어교육사상 처음으로『국어교육학 개론(최현섭 외, 1996)』과『국어교육학 원론(박영목 외, 1996)』이 거의 동시에 출간되었는데, 그 바탕이

---

4) 직접 교수법이 행동주의적 관점에서 출발하였다거나, 교사 중심의 수업 모형이라는 비판적 관점에서 보면 직접교수법이 구성주의적인가에 대해서는 논란의 여지가 있을 수 있으나, 여기서는 우리나라에 소개된 직접 교수법은 오늘날 구성주의에서의 '인지적 도제'와 관련되어 있다는 점에서 구성주의적 모형의 범주에 포함시키기로 한다.
5) 박수자(1993), 읽기 전략 지도 교재 구성에 관한 연구, 서울대 대학원 박사학위 논문. 박수자(1994), 독해와 읽기 지도, 국학자료원(이 책은 앞의 학위 논문을 보완하여 단행본으로 발간한 것이다.).
6) 신헌재·권혁준·우동식·이상구(1993), 독서교육의 이론과 방법, 서광학술자료사.
7) 최현섭·최명환·신헌재·노명완·박인기(1995),『국어교육학의 이론화 탐색』, 일지사.
8) 박영목·한철우·윤희원(1995), 국어과 교수 학습 방법 탐구, 교학사.
9) 최현섭·최명환·노명완·신헌재·박인기·김창원·최영환(1995),『국어교육학 개론』, 일지사.
10) 박영목·한철우·윤희원(1996), 국어교육학 원론, 교학사.
11) 박영목(1996), 국어이해론—독서교육의 기지 이론, 법인문화사.
12) 천경록·이재승(1997), 읽기교육의 이해, 우리교육.

론이 인지구성주의였다는 점이다. 이들 두 권의 개론서를 통하여 기존의 국어교육에 관한 담론을 '국어교육학'이란 학문적 차원으로 확립시켰고, 읽기 영역에서는 당시까지의 읽기에 관한 논의들을 정리하면서 인지구성주의 관점에서 읽기 교육의 관점을 정립하였다.

한철우·천경록(1996)[13]에서는 인지구성주의에 바탕을 둔 다양한 읽기 전략들을 소개하였으며, 박영목(1996), 천경록·이재승(1997)[14] 등에서도 인지구성주의를 바탕으로 한 읽기 교육에 관한 기존의 논의들을 정리하는 한편, 인지구성주의 범주에서의 읽기 및 읽기 교육에 관한 깊이와 폭을 더하였다.

이들 외에도 인지구성주의적 읽기 교육에 관한 논의(최현섭,1997; 박수자,1998; 최영환,1998; 이삼형,1998) 등과 읽기 전략에 대한 실험 연구들은 개인의 독서 과정에서의 일어나는 현상과 이를 바탕으로 한 읽기 전략의 수행과 읽기 능력 향상에 기여하였다.

이상에서 살펴본 바와 같이, 지식이나 의미 구성 과정에서 개인의 내적 사고 과정에 주목한 인지구성주의에 근거한 읽기 교육에 대한 논의는 1990년대 후반까지 지속되었다. 이들 논의는 전대의 인지심리학적 성과를 바탕으로 '구성주의'라는 새로운 패러다임으로 발전시켰다. 이에 따라 읽기에 있어서 의미 구성에 있어서 주체 의존적인 관점을 바탕으로 한 구성주의적 관점을 제기함으로써 텍스트에 담긴 의미를 '정확히' 찾아내는 데 몰두하던 기존의 객관주의적 관점에서 벗어나는 계기를 마련하였다. 또한 개별 독자가 의미를 구성하는 관점을 제기하고, 그 메커니즘을 규명하는 데 노력을 기울였으며, 스키마 이론, 초인지 이론, 과정 중심의 읽기, 개별 독자가 텍스트를 읽는 과정을 규명하고 그에 따라 읽기 전략을 개발하는 데 이바지하였다.

---

13) 한철우·천경록(1996), 독서지도방법, 교학사.
14) 이재승(1997), 국어교육의 원리와 방법, 박이정.

(2) 사회구성주의 범주에서의 논의

사회구성주의는 공동체 구성원들의 사회적 상호작용과 문화적 맥락을 중시한다. 즉 개인의 학습 활동을 사회·문화적 활동의 관점에서 파악하여 공동체 구성원들 간의 사회적 상호작용을 중시한다. 이러한 사회·문화적 관점에서는 공동체 구성원들 간의 대화를 통한 의사소통이 활동의 본질이라는 입장을 취한다(강인애, 1998). 따라서 지식 발달의 과정에 있어서 사회적 국면을 강조한다. 즉 개인 내적인 '인지' 과정에만 주목하는 인지구성주의에 반대하여 공동체적 가치를 선호함으로써 '지식의 사회적 구성' 및 '문화 속에서 널리 공유되는 협상된 동의'를 중시하는 것이다. 그렇기 때문에 사회구성주의는 사회 구성원들의 상호작용을 위한 커뮤니케이션의 도구인 언어가 관심의 초점이 된다.

사회구성주의는 비고츠키(Vygotsky), 미드(Mead), 피아제(Piaget) 등의 관점을 바탕으로 미국의 거진(Gergin), 독일의 베르거와 루크만 등에 의해서 구체화되었다. 그 가운데 특히 사회·문화적 요인의 중요성을 강조한 비고츠키의 사회문화 이론은 사회구성주의의 근간이 되기 때문에 비고츠키의 사회 문화적 관점에서의 인식론을 이해하는 것이 사회구성주의를 이해하는 지름길이 된다. 즉 인지구성주의가 개인의 인지적 과정에만 주목하고, 사회적 상호작용과 문화적 맥락을 소홀히 하였다는 점에서 이러한 측면에 주목하였던 비고츠키의 사회 문화적 관점을 근간으로 한 사회구성주의가 상대적으로 설득력을 확보하였던 것이다.

원래 읽기 교육에 있어서 사회문화주의적인 관점은 앤더슨(Anderson; 1985), 윌린스키(Willinsky, 1990) 등에 의해 제기되었다. 앤더슨에 의하면 독자의 스키마는 독자가 기대고 있는 사회 문화적 기반에 의해서 결정된다고 하는데, 독자는 고립된 존재가 아니며 독자에게 스키마를 제공하는 사회 문화적 맥락과 깊은 관계가 있다고 한다. 윌린스키는 스키마 이론의 경우에 겉으로 보기에는 교실에서 능동적 역할을 강조하는 것처럼 보이지만 실제는 그렇지 않다고 한다. 학생들의 읽기 전 활동을 보면, 학생들은 교사로부터 적절한 배경지식을 수동적으로 받아들여 텍스트를 이해하는 전통적인 학생들의 역할을 그대로 반복하고 있다는 것이다(박태호, 2001에서 재인용).

사회구성주의적 관점에서의 읽기란 독자가 글 속의 단어나 문장을 그대로 기억하는 것이 아니라, 그 단어와 문장들이 빚어내는 의미의 망을 구성하고 정교화 함을 뜻하며(한철우, 1995;4), 독자가 글과 만나는 심리적인 행위일 뿐만 아니라 다른 사람과 교류하고 반응하는 사회적 행위이다(노명완, 1997). 따라서 읽기 자체가 사회적 행위라는 말은 혼자 글을 읽는 상황에서도 통하는 말이며, 다른 사람과 떨어져 있다는 자체가 사회적 관계를 전제로 하거니와, 글을 읽는다는 것이 글을 통한 다른 사람과의 사회적 상호작용이기 때문으로 본다(김명순, 2002 참조).

이러한 사회구성주의적인 관점에서 읽기 교육을 본격적으로 다룬 논의로는 박영목(1996, 2002), 이경화(1998), 이주섭(1999), 김명순(2000), 임천택(2000), 최순영(2002) 등을 들 수 있다. 물론 이들에 의해 사회구성주의적 읽기가 본격적으로 논의되기 전에, 작문 영역에서 박영목(1994, 1995), 박태호(1995) 등에 의해 사회구성주의적인 논의가 활발히 전개되고 있었고, 읽기 교육에 있어서도 인지구성주의적인 관점에 대한 비판적 논의가 개진되기 시작하였다. 이를테면, 직접 교수법을 "행동주의의 사고방식을 그대로 따르고 있(이성영, 1996)"는 것으로 비판하거나, 직접 교수법·현시적 교수법·상보적 교수법과 같은 전략 중심 교수 모형이 공통적으로 가지고 있는 교사의 사고 구술을 통한 시범 보이기가 실제로 교실 현장에서 실현되기 어렵다는 점이 지적(이경화, 1996; 이삼형, 1999)되기도 하면서, 읽기 교육에 있어서 인지구성주의적 읽기 교육에 대한 문제점 혹은 한계에 대한 논의가 시작되었던 것이다.[15]

---

[15] 읽기 교육에서의 이러한 흐름과 관련하여 최현섭(1997)의 논의 역시 읽기 교육에서의 사회구성주의적 논의를 활성화하는 데 기여한 것으로 보인다. 최현섭은 국어과 교육에서 인지구성주의와 사회구성주의가 각기 문제점을 지니고 있기 때문에 통합 가능성을 제안함으로써 '인지(인지적 구성주의)'만을 논의해 오던 국어과 교육에서의 구성주의 논의의 동향을 '사회(사회적 구성주의)'로 확대시키는 데 기여하였다.

이러한 분위기 속에서 박영목(1996)[16]은 읽기 교육에 있어서 지난 30여 년 동안 독서 교육 연구의 패러다임의 변화를, 1960년대의 행동주의, 1970년대의 인지주의를 거쳐 1990년대에 접어들면서부터는 사회문화적 연구가 크게 성행하게 되었다는 가페니와 앤더슨(Gaffney & Anderson, 2000)의 견해를 바탕으로 사회인지 이론을 소개하면서, 아래 [그림 2]와 같은 Ruddell과 Unrau의 '사회인지 과정 모형'을 바탕으로 독서 교육에 있어서 세 가지 요인, 즉 독자, 교사, 글과 교수·학습 환경을 소개하였다.

이 사회인지 상호작용 모형은 박영목(1996)에서 소개된 이래, 이경화(1998), 김명순(2000), 최순영(2002) 등으로 이어지면서 사회구성주의적인 읽기 교육에 대한 논의를 이어 오고 있다.

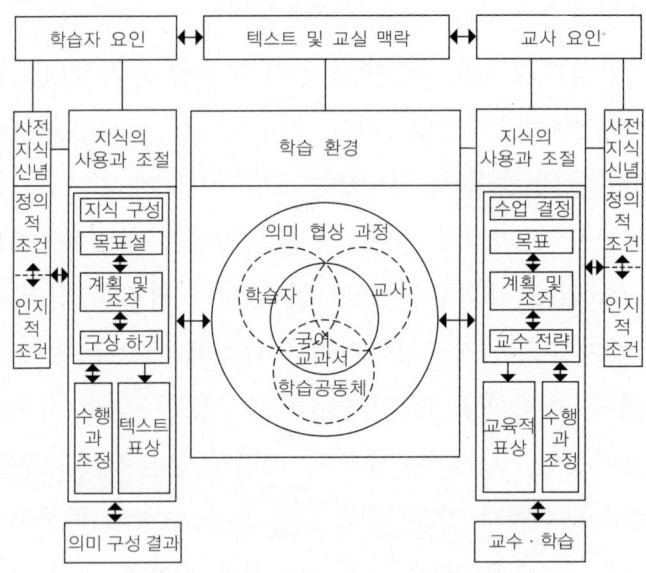

[그림 2] 사회·인지적 상호작용 모형[17]

이경화(1998)[18]는 구성주의를 인지적 구성주의와 사회문화적 구성주의로 대비시키면서, 박영목(1996)에서 제시되었던 독서 과정에서 독자, 교사, 글

---
16) 박영목(1996), 학습사회와 독서, 〈독서연구〉, 창간호.
17) 이 모형에 대한 자세한 설명은 이경화(1998) 및 최순영(2002)을 참고할 것.
18) 이경화(1998), 독해의 구성주의 관점과 읽기 지도, 〈한국어문교육〉 7집.

과 교수·학습 환경 세 가지 요인의 사회적 상호작용으로 수업이 이뤄진다는 점을 상술 보완하였다. 특히 사회인지 상호작용 모형의 가장 큰 특징은 의미 구성 과정으로서의 읽기에서 실제 교실 읽기 상황 중심이라는 데 있다고 보면서, "사회 인지 과정 모형에 의하면 글, 교사, 독자, 교실 공동체 등의 어느 한 요인 속에 고착되어 있는 것이 아니고 대화와 토의를 통하여 얼마든지 변화할 수 있는 것으로 설명된다."고 하였다 아울러 독해 과정을 촉진하는 교수·학습 원리로 인지적 도제, 독자의 의미 구성에 대한 주도성, 협동학습, 조언자이며 배움을 같이하는 동료 학습자 등을 제시하였다.

김명순(2000)[19] 역시 독해의 개념을 행동주의-인지주의-구성주의 패러다임의 순으로 변천해 온 과정을 개관하면서, 구성주의를 다시 인지적 구성주의와 사회문화적 구성주의로 구분하고, 사회문화적 구성주의 입장에서의 읽기 교육의 방향을 읽기 협동학습, 읽기 토의학습, 읽기 통합 활동 등으로 제시하였다.

임천택(2000)[20]은 독서에 있어서 의미 구성의 주체를 개인과 사회라는 이분법을 보다 다양화하여 개인을 강조하는 '개인을 주체로 보는 관점', 협력적인 집단을 강조하는 '소집단을 주체로 보는 관점', 그리고 보다 큰 공동체를 강조하는 '거시 담화 공동체를 주체로 보는 관점'으로 나누어 살폈다. 또한 비고츠키의 근접 발달 영역과 관련한 '비고츠키 공간'의 의미와 담화 공동체로서 학급의 역할과 기능에 대해서도 깊이 있게 논의하였다.

최순영(2001)[21]은 Flower(1989), Cobb(1995), Fosnot(1996), Spivey(1997) 최현섭 외(2000) 등의 관점을 차용하여, 인지와 사회를 상보적 관점에서 파악하고, 이를 바탕으로 '과정 중심의 읽기 교수·학습 원리'에 입각하여 읽기 전·중·후의 전략을 학습하는 단계와, '토의 중심의 읽기 교수·학습 원리'에 입각하여 학습자의 의미 구성에 대한 주도성을 학습하고, 긍정적 상

---

19) 김명순(2000), 구성주의와 읽기교육의 방향, 청람어문교육학, 제22집.
20) 임천택(2000), 독서교육에서 구성주의 관점의 수용 의의, 새국어교육 제59호.
21) 최순영(2002), 사회-인지 읽기 교수 학습 방안 연구, 한국교원대학교대학원 석사학위 논문.

호 의존성을 익히는 원으로 그려진 순환적 교수·학습 모형을 제시하였다.

박영목(2002)[22]은 박영목(1996)에서 제시하였던 사회구성주의적 읽기를 다시 보완하였다. 그는 사회구성주의 독서 이론가들은 교과 학습 상황에서 이루어지는 독서의 과정을 설명하기 위해 사회인지적 상호작용 모형을 제안하였는데, 이 모형에서는 독자 요인, 텍스트 및 수업 환경 요인, 교사 요인 등 세 가지 요인을 독서 학습의 핵심적인 요인으로 설정하고 있다 (Ruddel & Unrau, 1994; 박영목, 2002에서 재인용).[23]

지금까지 비고츠키의 사회·문화적 관점을 바탕으로 성립된 사회구성주의적 관점을 바탕으로 한 읽기 교육의 전개 과정을 살펴보았다. 사회구성주의는 개인의 발달에 관한 사회적 기저를 중시함으로써, 개인의 인지적 과정만을 중시하던 인지적 구성주의의 한계를 보완하기 위해 등장하였으며, 이를 바탕으로 한 사회구성주의적 독서교육에 대한 논의는 인지구성주의가 소홀히 하였던 '사회'적 측면을 강조함으로써 인지와 사회를 통합하려는 관점에서 전개되고 있음을 확인할 수 있었다.

그러나 아직도 사회구성주의적 읽기 교육을 소개하거나 혹은 방향성을 제시하는 측면에 머물러 있어서, 구체적인 교육 방법론이나 수업 모형, 교수·학습 전략과 같은 구체적인 연구는 아직 구체적으로 진행되지 못하고 있다는 점이다. 작문 영역이 이미 사회구성주의를 바탕으로 사회·인지 이론, 장르 중심 쓰기, 범교과적 쓰기, 비평문 쓰기 등으로 발 빠르게 진행되고 있는 데 비하면 상대적으로 읽기 영역에서의 사회구성주의적인 논의는 아직도 활성화되지 못하고 있다.

또한 사회구성주의적 테두리 속에서의 읽기 교육에 대한 교수·학습 방법 혹은 수업 모형에 대한 접근은, 주로 인지구성주의적 읽기 교육에서 제

---

22) 박영목(2002), 독서교육에 있어서 사회 문화적 접근, 〈독서연구〉 제7호, 한국독서학회.
23) 여기서 한 가지 유의해야 할 점은 읽기 영역에 있어서 사회구성주의적 논의의 전개 과정이 작문 영역에서의 전개 과정과는 다르다는 점이다. 작문 영역에서는 인지구성주의적 논의가 전개되다가 사회구성주의로, 또다시 사회·인지 이론으로 전개된 데 비해, 읽기에서는 인지구성주의적 논의가 전개되다가 사회구성주의적인 논의의 단계 없이 곧장 사회·인지 이론으로 이행되었다는 점이다. 이에 대해서는 박태호(1995, 2002) 및 박영목(1994, 2002)에 상술되어 있다.

시되었던 스키마 이론, 읽기 전략, 과정 중심 읽기 등이 사회적 상호작용과 문화적 맥락 속에서 구성원들 사이에 공인된 의미를 도출할 수 있는 소집단 토의 및 협동학습이 중요한 도구로 제시되고 있음을 알 수 있다.

4. 구성주의적 읽기 교육의 과제

앞에서 살펴본 것처럼 구성주의적 패러다임이 교육계 전반에 정착되어 가고 있는 상황을 고려한다면, 앞으로도 사회구성주의적 관점에서의 독서 교육에 관한 논의가 지속될 것으로 예상된다. 즉 인지구성주의의 '인지'와 사회구성주의 '사회'를 통합하려는 사회·인지 이론이나 이러한 방향에서의 논의가 다양하게 전개될 것으로 보인다. 특히, 국어과 교육 내에서 구성주의라는 표제를 내걸지는 않고 있지만, 90년대 이후 활발하게 논의되어 온 구성주의를 바탕으로 한 교육 방법론적 기제인 '통합교육', '협동학습', '웹 기반 교육(WBI)' 등과 같은 구성주의 교육 방법들과의 결합을 통하여 구성주의적 교육 체제를 확립하는 방향으로 나아가게 될 것이란 점은 쉽게 예상되는 부분이다. 따라서 구성주의적 읽기 교육에서 이러한 방법론적 기제들을 수용하여 구체적인 교수·학습 방법론, 수업 설계 및 교육과정으로 구체화하는 작업이 자연스럽게 가속도를 더하게 될 것으로 보인다.

그런데 이러한 후속 연구를 진행하는 데 있어서 특별히 관심을 기울여야 할 부분이 바로 '통합교육'의 결합을 통해 읽기 및 쓰기 교육에서 효율성을 검증받은 '협동적 읽기·쓰기 통합학습(CIRC)'과 '구성주의 문예학'을 근간으로 한 급진적 구성주의에 터한 '구성주의 문학교육'이다.

이러한 사실들과 구성주의적 패러다임이 교육계 전반에 확산되고 있는 상황을 고려하면, 앞으로 독서 영역에 있어서 사회구성주의적 논의가 지속될 것으로 예상된다. 즉 인지구성주의의 '인지'와 사회구성주의 '사회'를 통합하려는 사회·인지 이론이나 이러한 방향에서의 논의가 다양하게 전개될 것으로 보인다. 특히, 국어과 교육 내에서 구성주의라는 표제를 내걸지는 않고 있지만, 90년대 이후 활발하게 논의되어 온 구성주의를 바탕으로 한 교육 방법론적 기제인 '통합교육', '협동학습', '웹 기반 교육(WBI)' 등과 같은 구성주의 교육 방법들과의 결합을 통하여 구성주의적 교육 체제를 확립하는 방향으로 나아가게 될 것이란 점은 쉽게 예상되는 부분이다.

이들 외에도 '협동학습'과 '통합교육'의 결합을 통해 읽기 및 쓰기 교육에서 효율성을 검증받은 '협동적 읽기·쓰기 통합학습(CIRC)(이종억,1997; 장성욱, 2000; 정혜영,2001; 황혜연, 2001; 장기형; 2003 이상구, 2003; 김갑이, 2004)'와 '구성주의 문예학'을 근간으로 한 급진적 구성주의에 터한 구성주의 문학교육(이상구,1998:2002; 이광복, 1999; 류덕재, 2001)가 특별히 관심의 대상이 된다.

CIRC는 협동적 읽기·쓰기 통합학습 모형으로서 이는 존스 홉킨스 대학의 슬라빈(Slavin)과 그의 동료들(Madden, Stevens, & Farnish, 1987)에 의해 개발되어진 협동적 읽기·쓰기 통합 프로그램으로 초등학교 읽기, 쓰기 등 언어교육을 위해 만들어진 대표적인 협동학습 모형이다(정문성, 2002).

주요 활동 단계 및 절차는 [그림 3]에서처럼 '읽기 이해를 위한 직접 교수

CIRC 프로그램의 단계		교수·학습 단계
읽기 이해를 위한 직접 교수 활동		〈교사 주도의 단계〉 • 이야기 구성 요소의 지도 • 이야기 구조의 지도
이야기 관련 활동	교사 주도 활동 (교사 안내 활동)	〈이야기 소개 단계〉 〈짝학습 단계〉 〈소집단 학습 단계〉
	아동 주도 활동 (읽기·쓰기 통합 활동)	〈소집단 학습 단계〉 • 쓰기 기초 학습 • 쓰기 학습
평가 및 보상		평가 단계
홀로 읽기		홀로 읽기 단계

[그림 3] 읽기·쓰기 통합 프로그램의 교수·학습 단계(장기형, 2003)

활동'과 '이야기 관련 활동(교사 주도의 안내 활동 + 아동 주도의 읽기 쓰기 통합 활동)'으로 되어 있다.

여기서 '읽기 이해를 위한 직접 교수'는 교사가 직접 글을 읽는 데 필요한 이해 전략을 지도하는 단계이다. 즉 교사가 해당 단원을 읽는 데 필요한 읽기 전략, 즉 요약하기, 중심 생각 구분하기, 인과관계 이해하기, 내용 질문에 답하기, 예측하기, 명료화하기, 추론하기를 직접 교수의 원리로 가르친다는 것이다. '이야기 관련 활동' 단계는 앞 단계에서 학습한 읽기 전략들을 바탕으로 짝과 함께 소리내어 이야기를 읽고 짝끼리 번갈아 교정·점검 활동을 하면서, 낱말의 뜻을 알아보고 이야기의 구조를 파악해 보는 보물찾기 활동과 짝의 점검 활동을 받는 이야기 다시 말하기 활동과 이야기 관련지어 쓰는 활동을 하는 단계이다.

이러한 활동 단계는 앞에서 살펴본 최현섭 외(2000) 및 최순영(2002) 등이 제시한 관점과 유사함을 확인할 수 있다. 특히 최순영이 제시한 사회·인지적 교수·학습 절차, 즉 읽기 전·중·후의 전략을 교사의 시범과 학생의 활동으로 학습하는 단계와 '토의학습'으로 이어지는 절차와 유사하다.

구성주의 문학교육은 보다 더 구체적으로 사회구성주의 읽기 교육에 시사점을 준다. 이는 독일어 문화권에서 형성된 '급진적 구성주의'를 바탕으로 한 '구성주의 문예학'을 근간으로 하고 있는데, 여기서 '급진적 구성주의'가 바로 앞에서 살펴본 사회구성주의 읽기 교육에서와 마찬가지로 '인지'와 '사회'의 결합을 시도하고 있기 때문이다.

다음 [그림 4]에 그 과정이 구체적으로 제시되어 있다. 즉 사회구성주의 읽기 교육에서처럼 교사 주도의 읽기 전략에 대한 시범과 학생들의 활동, 그리고 학생들의 협동학습으로 이어져 있다.

[그림 4] 수업 단계의 '4. 텍스트 이해의 인지적 과정 학습'이 ① 시범 ② 비계 제공 ③ 학습자의 독립적 활동으로 되어 있고, '5. 협력학습을 통한 의미 구성 활동'이 의미 형성을 위한 협응 활동으로 되어 있다는 점에서 명백

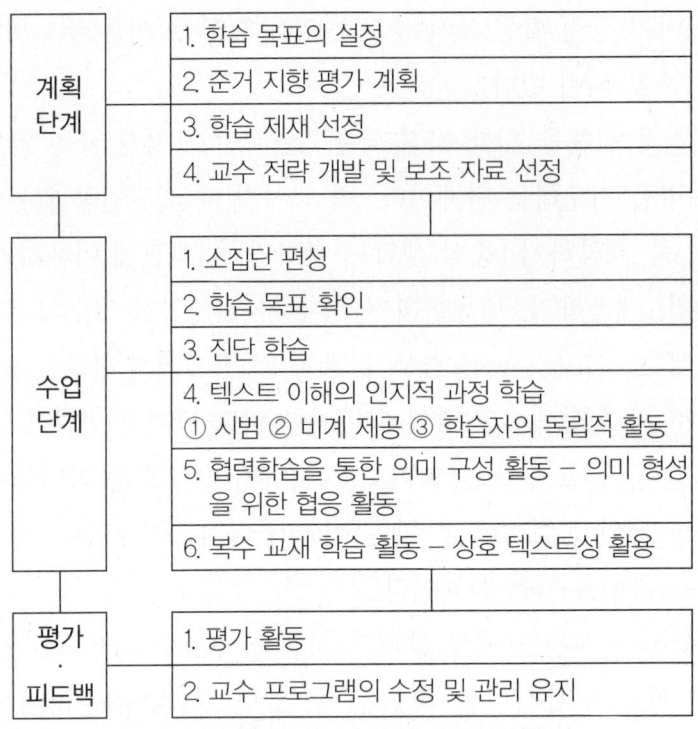

〔그림 4〕 구성주의 문학 수업 모형(이상구, 2002b)

히 드러난다.[24]

이처럼 CIRC와 구성주의 문학교육이 지향하고 있는 방향이나 수업 절차 단계가 사회구성주의적 읽기 교육에서 추구하고 있는 절차와 방법이 거의 같은 철학적 바탕과 심리학적 과정을 지향하고 있어서, 구성주의의 양 축은 인지적 측면과 사회적 측면을 동시에 반영함으로써 패러다임상의 일치를 보이고 있기 때문이다.

따라서 CIRC와 구성주의 문학교육이 제시하는 구체적인 절차와 방법은, 지금껏 구체적으로 진행되지 못하고 있는 사회구성주의적 읽기 교육에 대한 시사점을 주는 것으로 판단된다. 즉 읽기 활동을 하기 전에 읽기 활동에 필요한 전략을 직접 교수의 원리로 교수·학습을 하고, 그 전략을 활용하

---

[24] 그런데 문제는 급진적 구성주의에 대한 지금까지 국내에서의 논의의 양상을 보면 한결같이 피아제의 인식론을 바탕으로 인지적 측면만을 다루고 있는 것으로 논의되고 있다는 점이다. 이에 대해서는 이상구(1998) 및 지그프리트 J. 슈미트 편저(박여성 옮김)(1996), 구성주의, 까치. 참조.

여 글을 읽은 뒤, 소집단 협동학습을 통하여 글의 의미를 공동으로 구성해 내는 과정이 거시적인 절차 단계가 될 것이다. 이에 대한 구체적인 논의는 본고의 범위를 벗어나므로 지면을 달리하여 상론하기로 한다.

5. 맺는 말

지금까지 행동주의 패러다임에서 출발하여 인지주의, 인지구성주의, 사회구성주의로 변천해 온 읽기 교육의 논의 과정을 살펴보았다. 이 과정을 통하여 다음과 같은 사실을 확인할 수 있었다.

첫째, 30년대의 행동주의나 60년대의 인지주의적 읽기 교육 체제는 객관주의적 사고 체계를 바탕으로 하고 있기 때문에, 의미 혹은 지식 구성에 있어서 주체 의존성이라는 테제를 들고 나온 구성주의가 21세기 지식기반사회가 요구하는 인간을 길러낼 수 있는 교육 패러다임으로 자리를 잡았다.

둘째, 읽기 교육에 있어서 구성주의적 논의는 1980년대 말에, 피아제의 인식론을 근간으로 성립된, 개인의 인지적 측면을 중시하는 '인지구성주의'적 바탕 위에서 논의가 시작되었는데, 여기에는 스키마 이론, 읽기 전략, 과정 중심 읽기 등이 주요한 읽기 방법론으로 제시되었다.

셋째, 1990년대 말부터는 비고츠키의 사회·문화적 관점을 바탕으로 한 '사회구성주의'적 읽기가 논의되기 시작하였는데, 이는 인지구성주의적 읽기 교육에서 주된 관심사였던 '인지'와 사회적 상호작용과 문화적 맥락을 중시하는 '사회'를 결합하려는 '사회·인지 이론'으로 정립되었다.

넷째, 오늘날 구성주의의 흐름이 인지와 사회를 통합하려는 흐름에 비추어 볼 때, 읽기 교육에 있어서 이러한 관점에서의 논의는 아직도 소개 혹은 방향성을 제시하는 측면에 머물러 있어서, 구체적인 교육 방법론이나 수업 모형, 교수·학습 전략과 같은 구체적인 연구는 아직 시작 단계에 있음을 알 수 있다.

다섯째, 사회구성주의적 관점에서 읽기 교육에 대한 방법론적 절차는 인지구성주의적 읽기에서 제시되었던, 스키마 이론, 읽기 전략, 과정 중심 읽기 등의 절차와, 사회적 상호작용과 문화적 맥락 속에서 구성원들 사이에 공인된 의미를 도출할 수 있는 소집단 토의 및 협동학습이 중요한 도구로 제시되었다.

여섯째, 구성주의적 읽기 교육에 대한 논의에 있어서 앞으로 남은 과제는 기존의 구성주의적 읽기 교육에 대한 논의를 바탕으로, 구체적인 이론적 정치화와 이를 바탕으로 한 교수·학습 방법론적 절차와 모형, 전략 등을 구안하는 과제가 남아 있는데, 이에 대한 시사점을 'CIRC'와 '구성주의 문학 교육론'에서 얻을 수 있을 것으로 보인다.

애초에 본고가 목표로 설정하였던 것은 읽기 교육에 있어서 구성주의적 담론의 전개 양상을 점검하면서, 그것을 바탕으로 오늘날 읽기 교육에 관한 현주소를 확인하고, 이를 바탕으로 앞으로의 전망과 그에 따른 해결 과제를 구명해 보는 일이었다. 구성주의적 읽기 교육에 대한 논의의 과정에 대해서는 성기게나마 그 대강을 살펴보았다고 볼 수도 있겠지만, 전망과 과제, 특히 과제에 대한 해결책을 구체적으로 논의하지 못하고 추상적인 방향성만 제시한 아쉬움이 없지 않다. 이에 대해서는 지면을 달리해서 구체적으로 살펴보게 될 것이다.

❖ 생각해 볼 거리
- 읽기 교육의 패러다임적 전개과정을 정리해 보자.
- 인지구성주의적 읽기 교육의 특징은 무엇인가?
- 사회구성주의적 읽기 교육의 특징은 무엇인가?

참고문헌

고인정 · 김민희 · 김은영 · 김정선 · 이윤주 · 홍영주 · 김영수(1995), 국외 교수 · 학습이론 연구의 최근 동향에 관한 연구, 研究論集 28집, 이화여자대학교 대학원. 한국교육학술정보원 논문 자료 8-598-9501-13.

김갑이(2004), 이야기 구성력 신장을 위한 이야기 읽기 · 쓰기통합(CIRC) 프로그램 적용 연구, 한국교원대학교 대학원 석사학위 논문.

김도남(2002), 읽기교육에 대한 비판적 고찰, 한국어문교육, 제11집, 한국교원대학교어문교육연구소, 175-214.

김명순(2000), 구성주의와 읽기교육의 방향, 청람어문교육학, 제22집, 43-65.

김명순(2002), 읽기 교육에서 과제의 기능, 한국어문교육 11권, 155-174.

노명완(1997), 국어교육학의 학문적 정체성과 그 탐구 과제, 한국어학, 6집. 노명완 교수 홈페이지(http://www.korea.ac.kr/~noh/).

노명완 · 박영목 · 권경안(1988), 『국어과 교육론』, 갑을출판사.

류덕제(2000), 구성주의 관점의 문학교육, 한국초등국어교육학회. 류덕제 교수의 문학교육연구실(http://vision.taegu-e.ac.kr/~ryudj/)

박수자(1993), 읽기 전략 지도 교재 구성에 관한 연구, 서울대 대학원 박사학위 논문.

박수자(1998), 구성주의와 언어 학습 경험, 국어교육연구 5집, 서울대학교 사범대학 국어교육연구소.

박영목(1994), 의미 구성에 관한 설명 방식, 〈선청어문〉 제22집, 199-219.

박영목(1995), 독서 능력 신장 방안 연구, 국어교육, 제89집, 59-90.

박영목(1996), 학습사회와 독서, 〈독서연구〉, 창간호, 89-122.

박영목(1996), 국어이해론—독서교육의 기지 이론, 법인문화사.

박영목(2002), 독서교육에 있어서 사회 문화적 접근, 〈독서연구〉 제7호, 한국독서학회(1-18).

박영목 · 한철우 · 윤희원(1996), 『국어교육학 원론』, 교학사.

박영목 · 한철우 · 윤희원(2001), 『국어과 교수학습론』, (주)교학사.

박영배(1993), 진보적 구성주의와 수학과 교수 학습 방법의 개선, 논문집 27집, 대학수학교육학회.

박인기(1996), 독서와 매체환경, 〈독서연구〉 창간호. 한국독서학회,123-147.

박진용(2001), 구성주의와 읽기 교육의 내용과 방법, 박진용 홈페이지.

박태호(1995), 사회구성주의 패러다임에 따른 작문 교육 이론 연구. 한국교원대 석사학위 논문.

박태호(2001), 구성주의 작문이론의 전개동향과 교육적 시사점, 『구성주의와 교과교육』, 문음사.

박태호(2002), 초등 국어과 교수 · 학습 현상의 개념과 해석 모형, 한국초등국어교육, 20집,

한국초등국어교육학회.

서울대학교 교육연구소 편(1994), 『교육학 용어사전』, 하우.

신헌재 · 권혁준 · 우동식 · 이상구(1993), 『독서교육의 이론과 방법』, 박이정.

신헌재 · 이재승(1994), 『학습자 중심의 국어교육』, 박이정.

이광복(1999), 구성주의 문예학과 그 문학교수법적 함의, 독어교육 제17집, 독어교육학회, 204-231.

이경화(1991), 독해점검 전략의 상보적 수업을 통한 아동들의 독해력 향상에 관한 연구, 숙명여대 박사학위 논문.

이경화(1996), 전략 중심의 읽기 수업 모형의 비판적 고찰, 〈국어교육〉 91집, 115-131.

이경화(1998), 독해의 구성주의적 관점과 읽기지도, 한국어문교육 7집, 359-382.

이삼형(1998), 언어 사용 교육과 사고력, 국어교육연구, 제5집, 서울대학교 사범대학 국어교육연구소. /bbs/data/pds/이삼형_5집.HWP.

이삼형(1999), 인지적 읽기 모델의 비판적 고찰, 〈독서연구〉 제4호, 한국독서학회, 353-372.

이삼형 · 김중신 · 김창원 · 이성영 · 정재찬 · 서혁 · 심영택 · 박수자(2000), 『국어교육학』, 소명출판 출간.

이상구(1998), 학습자 중심 문학교육 방안 연구, 한국교원대학교 대학원 박사학위 논문.

이상구(2002a), 『구성주의 문학교육론』, 박이정.

이상구(2002b), 구성주의적 학습자 중심 문학 교육의 원리와 방법, 문학교육학, 제10호, 한국문학교육학회, 167-196.

이상구(2003), 구성주의 문학협동학습 방안 탐색, 독서연구 제10호, 한국독서학회, 163-214.

이성영(1996), 직접 교수법에 대한 비판적 고찰, 한국초등국어교육, 제12집, 한국초등국어교육학회, 123-154.

이성영(2001), 구성주의적 읽기교육의 방향, 〈한국초등국어교육〉 제18집, 한국교육학술정보원 논문 자료 1-074-0101-03.

이재승(1992), 통합 언어(whole language)의 개념과 국어 교육에의 시사점, 국어교육, 79호, 73-89.

이재승(1997), 『국어교육의 원리와 방법』, 박이정.

이재승(2000), 구성주의와 독서교육, -새로운 패러다임을 여는 독서 교육, 충남교육과학연구원.

이종억(1997), 협동적 통합 읽기 · 작문(CIRC) 프로그램이 초등학생의 읽기 메타인지에 미치는 영향, 한국교원대 석사학위 논문

이주섭(1999), 구성주의와 읽기 교수 · 학습, 『구성주의와 교과교육』, 문음사.

임성규(2001), 구성주의와 국어교육, 〈한국초등국어교육〉, 제18권, 한국교육학술정보원, 1-074-0101-01.

임천택(2000), 독서교육에서 구성주의 관점의 수용 의의, 새국어교육 제59호, 171-195.
장기형(2003), 협동적 읽기·쓰기 통합(CIRC) 프로그램이 아동의 읽기 능력에 미치는 효과, 석사학위 논문, 한국교원대학교 대학원.
장성욱(2000), 협동학습을 통한 시 교수 학습 방법 연구, 한국교원대학교, 석사학위 논문.
정혜영(2001), CIRC 프로그램이 초등학생의 읽기 전략과 읽기 태도에 미치는 효과, 석사학위 논문, 부산교육대학교 .
정문성(2002), 『협동학습의 이해와 실천』, 교육과학사.
조영남(1998), 구성주의 교수·학습, 대구교육대학교 초등교육연구 논총 제12집(93-122).
천경록(2002), 읽기교육 방법과 사고구술, 한국초등국어교육 21집(39-62).
천경록·이재승(1997), 『읽기 교육의 이해』, 우리 교육.
최순영(2002), 사회·인지 읽기 교수 학습 방안 연구, 한국교원대학교대학원 석사학위 논문.
최영환(1998), 국어교육에서 새로운 패러다임의 수용 방안, 국어교육학연구, 제8집, 서울대학교 사범대학 국어교육연구소, 27-53.
최현섭·최명환·신헌재·노명완·박인기(1996), 『국어교육학개론』, 삼지원.
최현섭(1997), 구성주의에 대하여, 초등국어교육학 회보 5.
최현섭·최명환·신헌재·노명완·박인기(1995), 『국어교육학의 이론화 색』, 일지사.
최현섭 외(2000), 『구성주의 작문 교수·학습론』, 박이정.
한국교원대초등교육연구소(2001), 『구성주의와 교과교육』, 문음사.
한철우(1991), 읽기 교수·학습 모형 및 책략에 관한 연구, 〈한국어문교육〉 제2집, 한국교원대학교 한국어문교육연구소, 85-116.
한철우(1995), 국어교육학의 학문적 체계 및 구조, 한국어문교육 제4집. 한국교원대학교 한국어문교육연구소, 3-24.
한철우·박진용·김명순·박영민(2001), 『과정중심 독서지도』, 교학사.
한철우·천경록, 1996, 『독서지도방법』, 교학사.
황혜연(2001), CIRC 협동학습 모형이 학습장애아동의 언어 능력과 학습태도에 미치는 효과, 석사학위 논문, 가톨릭대학교.
허 형(1987), Piaget의 발생적 인식론과 후생학의 교육심리학적 시사, 교육심리 연구, 창간호, 139-154.
홍순정, 인지발달에 미치는 사회·문화적 요인과 그 작용, 교육심리학, 창간호, 34-56.
지그프리트 J. 슈미트 편저(박여성 옮김)(1996), 『구성주의』, 까치.
G. 레이코프(이기우 옮김)(1992), 『인지의미론』, 한국문화사.
Catherine Twomey Fosnot(1996), "Constructivism: A Psychological theory of Learning," Catherine Twomey Fosnot(ed), Constructivism: theory, perspectives, and practice,

Newyork and london: Teachers College, Columbia University.

Ernst von Glasersfeld(1996), "Aspect of Constructivism", Catherine Twomey Fosnot(ed), Constructivism: theory, perspectives, and practice, Newyork and london: Teachers College, Columbia University.

M. David Merril(2002), First Principles of Instruction, Submitted for publication to Educational Technology Research & Development I1 Utah State University.

Leslie P. Steffe & E. Jerry Gale(ed)(1995), Constructivism In Education, New Jersey: Lawerance Erlbaum Associate, Publishers.

Steven Zemelman • Harvey Daniels • Arthur Hyde(1993), Best Practice: new standards for teaching and learning in America's schools, Porstmouth NH: Heinmann.

Shupe, Amy J.(2003), Cooperative learning versus direct instruction: Which type of instruction produces greater understanding of fractions with fourth graders?, WEST VIRGINIA UNIVERSITY.

Laryellen Weimer(2002), Lerner-Centered Teaching, Jossey-Bass A Wiley Company, San Francisco.

Nadine M. Lambert & Barbara L. McCombs(1998), How Students Learn, – Reforming school Through Learner-Centered Education, American Psychological Association, Washington, DC.

Eileen Wood • Vera E. Woloshyn • Teena Willoughby(1995), Cognitive Strategy Instruction for Middle and High School, Brookline Books.

Richard E. Mayer(1998), "Cognitive Theory for Education : What teachers Need to Know, Nadine M. Lambert & Barbara L. McCombs, How Students Learn, – Reforming school Through Learner-Centered Education, American Psychological Association, Washington, DC(pp.353–37).

Richard E. Mayer(1999), "Design Instruction for Constructivism", Charles M. Reigrluth(ed), INSTRUCTIONAL-DESIGN THEORIES AND MODELS, Lawrence Erlbaum Associates, Inc(pp.141–159).

찾아보기

(ㄱ)

간주관성 187, 202
개념적 지식 192
'개인 간의 대화' 196
'개인 내적 대화' 196
객관주의 146
'거래' 189
'결과 중심' 182, 184
경규진 178
'경험적 지식' 191, 215
고등 사고력 77
'과정' 47
과정 중심 74, 184
과정 중심 국어교육 137
'과정 중심 읽기 교육' 103, 104, 110
'과정 중심 접근법' 9, 10, 43
곽춘옥 190
'교과 내적 접근 방법' 271
교과용도서에 관한 규정 79
교사 중심 182
교사 안내 모형 305
교사용 지도서 63
'교수요목' 46
교수·학습 전략 구상 151
교실 맥락 23
구성주의 34, 43
'구성주의 문예학' 35, 172, 197

구성주의 문학교육 35, 172, 173, 202, 204, 227
구성주의 문학 수업 246
구성주의 문학 협동학습 248
'구성주의' 패러다임 174
구성주의적 읽기 293
구인환 178
구조 스키마 103, 109
'구조주의' 234, 295
국어 교과서 71
국어교육 42, 134, 266
국어 활동 영역 44
권혁준 190
귀납적 61
극화 191
근접 발달 영역 26
근접 발달 영역 이론 18
글과 담화 93
'급진적 구성주의' 211
'기능' 65
'기능' 범주 20
기사문 16
김국태 87, 136
김명순 9, 87
김성진 190
김정란 136
김진희 136
김혜정 136
김홍이 239

(ㄴ)

내용 스키마 50,51,103,109
'내용 체계' 50
내용 체계표 19
내용 제시 순서 결정 150
Knapp. Wakins 23
노명완 104,107,305
논설문 16
능숙한 반응자 220
능숙한 해석자 220

(ㄷ)

'다학문적 교과 접근법' 271
단원 구성 71,72
단원 배열 72
담화 공동체 11,14,16,47
'담화와 글의 종류' 44
대화 중심 교수 · 학습 모형 195
WBI 135
독서 교육 293
독서 클럽 242
'독자의 내적 대화' 196
'동기 유발하기' 118
두레별 협동학습 242
듀이 228
Dick, Carey & Carey의 모형 149
딕과 케리 135

(ㄹ)

러멜하트 304
Rothery 141,142

로젠블렛 203
류덕제 193
류보라 136

(ㅁ)

Martin 13, 142
맥락 11,12,15,29
메시지 설계 151
명료화 27
명시적 61
명제적 지식 29,55
모국어 48
Morrison, Ross & Kemp 137
목표별 수업설계 147
'문식성' 33,34
문식성과 소통 능력 11
문식성의 핵심 기술 11
'문학 교수 모형' 178
문학교육 172,202,227,266
문학 작품의 인지적 과정에 대한 학습
　활동 192
문학 작품의 인지적 처리 과정 249
문학 협동학습 227,242
문학적 지식 178
미시 장르 16,44

(ㅂ)

바틀렛 109
바흐친 12,14
박수자 9,136
박영란 267
박영목 111,232

박종미 136
박태호 9,17,23,87
박태호 · 최민영 136
'반응' 184
반응 쓰기 186,190
반응 중심 문학교육 172,173,202
'반응의 강화' 174
반응의 명료화 188
반응의 심화 188
반응의 형성 188
'발견법' 61
발달론적 인식론 303
방법적 지식(경험적 지식) 193
배경지식 51
'배경지식 활성화하기' 118
백워드 교육과정 136
Burns and Joyce 22
범교과적 쓰기 312
변영계 231
보충 · 심화형 학습 활동 74
복수 교재 학습 활동 192
부르너 295
북미 수사학파 12,14
분책 74,76
브룩스와 단소로 109
비계 30
비계 설정 28
비계와 도움 중지 26
비계와 인지적 도제 모형 30
비고츠키 12
비고츠키의 사회 · 문화적 관점 18,140
비판적 사고 77

비평형-동화-조절-평형 304

(ㅅ)

사고 중심 모형 306
사랑손님과 어머니 248
사설 16
사용역 14
사회구성주의 293
사회 · 문화적 맥락 23
'사회 · 인지 스키마' 130
사회 · 인지 이론 232
사회 · 인지적 관점 34
사회구성주의 34
상보적 교수법 305
상호 교섭 189
상호 교섭 작용 206
상호작용 23,206
상호작용 모형 180
상호 텍스트성 87,189,266
상황 맥락 16,17,23,47
'생체험' 180
서혁 136
선형적 과정 29 143
설명문 16
설명하기 30,144
성찰 27
성취 기준 52,53
Shedd 48
'소설 수업의 절차 모형' 179
소통소 193
속성 탐구적 접근 212
수업설계 134,135

수업설계안 134
수용과 생산 능력 11
수용론적 접근 212
'수용미학' 35
수용미학적 개념 180
'수필' 53
수행평가 229
순환적 과정 143
슈미트 207
Swales 13, 14
스크립트 51
'스키마 유형' 115
스키마 이론 104
시나리오 51
시드니 학파 120
시범 보이기 26, 30, 144
CIRC 242, 243
시평 16
신비평 234
신수사학 14
신수사학파 12, 14
신헌재 104
'실제' 범주 19
쓰기 교육 42

(ㅇ)

Arthur, Gail, Sima 23
'양서' 278
양점열 190
양창수 238
'어휘 학습' 118
언어 구현물 16

언어 상황 맥락 17
언어 인류학자 15
ADDIE 모형 149
ARCS 모형 147
Elaine Tarone 13
MRK 모형 137, 149
역할놀이 190
'연린 교육' 229, 267, 279
연역적 61
'예측하기' 118
요구 분석 150
원진숙 9, 24, 232
유일한 정답 182
응용 언어학 14
의사소통 11, 13, 14
이삼형 309
이상구 9
이성영 309
이성은 267
이은정 239
이재기 9, 87
이재승 111, 267
이전 지식 51
이채연 136
2009 개정 국어과 교육과정 9
2015 개정 국어과 교육과정 9
이해(수용) 48
이화자 267
이희정 190
인식론적 모델 216
'인지 과정' 47
인지구성주의 293

인지 모델 88
인지도식 216, 217
인지적 도제 모형 18, 57
인지적 모델 88
인지주의 43
'인지주의' 패러다임 174
'인지 혁명' 295, 298
읽기 과정 모형 306
읽기 교육 293
읽기와 쓰기 통합 협동학습 모형 227
읽기와 쓰기의 통합 244
읽기와 쓰기 통합 모형 242
읽기 전 활동 103, 104
임천택 136
임칠성 136

(ㅈ)

자국어 교육 33
자기 점검 활동 74
자기주도적 학습 64
'자세히 읽기' 177
작품 속의 말하는 이 248
장르 10, 11, 14, 15, 34
'장르도식' 35, 219
장르론적 접근 212
'장르 스키마' 130
장르의 사회적 구성 11
장르 중심 34, 42, 71, 134
장르 중심 교육의 원리 29
장르 중심 국어교육 9, 137
'장르 중심 접근법' 9, 10, 15, 43
'장르 중심 통합교육' 73

장르 중심 통합 단원 87
'장르 지식' 12, 14, 16, 42, 45, 49
'적서'(適書) 278
전기문 16
전달 방법 결정 151
전형성 17
절차적 지식 29, 57
정동화 178
정보처리 모델 146
정보처리 모형 180
정정순 9
제2 세대 수업설계 146
'제재 중심 수업 모형' 178
'제재별 절차 모형' 178
조나센 230
존재론적 지식 191, 215
주세형 23
주입식 교육 173, 294
주제 목록 275
주제 단원 학습법 266
주제론적 접근 212
주진홍 267
중심 내용 파악하기 76
즉흥극 191
지식기반사회 294, 317
'지식' 65
'지식' 범주 19
'지식의 구성' 174, 301
'지식의 획득' 174
지식 전달자 182
직접 교수법 306
진단 학습 249

질문법 306
'질문하기' 118

(ㅊ)

차봉희 203
책임 이양의 과정 28
책임 이양의 원리 30
체계 기능 언어학 12, 14, 15
체계적 수업설계 135
총체적 언어 72, 266, 267
최미숙 195
최복자 136
최숙기 35
최순영 232
최영환 136
최인자 9, 87
최현섭 111
'추론하기' 118

(ㅋ)

칸트 108
Callaghan & Rothery의 3단계 교육과정 모형 21
카렐과 에스터홀드 109
커뮤니카트 형성 237
코칭 27
Christie 13

(ㅌ)

탐구 27
『탐구로서의 문학』 205
탐구학습 원리 181

'태도' 129
'태도' 범주 20
텍스트 14
텍스트 구조 14, 17
텍스트의 언어적 특징 17
텍스트 유형 51
텍스트 중심 문학교육 172, 173
텍스트의 유형 11
토의 186
'통합 교과적 접근 방법' 271
'통합교육' 72, 266, 267
통합적 주제 단원 학습법 269
특수 목적 영어 12, 13
특수 목적 영어교육 46
특수 목적 영어(ESP) 그룹 13

(ㅍ)

패러다임 173
패러다임의 전환 10
퍼브스 214
평가 도구 개발 151
평전 16
포스트구조주의 14
표현(생산) 48
프레임 51
Freadman 49
피아제 303
Feez 13, 22

(ㅎ)

Hasan 13

Hyland 140, 143
학습 목표 55
학습 분량 75
학습과정안 134
학습 과제 분석 150
학습량 76
학습자 중심 74
학습자 특성 분석 150
한명숙 87
Halliday 9,12,13
함께 하기 31,145
해석 178
'행동주의' 패러다임 174
협동학습 29,227,228,266
협동학습 모형 240

협동학습을 통한 의미 구성하기 257
협력학습을 통한 협응 활동 192
협의 과정(커뮤니케이션) 192
형식 스키마 50,51
형식주의 234
혼자 하기 31,145
환기와 반응 205
활동 중심 74
황정현 232
회귀적 과정 143
회귀적이고 순환적 과정 29
효과성 173
효율성 173
Heath 15

> 저자 소개

- 경남대학교 사범대학 국어교육과 교수
- 경남대학교 사범대학 국어교육과를 졸업하고 한국교원대학교 대학원에서 석사학위 및 박사학위를 받았다.
- 우리나라 문학교육 및 국어교육 학계에 구성주의 패러다임 정착에 기여하였으며, 제7차 교육과정 중학교 국어 교과서 집필에 참여한 이래, 다수의 초·중학교 국어 교과서 및 고등학교 문학 교과서 집필에 참여하였다.
- "독서교육의 이론과 방법"(공저, 서광학술자료사, 1993), "구성주의 문학교육론"(박이정, 2002), "읽기 전략 교수·학습의 실제 I권, II권, III권"(공저, 교학사, 2010), "초등학교 국어 학습부진의 이해와 지도"(공저, 박이정, 2012), "중학교 국어 학습부진의 이해와 지도"(공저, 박이정, 2012) 등의 저서와 함께 국어교육 및 문학교육에 관한 다수의 연구논문이 있다.

* 홈페이지: 이상구의 국어교육 연구실(http://www.koreaneducation.net)
* 전자메일: sk99@kyungnam.ac.kr
* 연락처: 010 2588 2635

국어과 교수학습 연구 총서 7

장르 중심 국어교육론

초판 인쇄 2019년 6월 25일
초판 발행 2019년 7월 1일
저 자 이상구
발행인 양진오
펴낸곳 ㈜교학사
　　　　　서울 특별시 마포구 마포대로 14길 4(공덕동 105-67)
　　　　　전화　　영업부 (02)707-5147　편집실 (02)313-7654
　　　　　홈 페이지　http://www.kyohak.co.kr
　　　　　등록　　1962년 6월 26일(18-7)

ⓒ 이상구, 2019
값 20,000원
ISBN 978-89-09-22047-7